COMENTÁRIOS AO PACOTE ANTICRIME

O GEN | Grupo Editorial Nacional – maior plataforma editorial brasileira no segmento científico, técnico e profissional – publica conteúdos nas áreas de concursos, ciências jurídicas, humanas, exatas, da saúde e sociais aplicadas, além de prover serviços direcionados à educação continuada.

As editoras que integram o GEN, das mais respeitadas no mercado editorial, construíram catálogos inigualáveis, com obras decisivas para a formação acadêmica e o aperfeiçoamento de várias gerações de profissionais e estudantes, tendo se tornado sinônimo de qualidade e seriedade.

A missão do GEN e dos núcleos de conteúdo que o compõem é prover a melhor informação científica e distribuí-la de maneira flexível e conveniente, a preços justos, gerando benefícios e servindo a autores, docentes, livreiros, funcionários, colaboradores e acionistas.

Nosso comportamento ético incondicional e nossa responsabilidade social e ambiental são reforçados pela natureza educacional de nossa atividade e dão sustentabilidade ao crescimento contínuo e à rentabilidade do grupo.

HUMBERTO BARRIONUEVO **FABRETTI**
GIANPAOLO POGGIO **SMANIO**

COMENTÁRIOS AO PACOTE ANTICRIME

ARTIGO POR ARTIGO
LEI 13.964/2019 E PROMULGAÇÃO DOS VETOS DE 29.04.2021

Prefácio
Ministro Reynaldo Soares da Fonseca

2.ª edição revista e atualizada

■ O autor deste livro e a editora empenharam seus melhores esforços para assegurar que as informações e os procedimentos apresentados no texto estejam em acordo com os padrões aceitos à época da publicação, e todos os dados foram atualizados pelo autor até a data de fechamento do livro. Entretanto, tendo em conta a evolução das ciências, as atualizações legislativas, as mudanças regulamentares governamentais e o constante fluxo de novas informações sobre os temas que constam do livro, recomendamos enfaticamente que os leitores consultem sempre outras fontes fidedignas, de modo a se certificarem de que as informações contidas no texto estão corretas e de que não houve alterações nas recomendações ou na legislação regulamentadora.

■ Fechamento desta edição: *18.05.2021*

■ O Autor e a editora se empenharam para citar adequadamente e dar o devido crédito a todos os detentores de direitos autorais de qualquer material utilizado neste livro, dispondo-se a possíveis acertos posteriores caso, inadvertida e involuntariamente, a identificação de algum deles tenha sido omitida.

■ **Atendimento ao cliente: (11) 5080-0751 | faleconosco@grupogen.com.br**

■ Direitos exclusivos para a língua portuguesa
Copyright © 2021 *by*
Editora Atlas Ltda.
Uma editora integrante do GEN | Grupo Editorial Nacional
Al. Arapoema, 659, sala 05, Tamboré
Barueri – SP – 06460-080
www.grupogen.com.br

■ Reservados todos os direitos. É proibida a duplicação ou reprodução deste volume, no todo ou em parte, em quaisquer formas ou por quaisquer meios (eletrônico, mecânico, gravação, fotocópia, distribuição pela Internet ou outros), sem permissão, por escrito, da Editora Atlas Ltda.

■ Capa: Aurélio Corrêa

■ **CIP – BRASIL. CATALOGAÇÃO NA FONTE.
SINDICATO NACIONAL DOS EDITORES DE LIVROS, RJ.**

F12c

Fabretti, Humberto Barrionuevo

Comentários ao Pacote Anticrime / Humberto Barrionuevo Fabretti, Gianpaolo Poggio Smanio – 2. ed. – Barueri [SP]: Atlas, 2021.

Inclui bibliografia
ISBN 978-65-59-77041-0

1. Brasil. [Lei n. 13.964, de 24 de dezembro de 2019]. 2. Direito penal – Brasil. I. Smanio, Gianpaolo Poggio. II. Fonseca, Reynaldo Soares. III. Título.

21-71062 CDU: 343.2(81)

Leandra Felix da Cruz Candido – Bibliotecária – CRB-7/6135

Dedico este livro ao meu irmão Bruno, por ser um dos meus portos seguros.
Humberto Barrionuevo Fabretti

Para Cinthia, Gianluca e Maria Carolina, com todo o meu amor e carinho.
Gianpaolo Poggio Smanio

Agradecimentos

A parte final deste livro foi escrita no meio da pandemia do coronavírus, que ainda permanece. Esse período de isolamento social não está sendo fácil para absolutamente ninguém. Meus dias isolado, porém, foram muito mais doces, alegres e felizes por estar sempre na companhia de minha esposa Fernanda Massad, a quem agradeço publicamente por tudo que é, por tudo que fez e faz por mim e por nosso filho Emanuel.

Agradeço a toda equipe do FTMM Advogados, por estarem na minha retaguarda enquanto escrevia a presente obra, especialmente aos advogados Eduardo Manhoso e Juliana Garcia, que, além de tudo, ajudaram na revisão do texto e na pesquisa das jurisprudências. Agradeço também à Amanda Scalisse, pela ajuda na pesquisa jurisprudencial.

Agradeço a toda equipe da editora Gen | Forense, especialmente ao nosso editor, Henderson Fürst, pela excelência do seu trabalho e pela atenção e carinho com que nos trata.

Humberto Barrionuevo Fabretti

Sobre os autores

Humberto Barrionuevo Fabretti

Graduado em Direito pela Universidade Presbiteriana Mackenzie.

Mestre e doutor em Direito Político e Econômico por essa mesma instituição.

Professor de Criminologia e Direito Penal na Faculdade de Direito da Universidade Presbiteriana Mackenzie. Professor Permanente do programa de pós-graduação *stricto sensu* (mestrado e doutorado) da Faculdade de Direito da Universidade Presbiteriana Mackenzie. Advogado criminalista com escritório na cidade de São Paulo.

humberto@ftmm.adv.br

@humbertofabretti

Gianpaolo Poggio Smanio

Graduado em Direito pela Faculdade de Direito da Universidade de São Paulo (USP).

Mestre em Direito Processual Penal e doutor em Direitos Difusos e Coletivos pela Pontifícia Universidade Católica de São Paulo (PUC/SP).

Professor titular de Direito Penal e diretor da Faculdade de Direito da Universidade Presbiteriana Mackenzie.

Procurador de Justiça.

Foi Procurador-Geral de Justiça do Estado de São Paulo (biênios 2016-2018 e 2018-2020).

gianpaolosmanio@gmail.com

Apresentação

A presente obra é uma continuidade da nossa parceria iniciada em 2010 com a primeira edição da obra "Introdução ao Direito Penal: criminologia, princípios e cidadania", publicada pela Editora Atlas, e que alcançou 4 edições.

Em 2019, lançamos o "Direito Penal: Parte Geral", agora pela Gen | Forense, sendo um livro que abarca toda a parte geral do direito penal brasileiro e é direcionado aos alunos da graduação. Estávamos preparando a continuidade de nossa obra - especificamente um livro sobre a Parte Especial do Código Penal, que será lançada em breve - quando fomos convidados pelo Dr. Henderson Fürst a escrever o "Comentários ao Pacote Anticrime".

Como não se pode dizer "não" a um amigo, aqui está a obra.

Vale o registro de que parte importante desta obra foi escrita durante o isolamento social imposto pela pandemia de corona vírus que assola o mundo e especialmente o Brasil. Para nós esse texto tem uma importância muito grande, pois foi uma das coisas que ocupou nossas mentes e nos manteve focado durante esse período.

Esperamos que nossos leitores e alunos aproveitem, estudem e aprendam com ela o mesmo tanto que aprendemos ao debatê-la e escrevê-la. Acreditamos na importância dos livros e do conhecimento para uma sociedade melhor e insistiremos em escrevê-los enquanto nos for possível. Não é uma *live*, é um livro.

Os Autores

Nota à 2.ª edição

Estamos absolutamente satisfeitos com a acolhida que a primeira edição desta obra obteve entre estudantes, profissionais do direito e, especialmente, pelas Cortes Superiores.

Muitos julgados do Supremo Tribunal Federal e do Superior Tribunal de Justiça utilizaram-se das posições defendidas por nós para fundamentar seus posicionamentos e balizar os padrões jurisprudenciais sobre diversos temas, como poderá ser conferido nos próximos capítulos.

Este, acreditamos, é o verdadeiro papel da Doutrina no mundo jurídico. A doutrina deve ser a potência do direito que se realiza nas decisões judiciais.

A doutrina não pode se limitar a simplesmente parafrasear a lei ou repetir os posicionamentos expostos nos acórdãos. A doutrina deve ser livre e independente, pois só assim cumpre sua missão.

Estamos, portanto, com o sentimento de missão cumprida e absolutamente surpresos em lançar esta 2ª edição em menos de um ano após o lançamento da primeira, que teve duas tiragens que se esgotaram imediatamente após o lançamento.

Esta edição, que o leitor tem em mãos, está absolutamente atualizada, contemplando as posições jurisprudenciais que se firmaram em relação à Lei 13.964/2019, bem como trazendo a novidade dos vetos derrubados pelo Congresso Nacional em sessão realizada em 19.04.2021, com promulgação no dia 29.04.2021 e publicação no *DOU* em 30.04.2021.

Ainda estamos atravessando a pandemia, ainda não retornamos à normalidade, mas continuamos vivos, e isso é mais importante que tudo.

Muito obrigado a todas as nossas leitoras, a todos os nossos leitores, às advogadas e aos advogados, defensoras e defensores, promotoras e promotores, procuradoras e procuradores, juízas e juízes, desembargadoras e desembargadores, ministros e ministras que acolheram, leram e utilizaram-se de nossa obra em suas funções. É uma honra muito grande.

São Paulo, maio de 2021.

Os Autores

Prefácio

A atual quadra histórica mostra-se desafiadora para todos os juristas que se prestam a assentar tijolos nesta grandiosa basílica que se formou o Direito Penal e Processual Penal, sempre incompleta como a Sagrada Família, mas cujo afã em regular as expectativas sociais em torno das condutas humanas mais reprováveis e dos bens jurídicos mais estimados nos impele a intentar racionalizar o poder de punir do Estado e, em última instância, da sociedade em esfera pública, sem descurarmos dos valores que nos fazem irmãos e de nossas conquistas civilizatórias construídas com sangue e suor no curso de séculos de história.

Nesse espírito de construção coletiva, a sociedade brasileira externa o anseio de fruir segurança pública, ao passo que a nós – engenheiros de instituições e argumentos versados em Direito e Justiça, que hoje somos na ordem de milhões de mentes e corações –, restaria a missão de entregar o futuro prometido na forma de paz social. Pois bem: tentamos, com a insistência de quem tem a crença de fazer uma ciência digna de nossa consciência ética.

No entanto, derivada de condições e paixões humanas sobrepostas, a realidade social discrepa em agonia do sentido ordenador do verbo que uma vez escrevemos em leis e postulados. Quando nos negado o fim dessa história ou um ponto de chegada, ou nos inserimos em uma narrativa própria de tragédia grega com seus desfechos inexoráveis e tensões permanentes na esperança de catarse expressa em galopante população carcerária, ou voltamos à prancheta e ao esquadro para planejar novos caminhos dirigidos ao porvir que almejamos nos encontrar.

Sob essa perspectiva, exige-se pensar todo esforço ou experiência no campo criminal. Isso também se aplica à Lei 13.964/2019 na qual consta em ementa o objetivo de "aperfeiçoar a legislação penal e processual penal." Na qualidade de constructo de heurística, compete-nos agora explicar e avaliar essa obra dos representantes do Povo, assim como fazer dogmática jurídica de excelência com a finalidade de legar um sistema penal mais humanista, eficiente e justo.

Por isso, à luz da oportunidade, percuciência e completude do empreendimento acadêmico que o Leitor tem em mãos e melhor avaliará, muito nos honrou o convite para prefaciar este livro imaginado e lavrado pelos Professores Doutores **Gianpaolo Poggio Smanio** e **Humberto Barrionuevo Fabretti,** a partir de parceria intelectual emergente da relação originária e indelével entre orientador e orientando, respectivamente, nos bancos da celebrada **Faculdade de Direito da Universidade Presbiteriana Mackenzie** e que hodiernamente mostra-se profícua, como se depreende do sucesso editorial representado por "**Direito Penal: parte geral**" e "**Introdução ao Direito Penal: criminologia, princípios e cidadania**", ambas as obras proporcionadas pela **Editora Atlas** as quais tornaram-se instantaneamente referências nessa área de conhecimento jurídico.

Ademais, é importante destacar que os Autores notabilizaram-se no cenário nacional não só pelas posições nos Sistemas de Justiça paulista e brasileiro que ocuparam e ainda exercem no Ministério Público do Estado de São Paulo e na advocacia criminalista, mas, igualmente, pelos atributos intelectuais de independência e liderança no âmbito acadêmico em prol da modernização e inovação no Direito Penal, Processual Penal e Criminologia.

Em relação a este livro, decorre da própria organização e verticalidade do pensamento expositivo, que perpassa pelos Códigos de Processo Penal, Penal e de Processo Penal Militar, além da Lei de Execução Penal e diversos diplomas usualmente agrupados como Legislação Penal Esparsa, o cumprimento de duas finalidades fundamentais que se espera de esforços desse jaez: (i) a qualidade de manual da Lei 13.964/2019 no autêntico sentido da palavra, isto é, guia dotado de rigor científico para se ter constantemente sobre a mesa para o exercício do Direito Penal e Processual Penal no cenário inaugurado pelo diploma legal em comento; e (ii) o avanço da ciência penal por intermédio de opiniões técnicas e abalizadas a respeito de institutos novos, como o juiz de garantias e o acordo de não persecução penal.

Em suma, deixa-se o melhor da obra à curiosidade do Leitor que se surpreenderá ao longo de sua leitura com o raciocínio minucioso e luminoso dos

Autores. De todo modo, testemunha-se neste prefácio que certamente o profissional do Direito tem diante de si um porto seguro para navegar perante a mais recente tentativa da comunidade jurídico-política em atender o anseio social consistente no combate à macrocriminalidade, sem o menoscabo dos direitos fundamentais dos cidadãos.

Boa leitura ao Leitor. Congratulações aos Autores.

Brasília, 11 de maio de 2020.

Reynaldo Soares da Fonseca
Ministro do Superior Tribunal de Justiça. Professor Adjunto de Direito da Universidade Federal do Maranhão. Pós-Doutor em Democracia e Direitos Humanos pela Universidade de Coimbra. Doutor em Direito Constitucional pela Faculdade Autônoma de São Paulo. Mestre em Direito Público pela Pontifícia Universidade Católica de São Paulo.

Sumário

INTRODUÇÃO 1

CAPÍTULO 1 – ALTERAÇÕES NA PARTE GERAL DO CÓDIGO PENAL 5
1.1 Legítima defesa 5
    1.1.1 Art. 25, parágrafo único 9
1.2 Pena pecuniária 11
    1.2.1 Art. 51, *caput* 12
1.3 Limite de cumprimento da pena de prisão 16
    1.3.1 Art. 75, *caput* e § 1.º 18
1.4 Livramento condicional 20
    1.4.1 Art. 83, III 24
1.5 Efeitos da condenação 28
    1.5.1 Art. 91-A 35
1.6 Causas impeditivas da prescrição 39
    1.6.1 Art. 116 41

CAPÍTULO 2 – ALTERAÇÕES NA PARTE ESPECIAL DO CÓDIGO PENAL.... 47

2.1 Homicídio 47
    2.1.1 Art. 121, § 2.º, VIII 47
2.2 Crimes contra a honra 49
2.3 Roubo 52
    2.3.1 Art. 157, § 2.º, VII, e § 2.º-B 52
2.4 Estelionato 56
    2.4.1 Art. 171, § 5.º 56
2.5 Concussão 61
    2.5.1 Art. 316 61

CAPÍTULO 3 – ALTERAÇÕES NO CÓDIGO DE PROCESSO PENAL........... 63

3.1 Juiz de garantias 64
    3.1.1 Art. 3.º-A 64
    3.1.2 Art. 3.º-B 68
    3.1.3 Art. 3.º-C 83
    3.1.4 Art. 3.º-D 86
    3.1.5 Art. 3.º-E 87
    3.1.6 Art. 3.º-F 87
    3.1.7 Suspensão do juiz das garantias pelo Supremo Tribunal Federal... 88
3.2 Investigação de agente de segurança 90
    3.2.1 Art. 14-A 90
3.3 Arquivamento do inquérito policial 96
    3.3.1 Art. 28 96
    3.3.2 Suspensão pelo Supremo Tribunal Federal 99
3.4 Acordo de não persecução penal 100
    3.4.1 Art. 28-A 102
3.5 Perdimento de bens 111
    3.5.1 Art. 122 111
    3.5.2 Art. 133 112
    3.5.3 Art. 124-A 113
    3.5.4 Art. 133-A 113
3.6 Provas ilícitas 116
    3.6.1 Art. 157 117
3.7 Cadeia de custódia 120
    3.7.1 Art. 158-A 121
    3.7.2 Art. 158-B 122

	3.7.3	Art. 158-C...	126
	3.7.4	Art. 158-D...	127
	3.7.5	Art. 158-E...	128
	3.7.6	Art. 158-F...	129
3.8	Medidas cautelares...		129
	3.8.1	Art. 282..	130
3.9	Requisitos da prisão...		134
	3.9.1	Art. 283..	135
3.10	Prisão sem mandado..		136
	3.10.1	Art. 287..	136
3.11	Prisão em flagrante..		137
	3.11.1	Art. 310..	137
3.12	Prisão preventiva...		144
	3.12.1	Art. 311..	145
	3.12.2	Art. 312..	145
	3.12.3	Art. 313..	150
	3.12.4	Art. 315..	152
	3.12.5	Art. 316..	157
3.13	Prisão automática no Tribunal do Júri.................................		160
	3.13.1	Art. 492..	163
3.14	Nulidades..		167
	3.14.1	Art. 564..	168
3.15	Recurso em sentido estrito..		169
	3.15.1	Art. 581..	169
3.16	Recursos especial e extraordinário.......................................		170
	3.16.1	Art. 638..	170

CAPÍTULO 4 – LEI DE EXECUÇÃO PENAL – LEI 7.210/1984 171

4.1	Identificação genética...		172
	4.1.1	Art. 9.º..	172
4.2	Falta grave pela recusa em fornecer material genético		177
	4.2.1	Art. 50..	178
4.3	Regime Disciplinar Diferenciado (RDD)..............................		179
	4.3.1	Art. 52..	181
4.4	Progressão de regime..		190
	4.4.1	Art. 112..	190
4.5	Vedação à saída temporária ao condenado por crime hediondo com resultado morte		201
	4.5.1	Art. 122..	201

CAPÍTULO 5 – LEI DE CRIMES HEDIONDOS – LEI 8.072/1990 203
5.1 Ampliação do rol de crimes hediondos 203
    5.1.1   Art. 1.º 203
    5.1.2   Revogação do § 2.º do art. 2.º 212

CAPÍTULO 6 – LEI DE IMPROBIDADE ADMINISTRATIVA – LEI 8.429/1992 213
6.1 Acordo de não persecução civil 214
    6.1.1   Art. 17, § 1.º 217
    6.1.2   Art. 17, § 10-A 217

CAPÍTULO 7 – LEI DE INTERCEPTAÇÃO TELEFÔNICA E TELEMÁTICA – LEI 9.296/1996 219
7.1 Captação ambiental 220
    7.1.1   Art. 8.º-A 220
    7.1.2   Art. 10-A 225

CAPÍTULO 8 – LEI DE LAVAGEM DE CAPITAIS – LEI 9.613/1998 227
8.1 Possibilidade de utilização de agente infiltrado e ação controlada para investigação de crimes de lavagem 227

CAPÍTULO 9 – ESTATUTO DO DESARMAMENTO – LEI 10.826/2003 233
9.1 Posse ou porte ilegal de arma de fogo de uso restrito 233
    9.1.1   Art. 16 233
9.2 Comércio ilegal de arma de fogo 236
    9.2.1   Art. 17 236
9.3 Tráfico internacional de arma de fogo 238
    9.3.1   Art. 18 238
9.4 Causa de aumento de pena 239
    9.4.1   Art. 18 239
9.5 Banco Nacional de Perfis Balísticos 240
    9.5.1   Art. 34-A 240

CAPÍTULO 10 – LEI DE DROGAS – LEI 11.343/2006 241
10.1 Tráfico de entorpecentes 241
    10.1.1   Art. 33 241

CAPÍTULO 11 – LEI DO SISTEMA PENITENCIÁRIO FEDERAL DE SEGURANÇA MÁXIMA – LEI 11.671/2008 245
11.1 Competência federal para execução da pena 246

		11.1.1	Art. 2.º	246
11.2	Regras para inclusão no Sistema Penitenciário Federal de Segurança Máxima			248
		11.2.1	Art. 3.º	248
11.3	Tempo de permanência no sistema penitenciário federal de segurança máxima			251
		11.3.1	Art. 10	251
11.4	Competência da Vara da Execução Federal e julgamento colegiado...			253
		11.4.1	Art. 11-A	253
		11.4.2	Art. 11-B	254

CAPÍTULO 12 – LEI DE IDENTIFICAÇÃO CRIMINAL – LEI 12.037/2009..... 255

12.1	Coleta de dados para perfil genético			257
		12.1.1	Art. 7.º-A	257
12.2	Banco Nacional Multibiométrico e de Impressões Digitais			258
		12.2.1	Art. 7.º-C	258

CAPÍTULO 13 – LEI DE COLEGIADO EM PRIMEIRO GRAU DE JURISDIÇÃO DE CRIMES PRATICADOS POR ORGANIZAÇÕES CRIMINOSAS – LEI 12.694/2012 263

13.1	Varas Criminais Colegiadas			264
		13.1.1	Art. 1.º-A	265

CAPÍTULO 14 – LEI DE ORGANIZAÇÃO CRIMINOSA – LEI 12.850/2013 269

14.1	Líderes de organizações criminosas armadas ou com armas disponíveis			269
		14.1.1	Art. 2.º	269
14.2	Colaboração premiada			271
		14.2.1	Art. 3.º-A	273
		14.2.2	Art. 3.º-B	273
		14.2.3	Art. 3.º-C	275
		14.2.4	Art. 4.º, § 4.º	277
		14.2.5	Art. 4.º, § 4.º-A	278
		14.2.6	Art. 4.º, § 7.º	279
		14.2.7	Art. 4.º, § 7.º-A	280
		14.2.8	Art. 4.º, § 7.º-B	281
		14.2.9	Art. 4.º, § 8.º	281
		14.2.10	Art. 4.º, § 13	283
		14.2.11	Art. 4.º, § 16	283

	14.2.12	Art. 4.º, § 17	284
	14.2.13	Art. 4.º, § 18	285
	14.2.14	Art. 5.º	285
	14.2.15	Art. 7.º, § 3.º	286
14.3	Do agente infiltrado virtual		287
	14.3.1	Art. 10-A	287
	14.3.2	Art. 10-B	289
	14.3.3	Art. 10-C	289
	14.3.4	Art. 10-D	290
	14.3.5	Art. 11, parágrafo único	290

CAPÍTULO 15 – LEI DO DISQUE DENÚNCIA – LEI 13.608/2018 293

15.1	*Whistleblower*		293
	15.1.1	Art. 4.º-A	294
	15.1.2	Art. 4.º-B	294
	15.1.3	Art. 4.º-C	295

CAPÍTULO 16 – COMPETÊNCIA ORIGINÁRIA DO SUPERIOR TRIBUNAL DE JUSTIÇA E SUPREMO TRIBUNAL FEDERAL – LEI 8.038/1990 297

16.1	Acordo de não persecução em competência originária		297
	16.1.1	Art. 1.º	297

CAPÍTULO 17 – FUNDO NACIONAL DE SEGURANÇA PÚBLICA – LEI 13.756/2018 299

17.1	Fontes de custeio		299
	17.1.1	Art. 17	299

CAPÍTULO 18 – CÓDIGO DE PROCESSO PENAL MILITAR – DECRETO-LEI 1.002/1969 303

REFERÊNCIAS 305

Introdução

A Lei 13.964/2019, conhecida midiaticamente como "Pacote Anticrime", tem uma história interessante que merece ser contada, especialmente porque os autores da presente obra dela participaram.

No ano de 2017, o Ministro do Supremo Tribunal Federal, Alexandre de Moraes, foi nomeado pelo então presidente da Câmara Federal, Deputado Rodrigo Maia, para presidir uma comissão para elaborar um anteprojeto legislativo sobre "medidas investigativas, processuais e de regime de cumprimento de pena".[1]

Essa comissão ficou conhecida como "Comissão de Juristas" e entregou o resultado de seu trabalho ao Congresso Nacional em 8 de maio de 2018. Apresentado formalmente à Câmara Federal por um grupo de Deputados, em dois textos, conformaram os PL 10.372/2018 e 10.373/2018.

O autor Gianpaolo Poggio Smanio integrou essa Comissão de Juristas a convite do presidente da Comissão, o Ministro Alexandre de Moraes.

---

[1] Disponível em: https://www.camara.leg.br/noticias/525376-camara-instala-comissao--de-juristas-para-rever-penas-contra-o-crime-organizado/. Acesso em: 23 abr. 2020.

Em 2019, o Ministério da Justiça apresenta ao Congresso Nacional outra proposta legislativa, que tinha pontos de contato e pontos de divergência com os projetos apresentados como fruto da Comissão de Juristas no ano anterior e já em trâmite na Câmara dos Deputados.

O Projeto apresentado pelo Ministério da Justiça cumpria parte das promessas da plataforma de campanha do Presidente Jair Bolsonaro, que nomeara como Ministro da Justiça o ex-juiz Sérgio Moro. Quando formalmente apresentado à Câmara dos Deputados, foi registrado sob o número PL 882/2019.

Diante da coexistência de dois diferentes projetos de lei, cujos assuntos se entrecruzavam e às vezes até mesmo se sobrepunham, o então presidente da Câmara dos Deputados, o Deputado Rodrigo Maia, constituiu um Grupo de Trabalho e nomeou 15 Deputadas(os) para discutir os Projetos, harmonizá-los e apresentar um Relatório Único para ser votado no Plenário da Câmara.

Os Deputados e Deputadas que compuseram o Grupo de Trabalho foram: Capitão Augusto PL/SP; Carla Zambelli PSL/SP; Coronel Chrisóstomo PSL/RO; Fábio Trad PSD/MS; Gilberto Abramo Republicanos/MG; Hildo Rocha MDB/MA; João Campos Republicanos/GO; Lafayette de Andrada Republicanos/MG; Margarete Coelho PP/PI; Paulo Abi-ackel PSDB/MG; Orlando Silva PCdoB/SP; Subtenente Gonzaga PDT/MG; Marcelo Freixo PSOL/RJ; Paulo Teixeira PT/SP; e Adriana Ventura NOVO/SP.

O Grupo de Trabalho funcionou por 230 dias e ouviu mais de 50 especialistas e professores sobre criminologia, direito penal e processo penal.

O coautor Humberto Barrionuevo Fabretti foi convidado pelo Grupo de Trabalho para colaborar na elaboração do projeto, participando como especialista em audiências realizadas na Câmara dos Deputados.

O Relator do Grupo de Trabalho, o Deputado Capitão Augusto, apresentou um relatório final no qual praticamente endossava na íntegra os projetos de lei propostos tanto pela Comissão de Juristas quanto pelo Ministério da Justiça.

Ocorre que dentro do Grupo de Trabalho o texto do Relator foi rejeitado e o Grupo de Deputados apresentou um Relatório Alternativo, que rejeitou muitas das medidas constantes nos projetos originais e ainda fez importantíssimas inclusões que não estavam presentes em nenhum dos projetos anteriores, tais como o juiz das garantias, a proibição de o juiz decretar cautelares do ofício, os critérios para decisão que determina prisão preventiva, as alterações na colaboração premiada etc.

O Relatório Alternativo também suprimiu algumas barbaridades que constavam do PL 882/2019, que haviam sido endossadas pelo Relator, tais como a inacreditável hipótese de legítima defesa preventiva aos agentes de segurança pública e a redução da pena pela metade ou até mesmo o perdão judicial para todas as situações de exclusão de ilicitude, quando o excesso decorresse de medo, surpresa ou violenta emoção.

Apesar de muita polêmica e discussão política, quando o texto elaborado pelo Grupo de Trabalho foi votado no Plenário da Câmara dos Deputados, foi aprovado com 408 votos a favor, 9 contrários e 2 abstenções. O texto aprovado no Plenário da Câmara foi enviado ao Senado, onde não sofreu qualquer alteração.

Dias depois, quando encaminhado para sanção presidencial, recebeu 24 vetos da Presidência da República, embora mantidas as medidas mais salutares incluídas pelo Grupo de Trabalho, especialmente a figura do juiz das garantias.

Sancionada, a Lei recebeu o número 13.964 e entrou em vigor em 24 de janeiro de 2020.

Por fim, a Lei 13.964/2019 foi objeto, por enquanto, de quatro Ações Diretas de Inconstitucionalidade (ADINs 6.298, 6.299. 6.300 e 6.305), cuja relatoria ficou a cargo do Ministro Luiz Fux que, cautelarmente, suspendeu por tempo indeterminado alguns dispositivos da Lei, nestes exatos termos:

> Conclusão
>
> *Ex positis*, na condição de relator das ADIs 6.298, 6.299, 6.300 e 6305, com as vênias de praxe e pelos motivos expostos:
>
> (a) Revogo a decisão monocrática constante das ADIs 6.298, 6.299, 6.300 e suspendo *sine die* a eficácia, *ad Complexidade B. c InCopy referendum* do Plenário;
>
> (a1) da implantação do juiz das garantias e seus consectários (Artigos 3.º-A, 3.º-B, 3.º-C, 3.º-D, 3.º-E, 3.º-F, do Código de Processo Penal); e
>
> (a2) da alteração do juiz sentenciante que conheceu de prova declarada inadmissível (art. 157, § 5.º, do Código de Processo Penal);
>
> (b) Concedo a medida cautelar requerida nos autos da ADI 6.305, e suspendo *sine die* a eficácia, *ad referendum* do Plenário;
>
> (b1) da alteração do procedimento de arquivamento do inquérito policial (art. 28, *caput*, Código de Processo Penal);
>
> (b2) Da liberalização da prisão pela não realização da audiência de custódia no prazo de 24 horas (Artigo 310, § 4.º, do Código de Processo Penal).

Mais de um ano após a promulgação da Lei 13.964/2019, o Congresso Nacional derrubou a maioria dos vetos (dos 24 vetos, 16 foram derrubados) realizados pelo Presidente da República, modificando de maneira substancial algumas questões.

Assim, consideramos importante informar ao leitor que nossa maior preocupação durante a análise e explanação que seguem é demonstrar como os institutos modificados, inseridos ou extintos pela Lei 13.964/2019 deverão ser interpretados e, quando o caso, aplicados.

Deixaremos, portanto, de fazer comparações e análises entre os Projetos de Lei para nos atermos ao texto aprovado e sancionado e que hoje se materializa na Lei 13.964/2019.

Nossa maior intenção é apresentar uma visão técnica sobre o texto da lei, comparando as redações antigas e novas dos institutos alterados, fazendo uso, quando possível, de uma tabela comparativa para, ao final, apresentar propostas concretas para aplicação da nova lei.

Quando necessário, apontaremos e analisaremos os dispositivos vetados pelo Presidente da República e discutiremos os motivos dos vetos. Por fim, discutiremos os dispositivos cujas eficácias estão suspensas pela decisão do Supremo Tribunal Federal.

A Lei 13.964/2019 é extremamente complexa, pois é efetivamente um "pacote", uma vez que em seus 20 artigos são alteradas 18 diferentes leis. Algumas dessas leis são modificadas de forma bem superficial, mas algumas sofreram profundas reformas que modificaram a própria estrutura do texto legal, como ocorreu com o Código de Processo Penal e com a Lei de Execução Penal, por exemplo.

Como toda ampla modificação legislativa, houve pontos que foram alterados para melhor e outros para pior, ou seja, tivemos avanços e retrocessos.

Alguns dos dispositivos alterados são de constitucionalidade duvidosa, conforme verificaremos mais adiante, e ainda serão muito questionados nos tribunais.

De qualquer forma, a Lei 13.964/2019 passa a ser uma das mais importantes leis do nosso tempo e esperamos que as análises, reflexões, críticas e propostas que apresentamos nesta obra contribuam para a evolução do Sistema de Justiça Criminal brasileiro, dentro dos limites estabelecidos pela Constituição Federal de 1988.

CAPÍTULO 1
Alterações na Parte Geral do Código Penal

A Lei 13.964/2019, por meio do art. 2.º, alterou alguns dispositivos do Código Penal, trazendo mudanças às vezes desnecessárias e às vezes significativas para diversos institutos, conforme analisaremos a seguir.

1.1 Legítima defesa

A legítima defesa[1] é uma causa excludente de ilicitude prevista no art. 23 do Código Penal, assim como o estado de necessidade, o estrito cumprimento do dever legal e o exercício regular de direito.

As causas de exclusão da ilicitude, também conhecidas como causas de justificação, discriminantes ou de tipos permissivos, são situações que sempre excluem a ilicitude, tornando a conduta lícita, embora típica. É o que ocorre, por

---

[1] FABRETTI, Humberto B.; SMANIO, Gianpaolo P. *Direito penal*: parte geral. São Paulo. Atlas, 2019. Aliás, cumpre-nos informar que parte do conteúdo tratado neste capítulo, bem como em outros que versem sobre a parte geral do Código Penal, foi retirado da obra *Direito penal*: Parte Geral, dos mesmos autores desta obra.

exemplo, com o agente que mata outra pessoa em legítima defesa. Matar alguém é uma conduta típica (art. 121, *caput*, do CP), mas, se praticada na situação de legítima defesa ou estado de necessidade, por exemplo, é lícita e, consequentemente, não configura crime.

Considerando o princípio da ofensividade como balizador do direito penal contemporâneo, que só se legitima por meio da proteção subsidiária de bens jurídicos, é possível afirmar que as hipóteses de exclusão da ilicitude previstas no art. 23 do Código Penal são autorizações legais e excepcionais para lesão a bens jurídicos de terceiros.

Essas autorizações excepcionais são justificadas pela necessidade de imediata proteção dos bens jurídicos (estado de necessidade e legítima defesa) ou necessidade de proteção do próprio ordenamento jurídico (estrito cumprimento do dever legal e exercício regular de direito).

No que se refere especificamente à legítima defesa, pode-se definir o instituto como uma hipótese de proteção individual de direito próprio ou de terceiro que se fundamenta em dois princípios: a proteção individual de bens jurídicos e a afirmação do direito em defesa da ordem jurídica, ou como afirma Juarez Cirino dos Santos:

> O princípio da *proteção individual* justifica ações típicas necessárias para defesa de bens jurídicos individuais contra agressões antijurídicas, atuais ou iminentes. O princípio da *afirmação do direito* justifica defesas necessárias para prevenir ou repelir o injusto e preservar a ordem jurídica, independentemente da existência de meios alternativos de proteção, porque o direito não precisa ceder ao injusto, nem o agredido precisa fugir do agressor – excetuados casos de agressões não dolosas, de lesões insignificantes, ou de ações de incapazes, próprias da legítima defesa com limitações ético-sociais.[2]

A doutrina – e a própria definição legal de legítima defesa encontrada no *caput* do art. 25 do Código Penal – identifica os seguintes elementos objetivos que compõem a legítima defesa:

- *agressão injusta atual ou iminente;*
- *uso moderado dos meios necessários;*
- *direito próprio ou de terceiro.*

Analisemos os elementos:

a) Agressão injusta atual ou iminente

Entende-se por *agressão* a ação humana violenta ou ameaçadora dirigida contra bens jurídicos do agredido ou de terceiro. O conceito de agressão relaciona-se

---

[2] SANTOS, Juarez Cirino dos. *Direito penal*. Parte Geral. 3. ed. Curitiba: IPCP; Rio de Janeiro: Lumen Iuris, 2008. p. 235.

com o conceito de conduta humana do direito penal, o que significa que aqueles movimentos corporais qualificados como ausência de conduta (ataques epiléticos, choques elétricos, convulsões etc.) não podem ser considerados agressão e, consequentemente, não são passíveis de ser repelidos sob a excludente da legítima defesa. Assim, por exemplo, se uma pessoa, ao ter um ataque epilético, lesiona bem jurídico de terceiro, este não pode repelir a agressão sob a justificativa da legítima defesa (conforme veremos adiante, tal situação poderá, eventualmente, caracterizar estado de necessidade). Entretanto, podem caracterizar agressões passíveis de ser repelidas por legítima defesa tanto as condutas comissivas como as omissivas, bem como as dolosas e as culposas.[3]

Injusta é a agressão não autorizada pelo direito, é a agressão ilegítima. Assim, não se admite legítima defesa contra legítima defesa ou contra qualquer outra causa de justificação, pois todas são autorizadas pelo direito. Portanto, se A ingressa na residência de B para subtrair ilegitimamente seu computador, B está autorizado a defender-se. Se A, porém, é oficial de justiça e está cumprindo ordem judicial ao apreender o computador de B, está agindo licitamente, e não praticando uma agressão injusta, de forma que B não está autorizado a defender-se.

Ainda, para que haja legítima defesa, faz-se necessário que a agressão injusta observe um limite temporal, isto é, seja atual ou iminente. Atual é a agressão que já se iniciou e ainda está sendo executada (uma pessoa desferindo socos contra a outra) e iminente é a agressão que está prestes a se iniciar (uma pessoa corre em direção a outra para agredi-la). Tais requisitos significam que a agressão da qual se defende não pode ser pretérita nem futura, pois, na primeira hipótese, caracterizar-se-ia vingança e, na segunda, não seria propriamente uma agressão, mas apenas uma ameaça de agressão, sendo possível evitá-la de outras formas.

b) Uso moderado dos meios necessários

O *uso moderado dos meios necessários* é a medida da legítima defesa. Existem, em verdade, dois elementos distintos: a escolha dos meios necessários para repelir a agressão injusta e o uso moderado desses meios.

Esses elementos são regidos pelo princípio da proporcionalidade, isto é, a vítima da agressão deve defender-se de maneira proporcional à agressão injusta. No entanto, é preciso frisar que não se faz necessário – nem possível na maioria das vezes – observar uma proporção absolutamente rígida e inflexível entre a agressão injusta e a legítima defesa, pois, no caso concreto, o defendente somente poderá utilizar-se dos meios que estão à sua disposição e também não está obrigado a se submeter a nenhum risco. Claus Roxin[4] explica esse ponto da seguinte

---

[3] SANTOS, Juarez Cirino dos. *Direito penal*, p. 236.
[4] ROXIN, Claus. *Derecho penal*. Parte General. Fundamentos. La estructura de la teoría del delito. Tradução Diego-Manuel Luzon Peña *et al.* 2. ed. Madrid: Civitas, 1997. p. 629.

forma: "Necessária é toda defesa idônea, que seja a mais benigna de várias defesas possíveis, e que não esteja vinculada ao risco imediato de sofrer um dano".
Continua o autor alemão:

> [...] em primeiro lugar, a defesa precisa ser idônea: se alguém me agride fisicamente, eu em retribuição furo os pneus de seu carro, esta ação não está amparada pela legítima defesa. Em segundo lugar, deve ser o meio mais benigno possível: quem pode repelir agressão injusta com seus punhos ou com socos, não pode utilizar-se de uma faca ou revólver, e quem pode intimidar o agressor ameaçando-o com uma arma contundente ou de fogo ou mediante um disparo de advertência, não pode disparar contra a vítima.[5]

Em suma: o defendente pode se utilizar dos meios necessários para repelir a agressão, devendo estes ser entendidos como os que têm à sua disposição, mas deve usá-los de forma moderada, isto é, sem excesso. Assim, por exemplo, se o defendente é ameaçado com uma faca, é legítimo que ele se defenda com uma arma de fogo. Contudo, se após o tiro de advertência o agressor se afasta, não é legítimo alvejá-lo. Ou, se após o tiro de advertência o agressor não se afasta e o defendente necessita alvejá-lo na perna, não é legítimo alvejá-lo novamente quando caído no chão.

c) Direito próprio ou de terceiro

No tocante à titularidade do bem jurídico, a legítima defesa está autorizada tanto para a defesa de direitos próprios – legítima defesa própria – quanto de terceiros – legítima defesa de terceiros. Interessante observar que os bens jurídicos individuais, tais como a vida, o patrimônio, a saúde, a liberdade, a dignidade etc., são suscetíveis de legítima defesa.

Entretanto, no que tange aos bens sociais, vai depender da natureza desses bens: se da *comunidade* (ordem pública, saúde pública, paz social, regularidade do tráfego de veículos etc.), são insuscetíveis de legítima defesa, pois a ação violenta de qualquer particular produziria mais dano do que utilidade, além de que seria inconveniente atribuir ao cidadão tarefas próprias das polícias; se do *Estado*, vai depender, sendo possível, por exemplo, a legítima defesa do particular contra a depredação do patrimônio público, mas não será possível a defesa da pessoa jurídica do Estado, como contra um espião ou traidor.[6]

Sobre esse ponto, interessante o seguinte trecho da obra de Eric Hilgendorf e Brian Valerius:[7]

---

[5] ROXIN, Claus. *Derecho penal*, p. 629.
[6] *Ibidem*, p. 239.
[7] HILGENDORF; Eric; VALERIUS, Brian. *Direito penal*: parte geral. Tradução Orlandino Gleizer. São Paulo, Marcial Pons, 2019. p. 128.

A situação de legítima defesa consiste em uma agressão atual e antijurídica a um *bem ou interesse* juridicamente protegido e passível de ser legitimamente defendido. Apenas interesses individuais, portanto bens jurídicos dos indivíduos (como, p. ex., vida, integridade corporal, liberdade, patrimônio), são passíveis de ser legitimamente defendidos, a saber, independentemente de suas proteções pelo direito penal. Aquele que defende interesses da coletividade, os chamados bens jurídicos universais (como, p. ex., a segurança do tráfego viário contra um condutor embriagado), não está justificado pela legítima defesa.

1.1.1   Art. 25, parágrafo único

A Lei 13.964/2019 modificou o art. 25 do Código Penal ao acrescentar-lhe um parágrafo único que não existia, passando a contar com a seguinte redação:

> Art. 25. Entende-se em legítima defesa quem, usando moderadamente dos meios necessários, repele injusta agressão, atual ou iminente, a direito seu ou de outrem.
>
> Parágrafo único. Observados os requisitos previstos no *caput* deste artigo, considera-se também em legítima defesa o agente de segurança pública que repele agressão ou risco de agressão a vítima mantida refém durante a prática de crimes.

Portanto, não parece difícil reconhecer que o parágrafo único incluído no art. 25 do Código Penal pela Lei 13.964/2019 era absolutamente desnecessário, pois faz uma previsão já contemplada pelo *caput*.

É óbvio que o agente de segurança pública, bem como qualquer outra pessoa, que *repele agressão ou risco de agressão à vítima mantida refém durante a prática de crimes* está em legítima defesa.

É a clássica situação de legítima defesa de terceiros, contemplada integralmente pelo *caput* do art. 25 do Código Penal e amplamente reconhecida pela doutrina e pela jurisprudência brasileiras.[8]

---

[8] "Penal. Processo penal. Recurso em sentido estrito. Decisão de pronúncia. Pleito de absolvição sumária ante a configuração da legítima defesa. Possibilidade. Contexto fático que evidencia que o recorrente agiu em legítima defesa de terceiro. Excesso exculpante na legítima defesa. Acusado que viu a segurança de seu filho ameaçada. Absolvição sumária que se impõe. Recurso conhecido e provido. Restou cabalmente demonstrado que o acusado agiu em legítima defesa de terceiro, tendo em vista que seu filho estava sofrendo agressão injusta e atual, pois a vítima o agrediu, o ameaçou de morte e por fim apontou uma arma de fogo para sua cabeça, momento em que o réu interviu, entrou em vias de fato com o ofendido, conseguiu desarmá-lo e deflagrar disparos de arma de fogo em face dele. Ademais, o fato de o acusado ter deflagrado 11 (onze) tiros não obsta o reconhecimento da legítima defesa, restando configurado e verdade uma legítima defesa com excesso exculpante, caracterizada quando o agente age com excesso para repelir agressão injusta, porém, diante das circunstâncias do caso concreto, seria inviável

Não só o policial (agente de segurança pública), como qualquer cidadão, poderia lesionar bem jurídico alheio para proteger direito de terceiro que estaria acobertado pela excludente de ilicitude da legítima defesa, não praticando crime.

Em princípio, tal alteração não passa de uma espécie de populismo penal com a finalidade de passar aos agentes de segurança pública a impressão de que há uma preocupação especial com a classe dos policiais, mas que na verdade é um dispositivo absolutamente inútil que apenas reforça, sem qualquer alteração concreta a favor dos agentes de segurança pública, o que já estava disposto no *caput* do art. 25 do Código Penal.

Entretanto, é importante destacar que, no projeto originário oriundo do Ministério da Justiça, a redação do parágrafo único do art. 25 do Código Penal, em vez de se utilizar da palavra "repele", fazia uso do termo "previne". Tal jogo de palavras, que parece superficial, foi importantíssimo, pois alterou completamente a abrangência de incidência do dispositivo, uma vez que no projeto originário, ao empregar a expressão "previne", estava-se a propor uma odiosa legítima defesa preventiva que funcionaria como uma espécie de "autorização legal" para que agentes de segurança pública atuassem com violência desmedida, sem que se concretizasse, de fato, uma situação de perigo ou ameaça ao bem jurídico dos próprios agentes ou de terceiros.

Contudo, o Congresso Nacional adequou a redação do artigo à Constituição Federal de 1988 e ao Estado Democrático de Direito ao fazer a substituição da expressão "previne" por "repele", o que nas palavras de Guilherme Madeira Dezem e Luciano Anderson de Souza[9] significou que:

> [...] a lei aprovada reafirmou os contornos da legítima defesa, que tem sua essência no rechaço ao ataque real ou iminente. A '"prevenção" pretendida denotava o sentido de neutralização prévia de supostas ameaças, podendo representar uma autorização aos vulgarmente decantados "abates" sem maiores compromissos cognitivos de aferição de ameaças reais.

Apesar dos pesares, ao fim e ao cabo, não houve qualquer modificação no instituto da legítima defesa, sendo a modificação operada absolutamente inócua, carregada apenas de simbolismo e populismo, contribuindo com absolutamente nada para o desenvolvimento e o aprimoramento do direito penal brasileiro.

---

exigir conduta diversa. Recurso conhecido e provido" (TJAL, RSE 0707108-54.2013.8.02.0001, Rel. Des. Sebastião Costa Filho, j. 27.02.2019, DJe 1.º.03.2019).

[9] DEZEM, Guilherme M.; SOUZA, Luciano A. *Comentários ao pacote anticrime*. São Paulo: Thomson Reuters Brasil, 2020. p. 29.

1.2 Pena pecuniária

A pena pecuniária, isto é, do pagamento em pecúnia (dinheiro), é uma das mais antigas, estando presente no ordenamento brasileiro desde o período colonial. O Código Penal atual, em sua redação original, trazia a pena de multa como espécie de pena principal, com montante determinado no preceito secundário do tipo penal, a ser aplicada à pena privativa de liberdade. Entretanto, com a reforma da parte geral operada em 1984, adotou-se o sistema de dias-multa, ainda vigente, que revogou todas as penas de multas prefixadas nos tipos penais tanto da parte especial do Código Penal quanto da legislação penal especial.

É possível considerarmos a existência de duas modalidades de pena de multa no direito penal brasileiro:

a) Pena de multa prevista no preceito secundário do tipo penal

É aplicada de forma isolada ou cumulativamente à pena privativa de liberdade, como ocorre nos arts. 150 e 155 do Código Penal, respectivamente:

> Violação de domicílio
> Art. 150. Entrar ou permanecer, clandestina ou astuciosamente, ou contra a vontade expressa ou tácita de quem de direito, em casa alheia ou em suas dependências:
> Pena – detenção, de um a três meses, *ou multa*. (g.n.)
> Furto
> Art. 155. Subtrair, para si ou para outrem, coisa alheia móvel:
> Pena – reclusão, de um a quatro anos, e *multa*. (g.n.)

b) Pena de multa substitutiva ou vicariante

É a que será aplicada em substituição à pena privativa de liberdade, nos termos do art. 44, § 2.º, do Código Penal:

> Art. 44. As penas restritivas de direitos são autônomas e substituem as privativas de liberdade, quando:
> [...]
> § 2.º Na condenação igual ou inferior a um ano, a substituição pode ser feita por multa ou por uma pena restritiva de direitos; se superior a um ano, a pena privativa de liberdade pode ser substituída por uma pena restritiva de direitos e multa ou por duas restritivas de direitos.

Na hipótese do art. 44, § 2.º, a pena de multa substitutiva ou vicariante também poderá ser aplicada de forma isolada (pena privativa de liberdade inferior a um ano) ou cumulada (pena privativa de liberdade superior a um ano) com pena restritiva de direitos.

Independentemente da espécie de pena de multa aplicada, esta poderá ser cobrada pelo Estado apenas após o trânsito em julgado da sentença penal condenatória, nos termos do art. 50 do Código Penal:

> Pagamento da multa
>
> Art. 50. A multa deve ser paga dentro de 10 (dez) dias depois de transitada em julgado a sentença. A requerimento do condenado e conforme as circunstâncias, o juiz pode permitir que o pagamento se realize em parcelas mensais.
>
> § 1.º A cobrança da multa pode efetuar-se mediante desconto no vencimento ou salário do condenado quando:
>
> a) aplicada isoladamente;
>
> b) aplicada cumulativamente com pena restritiva de direitos;
>
> c) concedida a suspensão condicional da pena.
>
> § 2.º O desconto não deve incidir sobre os recursos indispensáveis ao sustento do condenado e de sua família.

O cerne da questão está no fato de que após o trânsito em julgado da sentença penal condenatória a pena de multa transforma-se em dívida de valor, isto é, a sentença penal condenatória passa a ser um título executivo judicial a ser cobrado do condenado.

1.2.1 Art. 51, caput

A Lei 13.964/2019 alterou a redação do art. 51 do Código Penal.

No quadro a seguir, pode-se comparar a redação nova com a antiga:

Redação dada pela Lei 13.964/2019	Redação Antiga
Art. 51. Transitada em julgado a sentença condenatória, a multa será **executada perante o juiz da execução penal** e será considerada dívida de valor, aplicáveis as normas relativas à dívida ativa da Fazenda Pública, inclusive no que concerne às causas interruptivas e suspensivas da prescrição (g.n.).	Art. 51. Transitada em julgado a sentença condenatória, a multa será considerada dívida de valor, aplicando-se-lhes as normas da legislação relativa à dívida ativa da Fazenda Pública, inclusive no que concerne às causas interruptivas e suspensivas da prescrição.

A antiga redação do art. 51 do Código Penal, oriunda da reforma da Parte Geral do Código Penal ocorrida em 1984, previa que o não pagamento da pena de multa autorizava a conversão desta em pena de prisão. Era possível, por exemplo, converter 34 dias-multa em 34 dias de prisão.

Conforme explica Guilherme Nucci,[10] houve no Brasil um abuso nessa possibilidade de conversão da pena de multa em prisão, pois, nem bem se iniciava a execução, com a citação do condenado para realizar o pagamento, se ele não o fizesse imediatamente, o Ministério Público requeria a conversão e era atendido pelo juiz, resultando num "enorme contingente de devedores de multa, sob ameaça de prisão, criando um problema real, visto inexistir local para detê-los – separados dos sentenciados a penas privativas de liberdade elevadas, mas também não se podendo abrir mão de cumprir o mandado de prisão expedido pelo juízo da execução penal".

Entretanto, em 1996, a Lei 9.268, alterou o art. 51 e previu que, com o trânsito em julgado da sentença penal condenatória, a multa tornar-se-ia dívida de valor submetida às normas da legislação relativa à dívida ativa da Fazenda Pública.

Logo, após 1996, quando uma sentença penal que fixava pena de multa transitava em julgado e o condenado (devedor), após ser intimado, não realizava o pagamento, esse valor era inscrito na dívida ativa da Fazenda Pública e enviado para a Procuradoria da Fazenda proceder à devida execução para recebimento dos valores.

Diante desse cenário, a jurisprudência pacificou o entendimento de que, nos casos em que a pena privativa de liberdade fosse cumprida, extinta estaria a punibilidade, ainda que houvesse a pena de multa a ser paga, pois esta era entendida como uma mera dívida de valor. Em outras palavras: o não pagamento da pena de multa não impedia a declaração de extinção da punibilidade.

Nesse sentido foi a descrição do Tema Repetitivo 931 do Superior Tribunal de Justiça:

> Nos casos em que haja condenação a pena privativa de liberdade e multa, cumprida a primeira (ou a restritiva de direitos que eventualmente a tenha substituído), o inadimplemento da sanção pecuniária não obsta o reconhecimento da extinção da punibilidade.

No entanto, com a redação atual do art. 51 dada pela Lei 13.964/2019, o responsável pela execução da dívida resultante da pena de multa não mais será a Fazenda Pública, mas sim o Ministério Público, que deverá realizar a execução perante o juízo da execução criminal.[11]

Portanto, houve uma alteração significativa não só com relação à instituição responsável por promover a execução da dívida resultante da pena de multa (na redação antiga, a Procuradoria da Fazenda; na atual, o Ministério Público), como

---

[10] NUCCI, Guilherme de Souza. *Pacote anticrime comentado*. Rio de Janeiro: Forense, 2020. p. 9.

[11] Nesse sentido, utilizando a 1.ª edição da nossa obra como fundamentação da decisão: Agravo de Execução Penal 0029384-57.2020.8.26.0050, 10.ª Câmara de Direito Criminal, Rel. Des. Francisco Bruno, j. 15.04.2021; Agravo de Execução Penal 1017394-54.2020.8.26.0114, 8.ª Câmara de Direito Criminal, Rel. Des. Marco Antônio Cogan, j. 14.04.2021.

também se alterou o juízo competente para processar e julgar essa ação de execução (antes, a Vara da Fazenda Pública; agora, a própria Vara das Execuções Penais).

Assim, se o condenado não pagar voluntariamente a pena de multa, esta jamais poderá ser convertida em prisão, restando ao Estado apenas executar a sentença condenatória por meio de ação de execução promovida pelo Ministério Público na Vara das Execuções Penais, e esse processo de execução seguirá as regras definidas pela Lei de Execução Fiscal e pelo Código Tributário Nacional, nos termos do art. 51 do Código Penal.

Defendemos, nesses moldes, que, mesmo após a Lei 13.964/2019, cumprida a pena privativa de liberdade pelo condenado, não há qualquer óbice para que seja reconhecida a extinção da punibilidade, pois continua a ser meramente uma dívida de valor.

Entretanto, é preciso salientar que, mesmo se transformando em dívida de valor após o trânsito em julgado da sentença penal condenatória, a pena de multa jamais perde o seu caráter penal, de modo que se submete a todos os princípios e limitações aplicáveis às penas, especialmente aos princípios da pessoalidade e intranscendentalidade, sendo certo que jamais poderá ser cobrada dos herdeiros do condenado. Assim, ocorrendo a morte do condenado durante a execução da pena de multa, estarão extintas a punibilidade e, consequentemente, a pena de multa, nos exatos termos do art. 107, I, do Código Penal:

> **Extinção da punibilidade**
> Art. 107. Extingue-se a punibilidade:
> I – pela morte do agente;
> [...]

Caso sobrevenha ao condenado doença mental, será suspensa a execução da pena de multa, nos termos do art. 52 do Código Penal:

> **Suspensão da execução da multa**
> Art. 52. É suspensa a execução da pena de multa, se sobrevém ao condenado doença mental.

Existe uma única hipótese de pena de multa que não será executada no Juízo das Execuções Penais, que é a aplicada pelos Juizados Especiais Criminais nos termos da Lei 9.099/1995, pois, por determinação constitucional, os próprios Juizados Especiais Criminais executarão seus julgados:

> Art. 98. A União, no Distrito Federal e nos Territórios, e os Estados criarão:
> I – juizados especiais, providos por juízes togados, ou togados e leigos, competentes para a conciliação, o julgamento e a execução de causas cíveis de menor complexidade e infrações penais de menor potencial ofensivo, mediante os procedimentos oral e sumaríssimo, permitidos,

nas hipóteses previstas em lei, a transação e o julgamento de recursos por turmas de juízes de primeiro grau; [...]

A questão que se coloca é se essa nova[12] "atribuição" do Ministério Público e essa nova "competência" da Vara das Execuções Penais serão bem desempenhadas por essas Instituições, uma vez que os Ministérios Públicos e as Varas de Execuções Penais não estão estruturados para promover execuções de valores, e tal assunto é estranho às atividades normalmente desempenhadas no dia a dia do funcionamento de uma Vara de Execução Penal. Em uma Vara de Execução Penal, o expediente cotidiano é acompanhar a execução da pena pelos condenados. O Juiz das Execuções Penais decide sobre progressão de regime, sobre livramento condicional, sobre saída temporária etc. Com essa nova atribuição, o Ministério Público terá que propor a execução da dívida e apresentar, por exemplo, os bens que o condenado possui e que poderão garantir a dívida, requerer a penhora e posterior leilão de tais bens etc. Certamente, haverá embargos à execução, embargos de terceiro, exceção de pré-executividade etc., todos incidentes a serem resolvidos pelo Juízo das Execuções Penais. Depois de decidido, certamente haverá agravos e vários outros recursos, que agora terão natureza penal.

Outro ponto importantíssimo, e que nos parece completamente aplicável à nova logística da execução da pena, é fazer uma analogia com as demais

---

[12] Em verdade, o Supremo Tribunal Federal já estava superando o entendimento do Superior Tribunal de Justiça para admitir que a execução da pena de multa na Vara da Fazenda Pública e promovida pela Procuradoria Estadual ou Federal deveria ser subsidiária, nos seguintes termos: "Execução penal. Constitucional. Ação direta de inconstitucionalidade. Pena de multa. Legitimidade prioritária do Ministério Público. Necessidade de interpretação conforme. Procedência parcial do pedido. 1. A Lei n.º 9.268/1996, ao considerar a multa penal como dívida de valor, não retirou dela o caráter de sanção criminal, que lhe é inerente por força do art. 5.º, XLVI, c, da Constituição Federal. Como consequência, a legitimação prioritária para a execução da multa penal é do Ministério Público perante a Vara de Execuções Penais. 3. Por ser também dívida de valor em face do Poder Público, a multa pode ser subsidiariamente cobrada pela Fazenda Pública, na Vara de Execução Fiscal, se o Ministério Público não houver atuado em prazo razoável (90 dias). 4. Ação direta de inconstitucionalidade cujo pedido se julga parcialmente procedente para, conferindo interpretação conforme à Constituição ao art. 51 do Código Penal, explicitar que a expressão 'aplicando-se-lhes as normas da legislação relativa à dívida ativa da Fazenda Pública, inclusive no que concerne às causas interruptivas e suspensivas da prescrição', não exclui a legitimação prioritária do Ministério Público para a cobrança da multa na Vara de Execução Penal. Fixação das seguintes teses: (i) O Ministério Público é o órgão legitimado para promover a execução da pena de multa, perante a Vara de Execução Criminal, observado o procedimento descrito pelos arts. 164 e seguintes da Lei de Execução Penal; (ii) Caso o titular da ação penal, devidamente intimado, não proponha a execução da multa no prazo de 90 (noventa) dias, o Juiz da execução criminal dará ciência do feito ao órgão competente da Fazenda Pública (Federal ou Estadual, conforme o caso) para a respectiva cobrança na própria Vara de Execução Fiscal, com a observância do rito da Lei 6.830/1980" (STF, ADIn 3.150/DF, Rel. Min. Marco Aurélio, red. do acórdão Min. Roberto Barroso, j. 13.12.2018).

execuções promovidas pela Fazenda Pública, que sempre têm como limite um valor específico.

No Estado de São Paulo, por exemplo, pela Lei 14.272/2010, o Poder Executivo, por meio dos órgãos competentes da Procuradoria-Geral do Estado, fica autorizado a não propor ações, inclusive execuções fiscais, assim como requerer a desistência das ajuizadas, para cobrança de débitos de natureza tributária ou não tributária, cujos valores atualizados não ultrapassem 1.200 Unidades Fiscais do Estado de São Paulo (UFESPs).

Em 2021, o valor da UFESP é de R$ 29,09, logo, 1.200 UFESPs totalizam R$ 34.908,00.

Assim, parece-nos que, se a Procuradoria da Fazenda do Estado de São Paulo está autorizada, por lei, a não executar as dívidas fiscais ou de qualquer natureza, por uma questão de isonomia, o Ministério Público também está autorizado a não executar as penas de multa que não ultrapassem as 1.200 UFESPs.

1.3 Limite de cumprimento da pena de prisão

O direito penal, em virtude da natureza penal de sua sanção, é a forma mais grave que o Estado tem de intervir na vida dos seus cidadãos.

Dessa forma, o próprio legislador constitucional previu uma série de dispositivos limitadores à aplicação da pena, pois a sua aplicação indiscriminada é incompatível com o Estado de Direito e com a própria democracia.

Portanto, o constituinte, com fundamento no princípio da dignidade da pessoa humana (art. 1.º, III, da CF) proibiu expressamente algumas espécies de pena. Isso porque a dignidade da pessoa humana impõe uma condição elementar de que, mesmo após a condenação, a pessoa não deixa de ser humana e por isso mantém todos os direitos que a sentença não lhe retirou.

Sobre o assunto, Cernicchiaro e Paulo José da Costa Júnior assentam:

> Hoje, o preso não perde sua individualidade. Deixou de ser objeto e é sujeito da relação jurídica. Apesar da condenação, conserva todos os direitos, afetados somente pelas restrições inerentes à execução da pena.[13]

No mesmo sentido é a lição de Sérgio Salomão Shecaira e Alceu Corrêa Junior:[14]

> O tratamento desumano e degradante ao criminoso é antítese do que se espera de um Estado protetor da vida e dos direitos humanos

---

[13] CERNICCHIARO, Luiz Vicente; COSTA JR., Paulo José da. *Direito penal na Constituição*. 3. ed. São Paulo: RT, 1995. p. 136.

[14] SHECAIRA, Sérgio Salomão; CORRÊA JUNIOR, Alceu. *Teoria da pena*: finalidades, direito positivo, jurisprudência e outros estudos de ciência criminal. São Paulo: RT, 2002. p. 110.

fundamentais. Destarte, a pena não pode contrastar com a finalidade imposta ao Estado de zelar pela dignidade da pessoa humana, nem de ir de encontro à regra constitucional que assegura aos presos o respeito à sua integridade física e moral (art. 5.º, XLIX).

É claro que a condenação criminal significa uma suspensão e limitação de vários direitos fundamentais (o direito de ir e vir, o direito de votar e ser votado etc. são atingidos pela sentença penal condenatória), mas outros direitos fundamentais são mantidos (direito à vida, à integridade corporal, à dignidade, à saúde etc.).

E é exatamente nesse sentido a redação do art. 3.º da Lei de Execução Penal (Lei 7.210/1984):

> Art. 3.º Ao condenado e ao internado serão assegurados todos os direitos não atingidos pela sentença ou pela lei.
> Parágrafo único. Não haverá qualquer distinção de natureza racial, social, religiosa ou política.

No atual momento civilizatório – ao menos em teoria –, o princípio da humanidade é o referencial para aplicação das penas; há uma série de penas que devem estar expressamente proibidas, pois absolutamente incompatíveis com o referido princípio.

Conforme destacam Zaffaroni, Batista, Alagia e Slokar:[15]

> Em função do princípio da humanidade, toda pena que se torna brutal em suas consequências é cruel, como aquelas geradoras de um impedimento que compromete totalmente a vida do indivíduo (morte, castração, esterilização, marcas cutâneas, amputação, intervenções neurológicas). Igualmente cruéis são as consequências jurídicas que se pretendam manter até a morte da pessoa, porquanto impõem-lhe um sinete jurídico que a converte em alguém inferior (*capitis diminutio*). Toda consequência de uma punição tem de acabar em algum momento, por longo que seja o tempo a transcorrer, mas não pode jamais ser perpétua no sentido próprio da expressão, pois implicaria admitir a existência de uma *pessoa descartável*. A proibição constitucional de penas de "caráter perpétuo" (art. 5.º, inc. XLVII, al. *b*, CR) deveria tolher, no âmbito do Congresso Nacional, por evidente vício de inconstitucionalidade, projetos de lei que visem (*sic*) aumentar o patamar máximo de 30 anos de privação de liberdade, estabelecido pelo Código Penal (art. 75) – já por si elevado, em comparação com legislações penais mais recentes. Em verdade, se tomarmos em conta que a pena privativa de liberdade só pode ser imposta a uma pessoa com no mínimo dezoito anos (arts. 228 CR e 27

---

[15] ZAFFARONI, Eugenio Raúl *et al*. *Direito penal brasileiro*. Rio de Janeiro: Revan, 2017. v. 2, t. II, p. 233.

CP), uma prisionização por 50 anos – como pretendeu um de nossos legisladores – equivale materialmente, em cotejo com a sobrevida média do brasileiro, a uma pena de caráter perpétuo, proscrita pela Constituição.

As penas proibidas constitucionalmente no Brasil estão no rol do art. 5.º, XLVII, da Constituição Federal:

> Art. 5.º [...]
> XLVII – não haverá penas:
> a) de morte, salvo em caso de guerra declarada, nos termos do art. 84, XIX;
> b) de caráter perpétuo;
> c) de trabalhos forçados;
> d) de banimento;
> e) cruéis;
> [...]

O art. 75 do Código Penal, ao estabelecer um patamar máximo para o cumprimento da pena privativa de liberdade, está afinado com o art. 5.º, XLVII, *b*, da Constituição Federal.

A prisão perpétua está constitucionalmente vedada, pois a certeza de passar o resto da vida no interior de uma prisão sem a esperança da liberdade viola a dignidade da pessoa humana.

Assim, no sistema penal brasileiro, as penas são sempre por tempo determinado, não havendo a possibilidade de aplicação de penas por tempo indeterminado.

A forma escolhida pelo legislador, em 1940, para impedir as prisões perpétuas foi a limitação do cumprimento de pena a 30 anos. Essa quantidade de tempo não foi definida aleatoriamente, mas sim levando em conta a idade mínima para o início do cumprimento da pena – 18 anos – e a média de vida do brasileiro à época, que era de aproximadamente 45 anos.

1.3.1 Art. 75, caput e § 1.º

O art. 75, *caput* e § 1.º, do Código Penal também sofreram alteração, conforme quadro comparativo a seguir:

Redação dada pela Lei 13.964/2019	Redação Antiga
Art. 75. O tempo de cumprimento das penas privativas de liberdade não pode ser superior a **40 (quarenta) anos**.	Art. 75. O tempo de cumprimento das penas privativas de liberdade não pode ser superior a **30 (trinta) anos**.

Redação dada pela Lei 13.964/2019	Redação Antiga
§ 1.º Quando o agente for condenado a penas privativas de liberdade cuja soma seja superior a **40 (quarenta) anos**, devem elas ser unificadas para atender ao limite máximo deste artigo. (g.n.)	§ 1.º Quando o agente for condenado a penas privativas de liberdade cuja soma seja superior a **30 (trinta) anos**, devem elas ser unificadas para atender ao limite máximo deste artigo. (g.n.)

A justificativa utilizada para elevar o tempo máximo de cumprimento de pena para 40 anos foi exatamente esta: o aumento na expectativa de vida do brasileiro.

Portanto, pela regra atual, independentemente da pena concretamente fixada pelo juiz, ninguém poderá cumprir mais do que 40 anos de pena privativa de liberdade. Em outras palavras: ninguém poderá ficar mais que 40 anos preso.

Entretanto, há uma exceção a essa regra, prevista no § 2.º do art. 75, que não teve sua redação alterada:

> § 2.º Sobrevindo condenação por fato posterior ao início do cumprimento da pena, far-se-á nova unificação, desprezando-se, para esse fim, o período de pena já cumprido.

Dessarte, se o sujeito praticar um crime durante o cumprimento de uma pena privativa de liberdade e for condenado por tal crime, a contagem do tempo para atingir o limite de 40 anos deverá ser reiniciada, fato que permitirá que o condenado passe mais do que 40 anos preso. Exemplo: A foi condenado a 120 anos de prisão por vários homicídios. Quando já havia cumprido 35 anos de sua pena, ou seja, faltavam apenas cinco anos para ser colocado em liberdade, A mata seu colega de cela e é condenado a mais 20 anos de prisão. O cálculo deverá ser reiniciado a partir desta última condenação, sendo possível que fique preso por 55 anos (35 da primeira condenação + 20 da nova condenação).

É necessário que haja essa possibilidade de reinício da contagem do prazo, pois do contrário o condenado poderá praticar o crime que quiser e não ter seu tempo de cumprimento de pena majorado.

Ainda, importante destacar que a Súmula 715 do Supremo Tribunal Federal não sofre qualquer alteração, bastando permutar o limite de 30 anos por 40 anos:

> A pena unificada para atender ao limite de trinta anos de cumprimento, determinado pelo art. 75 do Código Penal, não é considerada para a concessão de outros benefícios, como o livramento condicional ou regime mais favorável de execução.

Por fim, no que se refere a esse novo patamar de 40 anos, cumpre frisar que, por tratar-se de norma de natureza penal, sua aplicabilidade deve se submeter ao princípio da legalidade e da irretroatividade da lei penal, isto é, somente será aplicável aos fatos praticados posteriormente à entrada em vigor da Lei 13.964/2019, o que ocorreu em 24 de janeiro de 2020.

Portanto, aos fatos praticados antes de 24 de janeiro de 2020 o tempo máximo de cumprimento de pena privativa de liberdade é de 30 anos, excetuada a situação do § 2.º do art. 75 do Código Penal. Por sua vez, aos fatos praticados após 24 de janeiro de 2020, inclusive, o tempo máximo de cumprimento da pena privativa de liberdade será de 40 anos, também excetuada a situação do § 2.º do art. 75 do Código Penal.

1.4 Livramento condicional

O livramento condicional é um instituto aplicável na fase de execução da pena e tem por finalidade facilitar a reintegração social do condenado, antecipando sua liberdade, desde que preenchidos alguns requisitos e aceitas algumas condições.

Apesar de haver alguns pontos de semelhança entre o livramento condicional e a suspensão condicional do processo (*sursis*), os institutos não se confundem, sendo possível assinalaras seguintes diferenças, não alteradas pela Lei 13.964/2019:

- O *sursis* é concedido ao final da fase de conhecimento, no momento da sentença, enquanto o livramento condicional é dado na fase de execução da pena, sendo necessário o trânsito em julgado da decisão condenatória.
- O *sursis* tem como limite condenações às penas privativas de liberdade que não ultrapassem dois anos (nos *sursis* etário e humanitário, que são excepcionais, a pena pode ser de até quatro anos) e o livramento condicional somente pode ser aplicado quando a pena privativa de liberdade for igual ou superior a dois anos.
- Ambos os institutos preveem o período de prova, mas, enquanto no *sursis* o período de prova é fixo de dois a quatro anos, no *sursis* simples e no especial, ou de quatro a seis anos no *sursis* etário ou humanitário, no livramento condicional, o período de prova é sempre variável, pois é o tempo restante da pena a ser cumprida pelo condenado.
- No *sursis*, o período de prova inicia-se após a realização da audiência admonitória, nos termos do art. 160 da Lei de Execução Penal, enquanto o livramento condicional somente será concedido após a cerimônia de concessão, nos termos do art. 137 da Lei de Execução Penal.
- Quando o *sursis* é concedido, o condenado não cumpre qualquer quantidade de pena, pois a execução é integralmente suspensa, o livramento condicional, por sua vez, somente poderá ser concedido após o cumprimento efetivo de parte da pena.

- No *sursis,* o período de prova inicia-se após a realização da audiência admonitória, nos termos do art. 160 da Lei de Execução Penal, enquanto o livramento condicional somente será concedido após a cerimônia de concessão, nos termos do art. 137 da Lei de Execução Penal.

A doutrina divide os requisitos para concessão do livramento condicional em objetivos e subjetivos. Os chamados *requisitos objetivos* (incisos I e II do art. 83 do Código Penal) não sofreram qualquer alteração pela Lei 13.964/2019, sendo eles:

a) Condenação à pena privativa de liberdade

Não é possível a aplicação do livramento condicional para pena de multa ou pena restritiva de direitos, pois a essência do instituto é permitir que o condenado saia do sistema carcerário antecipadamente.

Há divergência doutrinária sobre a possibilidade de aplicação do livramento condicional ao condenado que já esteja em regime aberto, especialmente se o recolhimento noturno e aos finais de semana estiver sendo domiciliar. Por um lado, se aplicado o livramento condicional, o condenado não mais teria que se recolher durante a noite e aos finais de semana. De outro, caso aceitasse o livramento condicional, teria que se submeter às condições impostas pelo magistrado e, caso tivesse revogado o benefício, ainda teria que cumprir integralmente o restante da pena, desprezado o tempo que ficara em livramento condicional.

Entretanto, como mencionado, para concessão do livramento condicional, faz-se necessária a realização de uma audiência (art. 137 da Lei de Execução Penal) na qual serão explicadas ao condenado as condições e as consequências do livramento condicional, cabendo a este, em nosso entendimento, após aconselhar-se com seu advogado, decidir se deseja ou não o livramento condicional.

b) Que a pena privativa de liberdade seja igual ou superior a dois anos

Perceba-se que somente poderá ser concedido o livramento condicional, quando a pena privativa de liberdade imposta ao condenado for igual ou superior a dois anos. Por outro lado, somente serão cabíveis o *sursis* simples e o especial, quando a pena privativa de liberdade for igual ou inferior a dois anos. Por conseguinte, quando a pena aplicada for exatamente dois anos, serão admissíveis tanto o livramento condicional quanto o *sursis.*

c) Reparação do dano, salvo impossibilidade de fazê-lo

A reparação do dano, na maioria das vezes, é difícil de ocorrer, seja pela ausência de uma vítima específica, ou mesmo pela situação de miserabilidade do condenado. No livramento condicional, a dificuldade de reparar o dano é ainda mais premente, pois o condenado estará preso, sem trabalho e sem qualquer fonte de renda que lhe permita cumprir esse requisito. Por esse motivo, há entendimento jurisprudencial, com o qual concordamos, de que no livramento condicional a impossibilidade de reparação do dano deve ser presumida.

d) Cumprimento parcial da pena privativa de liberdade

No que se refere ao tempo parcial de pena que deverá ser cumprido para a concessão do livramento condicional, o legislador estabeleceu vários critérios:

- I – mais de um terço (1/3), se o beneficiário não for reincidente em crime doloso e ostentar bons antecedentes;
- II – mais de metade (1/2), se o beneficiário for reincidente em crime doloso.

Apresenta-se aqui uma questão: e se o agente ostentar maus antecedentes, mas não for reincidente em crime doloso? Alguém nessas condições não se enquadraria em nenhuma das duas hipóteses mencionadas. Surgem, então, duas posições:

- » Em respeito ao princípio da proporcionalidade, teria que cumprir um período intermediário entre 1/3 e 1/2, ficando o *quantum* a critério do magistrado.
- » Deverá cumprir apenas um terço da pena, sendo aplicável o inciso I do art. 83 do Código Penal, pois qualquer outro entendimento configuraria analogia *in malam partem* ou interpretação extensiva em prejuízo do condenado, violando frontalmente o princípio da legalidade. Parece-nos a posição mais adequada.
- III – mais de dois terços (2/3), se o beneficiário for condenado por crime hediondo ou equiparado a hediondo.

Os crimes hediondos estão definidos no art. 1.º da Lei 8.072/1990 e os equiparados aos hediondos estão no art. 5.º, XLIII, da Constituição Federal, e são: tortura, tráfico de drogas e terrorismo.

Se o condenado for reincidente em crimes hediondos ou assemelhados, não poderá obter o livramento condicional. A reincidência proibitiva do livramento condicional é a específica e pode dar-se tanto entre crime hediondo e novo crime hediondo; ou crime hediondo e equiparado a hediondo; ou entre crime equiparado a hediondo e outro crime equiparado a hediondo.

Embora a Lei 13.964/2019 não tenha incluído no art. 83 do Código Penal qualquer nova previsão sobre livramento condicional para os crimes hediondos, fê-lo no art. 112 da Lei de Execução Penal, demonstrando péssima técnica legislativa.

Pela nova redação do inciso VI, *a*, do art. 112 da Lei de Execução Penal, dada pela Lei 13.964/2019, está vedado o livramento condicional para o condenado pela prática de crime hediondo ou equiparado, com resultado morte, ainda que seja primário. No mesmo artigo, porém no inciso VIII, veda-se também o livramento condicional ao reincidente específico em crime hediondo ou equiparado com resultado morte, o que já está implícito no inciso V do art. 83 do Código Penal, sem qualquer resultado prático.

Os incisos VI e VIII do art. 112 da Lei de Execução Penal têm a seguinte redação:

> Art. 112. A pena privativa de liberdade será executada em forma progressiva com a transferência para regime menos rigoroso, a ser determinada pelo juiz, quando o preso tiver cumprido ao menos:
> [...]
> VI – 50% (cinquenta por cento) da pena, se o apenado for:
> a) condenado pela prática de crime *hediondo ou equiparado, com resultado morte*, se for *primário, vedado o livramento condicional*;
> [...]
> VIII – 70% (setenta por cento) da pena, se o apenado for *reincidente em crime hediondo ou equiparado com resultado morte, vedado o livramento condicional*. (g.n)

Sintetizando: pela Lei 13.964/2019, inclui-se na proibição de concessão de livramento condicional ao condenado, ainda que primário, em crime hediondo ou equiparado *com resultado morte*, nos termos do art. 112, VI, *a*, da Lei 7.210/1984. O reincidente específico em crime hediondo ou equiparado com resultado morte já tinha o livramento condicional vedado pelo art. 83, V, do Código Penal, mas essa condição foi reforçada pelo inciso VIII do art. 112 da Lei de Execução Penal.

Interessante observar que a Lei de Drogas (Lei 11.343/2006) tratou especificamente do livramento condicional para os crimes de tráfico de entorpecentes, que são equiparados aos hediondos. Assim, o art. 44 da Lei 11.343/2006 definiu:

> Art. 44. Os crimes previstos nos arts. 33, *caput* e § 1.º, e 34 a 37 desta Lei são inafiançáveis e insuscetíveis de *sursis*, graça, indulto, anistia e liberdade provisória, vedada a conversão de suas penas em restritivas de direitos.
> Parágrafo único. *Nos crimes previstos no* caput *deste artigo, dar-se-á o livramento condicional após o cumprimento de dois terços da pena, vedada sua concessão ao reincidente específico*. (g.n.)

Assim, a Lei de Drogas, especificamente no parágrafo único do art. 44, permitiu que o reincidente específico em crimes definidos por ela própria tivesse direito ao livramento condicional, desde que cumpridos dois terços da pena.

Essa situação é mais benéfica do que a prevista no Código Penal, pois, pelo art. 83, V, do Código Penal, estaria vedada a concessão do livramento condicional ao reincidente em tráfico de entorpecentes, pois se trata de crime equiparado a hediondo.

Diante desse conflito aparente de norma, aplica-se o disposto no art. 44 da Lei de Drogas, pois se trata de lei específica, posterior e mais benéfica ao réu.

1.4.1 Art. 83, III

No art. 83 do Código Penal está previsto o instituto do livramento condicional. A Lei 13.964/2019 alterou apenas o inciso III do art. 83, conforme se verifica no quadro comparativo a seguir:

Redação dada pela Lei 13.964/2019	Redação Antiga
Art. 83. O juiz poderá conceder livramento condicional ao condenado a pena privativa de liberdade igual ou superior a 2 (dois) anos, desde que:	Art. 83. O juiz poderá conceder livramento condicional ao condenado a pena privativa de liberdade igual ou superior a 2 (dois) anos, desde que:
I – cumprida mais de um terço da pena se o condenado não for reincidente em crime doloso e tiver bons antecedentes;	I – cumprida mais de um terço da pena se o condenado não for reincidente em crime doloso e tiver bons antecedentes;
II – cumprida mais da metade se o condenado for reincidente em crime doloso;	II – cumprida mais da metade se o condenado for reincidente em crime doloso;
III – comprovado: a) bom comportamento durante a execução da pena; b) não cometimento de falta grave nos últimos 12 (doze) meses; c) bom desempenho no trabalho que lhe foi atribuído; e d) aptidão para prover a própria subsistência mediante trabalho honesto;	III – comprovado comportamento satisfatório durante a execução da pena, bom desempenho no trabalho que lhe foi atribuído e aptidão para prover à própria subsistência mediante trabalho honesto;
IV – tenha reparado, salvo efetiva impossibilidade de fazê-lo, o dano causado pela infração;	IV – tenha reparado, salvo efetiva impossibilidade de fazê-lo, o dano causado pela infração;
V – cumpridos mais de dois terços da pena, nos casos de condenação por crime hediondo, prática de tortura, tráfico ilícito de entorpecentes e drogas afins, tráfico de pessoas e terrorismo, se o apenado não for reincidente específico em crimes dessa natureza.	V – cumpridos mais de dois terços da pena, nos casos de condenação por crime hediondo, prática de tortura, tráfico ilícito de entorpecentes e drogas afins, tráfico de pessoas e terrorismo, se o apenado não for reincidente específico em crimes dessa natureza.

Redação dada pela Lei 13.964/2019	Redação Antiga
Parágrafo único. Para o condenado por crime doloso, cometido com violência ou grave ameaça à pessoa, a concessão do livramento ficará também subordinada à constatação de condições pessoais que façam presumir que o liberado não voltará a delinquir.	Parágrafo único. Para o condenado por crime doloso, cometido com violência ou grave ameaça à pessoa, a concessão do livramento ficará também subordinada à constatação de condições pessoais que façam presumir que o liberado não voltará a delinquir.

Os requisitos subjetivos (inciso III do art. 83 do Código Penal) foram objeto de mudança pela Lei 13.964/2019, tornando a concessão do livramento condicional mais difícil.

Houve uma mudança de "comprovado comportamento satisfatório durante a execução da pena" por "bom comportamento durante a execução da pena" e o acréscimo do "não cometimento de falta grave nos últimos 12 (doze) meses".

No tocante aos demais requisitos subjetivos ("bom desempenho no trabalho que lhe foi atribuído" e "aptidão para prover a própria subsistência mediante trabalho honesto"), não houve qualquer mudança, de modo que esses requisitos continuam a ser exigidos para concessão do livramento condicional.[16]

No que diz respeito à substituição de "comportamento satisfatório" por "bom comportamento", parece-nos que não andou bem o legislador, pois não há uma definição legal do que seja "bom comportamento", assim como já não havia uma definição do que fosse "comportamento satisfatório".

Em princípio, na ausência de uma definição legal do "bom comportamento", precisamos recorrer ao art. 76 e ss. do Regulamento Penitenciário Federal, que traz uma classificação da conduta dos presos, nos seguintes termos:

---

[16] Os julgados do Superior Tribunal de Justiça vêm asseverando que, além do período de um ano sem falta grave, a Lei 13.964/2019 demanda a existência de circunstâncias pessoais favoráveis para se autorizar o benefício. Exemplo de tal posição foi o julgamento em que, por unanimidade, a Quinta Turma não conheceu a ordem no julgamento do *Habeas Corpus* 616.951, impetrado, pela Defensoria Pública de São Paulo, para contestar a exigência de exame criminológico para a concessão de livramento condicional a um homem apenado por cinco roubos qualificados e que cometeu nove faltas graves durante o cumprimento da pena. A última falta grave havia sido cometida há mais de dois anos, mas, de acordo com o Relator, Ministro Felix Fischer, além das faltas, o réu apresentou indicativos desfavoráveis no exame criminológico anterior, o que levou à determinação da nova prova técnica. Fischer citou trecho da alteração promovida pelo Pacote Anticrime segundo o qual as condições subjetivas necessárias a quem requer o benefício são "comportamento satisfatório durante a execução da pena, bom desempenho no trabalho que lhe foi atribuído e aptidão para prover a própria subsistência mediante trabalho honesto" (STJ, HC 616.951/SP, 5.ª Turma, Rel. Min. Feliz Fischer, j. 17.11.2020).

Art. 76. A conduta do preso recolhido em estabelecimento penal federal será classificada como:

I – ótima;

II – boa;

III – regular; ou

IV – má.

Nos artigos seguintes, o mesmo Regulamento Penitenciário Federal[17] define as classificações supradispostas:

Art. 77. *Ótimo comportamento* carcerário é aquele decorrente de prontuário sem anotações de falta disciplinar, desde o ingresso do preso no estabelecimento penal federal até o momento da requisição do atestado de conduta, somado à anotação de uma ou mais recompensas.

Art. 78. *Bom comportamento* carcerário é aquele decorrente de prontuário sem anotações de falta disciplinar, desde o ingresso do preso no estabelecimento penal federal até o momento da requisição do atestado de conduta.

Parágrafo único. Equipara-se ao bom comportamento carcerário o do preso cujo prontuário registra a prática de faltas, com reabilitação posterior de conduta.

Art. 79. *Comportamento regular* é o do preso cujo prontuário registra a prática de faltas médias ou leves, sem reabilitação de conduta.

Art. 80. Mau comportamento carcerário é o do preso cujo prontuário registra a prática de falta grave, sem reabilitação de conduta.

Assim, se nos utilizarmos do Regulamento Penitenciário Federal para preencher o conteúdo da expressão "bom comportamento carcerário" previsto no art. 83, III, *a*, do CP, com redação dada pela Lei 13.964/2019, somente poderá ser considerado com "bom comportamento" e obter o livramento condicional o preso que:

a) não tiver qualquer anotação em seu prontuário desde o ingresso no estabelecimento prisional até o momento da requisição do atestado de conduta (art. 79, *caput*, do Regulamento Penitenciário Federal); ou

b) que tiver faltas anotadas no prontuário, mas que já tenha adquirido a reabilitação de conduta (art. 78, parágrafo único, do Regulamento Penitenciário Federal).

De forma bem sucinta, nos termos do Regulamento Penitenciário Federal, o preso que tiver anotações em seu prontuário e tiver perdido a classificação

---

[17] No Estado de São Paulo a Secretaria de Assistência Penitenciária (SAP) tem a Resolução 115 de 04.12.2003, que adota exatamente os mesmos critérios do Regulamento Penitenciário Federal.

de "bom comportamento" poderá recuperá-lo após um procedimento administrativo de reabilitação.

Os prazos para a reabilitação estão definidos no art. 81 do Regulamento Penitenciário Federal e são contados da seguinte forma:

> Art. 81. O preso terá os seguintes prazos para reabilitação da conduta, a partir do término do cumprimento da sanção disciplinar:
> I – três meses, para as faltas de natureza leve;
> II – seis meses, para as faltas de natureza média;
> III – doze meses, para as faltas de natureza grave; e
> IV – vinte e quatro meses, para as faltas de natureza grave que forem cometidas com grave violência à pessoa ou com a finalidade de incitamento à participação em movimento para subverter a ordem e a disciplina que ensejarem a aplicação de regime disciplinar diferenciado.

Aqui há uma questão nova e muito relevante que precisa ser destacada, pois altera substancialmente a situação normativa.

Quando da promulgação da Lei 13.964/2019, o Presidente da República vetou uma série de dispositivos, dentre eles, o que seria o § 7.º do art. 112 da Lei de Execução Penal. Porém, como ocorreu com vários outros dispositivos, o Congresso Nacional derrubou esse veto, fazendo com que o § 7.º do art. 112 da LEP passasse a ter validade e a integrar o ordenamento jurídico brasileiro.

Esse dispositivo (§ 7.º do art. 112 da LEP) prevê exatamente como o condenado poderá recuperar o "bom comportamento" carcerário, nestas exatas palavras:

> O bom comportamento é readquirido após 1 (um) ano da ocorrência do fato, ou antes, após o cumprimento do requisito temporal exigível para a obtenção do direito.

Percebe-se, desde logo, que, pelo novel dispositivo, não há mais qualquer necessidade de que o condenado que perdeu o "bom comportamento" carcerário passe por um procedimento de reabilitação para readquiri-lo, bastando o decurso do prazo de um ano, contado da data da prática do fato que o fez perder esse *status*, independentemente de qualquer outra condição.

E mais! O dispositivo ainda permite que o "bom comportamento" carcerário seja readquirido antes do prazo de um ano, quando o condenado já tiver alcançado o tempo de cumprimento necessário para obtenção do direito. Conforme explicamos no Capítulo 4, item 4.4.1, essa situação pode ocorrer para a progressão de regimes.[18]

---

[18] "Assim, se um condenado primário que tiver cometido o crime mediante violência ou grave ameaça à pessoa (inciso III do art. 112 da LEP) e que somente poderá progredir após o cumprimento de 25% da pena no regime anterior, comete uma falta grave após exatos 6

Diante desse quadro, em relação específica ao Livramento Condicional, o legislador achou por bem não permitir que o "bom comportamento" adquirido antes do período de um ano permitisse a concessão desse benefício, motivo pelo qual criou outro critério além do "bom comportamento carcerário" (art. 83, III, *a*), que é "o não cometimento de falta grave nos últimos 12 (doze) meses" (art. 83, III, *b*).

Embora pareça que os critérios se sobrepõem, com a inclusão do § 7.º no art. 112 da LEP, os dois critérios passaram a se complementar e a fazer sentido, pois, ainda que o condenado que tenha praticado falta grave alcance o prazo para o livramento condicional antes do decurso de um ano da falta grave (o que lhe permitiria obter o "bom comportamento" carcerário antecipado, nos termos da parte final do § 7.º do art. 112 da LEP), não poderá obter especificamente esse benefício, pois ainda não terá ocorrido o prazo de 12 meses da ocorrência da falta grave (art. 83, III, *b*, do CP).

De qualquer forma, pela nova lei dada ao art. 83 do Código Penal, especialmente ao inciso III, somente poderá ser concedido o livramento condicional ao preso que tiver bom comportamento carcerário e que não tiver faltas graves nos últimos 12 meses, somados aos demais requisitos objetivos e subjetivos previstos no art. 83 do Código Penal.

1.5 Efeitos da condenação

Com o trânsito em julgado da decisão penal condenatória, esta passará a ter eficácia e seus efeitos serão irradiados sobre o condenado. Os efeitos da condenação criminal têm tanto natureza penal quanto extrapenal, uma vez que também alcança outros ramos do direito.

Os efeitos penais da condenação são divididos em:

a) *Efeitos penais principais:* são as penas (privativas de liberdade, restritivas de direito ou multa) e as medidas de segurança.

b) *Efeitos penais secundários:* são as demais consequências de natureza penal que atingem o condenado, tais como: reincidência, maus antecedentes, impedimento para obtenção do *sursis*, prorrogação do período de prova no *sursis* e no livramento condicional, revogação do *sursis* e do livramento condicional etc.

---

meses de cumprimento da pena, perderá o bom comportamento carcerário e terá o seu prazo para progressão de regime interrompido. Reiniciada a contagem do prazo para progressão, considerar-se-á o quantum restante da pena – 3 anos e 6 meses, sobre o qual deverá cumprir 25%, que é 10 meses e 15 dias. Perceba que o condenado alcançou o tempo exigido para obtenção do direito (progressão de regime) antes do prazo de um ano necessário para readquirir o bom comportamento carcerário, de modo que pela dicção da parte final do § 7.º do art. 112, o bom comportamento carcerário será 'antecipado' e o direito concedido."

Além dos efeitos "penais" decorrentes da própria natureza da aplicação da pena, existem outros efeitos de natureza civil e administrativa chamados de efeitos extrapenais.

É preciso salientar que quaisquer desses efeitos dependem da efetiva condenação do autor do crime, não podendo decorrer, em hipótese alguma, da simples homologação de transação penal, pois esta não importa em admissão de culpa, conforme decidido pelo Supremo Tribunal Federal.

Os efeitos extrapenais podem ser divididos em genéricos e específicos.

Os efeitos genéricos não dependem da declaração do magistrado na sentença, pois são efeitos automáticos da própria condenação.

Os efeitos genéricos da condenação estão previstos no art. 91 do Código Penal:

> Art. 91. São efeitos da condenação:
> I – tornar certa a obrigação de indenizar o dano causado pelo crime;
> II – a perda em favor da União, ressalvado o direito do lesado ou de terceiro de boa-fé:
> a) dos instrumentos do crime, desde que consistam em coisas cujo fabrico, alienação, uso, porte ou detenção constitua fato ilícito;
> b) do produto do crime ou de qualquer bem ou valor que constitua proveito auferido pelo agente com a prática do fato criminoso.
> [...]

Analisemos cada um dos efeitos extrapenais da condenação previstos no dispositivo *supra*:

a) Tornar certa a obrigação de indenizar o dano causado pelo crime

Partindo da lógica de que o direito penal é a *ultima ratio*, todo e qualquer crime deve configurar, antes, um ilícito civil.

Admitida pela sentença penal condenatória a existência do crime, reconhecidos estão a prática do ilícito civil e, consequentemente, o dever do condenado de indenizar as vítimas.

Nesses termos, são os arts. 186 e 927 do CC:

> Art. 186. Aquele que, por ação ou omissão voluntária, negligência ou imprudência, violar direito e causar dano a outrem, ainda que exclusivamente moral, comete ato ilícito.
> [...]
> Art. 927. Aquele que, por ato ilícito (arts. 186 e 187), causar dano a outrem, fica obrigado a repará-lo.

Assim, quando houver vítima(s) identificável(is), a sentença penal condenatória poderá servir-lhes como título executivo judicial, não sendo necessário discutir em juízo se há ou não o dever de indenizar, mas apenas o *quantum* indenizatório, isto é, o valor da indenização.

Importante frisar que desde 2008, nos termos do art. 387, IV, do Código de Processo Penal, o juiz criminal, ao prolatar sentença penal condenatória, deverá fixar o valor mínimo de reparação do dano a ser pago pelo condenado:

> Art. 387. O juiz, ao proferir sentença condenatória:
> [...]
> IV – fixará valor mínimo para reparação dos danos causados pela infração, considerando os prejuízos sofridos pelo ofendido;
> [...]

A fixação desse valor pelo juiz criminal, como se verifica, é um valor mínimo, ou seja, não obsta que a vítima busque um valor maior no juízo cível.

b) A perda em favor da União, ressalvado o direito do lesado ou do terceiro de boa-fé

Trata-se de hipótese de confisco, na qual o condenado perde seus bens para União. Esse confisco pode recair sobre:

- Instrumentos do crime, desde que consistam em coisas cujo fabrico, alienação, uso, porte ou detenção constitua fato ilícito.

Serão perdidos em favor da União os instrumentos utilizados para a prática do crime, desde que sejam objetos ilícitos.

Importante destacar que somente poderão ser confiscados os bens ilícitos e quando for praticado crime, não estando alcançadas pelo confisco as contravenções penais.

Atualmente, o Estatuto do Desarmamento (Lei 10.826/2003) tem previsão especial sobre as armas de fogo utilizadas para prática de crimes, devendo ser aplicado o art. 25, *caput*, que tem a seguinte redação:

> Art. 25. As armas de fogo apreendidas, após a elaboração do laudo pericial e sua juntada aos autos, quando não mais interessarem à persecução penal serão encaminhadas pelo juiz competente ao Comando do Exército, no prazo de até 48 (quarenta e oito) horas, para destruição ou doação aos órgãos de segurança pública ou às Forças Armadas, na forma do regulamento desta Lei.[19]

A Lei de Drogas também tem disposição expressa sobre os objetos utilizados para a prática dos crimes nela definidos, e sua disposição é mais severa que a do Código Penal, uma vez que autoriza o confisco não só de bens ilícitos, mas

---

[19] Redação dada pela Lei 13.886/2019.

também de bens lícitos, tais como veículos, maquinários etc. A regulamentação é feita pelo art. 62, *caput,* da Lei 11.343/2006:

> Art. 62. Comprovado o interesse público na utilização de quaisquer dos bens de que trata o art. 61, os órgãos de polícia judiciária, militar e rodoviária poderão deles fazer uso, sob sua responsabilidade e com o objetivo de sua conservação, mediante autorização judicial, ouvido o Ministério Público e garantida a prévia avaliação dos respectivos bens.[20]

- Do produto do crime ou de qualquer bem ou valor que constitua proveito auferido pelo agente com a prática do fato criminoso.

Também serão objeto do confisco os produtos do crime ou dos bens e valores que constituam proveito auferido pelo condenado pela prática do crime.

São considerados produtos do crime os objetos obtidos diretamente por meio da prática criminosa (por exemplo, as joias furtadas), ou os objetos resultantes da utilização do produto do crime (joias feitas do derretimento de ouro furtado), ou os objetos fabricados por meio de prática criminosa (moeda falsa, por exemplo).

Por sua vez, o proveito do crime relaciona-se àquilo que foi obtido indiretamente pela prática criminosa, por exemplo, o dinheiro obtido com a venda do carro roubado para desmanche.

Cumpre destacar que é possível exigir o produto e o proveito do crime em face dos sucessores do condenado, pois, por não ser o confisco um efeito penal da condenação criminal, não está limitado pelo princípio da personalidade da pena previsto no art. 5.º, XLV, da Constituição Federal.

Por fim, é preciso esclarecer que a Lei 12.694/2012 alterou o art. 91 do Código Penal, acrescentando os §§ 1.º e 2.º, com a seguinte redação:

> § 1.º Poderá ser decretada a perda de bens ou valores equivalentes ao produto ou proveito do crime quando estes não forem encontrados ou quando se localizarem no exterior.
>
> § 2.º Na hipótese do § 1.º, as medidas assecuratórias previstas na legislação processual poderão abranger bens ou valores equivalentes do investigado ou acusado para posterior decretação de perda.

Segundo esses dispositivos, é possível a decretação da perda de bens e valores (isto é, o confisco) do patrimônio lícito do condenado, quando o produto ou proveito do crime não forem encontrados ou estiverem alocados no exterior. Assim, se uma pessoa pratica crime de lavagem de dinheiro e remete o montante obtido pela prática do crime para o exterior e as autoridades brasileiras não têm como recuperar o dinheiro, poderá ser decretada, após o trânsito em

---

[20] Redação dada pela Lei 13.840/2019.

julgado, a perda do patrimônio lícito do condenado equivalente ao montante obtido com a atividade criminosa.

Trata-se de exasperação do instituto do confisco que deve ser utilizada com muita parcimônia pelas autoridades judiciárias brasileiras e somente em casos nos quais a prova da obtenção dos produtos ou valores do crime seja absoluta, pois, se essas medidas forem levadas ao extremo, poderão configurar verdadeiro confisco de patrimônio lícito, situação expressamente proibida pela Constituição brasileira.

Os efeitos extrapenais específicos têm efeitos em outros ramos do direito, somente são aplicáveis em situações específicas e dependem de expressa determinação judicial na decisão condenatória, isto é, não são efeitos automáticos da condenação.

Esses efeitos estão previstos no art. 92 do Código Penal:

> Art. 92. São também efeitos da condenação:
>
> I – a perda de cargo, função pública ou mandato eletivo:
>
> a) quando aplicada pena privativa de liberdade por tempo igual ou superior a um ano, nos crimes praticados com abuso de poder ou violação de dever para com a Administração Pública;
>
> b) quando for aplicada pena privativa de liberdade por tempo superior a 4 (quatro) anos nos demais casos;
>
> II – a incapacidade para o exercício do poder familiar, da tutela ou da curatela nos crimes dolosos sujeitos à pena de reclusão cometidos contra outrem igualmente titular do mesmo poder familiar, contra filho, filha ou outro descendente ou contra tutelado ou curatelado;
>
> III – a inabilitação para dirigir veículo, quando utilizado como meio para a prática de crime doloso.
>
> Parágrafo único. Os efeitos de que trata este artigo não são automáticos, devendo ser motivadamente declarados na sentença.

Os efeitos específicos são os seguintes:

a) A perda de cargo, função pública ou mandato eletivo

O condenado poderá perder, em virtude de condenação criminal transitada em julgado, o cargo, a função pública ou o mandato eletivo, desde que o magistrado declare-o expressamente e de maneira fundamentada na sentença, nos termos do parágrafo único do artigo supramencionado.

No entanto, a perda do cargo, da função pública ou do mandato eletivo somente poderá ser imposta com a observância das seguintes condições:

- pena privativa de liberdade por tempo igual ou superior a um ano, nos crimes praticados com abuso de poder ou violação de dever para com a Administração Pública;
- pena privativa de liberdade por tempo superior a quatro anos nos demais casos.

Assim, se a pena privativa de liberdade for igual ou superior a um ano, somente poderá ser decretada a perda do cargo, função pública ou mandato eletivo se o condenado tiver praticado o crime com abuso de poder ou violação de dever para com a Administração Pública, isto é, deve haver uma correlação entre o crime e o objeto da perda.

Entretanto, quando a pena privativa de liberdade aplicada for superior a quatro anos, não haverá necessidade do abuso de poder ou violação de dever, pois, pelo montante da pena, o regime de cumprimento, em regra, será o semiaberto ou fechado, que seriam incompatíveis com a continuidade do exercício de cargo, função pública ou mandato eletivo.

No que se refere especificamente ao mandato eletivo, é preciso observar o art. 15, III, da Constituição Federal, que prevê a suspensão automática e obrigatória dos direitos políticos em virtude de qualquer condenação criminal, enquanto perdurarem seus efeitos:

> Art. 15. É vedada a cassação de direitos políticos, cuja perda ou suspensão só se dará nos casos de:
> [...]
> III – condenação criminal transitada em julgado, enquanto durarem seus efeitos;
> [...]

Em todas as hipóteses tratadas *supra* (perda do cargo, função pública ou mandato eletivo), o condenado somente poderá voltar a ocupar novo cargo ou nova função pública ou exercer novo mandato eletivo após a reabilitação criminal. Todavia, mesmo após a reabilitação, não poderá voltar a exercer o mesmo cargo, função ou mandato que foi perdido pela condenação criminal, conforme parágrafo único do art. 93 do Código Penal:

> Art. 93. [...]
> Parágrafo único. A reabilitação poderá, também, atingir os efeitos da condenação, previstos no art. 92 deste Código, vedada reintegração na situação anterior, nos casos dos incisos I e II do mesmo artigo.

Algumas leis especiais tratam de maneira diversa sobre esse tema:

- Lei de Tortura (Lei 9.455/1997): nos termos do art. 1.º, § 5.º, a condenação por crime de tortura acarreta, automaticamente, conforme o Supremo Tribunal Federal, a perda do cargo, função pública ou mandato eletivo, independentemente da quantidade de pena, bem como impede que o condenado os exerça novamente pelo dobro do prazo da pena aplicada:

> § 5.º A condenação acarretará a perda do cargo, função ou emprego público e a interdição para seu exercício pelo dobro do prazo da pena aplicada.

- Lei do Racismo (Lei 7.716/1989): a condenação por crimes de preconceito de raça e cor praticados por servidor público tem como efeito a perda do cargo ou função pública, independentemente da pena, nos termos do art. 16 da referida lei:

> Art. 16. Constitui efeito da condenação a perda do cargo ou função pública, para o servidor público, e a suspensão do funcionamento do estabelecimento particular por prazo não superior a três meses.

- Lei do Crime Organizado (Lei 12.850/2013): a condenação de servidor público como membro de organização criminosa, nos termos do art. 2.º, § 6.º, tem como consequência a perda automática do cargo, função pública ou mandato eletivo, bem como a impossibilidade de voltar a exercê-los por oito anos subsequentes ao cumprimento da pena:

> § 6.º A condenação com trânsito em julgado acarretará ao funcionário público a perda do cargo, função, emprego ou mandato eletivo e a interdição para o exercício de função ou cargo público pelo prazo de 8 (oito) anos subsequentes ao cumprimento da pena.

b) A incapacidade para o exercício do poder familiar, da tutela ou da curatela nos crimes dolosos sujeitos à pena de reclusão cometidos contra outrem igualmente titular do mesmo poder familiar, contra filho, filha ou outro descendente ou contra tutelado ou curatelado

Essa situação de efeitos extrapenais da sentença condenatória justifica-se pelo fato de que o condenado que praticou crime grave, apenado com reclusão, contra a pessoa com quem divide o poder familiar, contra seu filho, filha ou outro ascendente, contra o tutelado ou curatelado, não mais pode continuar a ser o responsável pela sua própria vítima.

Entende a maioria da doutrina e jurisprudência que esses efeitos alcançam todos os filhos, tutelados e curatelados, e não só os que foram vítimas dos crimes que geraram a incapacidade.

O condenado poderá voltar a exercer o poder familiar, a tutela e a curatela após a reabilitação, conforme se demonstrará adiante.

c) A inabilitação para dirigir veículo, quando utilizado como meio para a prática de crime doloso

Trata-se de efeito extrapenal da condenação por crimes dolosos nos quais o veículo fora utilizado como meio para prática do crime. A sua duração é por tempo indeterminado, mas pode ser reconquistada com a reabilitação.

Essa inabilitação para dirigir veículo automotor não se confunde, portanto, com suspensão do direito de dirigir, que é aplicável como pena restritiva de direitos aos condenados por crimes de trânsito; tem a mesma duração da pena privativa de liberdade aplicada.

1.5.1   Art. 91-A

O art. 91-A criou uma situação especial de efeito extrapenal genérico da sentença penal condenatória consistente na perda de bens como produto ou proveito do crime, nos seguintes termos:

> Art. 91-A. Na hipótese de condenação por infrações às quais a lei comine pena máxima superior a 6 (seis) anos de reclusão, poderá ser decretada a perda, como produto ou proveito do crime, dos bens correspondentes à diferença entre o valor do patrimônio do condenado e aquele que seja compatível com o seu rendimento lícito.
>
> § 1.º Para efeito da perda prevista no *caput* deste artigo, entende-se por patrimônio do condenado todos os bens:
>
> I – de sua titularidade, ou em relação aos quais ele tenha o domínio e o benefício direto ou indireto, na data da infração penal ou recebidos posteriormente; e
>
> II – transferidos a terceiros a título gratuito ou mediante contraprestação irrisória, a partir do início da atividade criminal.
>
> § 2.º O condenado poderá demonstrar a inexistência da incompatibilidade ou a procedência lícita do patrimônio.
>
> § 3.º A perda prevista neste artigo deverá ser requerida expressamente pelo Ministério Público, por ocasião do oferecimento da denúncia, com indicação da diferença apurada.
>
> § 4.º Na sentença condenatória, o juiz deve declarar o valor da diferença apurada e especificar os bens cuja perda for decretada.
>
> § 5.º Os instrumentos utilizados para a prática de crimes por organizações criminosas e milícias deverão ser declarados perdidos em favor da União ou do Estado, dependendo da Justiça onde tramita a ação penal, ainda que não ponham em perigo a segurança das pessoas, a moral ou a ordem pública, nem ofereçam sério risco de ser utilizados para o cometimento de novos crimes.

Trata-se de uma situação especial de perda de bens, uma vez que só alcança as condenações a crimes cuja pena máxima seja superior a seis anos. Perceba-se que a pena concretamente aplicada ao condenado não precisa ser superior a seis anos, mas sim a pena máxima abstratamente prevista para o crime a que foi condenado. Assim, no caso do roubo, cuja pena máxima é de dez anos de reclusão, ainda que o sujeito seja condenado ao cumprimento de apenas de cinco anos, poderá incidir o art. 91-A.

Ademais, não se trata de um efeito automático da sentença, devendo a perda dos bens ser expressamente reconhecida pelo juiz na sentença condenatória, que também deve declarar o valor da diferença entre o patrimônio lícito e o ilícito e especificar os bens que deverão ser perdidos, nos exatos termos do § 4.º do art. 91-A.

Parece-nos que a situação criada pelo legislador foi de uma "presunção de ilicitude" com relação aos bens que extrapolariam o patrimônio que fosse possível ao condenado obter de seus rendimentos lícitos. Portanto, o art. 91-A não trata da perda dos bens que se comprovou que foram adquiridos pelo condenado com a prática do crime que gerou a condenação, pois essa situação é abarcada pelo art. 91, II, *b*, mas, sim, da perda de outros bens que, apesar de não se ter comprovado durante o processo que foram obtidos como produto ou proveito do crime em julgamento, são incompatíveis com o patrimônio que o condenado poderia ter adquirido licitamente a partir da data de início da atividade criminosa. Presume-se, portanto, que tal patrimônio é ilícito e decreta-se sua perda "como se fosse produto ou proveito de crime", embora não se tenha conseguido provar essa relação durante o processo.

Parece-nos uma situação deveras arbitrária, uma vez que, em sede de direito penal, em virtude da sua função de garantia, não se podem fazer presunções em prejuízo do acusado.

Apenas a título de ilustração, colacionamos alguns exemplos de Guilherme Madeira Dezem e Luciano Anderson de Souza[21] que explicitam como pode ser injusta e arbitrária a aplicação desse dispositivo:

> Cingindo-se a um só, mas significativo, exemplo, caso o criminoso more de favor na data dos fatos na casa de algum parente ou amigo, este poderá vir a perder sua moradia.
>
> [...]
>
> Na hipótese do criminoso, em situação de penúria – a qual, inclusive, pode ser a mola propulsora do crime – venda algo seu por preço muito inferior ao que vale, algo comum em situações de desespero, ou mesmo caso auxilie algum parente fornecendo-lhe graciosamente algo, o comprador ou donatário poderão perder o bem.

Contudo, o alcance dessa presunção, em nosso entendimento, é limitado temporalmente, ou seja, os bens considerados incompatíveis têm que ter sido obtidos contemporaneamente ou posteriormente à prática criminosa objeto do processo em que se decreta a perda.

É o que se depreende dos incisos I e II do § 1.º do art. 91-A, que por motivos didáticos transcrevemos novamente:

> § 1.º Para efeito da perda prevista no *caput* deste artigo, entende-se por patrimônio do condenado todos os bens:
>
> I – de sua titularidade, ou em relação aos quais ele tenha o domínio e o benefício direto ou indireto, *na data da infração penal ou recebidos posteriormente*; e

---

[21] DEZEM, Guilherme M.; SOUZA, Luciano A. *Comentários ao pacote anticrime*, p. 42 e ss.

II – transferidos a terceiros a título gratuito ou mediante contraprestação irrisória, *a partir do início da atividade criminal*. (g.n.)

Tal previsão, parece-nos, deixa claro que os bens obtidos anteriormente à prática da infração penal não podem ser perdidos por esse motivo.²²

Ainda, desse § 1.º percebe-se que o legislador considera patrimônio passível de ter a perda decretada não só aqueles que estejam registrados em nome do condenado, mas também aqueles sobre os quais ele tenha domínio ou benefício direto ou indireto (entendidos como tais aqueles que trata como próprio ou do qual se beneficie, ainda que indiretamente) e aqueles cedidos a título gratuito (por meio de doação) ou mediante pagamento irrisório (valor ou contrapartida ínfima).

No § 2.º do art. 91-A está disposto que "o condenado poderá demonstrar a inexistência da incompatibilidade ou a procedência lícita do patrimônio". Em princípio, a discussão sobre a compatibilidade do patrimônio com os rendimentos lícitos ou mesmo acerca da procedência do patrimônio ocorrerá com o mérito do processo e também poderá ser objeto de prova durante a instrução. É uma situação diversa daquela que se dá quando há cautelares patrimoniais – arresto, sequestro e penhora – em que a discussão patrimonial acontece em paralelo à discussão de mérito. Será possível, por exemplo, que haja um recurso de apelação apenas para discutir se o patrimônio ostentado pelo condenado é ou não compatível com seu rendimento lícito.

Aqui surge uma questão muito importante: como o terceiro interessado vai defender seu patrimônio, se ele não é parte no processo? Processos criminais com quebra de sigilo bancário e patrimonial obrigatoriamente são sigilosos. Imagine-se a seguinte situação: A é acusado de tráfico de entorpecente e o Ministério Público, ainda na denúncia, pede que o magistrado decrete, ao fim do processo, a perda de uma chácara que A utiliza com frequência, pois acredita que foi obtida com dinheiro do tráfico, mas que está registrada no cartório em nome de um terceiro, o B. B tem todo o interesse em provar durante o processo que, apesar de seu amigo A utilizar sua chácara com frequência, não é o proprietário, pois foi comprada licitamente por B. Parece-nos que o legislador não previu essa situação. Entretanto, não permitir qualquer manifestação do terceiro que sofrerá diretamente o prejuízo não nos parece constitucional, pois configuraria espécie de confisco.

Assim, defendemos que, quando o patrimônio considerado incompatível estiver registrado em nome de terceiro, que se aplique, analogicamente, a mesma sistemática da cautelar de sequestro, prevista no art. 125 do Código de Processo Penal. Portanto, ao receber a denúncia – na qual o Ministério Público aponta a diferença entre o patrimônio lícito e o incompatível com os rendimen-

---

22 Em sentido contrário, Nucci, ao escrever que: "Verificando-se discrepância, confisca-se o que tinha a aparência de lícito, mas, em verdade, compunha todo o cenário de corrupção, inclusive atos pretéritos. Noutros termos, em face de uma condenação por corrupção (ativa ou passiva), autoriza-se que o Estado, em efeito *extrapenal*, busque confiscar o que configura enriquecimento ilícito" (*Pacote anticrime comentado*, p. 14).

tos lícitos do denunciado e requer o sequestro dos bens –, deverá o magistrado, se entender que há justa causa para essa medida, determinar o sequestro dos bens considerados incompatíveis com os rendimentos lícitos do denunciado e a consequente inscrição no Cartório de Registro de Imóveis.

Feito isso, poderá o terceiro opor embargos para comprovar que os bens lhe pertencem de fato ou que lhe foram transferidos a título oneroso e de boa--fé, de acordo com o art. 130 do Código de Processo Penal. É preciso chamar o terceiro beneficiário ao processo.

Nos termos do § 3.º do art. 91-A, cabe ao Ministério Público, no momento do oferecimento da denúncia, indicar a incompatibilidade do patrimônio do denunciado e apontar a diferença entre o que seria seu patrimônio lícito e ilícito. Tal previsão será de difícil constatação, pois, se o Ministério Público deverá assinalar essa diferença já na denúncia, ela deverá ter sido apurada na fase investigativa. Ainda, do referido § 3.º é possível extrair que nas ações penais privadas não pode o querelante fazer esse pedido, tampouco o assistente de acusação nas ações penais públicas, pois só o Ministério Público tem legitimidade.

Conforme salientado, nos termos do § 4.º, o juiz deverá declarar expressamente na sentença condenatória a diferença apurada entre o patrimônio lícito e o patrimônio ilícito do condenado e especificar os bens cuja perda será decretada. Portanto, se o magistrado se convencer de que a diferença entre o patrimônio lícito e o ilícito do condenado é de R$ 2.000.000,00 e este tiver um apartamento nesse valor (adquirido nos termos do § 1.º do 91-A), tem que apontar que este será o bem perdido.

Guilherme Nucci[23] faz as seguintes críticas ao dispositivo, com as quais concordamos:

> Diante desses percalços, cremos difícil e complexo, no bojo da ação penal movida para apurar certo crime, chegando ao final, haver condições de, garantida a ampla defesa e o contraditório a todos os envolvidos – mesmo os que não são réus – decretar a perda do patrimônio ilícito. Soa-nos mais correto mover ação à parte para isso. Pode-se até iniciá-la ao mesmo tempo que a penal, mas sempre dependendo desta última para sua conclusão.

Por fim, o § 5.º faz uma previsão específica sobre a perda dos instrumentos utilizados para a prática de crimes por organizações criminosas e milícias. Os instrumentos do crime serão perdidos em favor da União, quando a competência for da Justiça Federal, e em favor do Estado, quando a competência for da Justiça Estadual. Quaisquer instrumentos poderão ser perdidos, ainda que "não ponham em perigo a segurança das pessoas, a moral ou a ordem pública, nem ofereçam sério risco de ser utilizados para o cometimento de novos crimes". Assim, podem ser perdidos armas, munições, veículos, computadores, aparelhos celulares etc.

---

[23] NUCCI, Guilherme de Souza. *Pacote anticrime comentado*, p. 15.

1.6 Causas impeditivas da prescrição

A Lei 13.964/2019 também operou modificações na prescrição, especificamente nas chamadas causas impeditivas da prescrição, previstas no art. 116 do Código Penal.

A prescrição é a perda do poder-dever punitivo do Estado em face do autor de crime pelo decurso do tempo.

Se a perda é do direito de exercer a ação penal, chama-se prescrição da pretensão punitiva; se a perda é do direito de executar a pena concretamente aplicada, denomina-se prescrição da pretensão executória.

O Código Penal brasileiro regulamenta a prescrição de forma bem detalhada, utilizando como referência principal o trânsito em julgado da sentença criminal.

Portanto, a prescrição pode ser:

a) antes do trânsito em julgado;

É a chamada prescrição da pretensão punitiva e justifica-se pelo fato de o Estado não ter conseguido alcançar a certeza da culpabilidade no prazo legal.

b) após o trânsito em julgado.

É a chamada prescrição da pretensão executória e justifica-se pelo fato de o Estado não ter conseguido iniciar a execução da pena já determinada no prazo legal.

A prescrição da pretensão punitiva (antes do trânsito em julgado) também é chamada de prescrição da ação penal e regula-se pelo máximo da pena privativa de liberdade cominada aos crimes.

Os prazos prescricionais para essa modalidade estão previstos no art. 109 do Código Penal:

> Prescrição antes de transitar em julgado a sentença
>
> Art. 109. A prescrição, antes de transitar em julgado a sentença final, salvo o disposto no § 1.º do art. 110 deste Código, regula-se pelo máximo da pena privativa de liberdade cominada ao crime, verificando-se:
>
> I – em vinte anos, se o máximo da pena é superior a doze;
>
> II – em dezesseis anos, se o máximo da pena é superior a oito anos e não excede a doze;
>
> III – em doze anos, se o máximo da pena é superior a quatro anos e não excede a oito;
>
> IV – em oito anos, se o máximo da pena é superior a dois anos e não excede a quatro;
>
> V – em quatro anos, se o máximo da pena é igual a um ano ou, sendo superior, não excede a dois;
>
> VI – em 3 (três) anos, se o máximo da pena é inferior a 1 (um) ano.

A prescrição da pretensão punitiva é contada por períodos combinados entre os termos iniciais (art. 111 do CP) e as causas interruptivas da prescrição de pretensão punitiva (art. 117, I a IV, do CP). O prazo prescricional tem natureza de direito material, isto é, obedece ao estabelecido no art. 10 do Código Penal (computa-se o dia do começo e exclui-se o dia do final).

O art. 111 do Código Penal determina os marcos iniciais para a contagem do prazo prescricional:

> Termo inicial da prescrição antes de transitar em julgado a sentença final
>
> Art. 111. A prescrição, antes de transitar em julgado a sentença final, começa a correr:
>
> I – do dia em que o crime se consumou;
>
> II – no caso de tentativa, do dia em que cessou a atividade criminosa;
>
> III – nos crimes permanentes, do dia em que cessou a permanência;
>
> IV – nos de bigamia e nos de falsificação ou alteração de assentamento do registro civil, da data em que o fato se tornou conhecido.
>
> V – nos crimes contra a dignidade sexual de crianças e adolescentes, previstos neste Código ou em legislação especial, da data em que a vítima completar 18 (dezoito) anos, salvo se a esse tempo já houver sido proposta a ação penal.

Analisemos cada um dos termos iniciais:

a) Dia da consumação: nos crimes consumados, inicia-se a contagem do prazo no dia da consumação do crime (art. 14, I, do CP). Assim, embora o Código Penal tenha adotado a teoria da atividade para definição do momento do crime (art. 4.º do CP), não observou a mesma orientação para definir o início do prazo prescricional, pois para este empregou a teoria do resultado.

b) Dia da prática do último ato executório, nos crimes tentados: sendo o crime tentado (art. 14, II, do CP), o prazo prescricional iniciar-se-á após a prática do último ato executório praticado pelo agente.

c) Dia da cessação da permanência, nos crimes permanentes: os crimes permanentes são aqueles nos quais a consumação se prolonga no tempo, pois não é instantânea. Exemplo típico de crime permanente é o sequestro ou cárcere privado (art. 148 do CP), pois, enquanto a vítima estiver com sua liberdade restringida, o crime "está acontecendo". Nos crimes permanentes, o prazo prescricional inicia-se com a cessação da permanência, e não com a prática da conduta.

d) Dia do conhecimento do fato, nos crimes de bigamia (art. 235 do CP) e falsificação ou alteração de assentamento do registro civil (arts. 241 e 242, todos do CP): esses crimes, comumente, somente tornam-se conhecidos com o passar do tempo, de modo que, se o prazo prescricional tivesse início com a consumação, a prescrição seria uma constante. Assim, o legislador definiu como início do prazo prescricional o conhecimento do fato, entendido como tal o conhecimento por um número indeterminado de pessoas.

e) Dia em que a vítima completar 18 anos, nos crimes contra a dignidade sexual de crianças e adolescentes previstos no Código Penal (arts. 213, § 1.º, 2.ª parte, 217-A, 218, 218-A e 218-B) ou em legislação penal especial (art. 240 do ECA, por exemplo), salvo se a esse tempo já houver sido proposta a ação penal: nessas hipóteses, a intenção do legislador foi tornar mais difícil a prescrição, especialmente em virtude da vulnerabilidade das vítimas. Assim, em vez de se considerar o início do prazo prescricional da consumação do crime, prorroga-se este para o dia do 18.º aniversário da vítima, momento em que o legislador entende que cessou sua vulnerabilidade. Excepcionalmente, será considerada termo inicial do prazo prescricional a propositura da ação penal (oferecimento da denúncia ou queixa), ainda que a vítima não tenha completado 18 anos.

Estabelecidos os termos iniciais do prazo prescricional, é preciso combiná-los com os marcos interruptivos e suspensivos da prescrição, pois, quando se verificar se houve ou não a prescrição, o lapso temporal a ser considerado será contado entre os termos iniciais e os marcos interruptivos.

As causas suspensivas, por sua vez, impedem a continuidade da contagem do prazo, que fica suspenso por determinado tempo, porém, quando desaparece a causa suspensiva, o prazo volta a fluir de onde havia parado. Foi exatamente aqui que a Lei 13.964/2019 operou alterações, conforme demonstraremos a seguir.

As causas suspensivas do prazo prescricional estão previstas no art. 116 do Código Penal, mas também em outros diplomas legais.

1.6.1 Art. 116

A Lei 13.964/2019 operou modificação da redação do inciso II e o acréscimo de mais dois incisos (III e IV), conforme se verifica na tabela comparativa a seguir:

Redação dada pela Lei 13.964/2019	Redação Antiga
Causas impeditivas da prescrição	**Causas impeditivas da prescrição**
Art. 116. Antes de passar em julgado a sentença final, a prescrição não corre:	Art. 116. Antes de passar em julgado a sentença final, a prescrição não corre:
I – enquanto não resolvida, em outro processo, questão de que dependa o reconhecimento da existência do crime;	I – enquanto não resolvida, em outro processo, questão de que dependa o reconhecimento da existência do crime;

Redação dada pela Lei 13.964/2019	Redação Antiga
II – enquanto o agente cumpre pena no exterior;	II – enquanto o agente cumpre pena no estrangeiro.
III – na pendência de embargos de declaração ou de recursos aos Tribunais Superiores, quando inadmissíveis; e	Sem correspondente
IV – enquanto não cumprido ou não rescindido o acordo de não persecução penal.	Sem correspondente
Parágrafo único. Depois de passada em julgado a sentença condenatória, a prescrição não corre durante o tempo em que o condenado está preso por outro motivo.	Parágrafo único. Depois de passada em julgado a sentença condenatória, a prescrição não corre durante o tempo em que o condenado está preso por outro motivo.

Com a alteração realizada pela Lei 13.964/2019, agora são quatro as hipóteses de suspensão (ou impeditivas) da prescrição previstas no Código Penal. São elas:

a) enquanto não resolvida, em outro processo, questão de que dependa o reconhecimento da existência do crime (art. 116, I)

Trata-se das hipóteses de questões prejudiciais (arts. 92 e 93 do CPP), entendidas como tais aquelas que precisam ser comprovadas para configuração da materialidade do crime. Assim, só se poderá falar de crime de bigamia se o primeiro casamento for válido, de modo que, se houver ação cível discutindo a validade do primeiro casamento, o prazo prescricional do crime de bigamia que se iniciou com o conhecimento do fato (art. 111, IV, do CP) ficará suspenso enquanto essa questão não for resolvida no juízo cível. O mesmo acontece com o crime de abandono material (art. 244 do CP), que terá o seu prazo prescricional suspenso enquanto houver ação de investigação de paternidade no juízo cível.

b) enquanto o agente cumpre pena no exterior (art. 116, II)

Enquanto o agente estiver cumprindo pena no exterior, o prazo prescricional de crime cometido no Brasil ficará suspenso até o término da pena alienígena.

Aqui, houve modificação pela Lei 13.964/2019 que simplesmente substituiu a expressão "estrangeiro" por "exterior", sem que tenha havido qualquer alteração significativa.

Antes da Lei 13.964/2019, essas eram as duas únicas causas impeditivas (ou suspensivas) da prescrição (art. 116, I e II, do Código Penal), porém, como mencionado, foram criadas as duas novas hipóteses que seguem:

c) enquanto pendentes embargos de declaração ou de recursos aos Tribunais Superiores, quando inadmissíveis (art. 116, III, incluído pela Lei 13.964/2019)

Segundo essa hipótese, a prescrição será suspensa quando a defesa interpuser embargos de declaração (seja contra sentenças ou acórdãos) ou de quaisquer recursos – recurso extraordinário, recurso especial, agravos ou embargos infringentes –, e estes forem julgados inadmissíveis. Tratando-se de embargos de declaração manejados pela acusação, não há que falar em suspensão da prescrição.

A ideia do legislador foi evitar a utilização protelatória de recursos para se obter a prescrição.

No entanto, essa situação precisa ser observada com cuidado, uma vez que recorrer das decisões judiciais e acessar aos Tribunais Superiores é garantia individual do condenado.

A interpretação mais adequada parece-nos deva ser a seguinte: se o recurso interposto não for admitido (ou conhecido), a prescrição estará suspensa entre o dia da interposição e da publicação da decisão que não admitiu (ou conheceu) o recurso. Contudo, se o recurso foi admitido (ou conhecido), ainda que não seja provido no mérito, a prescrição correrá normalmente, sem que haja qualquer interrupção.

Sintetizando: somente declarar-se-á a suspensão da prescrição nos termos do art. 116, III, se o recurso interposto não for conhecido, pois nessa situação presume-se que o réu não tinha direito ao recurso. Entretanto, se o recurso foi conhecido, independentemente de ser provido ou não, a prescrição fluirá normalmente, pois o réu tinha direito ao recurso e não pode ser prejudicado com a suspensão do prazo prescricional por exercer uma garantia fundamental.

Uma polêmica que poderá surgir é se o término do prazo prescricional ocorrer durante o período de suspensão da prescrição. Admitido o recurso, quando for analisado, o mérito não será julgado, devendo ser imediatamente reconhecida a prescrição. Isso seria uma medida que oneraria o sistema judiciário com um grande fluxo de casos que não teriam análise de mérito, apenas reconhecimento tardio de prescrição.

Não se pode olvidar, por fim, que a prescrição é instituto de direito material, estando as normas que a regulamentam submetidas às limitações do princípio da legalidade e seus corolários. Assim sendo, as regras sobre prescrição estatuídas pela Lei 13.964/2019 só serão aplicáveis aos fatos praticados após a sua vigência, de modo que os eventuais crimes cometidos anteriormente não poderão ter a prescrição suspensa por essas novas causas previstas na atual redação do art. 116, III, do Código Penal.

d) enquanto não cumprido ou não rescindido o acordo de não persecução penal (art. 116, IV, incluído pela Lei 13.964/2019)

Conforme verificaremos adiante, a Lei 13.964/2019 criou o chamado Acordo de Não Persecução Penal no art. 28-A do Código de Processo Penal.

De acordo com esse dispositivo, o Ministério Público poderá firmar um acordo com o investigado, segundo o qual não haverá processo, desde que o investigado se submeta a algumas condições. Homologado o Acordo de Não Persecução Penal entre o Ministério Público e o investigado, se houver o fiel cumprimento das condições, será declarada extinta sua punibilidade. No entanto, não havendo cumprimento das condições, o acordo poderá ser rescindido e o Ministério Público poderá oferecer a denúncia.

Nos termos do inciso IV do art. 116 do Código Penal, a prescrição não correrá durante o cumprimento do acordo.

Se o acordo for cumprido, não há mais que falar em prescrição, uma vez que estará extinta a punibilidade (art. 28-A, § 13, do CPP).

Todavia, se o acordo for rescindido, a prescrição voltará a correr normalmente a partir da decisão judicial que declarar a rescisão.

Importante lembrar que, além das quatro hipóteses de suspensão do prazo prescricional previstas no art. 116 do Código Penal, existem hipóteses de suspensão da prescrição estabelecidas em outras legislações, conforme exposto a seguir:

i) citação por edital, nos termos do art. 366 do Código de Processo Penal

Definiu o legislador processual penal que, não havendo a citação real do réu, o processo não poderia seguir à revelia, devendo ser determinada sua suspensão com a suspensão do prazo prescricional, nos exatos termos do art. 366 do Código de Processo Penal:

> Art. 366. Se o acusado, citado por edital, não comparecer, nem constituir advogado, *ficarão suspensos o processo e o curso do prazo prescricional*, podendo o juiz determinar a produção antecipada das provas consideradas urgentes e, se for o caso, decretar prisão preventiva, nos termos do disposto no art. 312. (g.n.)

Ocorre que o legislador não definiu um prazo máximo para suspensão do prazo prescricional, fazendo com que surgissem duas correntes jurisprudenciais:

- Supremo Tribunal Federal: não há prazo para suspensão do prazo prescricional, devendo este durar enquanto permanecera suspensão do processo;
- Superior Tribunal de Justiça: o prazo prescricional não pode ficar suspenso indeterminadamente, pois caracterizaria hipótese de imprescritibilidade não estabelecida pela Constituição Federal. Assim, o critério definido pelo Superior Tribunal de Justiça foi o de que o prazo máximo de suspensão é definido pelo prazo prescricional da pena máxima prevista abstratamente para o crime. Portanto, um crime de furto simples (art. 155, *caput*, do CP), que tem a pena máxima de quatro anos e que prescreve em oito anos (art. 109, IV, do CP), poderia ter o prazo

prescricional suspenso por, no máximo, oito anos. Inclusive o Superior Tribunal de Justiça sumulou a questão:

> Súmula 415 do Superior Tribunal de Justiça: O período de suspensão do prazo prescricional é regulado pelo máximo da pena cominada.

ii) período de prova da suspensão condicional do processo

Nos termos do art. 89, § 6.º, da Lei 9.099/1995, a prescrição ficará pendente durante o período de prova da suspensão condicional do processo:

> Art. 89. [...]
> [...]
> § 6.º Não correrá a prescrição durante o prazo de suspensão do processo.

iii) expedição de carta rogatória para citação do réu (art. 368 do CPP), até seu cumprimento

Quando o réu se encontrar no exterior, sua citação dar-se-á por carta rogatória, procedimento que normalmente leva muito tempo. Por esse motivo, decidiu o legislador que, quando for expedida a carta rogatória, o prazo prescricional estará suspenso até seu devido cumprimento, nos termos do art. 368 do Código de Processo Penal:

> Art. 368. Estando o acusado no estrangeiro, em lugar sabido, será citado mediante carta rogatória, suspendendo-se o curso do prazo de prescrição até o seu cumprimento.

iv) suspensão de processo contra parlamentar

Recebida pelo Supremo Tribunal Federal a denúncia contra senador ou deputado federal por crime ocorrido após a diplomação, a Casa Legislativa a que pertencer o denunciado deve ser notificada e poderá deliberar, por maioria de votos, se suspenderá ou não o processo criminal. Decidindo a Casa Legislativa pela suspensão do processo penal, interromper-se-á também o prazo prescricional, enquanto durar o mandato, nos exatos termos do art. 53, § 5.º, da Constituição Federal:

> Art. 53. Os Deputados e Senadores são invioláveis, civil e penalmente, por quaisquer de suas opiniões, palavras e votos.
> [...]
> § 3.º Recebida a denúncia contra o Senador ou Deputado, por crime ocorrido após a diplomação, o Supremo Tribunal Federal dará ciência à Casa respectiva, que, por iniciativa de partido político nela representado e pelo voto da maioria de seus membros, poderá, até a decisão final, sustar o andamento da ação.

[...]

§ 5.º A sustação do processo suspende a prescrição, enquanto durar o mandato.

v) suspensão da pretensão punitiva em virtude do parcelamento do débito tributário

Alguns crimes tributários (arts. 1.º e 2.º da Lei 8.137/1990) e previdenciários (arts. 168-A e 337-A do CP) podem ter a pretensão punitiva estatal suspensa quando os autores aderirem a programas de parcelamento do débito tributário ou previdenciário, e nessas hipóteses o prazo prescricional também ficará suspenso, nos exatos termos do art. 83, § 3.º, da Lei 9.430/1996:

> Art. 83. A representação fiscal para fins penais relativa aos crimes contra a ordem tributária previstos nos arts. 1.º e 2.º da Lei n.º 8.137, de 27 de dezembro de 1990, e aos crimes contra a Previdência Social, previstos nos arts. 168-A e 337-A do Decreto-lei n.º 2.848, de 7 de dezembro de 1940 (Código Penal), será encaminhada ao Ministério Público depois de proferida a decisão final, na esfera administrativa, sobre a exigência fiscal do crédito tributário correspondente.
>
> [...]
>
> § 2.º É *suspensa a pretensão punitiva* do Estado referente aos crimes previstos no *caput*, durante o período em que a pessoa física ou a pessoa jurídica relacionada com o agente dos aludidos crimes estiver incluída no parcelamento, desde que o pedido de parcelamento tenha sido formalizado antes do recebimento da denúncia criminal.
>
> § 3.º *A prescrição criminal não corre durante o período de suspensão da pretensão punitiva.* (g.n.)

vi) suspensão do prazo para oferecimento da denúncia em virtude de acordo de colaboração premiada em andamento

A Lei 12.850/2013 permitiu que o prazo para oferecimento da denúncia ou o próprio processo fossem suspensos por seis meses, prorrogáveis por igual período, até o cumprimento das medidas da colaboração, e nesse ínterim também estará suspenso o prazo prescricional, nos exatos termos do art. 4.º, § 3.º, da Lei 12.850/2013:

> § 3.º O prazo para oferecimento de denúncia ou o processo, relativos ao colaborador, poderá ser suspenso por até 6 (seis) meses, prorrogáveis por igual período, até que sejam cumpridas as medidas de colaboração, suspendendo-se o respectivo prazo prescricional.

Relevante destacarmos que a suspensão do processo em virtude da instauração de incidente de insanidade mental (art. 149 do CPP) não interrompe o prazo prescricional, por absoluta ausência de previsão legal.

CAPÍTULO 2
Alterações na Parte Especial do Código Penal

A Lei 13.964/2019, ainda por meio de seu art. 2.º, também operou alterações na Parte Especial do Código Penal, especificamente nos tipos penais de homicídio (art. 121), nos crimes contra a honra (arts. 138, 139 e 140), no roubo (art. 157), no estelionato (art. 171) e na concussão (art. 316).

2.1 Homicídio

2.1.1 Art. 121, § 2.º, VIII

Este dispositivo, que cria uma nova qualificadora para o crime de homicídio praticado "com emprego de arma de fogo de uso restrito ou proibido", havia sido vetado pela Presidência da República, e somente entrou em vigor após a derrubada dos vetos pelo Congresso Nacional.

Nas razões do veto, encontrava-se a seguinte justificativa:

> A propositura legislativa, ao prever como qualificadora do crime de homicídio o emprego de arma de fogo de uso restrito ou proibido,

sem qualquer ressalva, viola o princípio da proporcionalidade entre o tipo penal descrito e a pena cominada, além de gerar insegurança jurídica, notadamente aos agentes de segurança pública, tendo em vista que esses servidores poderão ser severamente processados ou condenados criminalmente por utilizarem suas armas, que são de uso restrito, no exercício de suas funções para defesa pessoal ou de terceiros ou, ainda, em situações extremas para a garantia da ordem pública, a exemplo de conflito armado contra facções criminosas.

As motivações que levaram ao veto são tão descabidas e teratológicas, que surpreende constarem de um documento oficial. Explicamos!

Punir de maneira mais severa o homicídio praticado com arma de fogo de uso restrito ou proibido não viola o princípio da proporcionalidade, mas sim o privilegia. A ação de matar alguém com uma arma de uso restrito tem um desvalor muito maior do que matar alguém com uma faca, por exemplo. As classificações das armas de fogo em permitidas, restritas e proibidas, inclusive com penas diferentes para os que as portem sem autorização legal, demonstram exatamente a preocupação do legislador em diferenciá-las de acordo com o perigo que podem causar, homenageando o princípio da proporcionalidade. Desproporcional seria punir da mesma forma quem porta de maneira ilegal um revólver calibre 22 e quem porta, da mesma forma, um fuzil automático de longo alcance.

Quanto ao argumento de que esse dispositivo permitiria punição mais severa dos agentes de segurança pública que cometerem homicídios com suas armas de uso restrito ou proibido "no exercício de suas funções para defesa pessoal ou de terceiros ou, ainda, em situações extremas para a garantia da ordem pública, a exemplo de conflito armado contra facções criminosas", a situação é vexatória. Vexatória porque, se os agentes de segurança pública estiverem, de fato, no exercício de suas funções para defesa pessoal ou de terceiros, por óbvio que não estão cometendo crime, pois acobertados pela excludente de ilicitude de legítima defesa prevista no art. 23 do Código Penal. O mesmo ocorrerá se esses agentes de segurança pública estiverem em situações de garantia da ordem pública durante o enfrentamento de organizações criminosas.

Do contrário, se esses agentes de segurança pública utilizarem-se de suas armas de uso restrito ou proibido para o cometimento de mortes ilegais, nada mais razoável e proporcional do que responderem pelo homicídio com a incidência da qualificadora.

Superada a questão do veto, cabe-nos analisar o novo dispositivo:

> VIII – com emprego de arma de fogo de uso restrito ou proibido:

Trata-se de mais uma situação que qualifica o tipo penal de homicídio, isto é, traz novos patamares de pena mínima e máxima. Se na forma simples (*caput* do art. 121) o homicídio tem a pena privativa de liberdade prevista entre 6 e 20 anos de reclusão, na forma qualificada (qualquer inciso do § 2.º do art. 121) esses patamares são elevados para 20 e 30.

Para a incidência da qualificadora, faz-se necessário prova pericial que ateste a natureza da arma de fogo, isto é, que se faça prova de que a arma que disparou o projétil que causou a morte da vítima de fato é uma arma de uso restrito ou proibido.

Nos termos do art. 23 da Lei 10.826/2003 (Estatuto do Desarmamento), caberá à Presidência da República, por meio de Decreto, classificar as armas de fogo.

Quando tratar-se de julgamento perante o Tribunal do Júri, a qualificadora tem que fazer parte dos quesitos a serem respondidos pelos jurados, nos termos do art. 483, V, do Código de Processo Penal.[1]

Por fim, por tratar-se de *reformatio legis in pejus*, esse dispositivo somente é aplicável aos crimes de homicídio cometidos com uso de arma de fogo de uso restrito ou proibido após a sua vigência.

2.2 Crimes contra a honra

Nos arts. 138, 139 e 140 do Código Penal encontram-se os crimes de calúnia, difamação e injúria, respectivamente. Como sabido, os três tipos penais tutelam o bem jurídico honra, em sua perspectiva tanto objetiva quanto subjetiva.

O Projeto de Lei do qual derivou a Lei 13.964/2019 trazia uma inovação aplicável aos três crimes contra a honra, que era a inclusão do § 2.º no art. 141 do Código Penal com a seguinte redação:

> § 2.º Se o crime é cometido ou divulgado em quaisquer modalidades das redes sociais da rede mundial de computadores, aplica-se em triplo a pena.

Tal dispositivo fora vetado pela Presidência da República, seguindo manifestação do Ministério da Justiça e Segurança Pública, bem como da Advocacia-Geral da União, nos seguintes termos:

> A propositura legislativa, ao promover o incremento da pena no triplo quando o crime for cometido ou divulgado em quaisquer modalidades das redes sociais da rede mundial de computadores, viola o princípio da proporcionalidade entre o tipo penal descrito e a pena cominada, notadamente se considerarmos a existência da legislação atual que já tutela suficientemente os interesses protegidos pelo Projeto, ao permitir o agravamento da pena em um terço na hipótese de qualquer dos crimes contra a honra ser cometido por meio que facilite a sua divulgação. Ade-

---

[1] "Art. 483. Os quesitos serão formulados na seguinte ordem, indagando sobre: (...) V – se existe circunstância qualificadora ou causa de aumento de pena reconhecidas na pronúncia ou em decisões posteriores que julgaram admissível a acusação."

mais a substituição da lavratura de termo circunstanciado nesses crimes, em razão da pena máxima ser superior a dois anos, pela necessária abertura de inquérito policial, ensejaria, por conseguinte, superlotação das delegacias, e, com isso, redução do tempo e da força de trabalho para se dedicar ao combate de crimes graves, tais como homicídio e latrocínio.

Mais uma vez, agiu bem o Congresso Nacional ao derrubar o presente veto em sessão realizada em 19 de abril de 2021, vez que as razões do veto, ao menos juridicamente, não fazem qualquer sentido. Primeiramente, há um uso equivocado do princípio da proporcionalidade, pois é exatamente esse princípio que justifica a aplicação da pena no triplo, caso o crime ocorra em redes sociais. Isso porque, como se sabe, quando algo é publicado em uma rede social, perde-se completamente o controle da informação, que pode chegar, sem exagero, a milhões de pessoas em pouquíssimo tempo, causando prejuízos patrimoniais e morais incalculáveis, especialmente agora que se fala em "cultura do cancelamento". Incomparável, portanto, a lesão ao bem jurídico honra quando feito de forma "analógica" (como uma ofensa irrogada em uma reunião de condomínios, por exemplo) e quando feito de forma "digital" (um *post* numa rede social, por exemplo). Na segunda modalidade, o desvalor do resultado é muito maior, pois o número de pessoas que pode tomar conhecimento da lesão à honra é incalculável.

Quanto ao segundo argumento das razões do veto, o de que as delegacias ficariam lotadas, já que, em virtude da pena aplicada no triplo, seria necessário instaurar-se o Inquérito Policial e não o Termo Circunstanciado, este só demonstra o total desconhecimento da prática processual penal. Os crimes contra a honra, especialmente quando praticados pela internet, muitas vezes prescindem de investigação, pois a materialidade e a autoria são facilmente comprováveis, sendo proposta diretamente a Ação Penal Privada. Ainda quando haja necessidade de investigação (como para descobrir uma postagem anônima ou por um perfil falso, por exemplo), esta é feita pela Polícia Judiciária, seja por meio do Termo Circunstanciado ou por meio do Inquérito Policial, não havendo absolutamente qualquer modificação quantitativa no trabalho policial.

Feitas estas considerações, passemos à análise do dispositivo e seu contexto.

Honra, de maneira bem sucinta, pode ser definida como o conjunto de atributos morais, intelectuais e físicos de uma pessoa, que lhe conferem consideração social e estima própria.[2] Porém, essa conceituação não é exata e não pode ser limitada somente a isso, pois, como leciona Aníbal Bruno:[3]

> A honra é um valor da própria pessoa, de manifestações complexas e dificilmente redutíveis a um conceito unitário. Apesar das indagações

---

[2] NORONHA, Edgar M. *Direito penal*. 9. ed. São Paulo: Saraiva, 1973. vol. 2, p. 110.
[3] BRUNO, Aníbal. *Direito penal*. Parte especial I: Dos crimes contra a pessoa. Rio de Janeiro: Forense, 1972. t. 4, p. 267.

dos penalistas, a visão que dela se tem continua tão sutil e imprecisa que ainda hoje não se alcançou exprimi-la em uma só fórmula exato e suficiente compreensiva. O que se costuma fazer para definir êsse bem jurídico, e aí se repetem aquêles antecedentes históricos, é apresenta-lo sob dupla face, uma interna, honra em sentido subjetivo, outra externa, honra em sentido objetivo.

Inegável que o conteúdo e a forma pelos quais a *honra* é aquilatada vão se alterando ao longo do tempo. Atualmente, numa sociedade de comunicações em massa e de uso excessivo de redes sociais, a concepção de *honra* não é a mesma que na sociedade de 1940. Parece-nos que, com a internet, os danos à honra de uma pessoa podem ser potencializados, permitindo que em poucos minutos um fato desonroso "viralize" e a lesão à honra seja irreparável, afetando os círculos sociais, familiares e empregatícios de uma pessoa. Desse modo, concordarmos com Paulo Busato[4] quando escreve:

> A meu sentir, a honra segue sendo um bem jurídico digno de proteção jurídico-penal, cumprindo, porém, fazer um recorte de intervenção – como nos demais tipos – pelo princípio de intervenção mínima. Claramente, será diferente um xingamento na rua contra o motorista que avança o sinal e quase atropela o autor da ofensa e a acusação de autoria de um crime impingida a um político, a um ator ou a um atleta de ponta, tornada pública através de uma rede de relacionamentos na Internet.

Mediante esse cenário de "digitalização da vida", faz-se necessária uma adaptação do direito, pois, como nos adverte o professor alemão Eric Hilgendorf,[5] "sempre ressurge a questão sobre a necessidade de novos tipos penais, como a criação de uma norma penal sobre 'invasão de domicílio digital' ou como o recrudescimento dos crimes contra a honra cometidos pela internet".

Diante desse quadro, andou bem o legislador ao prever que, se os crimes contra a honra (calúnia, difamação e injúria) forem cometidos ou divulgados em redes sociais vinculadas à internet, a pena será aplicada no triplo.

Sendo a pena aplicada no triplo, significa que este dispositivo prevê uma causa de aumento de pena a ser considerada na terceira fase da aplicação da pena, nos termos do art. 68 do Código Penal.

A calúnia (art. 138 do Código Penal) e a difamação (art. 139 do Código Penal), por terem penas máximas fixadas em 2 anos e 1 ano, respectivamente, deixam de ser crimes de menor potencial ofensivo se praticadas nos termos do novo § 2.º do art. 141 do Código Penal. A injúria (art. 140 do Código Penal), por ter pena máxima de 6 meses, ainda que praticada por meio de rede social

---

[4] BUSATO, Paulo. *Parte especial*. 3. ed. São Paulo: Atlas, 2017. vol. 2, p. 228.

[5] HILGENDORF, Eric. *Digitalização e direito*. Org. Orlandino Gleizer. São Paulo: Marcial Pons, 2020. p. 33.

na internet, continua sendo crime de menor potencial ofensivo, devendo ser processada pelo Jecrim.

Por se tratar de lei penal mais grave, seus efeitos somente são aplicáveis aos fatos praticados posteriormente à vigência da presente lei, não podendo, em hipótese alguma, retroagir.

2.3 Roubo

2.3.1 Art. 157, § 2.º, VII, e § 2.º-B

A alteração promovida pela Lei 13.964/2019 no tipo penal de roubo incluiu o inciso VII no § 2.º e criou o § 2.º-B.

Vejamos a seguir uma tabela comparativa entre os dispositivos:

Redação dada pela Lei 13.964/2019	Redação Antiga
Roubo	**Roubo**
Art. 157. Subtrair coisa móvel alheia, para si ou para outrem, mediante grave ameaça ou violência a pessoa, ou depois de havê-la, por qualquer meio, reduzido à impossibilidade de resistência:	Art. 157. Subtrair coisa móvel alheia, para si ou para outrem, mediante grave ameaça ou violência a pessoa, ou depois de havê-la, por qualquer meio, reduzido à impossibilidade de resistência:
Pena – reclusão, de quatro a dez anos, e multa.	Pena – reclusão, de quatro a dez anos, e multa.
§ 1.º Na mesma pena incorre quem, logo depois de subtraída a coisa, emprega violência contra pessoa ou grave ameaça, a fim de assegurar a impunidade do crime ou a detenção da coisa para si ou para terceiro.	§ 1.º Na mesma pena incorre quem, logo depois de subtraída a coisa, emprega violência contra pessoa ou grave ameaça, a fim de assegurar a impunidade do crime ou a detenção da coisa para si ou para terceiro.
§ 2.º A pena aumenta-se de 1/3 (um terço) até metade:	§ 2.º A pena aumenta-se de 1/3 (um terço) até metade:
I – (*revogado*);	I – (*revogado*);
II – se há o concurso de duas ou mais pessoas;	II – se há o concurso de duas ou mais pessoas;
III – se a vítima está em serviço de transporte de valores e o agente conhece tal circunstância;	III – se a vítima está em serviço de transporte de valores e o agente conhece tal circunstância;
IV – se a subtração for de veículo automotor que venha a ser transportado para outro Estado ou para o exterior;	IV – se a subtração for de veículo automotor que venha a ser transportado para outro Estado ou para o exterior;

Redação dada pela Lei 13.964/2019	Redação Antiga
V – se o agente mantém a vítima em seu poder, restringindo sua liberdade;	V – se o agente mantém a vítima em seu poder, restringindo sua liberdade;
VI – se a subtração for de substâncias explosivas ou de acessórios que, conjunta ou isoladamente, possibilitem sua fabricação, montagem ou emprego;	VI – se a subtração for de substâncias explosivas ou de acessórios que, conjunta ou isoladamente, possibilitem sua fabricação, montagem ou emprego;
VII – se a violência ou grave ameaça é exercida com emprego de arma branca;	*Sem correspondente*
§ 2.º-A. A pena aumenta-se de 2/3 (dois terços):	§ 2.º-A. A pena aumenta-se de 2/3 (dois terços):
I – se a violência ou ameaça é exercida com emprego de arma de fogo;	I – se a violência ou ameaça é exercida com emprego de arma de fogo;
II – se há destruição ou rompimento de obstáculo mediante o emprego de explosivo ou de artefato análogo que cause perigo comum.	II – se há destruição ou rompimento de obstáculo mediante o emprego de explosivo ou de artefato análogo que cause perigo comum.
§ 2.º-B. Se a violência ou grave ameaça é exercida com emprego de arma de fogo de uso restrito ou proibido, aplica-se em dobro a pena prevista no *caput* deste artigo.	*Sem correspondente*
§ 3.º Se da violência resulta:	§ 3.º Se da violência resulta:
I – lesão corporal grave, a pena é de reclusão de 7 (sete) a 18 (dezoito) anos, e multa;	I – lesão corporal grave, a pena é de reclusão de 7 (sete) a 18 (dezoito) anos, e multa;
II – morte, a pena é de reclusão de 20 (vinte) a 30 (trinta) anos, e multa. (g.n.)	II – morte, a pena é de reclusão de 20 (vinte) a 30 (trinta) anos, e multa.

A questão sobre a utilização de arma no crime de roubo sempre foi confusa na jurisprudência, porém, agora, com a redação dada pela Lei 13.964/2019, a questão parece que será resolvida.

Em sua redação original de 1940, o art. 157 do Código Penal tinha um inciso I com a seguinte redação: "emprego de arma".

Assim, segundo o Código Penal original, o *emprego de arma* era uma das causas de aumento de pena no roubo. Ocorre que, pela má redação, não havia um consenso sobre o que seria "arma", uma vez que para o direito penal existem as armas próprias (revólver, pistola, punhal, cassetete etc.) e as armas impróprias[6] (pedaço de pau, faca de cozinha, chave de fenda etc.), trazendo enorme insegurança jurídica. A insegurança e a elasticidade de entendimento eram tantas que houve Súmula do Superior Tribunal de Justiça (Súmula 174), já revogada, autorizando o aumento da pena pela utilização de arma de brinquedo, o que, obviamente, era um contrassenso e mesmo um paradoxo, pois, se era brinquedo, não poderia ser arma.

Sobre isso, escreveu Cezar Roberto Bitencourt:[7]

> A *inidoneidade lesiva da arma* (de brinquedo, descarregada ou simplesmente à mostra), que pode ser suficiente para caracterizar a ameaça tipificadora do roubo (*caput*), não tem o mesmo efeito para qualificá-lo, a despeito do que pretendia a equivocada Súmula 147 do STJ, em boa hora revogada, atendendo a súplica unânime da doutrina nacional. O fundamento dessa majorante reside exatamente na maior probabilidade de dano que o emprego de arma (revólver, faca, punhal etc.) representa e não no temor maior sentido pela vítima. Por isso, é necessário que a arma apresente idoneidade ofensiva, qualidade inexistente em arma descarregada, defeituosa ou mesmo de brinquedo. Enfim, a potencialidade lesiva e o perigo que uma arma verdadeira apresenta não existem nos instrumentos antes referidos. Pelas mesmas razões, não admitimos a caracterização dessa majorante com o uso de arma inapta a produzir disparos, isto é, *inidônea* para o fim a que se destina.

Portanto, em 2018, pela Lei 13.654, houve a revogação do referido inciso I para solucionar a controvérsia supradescrita. Ainda no sentido de resolver de vez a celeuma, o legislador criou o § 2.º-A, em que previu o aumento da pena pela utilização de "arma de fogo".[8]

Desse modo, pela redação dada pela Lei 13.654/2018, não se poderia mais considerar como causa de aumento de pena para o roubo a utilização de qualquer instrumento diferente de arma de fogo, pois o uso de quaisquer instrumentos para amedrontar a vítima, tais como pedaço de pau, pedra, estilete,

---

[6] Conferir BUSATO, Paulo C. *Direito penal*: parte especial 2. São Paulo: Atlas, 2017. p. 475.

[7] BITENCOURT, Cezar Roberto. *Tratado de direito penal*: parte especial 3. 14. ed. São Paulo: Saraiva, 2018. p. 121.

[8] O conceito jurídico de arma de fogo pode ser retirado do Glossário do Anexo III do Dec. 10.030/2019, que tem a seguinte redação: "arma de fogo: arma que arremessa projéteis empregando a força expansiva dos gases gerados pela combustão de um propelente confinado em uma câmara, normalmente solidária a um cano, que tem a função de dar continuidade à combustão do propelente, além de direção e estabilidade ao projétil".

faca etc., seria suficiente para caracterizar a *grave ameaça*, que já é elementar do tipo penal.

Corretamente, ainda nos termos da Lei 13.654/2018, a causa de aumento de pena pelo emprego de arma de fogo justifica-se pelo maior perigo de lesão ao bem jurídico (arma de fogo é quase sempre fatal e tem potencialidade lesiva maior que outros instrumentos), mas também pelo perigo que traz pela sua simples existência. Assim, parece-nos que a segunda controvérsia também estaria superada, pois ficou claro pela opção legislativa constante na Lei 13.654/2018 que a justificativa da causa de aumento de pena dá-se pela potencialidade lesiva da *arma fogo*, e não pela sua capacidade de atemorizar a vítima, fato que acontece com qualquer tipo de arma, inclusive as impróprias.

Parecia-nos que, com as alterações realizadas pela Lei 13.654/2018, todas as controvérsias estavam dirimidas agindo bem o legislador.

Entretanto, agora, com a Lei 13.964/2019, o legislador voltou atrás e criou, no § 2.º do art. 157, o inciso VII, que traz uma nova causa de aumento de pena: "se a violência ou grave ameaça é exercida com emprego de arma branca".

O problema que volta à tona é o seguinte: o que é arma branca? A lei não define o que seja uma arma branca, tampouco qualquer outro regulamento o faz. De qualquer forma, parece-nos que qualquer objeto com potencialidade lesiva e que seja diferente de uma arma de fogo poderá ser considerado como arma branca para fins do § 2.º, VII, do art. 157 do Código Penal. Assim, incidirá a majorante sempre que o agente se utilizar de faca, pedra, barra de ferro, caco de vidro, tijolo, soco inglês, para amedrontar a vítima.

A segunda alteração produzida pela Lei 13.964/2019 no art. 157 foi a criação do § 2.º-B, cuja redação é a seguinte: "Se a violência ou grave ameaça é exercida com emprego de arma de fogo de uso restrito ou proibido, aplica-se em dobro a pena prevista no *caput* deste artigo".

Trata-se de uma qualificadora, pois as penas mínima e máxima previstas no *caput* do artigo serão aplicadas em dobro, se o roubo for praticado com arma de fogo de uso restrito ou proibido, passando a pena mínima de quatro para oito anos e a máxima de dez para vinte anos.

As armas de fogo de uso restrito ou proibido estão definidas no Decreto 9.847/2019.

Parece-nos que tal previsão viola o princípio da proporcionalidade, pois, se o agente pratica um roubo empregando-se de um revólver calibre 38, estará submetido às penas de quatro a dez anos, pois é arma de uso permitido. Por outro lado, se o mesmo agente se utilizar de uma pistola 9 mm, estará submetido às penas de oito a vinte anos, pois é arma de uso restrito. Parece-nos que até se justificaria uma causa de aumento de pena pela diferença entre as armas, mas duplicar as penas é um tanto quanto exagerado e desproporcional.

Inclusive, importante lembrar que o texto da Lei 13.964/2019 aprovado pelo Congresso Nacional previa uma nova qualificadora para o tipo penal de homicídio, quando este fosse praticado com emprego de arma de fogo de uso restrito ou proibido. Entretanto, tal dispositivo foi vetado pela Presidência da República nos seguintes termos:

> A propositura legislativa, ao prever como qualificadora do crime de homicídio o emprego de arma de fogo de uso restrito ou proibido, sem qualquer ressalva, *viola o princípio da proporcionalidade entre o tipo penal descrito e a pena cominada*, além de gerar insegurança jurídica, notadamente aos agentes de segurança pública, tendo em vista que esses servidores poderão ser severamente processados ou condenados criminalmente por utilizarem suas armas, que são de uso restrito, no exercício de suas funções para defesa pessoal ou de terceiros ou, ainda, em situações extremas para a garantia da ordem pública, a exemplo de conflito armado contra facções criminosas. (g.n.)

Percebe-se, portanto, a falta de critérios utilizada nos vetos presidenciais, pois a situação considerada desproporcional – e por isso vetada – no homicídio é exatamente a mesma reputada adequada – e não vetada – no roubo, o que nos faz concordar com Guilherme Nucci que, ao tratar do assunto, afirma: "[...] não é esse relevante princípio que está em questão (proporcionalidade), mas outras razões, não colocadas expressamente nos vetos".[9]

2.4 Estelionato

2.4.1 Art. 171, § 5.º

No tocante ao crime de estelionato, não houve qualquer modificação no tipo penal, seja nas elementares ou nas circunstâncias. A alteração operada pela Lei 13.964/2019 foi com relação à natureza da ação penal para processamento do crime de estelionato que antes era pública incondicionada e agora é pública condicionada à representação. Em verdade, perdeu o legislador a oportunidade de fazer a mesma previsão para todos os crimes patrimoniais cometidos sem violência ou grave ameaça à pessoa, tais como o furto, a apropriação indébita, a receptação, duplicata simulada, fraude no comércio etc., uma vez que em todos estes o bem jurídico tutelado é disponível, sendo coerente que se exija – em relação a todos – a representação da vítima.[10]

Entretanto, há exceções, conforme se verifica da própria redação do § 5.º do art. 171:

> Art. 171. [...]
> [...]

---

[9] NUCCI, Guilherme de Souza. *Pacote anticrime comentado*, p. 30.
[10] No mesmo sentido: NUCCI, Guilherme. *Pacote anticrime comentado*, p. 32; DEZEM, Guilherme M.; SOUZA, Luciano A. *Comentários ao pacote anticrime*, p. 57.

§ 5.º Somente se procede mediante representação, salvo se a vítima for:

I – a Administração Pública, direta ou indireta;

II – criança ou adolescente;

III – pessoa com deficiência mental; ou

IV – maior de 70 (setenta) anos de idade ou incapaz.

Sendo a vítima do estelionato a Administração Pública, criança ou adolescente, pessoa com deficiência mental ou maior de 70 anos ou incapaz, a ação penal continua sendo pública incondicionada. Em todos os outros casos, a partir da vigência da Lei 13.964/2019, a ação penal será condicionada à representação.

Quanto aos crimes praticados após a entrada em vigor da Lei 13.964/2019, excetuadas as hipóteses dos incisos I a IV do § 5.º do art. 171, não há qualquer dúvida de que o delegado de polícia somente poderá instaurar o inquérito policial mediante representação da vítima e que o Ministério Público apenas poderá ofertar a denúncia mediante representação da vítima.

A questão mais tormentosa será com relação aos casos em andamento, ou seja, aqueles em que o crime de estelionato foi praticado antes da entrada em vigor da Lei 13.964/2019 e que já estão com inquérito policial instaurado ou com denúncia oferecida pelo Ministério Público.

Por tratar-se de norma mista (tanto direito material quanto processual, ou, como preferem alguns doutrinadores, uma norma processual penal material), parece-nos que a aplicação deva ser imediata e retroativa, alcançando, inclusive, os fatos praticados antes da vigência da Lei 13.964/2019. A solução que se nos apresenta mais adequada é aquela que foi utilizada pela Lei 9.099/1995 quando de sua entrada em vigor. Em suas Disposições Finais, especificamente no art. 91, a Lei 9.099/1995 fez a seguinte previsão:

> Art. 91. Nos casos em que esta Lei passa a exigir representação para a propositura da ação penal pública, o ofendido ou seu representante legal será intimado para oferecê-la no prazo de trinta dias, sob pena de decadência.

Portanto, seja pelo conteúdo do art. 3.º do Código de Processo Penal ou pela não vedação da analogia *in bonam partem* em sede de direito penal, defendemos a aplicação analógica do art. 91 da Lei 9.099/1995 aos casos em andamento.

Logo, nos inquéritos policiais, deverá a autoridade policial suspender as investigações e intimar a vítima ou seu representante legal para oferecer a representação no prazo de 30 dias, sob pena de decadência.

Nos casos em que o inquérito se encontra relatado com o Ministério Público, o Promotor de Justiça deve intimar a vítima ou seu representante legal para manifestar-se em 30 dias sobre a representação, sob pena de decadência.

Nos processos em andamento, com denúncia já aceita, o mesmo procedimento deve ser adotado pelo juiz, que deverá suspender a instrução criminal e intimar a vítima ou seu representante legal para fins de representação no mesmo prazo de 30 dias, sob pena de decadência.[11]

Ainda que a instrução já tenha se iniciado, faz-se necessária a intimação da vítima ou de seu representante legal para manifestar-se sobre a representação. Isso porque a própria Lei 9.099/1995 trouxe um dispositivo com a seguinte redação:

> Art. 90. As disposições desta Lei não se aplicam aos processos penais cuja instrução já estiver iniciada.

Entretanto, tal dispositivo foi objeto de uma ADIN, ingressada pelo Conselho Federal da Ordem dos Advogados do Brasil, registrada sob o número 1.791 e com relatoria do então Ministro Joaquim Barbosa, que decidiu o seguinte:

> Penal e processo penal. Juizados especiais. Art. 90 da Lei 9.099/1995. Aplicabilidade. Interpretação conforme para excluir as normas de direito penal mais favoráveis ao réu.
> O art. 90 da Lei 9.099/1995 determina que as disposições da Lei dos Juizados Especiais não são aplicáveis aos processos penais nos quais a fase de instrução já tenha sido iniciada. Em se tratando de normas de natureza processual, a exceção estabelecida por lei à regra geral contida no art. 2.º do CPP não padece de vício de inconstitucionalidade. Contudo, as normas de direito penal que tenham conteúdo mais benéfico aos réus devem retroagir para beneficiá-los, à luz do que determina a ort. 5.º, XL, da Constituição federal. *Interpretação conforme ao art. 90 da Lei 9.099/1995 para excluir de sua abrangência as normas de direito penal mais favoráveis aos réus contidas nessa lei.* (g.n.)

Percebe-se que o Supremo Tribunal Federal, sem precisar declarar a inconstitucionalidade do art. 90 da Lei 9.099/1995, interpretou-a conforme a

---

[11] Em sentido contrário é a posição de Guilherme Madeira Dezem e Luciano Anderson de Souza ao defenderem que: "Não obstante, se houver *denúncia já oferecida* – mesmo sem seu recebimento –, estar-se-á diante de um *ato jurídico perfeito*, não podendo a lei rechaçá-lo (art. 5.º, inciso XXXVI, da Constituição Federal, segundo o qual '*a lei não prejudicará o direito adquirido, o ato jurídico perfeito e a coisa julgada*')" (*Comentários ao pacote anticrime*, p. 58). Também nesse sentido, adotando a teoria do ato jurídico perfeito do recebimento da denúncia, foi a decisão liminar do Min. Reynaldo Soares da Fonseca, do STJ, para negar liminar de *habeas corpus* nos seguintes termos: "Portanto, a meu ver, a posição mais acertada seria a de que a retroatividade da representação no crime de estelionato deve se restringir à fase policial, não alcançando o processo, o que não se amoldaria ao caso dos autos, considerando a condição de procedibilidade da representação e não de prosseguibilidade" (*Habeas Corpus* 573093/SC (2020/0086509-0)).

Constituição Federal, garantindo que as normas com conteúdo penal retroajam em benefício dos acusados.

O § 5.º do art. 171 do Código Penal configura *novatio legis in mellius*, nos termos do art. 2.º, parágrafo único, do Código Penal:

> Art. 2.º Ninguém pode ser punido por fato que lei posterior deixa de considerar crime, cessando em virtude dela a execução e os efeitos penais da sentença condenatória.
>
> Parágrafo único. A lei posterior, que de qualquer modo favorecer o agente, aplica-se aos fatos anteriores, ainda que decididos por sentença condenatória transitada em julgado.

Assim, sendo o § 5.º do art. 171 do Código Penal, com redação dada pela Lei 13.964/2019, norma de natureza mista (conteúdo processual e também material, uma vez que tem implicações diretas na possibilidade de aplicação de pena) deve se compatibilizar com o princípio da legalidade e seus desdobramentos, entre eles, a retroatividade da lei penal mais benéfica – nos exatos termos em que foi decidido pelo Supremo na ADIN supramencionada –, alcançando, inclusive, os processos já em andamento.

Embora a nossa posição seja pela retroatividade total do § 5.º do art. 171 do Código Penal, isto é, tanto para os fatos em investigação quanto para os processos em que ainda não tenha ocorrido o trânsito em julgado, não foi essa a interpretação que se consolidou no Superior Tribunal de Justiça e no Supremo Tribunal Federal.

No Superior Tribunal de Justiça, a Terceira Seção consolidou o entendimento das Turmas Criminais ao definir que a exigência de representação da vítima não pode ser aplicada retroativamente para beneficiar o réu nos processos que já estavam em curso. Para o Ministro Ribeiro Dantas, relator do acórdão do *Habeas Corpus* 610.201/SP, a nova norma não deve retroagir aos processos que estavam em curso antes da vigência do Pacote Anticrime, ou seja, aqueles que já tivessem denúncia recebida. Segundo o Ministro, deve-se diferenciar os conceitos de condição de procedibilidade e condição de prosseguibilidade, pois, "Se o legislador quisesse que houvesse uma condição de prosseguibilidade, teria de ter estabelecido na Lei Anticrime (Lei n. 13.964) esse aspecto, e não o fez", ressaltando que "o Congresso Nacional já rejeitou um projeto de lei (Projeto de Lei n. 882/2019) que estabelecia exatamente isso". Dessa forma, segundo o voto condutor, admitir a representação como condição de prosseguibilidade para as ações penais já em curso seria ir "contra a vontade clara e expressa do legislador que possui a legitimidade popular", destacando ainda que "Não se pode saber o tamanho da caixa de Pandora que se vai abrir com essa retroatividade". Por fim, foi alegada a "importância de se resguardar a segurança jurídica e o ato jurídico perfeito (art. 25 do CPP), quando já oferecida a denúncia" (STJ, HC 610.201/SP, 3.ª Seção, Rel. Min. Nefi Cordeiro, Rel. para o acórdão Min. Ribeiro Dantas, j. 24.03.2021).

O Supremo Tribunal Federal, por ambas as turmas, também já firmou entendimento a respeito desse assunto. A Segunda Turma foi a primeira a se manifestar, no Agravo Regimental no Agravo em Recurso Extraordinário 1.230.095, de relatoria do Ministro Gilmar Mendes, tendo entendido que a previsão do § 5.º do art. 171 do Código Penal é "norma de conteúdo processual, razão pela qual não será possível retroagir no presente caso, tendo em vista que os fatos ocorreram em 11/07/2012. Portanto, se ao tempo do fato não era exigida a representação da vítima o processo seguiu o figurino legal à época, atendendo-se à determinação do art. 2.º do Código de Processo Penal".

Posteriormente, a Primeira Turma, no julgamento do *Habeas Corpus* 187.341, de relatoria do Ministro Alexandre de Moraes, examinou de maneira mais explícita o tema, explorando diretamente a questão da retroatividade da norma penal/processual e entendeu que, no caso em julgamento, que já tinha denúncia recebida, não deveria ser reconhecida em nome do princípio da segurança jurídica. Confira-se:

> *Habeas corpus*. Estelionato. Ação penal pública condicionada a partir da Lei n. 13.964/19 ("Pacote Anticrime"). Irretroatividade nas hipóteses de oferecimento da denúncia já realizado. Princípios da segurança jurídica e da legalidade que direcionam a interpretação da disciplina legal aplicável. Ato jurídico perfeito que obstaculiza a interrupção da ação. Ausência de norma especial a prever a necessidade de representação superveniente. Inexistência de ilegalidade. *Habeas corpus* indeferido. 1. Excepcionalmente, em face da singularidade da matéria, e de sua relevância, bem como da multiplicidade de *habeas corpus* sobre o mesmo tema e a necessidade de sua definição pela Primeira Turma, fica superada a Súmula 691 e conhecida a presente impetração. 2. Em face da natureza mista (penal/processual) da norma prevista no § 5.º do artigo 171 do Código Penal, sua aplicação retroativa será obrigatória em todas as hipóteses onde ainda não tiver sido oferecida a denúncia pelo Ministério Público, independentemente do momento da prática da infração penal, nos termos do artigo 2.º, do Código de Processo Penal, por tratar-se de verdadeira "condição de procedibilidade da ação penal". 3. Inaplicável a retroatividade do § 5.º do artigo 171 do Código Penal, às hipóteses onde o Ministério Público tiver oferecido a denúncia antes da entrada em vigor da Lei 13.964/19; uma vez que, naquele momento a norma processual em vigor definia a ação para o delito de estelionato como pública incondicionada, não exigindo qualquer condição de procedibilidade para a instauração da persecução penal em juízo. 4. A nova legislação não prevê a manifestação da vítima como condição de prosseguibilidade quando já oferecida a denúncia pelo Ministério Público. 5. Inexistente, no caso concreto, de ilegalidade, constrangimento ilegal ou teratologia apta a justificar a excepcional concessão de *Habeas Corpus*. Indeferimento da ordem (STF, HC 187.341, 1ª Turma, Rel. Min. Alexandre de Moraes, j. 13.10.2020).

2.5 Concussão

2.5.1 Art. 316

No tocante ao art. 316, a alteração foi apenas no que se refere à pena, conforme tabela comparativa a seguir:

Redação dada pela Lei 13.964/2019	Redação Antiga
Art. 316. Exigir, para si ou para outrem, direta ou indiretamente, ainda que fora da função ou antes de assumi-la, mas em razão dela, vantagem indevida:	Art. 316. Exigir, para si ou para outrem, direta ou indiretamente, ainda que fora da função ou antes de assumi-la, mas em razão dela, vantagem indevida:
Pena – reclusão, de 2 (dois) a 12 (doze) anos, e multa. (g.n.)	Pena – reclusão, de 2 (dois) a 8 (oito) anos, e multa.

Trata-se de uma alteração que necessitava ser operada há muito tempo, especialmente desde 2003, quando a Lei 10.763 alterou a pena dos crimes de corrupção ativa e passiva, mas não a pena do crime de concussão.

Dessarte, desde 2003, o crime de concussão, que é mais grave que o crime de corrupção ativa e passiva, tinha uma pena inferior. Agora, pela redação dada pela Lei 13.964/2019, as penas estão equiparadas.

CAPÍTULO 3
Alterações no Código de Processo Penal

As modificações de natureza processual penal trazidas pela Lei 13.964/2019 foram muito mais significativas que as penais, pois incluíram no processo penal brasileiro alguns institutos que modificam sua própria estrutura.

Assim, por exemplo, houve uma opção significativa do legislador em reforçar o sistema processual acusatório, retirando do juiz qualquer possibilidade de substituir o órgão acusatório como parte interessada no resultado final do processo. Nesses termos, foram retiradas do juiz as possibilidades de atuação *ex officio* na decretação da prisão preventiva, na determinação da produção de provas etc.

Outra mudança absolutamente significativa foi a criação do juiz de garantias, que modifica completamente a estrutura da maioria ritos processuais penais, que nestes termos precisam ser acompanhados por dois juízes: o de garantias, responsável pela investigação, e o da instrução e julgamento, responsável pela instrução processual e pela sentença.

Também houve uma importante alteração no procedimento de arquivamento do inquérito policial, que nos termos previstos pela Lei 13.964/2019 não depende mais da participação do juiz, tornando-se um procedimento administrativo interno do Ministério Público.

Criou-se, ainda, a cadeia de custódia das provas penais, novidade no sistema processual brasileiro que trará mudanças significativas nas regras de controle dos elementos probatórios e na valoração da admissibilidade das provas.

Enfim, as mudanças foram grandes, muitas delas positivas, como se verificará ao longo deste capítulo, outras um tanto retrógradas e inconstitucionais, por exemplo, a prisão automática decorrente da sentença do Júri superior a 15 anos.

Analisemos, pois, cada um dos dispositivos do Código de Processo Penal que foram alterados pela Lei 13.964/2019.

3.1 Juiz de garantias

A Lei 13.964/2019 trouxe uma importantíssima alteração para o sistema processual penal brasileiro ao prever expressamente que o sistema processual penal brasileiro tem estrutura acusatória e ao criar a figura do chamado "juiz de garantias".

Todas as modificações foram feitas com o acréscimo dos arts. 3.º-A a 3.º-F, de modo que não houve alteração de redação em dispositivo já existente, mas sim a criação de novos dispositivos, motivo pelo qual não é possível trabalharmos com quadros comparativos das redações.

Portanto, transcreveremos cada um dos artigos e, em seguida, realizaremos os comentários pertinentes.

Por ora, os arts. 3.º-A a 3.º-F do Código de Processo Penal estão com a eficácia suspensa, *sine die*, por decisão do Ministro Luiz Fux do Supremo Tribunal Federal.

3.1.1 Art. 3.º-A

O art. 3.º-A representa um compromisso, embora tardio, muito bem-vindo do sistema processual penal com a Constituição de 1988, nos seguintes termos:

> O processo penal terá estrutura acusatória, vedadas a iniciativa do juiz na fase de investigação e a substituição da atuação probatória do órgão de acusação.

Esse dispositivo é dos mais importantes trazidos pela Lei 13.964/2019, pois alinha, de maneira definitiva, o Código de Processo Penal brasileiro à Constituição Federal de 1988.

Isso porque, embora a Constituição Federal brasileira previsse uma estrutura processual penal acusatória – presunção de inocência, contraditório, ampla defesa, juiz natural etc.[1] –, o Código de Processo Penal ainda guardava

---

[1] Art. 5.º, LVII, CF: "ninguém será considerado culpado até o trânsito em julgado de sentença penal condenatória"; Art. 5.º, LV, CF: "aos litigantes, em processo judicial ou administrativo,

resquícios inquisitórios, com certa confusão entre a figura do juiz e o órgão acusador, pois permitia, por exemplo, que o juiz decretasse prisão de ofício, condenasse o acusado ainda que a acusação pedisse a absolvição, determinasse a produção probatória de ofício etc.

Sobre essa situação, a crítica de Fabretti, Brito e Lima,[2] que apontam a incongruência do Sistema Processual Penal brasileiro antes da Lei 13.964/2019, merece ser transcrita:

> Porém, a aplicação de um sistema puramente acusatório no Brasil constitui muito mais um ideal a perseguir do que uma regra clara a ser aplicada. Nosso Código de Processo Penal, decretado em 1941, em pleno período autoritário, ainda que tenha sido alterado constantemente com o passar dos anos, possui resquícios intencionais do mais puro inquisitório, tradição mal-vinda e persistente ainda em muitos códigos processuais da América Latina. Um exemplo atual desse comportamento é a manutenção da possibilidade de o juiz realizar provas *ex officio*, antes mesmo do início da ação penal, ou a aplicação da *emendatio libelli*, adotada em nosso Código Processual Penal, na qual o juiz, de ofício, pode modificar a classificação jurídica do delito.
>
> A se pugnar por um processo penal constitucional e garantista, mesmo que esses institutos ainda estejam formalmente presentes em nosso ordenamento, não possuem a legitimação constitucional necessária, pois, como asseverou Afrânio Silva Jardim, "a tendência de nossa legislação é purificar ao máximo o sistema acusatório, entregando a cada um dos sujeitos processuais as funções não precípuas, mas absolutamente exclusivas, o que dá ao réu a segurança de um processo penal mais democrático".

O que o art. 3.º-A buscou foi exatamente reconhecer que o sistema processual brasileiro precisa ser acusatório, pois é o único compatível com nossa Constituição.

Assim, de acordo com a redação do art. 3.º-A, estão completamente vedadas ao juiz: a) iniciativas na fase da investigação; e b) substituição da atuação probatória do órgão acusador.

Nesses termos, durante a fase investigativa, toda e qualquer determinação judicial dependerá, sempre, de requerimento do Ministério Público ou da defesa, ou de representação da autoridade policial. Não pode o juiz, portanto, decretar prisões preventivas de ofício, estabelecer medidas cautelares pessoais ou reais de ofício etc.

---

e aos acusados em geral são assegurados o contraditório e a ampla defesa, com os meios e recursos a ela inerentes"; Art. 5.º, XXXVII, CF: "não haverá juiz ou tribunal de exceção".

[2] BRITO, Alexis Couto de; FABRETTI, Humberto B.; LIMA, Marco A. F. *Processo penal brasileiro*. 4. ed. São Paulo: Atlas, 2019. p. 5.

Parece-nos que em decorrência desse dispositivo não pode mais o magistrado sequer requisitar instauração de inquérito policial, devendo, quando o caso, encaminhar cópias ao Ministério Público ou à Polícia e estas instituições analisam se instauram ou não a competente investigação.

Ainda, nos termos do art. 3.º-A, não se permite mais que o juiz atue em substituição ao órgão da acusação durante a produção probatória (proíbe-se ao juiz determinar a produção de qualquer prova de ofício, desde a oitiva de testemunha do juízo, juntadas de documentos, produção antecipada de provas, até a realização de perícias ou determinação de qualquer medida cautelar durante a instrução como: busca e apreensão, interceptação, quebra de sigilos etc.).

O juiz, a partir desse dispositivo, deverá adotar uma postura absolutamente passiva no processo penal, limitando-se a garantir que a marcha processual ocorra de maneira correta e analisando os pedidos feitos pelas partes. É a consagração do princípio da imparcialidade e da inércia da Jurisdição, situação que reforça o sistema contraditório.

Aury Lopes Junior[3] há tempos afirmava que:

> A imparcialidade é garantida pelo modelo acusatório e sacrificada no sistema inquisitório, de modo que somente haverá condições de possibilidade da imparcialidade quando existir, além da separação inicial das funções de acusar e julgar, um afastamento do juiz da atividade investigatória/instrutória.
>
> [...]
>
> A imparcialidade do juiz fica evidentemente comprometida quando estamos diante de um juiz-instrutor (poderes investigatórios) ou quando lhe atribuímos poderes de gestão/iniciativa probatória. É um contraste que se estabelece entre a posição totalmente ativa e atuante do instrutor, contrastando com a inércia que caracteriza o julgador. Um é sinônimo de *atividade* e o outro de *inércia*.

Nessa toada, alguns dispositivos do Código de Processo Penal foram modificados pela própria Lei 13.964/2019 para adequarem-se ao que dispôs o art. 3.º-A, conforme veremos adiante. No entanto, outros artigos não foram modificados expressamente, mas, a nosso juízo, foram tacitamente revogados, uma vez que incompatíveis com o sistema acusatório declarado pelo art. 3.º-A.

A seguir, apresentamos os artigos tacitamente revogados e tomamos a liberdade de destacar os trechos que estão em conflito com o sistema acusatório:

a) Art. 5.º Nos crimes de ação pública o inquérito policial será iniciado:
I – de ofício;

---

[3] LOPES JR., Aury. *Direito processual penal*. 15. ed. São Paulo: Saraiva, 2018. p. 64.

II – mediante *requisição da autoridade judiciária* ou do Ministério Público, ou a requerimento do ofendido ou de quem tiver qualidade para representá-lo.

b) Art. 127. *O juiz, de ofício*, a requerimento do Ministério Público ou do ofendido, ou mediante representação da autoridade policial, *poderá ordenar o sequestro, em qualquer fase do processo ou ainda antes de oferecida a denúncia ou queixa.*

c) Art. 156. A prova da alegação incumbirá a quem a fizer, sendo, porém, *facultado ao juiz de ofício*:

I – ordenar, mesmo antes de iniciada a ação penal, a produção antecipada de provas consideradas urgentes e relevantes, observando a necessidade, adequação e proporcionalidade da medida;

II – determinar, no curso da instrução, ou antes de proferir sentença, a realização de diligências para dirimir dúvida sobre ponto relevante.

d) Art. 168. Em caso de lesões corporais, se o primeiro exame pericial tiver sido incompleto, proceder-se-á a exame complementar por determinação da autoridade policial ou judiciária, de ofício, ou a requerimento do Ministério Público, do ofendido ou do acusado, ou de seu defensor.

[...]

e) Art. 196. A todo tempo o juiz poderá proceder a novo interrogatório de ofício ou a pedido fundamentado de qualquer das partes

f) Art. 209. O juiz, quando julgar necessário, poderá ouvir outras testemunhas, além das indicadas pelas partes.

§ 1.º Se ao juiz parecer conveniente, serão ouvidas as pessoas a que as testemunhas se referirem.

§ 2.º Não será computada como testemunha a pessoa que nada souber que interesse à decisão da causa.

g) Art. 225. Se qualquer testemunha houver de ausentar-se, ou, por enfermidade ou por velhice, inspirar receio de que ao tempo da instrução criminal já não exista, o juiz poderá, de ofício ou a requerimento de qualquer das partes, tomar-lhe antecipadamente o depoimento.

h) Art. 234. Se o juiz tiver notícia da existência de documento relativo a ponto relevante da acusação ou da defesa, providenciará, independentemente de requerimento de qualquer das partes, para sua juntada aos autos, se possível.

i) Art. 242. A busca poderá ser determinada de ofício ou a requerimento de qualquer das partes.

j) Art. 385. Nos crimes de ação pública, o juiz poderá proferir sentença condenatória, ainda que o Ministério Público tenha opinado pela absolvição, bem como reconhecer agravantes, embora nenhuma tenha sido alegada.

k) Art. 404. Ordenado diligência considerada imprescindível, de ofício ou a requerimento da parte, a audiência será concluída sem as alegações finais.

l) Art. 497. São atribuições do juiz presidente do Tribunal do Júri, além de outras expressamente referidas neste Código:
[...]
XI – determinar, de ofício ou a requerimento das partes ou de qualquer jurado, as diligências destinadas a sanar nulidade ou a suprir falta que prejudique o esclarecimento da verdade;

m) Art. 807. O disposto no artigo anterior não obstará à faculdade atribuída ao *juiz de determinar de ofício inquirição de testemunhas ou outras diligências.*

Essa lista de 13 artigos, que em nossa opinião foram tacitamente revogados, mais os artigos expressamente modificados demonstram o quanto o Código de Processo Penal ainda estava longe do sistema acusatório que exige a imparcialidade e a inércia do juiz.

Se admitirmos que esses dispositivos constantes na lista *supra* não foram tacitamente revogados pelo art. 3.º-A, o sistema acusatório não se instaurará no processo penal brasileiro.

Por enquanto, conforme verificaremos mais à frente, o art. 3.º-A encontra-se com a eficácia suspensa por tempo indeterminado em virtude de decisão liminar do Ministro Luiz Fux do Supremo Tribunal Federal.

3.1.2   Art. 3.º-B

A partir do art. 3.º-B, passa a ser prevista a figura do juiz de garantias, nos seguintes termos:

> Art. 3.º-B. O juiz das garantias é responsável pelo controle da legalidade da investigação criminal e pela salvaguarda dos direitos individuais cuja franquia tenha sido reservada à autorização prévia do Poder Judiciário, competindo-lhe especialmente: [...]

A figura do juiz das garantias já é consagrada em vários sistemas processuais penais estrangeiros e guarda forte relação com a ideia de um processo penal democrático e pautado pela estrutura acusatória.

O objetivo da criação de um juiz das garantias é não permitir que o juiz que controlou a investigação criminal seja o mesmo juiz responsável pela instrução e pelo julgamento do processo, pois certamente não teria isenção suficiente para julgar o fato de maneira imparcial. Assim, faz-se uma cisão entre juiz de garantias – responsável pela investigação – e juiz da instrução e julgamento – responsável pela instrução processual e por sentenciar.

A adoção do juiz das garantias representa uma opção clara do legislador em privilegiar a chamada imparcialidade objetiva que se verifica não da relação do juiz com as partes ou com a resolução do caso concreto, mas sim se o juiz se encontra numa situação na qual não possa haver qualquer dúvida (ou aparência de dúvida) sobre a sua imparcialidade. A imparcialidade objetiva tem sido objeto de análise em vários julgamentos pelo Tribunal Europeu de Direitos Humanos (TEDH), consolidando entendimento de que esta é incompatível com a prática de atos investigatórios e instrutórios pelo juiz que decidirá sobre o mérito.[4] O juiz que investigou (juiz instrutor) ou que produziu provas de ofício não tem mais imparcialidade objetiva, pois se vinculou psicologicamente, ainda que de forma inconsciente, aos seus próprios atos praticados anteriormente, seja um ato investigatório ou a determinação de produção de uma determinada prova.

Desse modo, durante uma investigação, qualquer diligência ou produção de provas que depender de uma autorização prévia do Poder Judiciário – busca e apreensão; prisão temporária ou preventiva; quebra de sigilo telefônico etc. – deverá ser analisada e decidida pelo juiz das garantias, que, em caso do oferecimento da ação penal, não será o mesmo juiz responsável pela instrução e julgamento.

Ainda que pareça algo muito novo, essa figura do "juiz das garantias" já existe em várias cidades do Brasil. Em São Paulo, por exemplo, desde 1985 há o Departamento de Inquéritos Policiais e Polícia Judiciária[5] (DIPO), onde atuam juízes e juízas que só decidem sobre os pedidos feitos pela Autoridade Policial ou pelo Mi-

---

[4] Um aprofundamento da relação de incompatibilidade entre imparcialidade objetiva e atos investigatórios ou instrutórios por parte do juiz, bem como sobre o desenvolvimento da jurisprudência do TEDH pode ser vista em LOPES JR., Aury. *Direito processual penal*, p. 62 e ss.

[5] "O Departamento de Inquéritos Policiais e Polícia Judiciária (DIPO) foi criado em 1985 pelo Provimento 233 do Conselho Superior da Magistratura, incorporando o antigo Setor de Inquéritos Policiais e *Habeas Corpus* que tinha como atribuição acompanhar 'todos os atos relativos a inquéritos policiais e incidentes, bem como os pedidos de *habeas corpus*, autos de prisão em flagrante, pedidos de prisão preventiva e restituição de coisas apreendidas, inclusive determinar o arquivamento do inquérito policial', bem como 'proceder às atividades inerentes à Corregedoria da Polícia Judiciária, no âmbito da Capital' 2. Em 2013, a Assembleia Legislativa do Estado de São Paulo aprovou uma lei inserindo o órgão formalmente à organização judiciária do Estado e atribuindo ao Conselho Superior da Magistratura a designação dos juízes e juízas do DIPO e do(a) Corregedor(a), mediante lista de interessados e após análise do 'histórico profissional'. A mesma norma cria os Departamentos Estaduais de Execução Penal: Artigo 1.º Ficam criados o Departamento Estadual de Execuções Criminais, ao qual serão vinculadas as unidades prisionais do Estado, e o Departamento Estadual de Inquéritos Policiais, perante o qual tramitarão os inquéritos policiais. § 1.º Os Departamentos funcionarão por meio de unidades regionais, a serem instaladas nas 10 (dez) sedes administrativas do Tribunal de Justiça, observado o critério de maior volume de processos, por ato do Órgão Especial do Tribunal de Justiça. § 2.º Lei específica disporá sobre a criação de novas unidades ou extinção daquelas criadas por esta lei. § 3.º O Conselho Superior da Magistratura designará os juízes que atuarão no Departamento Estadual de Execuções Criminais e no Departamento Estadual de Inquéritos Policiais, bem como o corregedor permanente de presídios em cada unidade regional e o corregedor permanente da polícia judiciária mediante inscrição dos juízes interessados, observado o histórico profissional." Informação encontrada em Procedimento de Controle Administrativo impetrado pela Defensoria Pública do Estado de São Paulo no Conselho Nacional de Justiça. Disponível em: https://www.jota.info/wp-content/uploads/2018/02/representacao-cnj.pdf.

nistério Público durante as investigações. Após o término das investigações, sendo o caso de denúncia, o processo é distribuído para as varas criminais da Capital, nas quais atuam outros juízes que serão responsáveis pela instrução e julgamento.

Nos termos dos incisos do art. 3.º-B, competirá ao juiz das garantias:

> I – receber a comunicação imediata da prisão, nos termos do inciso LXII do caput do art. 5.º da Constituição Federal;

A Constituição Federal prevê em seu art. 5.º, LVII, que, sempre que alguém for preso, a prisão deve ser imediatamente comunicada ao juiz, nos seguintes termos:

> LXII – a prisão de qualquer pessoa e o local onde se encontre serão comunicados imediatamente ao juiz competente e à família do preso ou à pessoa por ele indicada;

Esse dispositivo simplesmente atribui ao juiz das garantias a competência para receber a comunicação imediata da prisão de qualquer pessoa. Todas as modalidades de prisão, ocorridas antes do recebimento da denúncia, deverão ser comunicadas imediatamente ao juiz das garantias, seja uma prisão em flagrante ou o cumprimento de um mandado de prisão preventiva ou temporária.

> II – receber o auto da prisão em flagrante para o controle da legalidade da prisão, observado o disposto no art. 310 deste Código;

Além de ser comunicado da prisão em flagrante, o juiz das garantias será o competente para receber os autos de prisão em flagrante para realizar a audiência de custódia e analisar a legalidade da prisão em flagrante, nos termos do art. 310 do Código de Processo Penal.

A obrigatoriedade da Audiência de Custódia também foi incluída pela Lei 13.964/2019, que alterou o art. 310 do Código de Processo Penal, conforme veremos adiante.

Existe essa previsão de realização da Audiência de Custódia logo em seguida à prisão em flagrante, pois esta última, realizada pela autoridade policial, é uma espécie de pré-cautelar e por sua precariedade não tem o poder, por si só, de perdurar no tempo, uma vez que o juiz deverá analisar se a converterá em prisão preventiva (desde que presentes os requisitos do art. 312 do CPP), relaxará ou concederá a liberdade provisória com ou sem fiança.

Nesses termos é o art. 310 do Código de Processo Penal:

> Art. 310. Após receber o auto de prisão em flagrante, no prazo máximo de até 24 (vinte e quatro) horas após a realização da prisão, o juiz deverá promover audiência de custódia com a presença do acusado, seu advogado constituído ou membro da Defensoria Pública e o

membro do Ministério Público, e, nessa audiência, o juiz deverá, fundamentadamente:

I – relaxar a prisão ilegal; ou

II – converter a prisão em flagrante em preventiva, quando presentes os requisitos constantes do art. 312 deste Código, e se revelarem inadequadas ou insuficientes as medidas cautelares diversas da prisão; ou

III – conceder liberdade provisória, com ou sem fiança.

[...]

Sintetizando, a competência para o recebimento dos autos de prisão em flagrante e a realização da consequente Audiência de Custódia será do "Juiz das Garantias".

III – zelar pela observância dos direitos do preso, podendo determinar que este seja conduzido à sua presença, a qualquer tempo;

Obviamente, a pessoa presa continua a ser sujeito de direitos e não pode ter suas garantias fundamentais violadas, a não ser aquelas que decorrem diretamente da condição de estar preso (como o direito de locomoção).

Assim, o "juiz das garantias" é a autoridade responsável por assegurar que os direitos dos presos não sejam violados, e, para tanto, pode determinar que o preso lhe seja apresentado pessoalmente a qualquer tempo. Poderá o "juiz das garantias" receber notificações de que os direitos do preso estão sendo violados por qualquer meio, como imprensa, Defensoria Pública, família, cartas do próprio preso, Ministério Público etc.

Parece-nos óbvio que o "juiz das garantias" somente será responsável por zelar pela observância dos direitos dos presos relativos aos procedimentos investigativos que estejam sob sua responsabilidade. Assim, se houver uma prisão preventiva durante a instrução processual, momento em que não é mais o juiz das garantias que atua, mas sim o juiz da instrução e do julgamento, este último será o magistrado responsável por zelar pela observância dos direitos do preso.

IV – ser informado sobre a instauração de qualquer investigação criminal;

Sempre que for instaurada uma investigação criminal, de qualquer natureza, deverá o "juiz das garantias" ser informado sobre a existência desse expediente, inclusive para realizar o controle da legalidade de seus atos.

Portanto, seja a autoridade policial que abre um inquérito policial, ou o Ministério Público que instaura um Procedimento de Investigação Criminal (PIC), o "juiz das garantias" deverá ser comunicado, mesmo porque qualquer pedido que dependa da decisão do Poder Judiciário deverá ser por ele analisado.

V – decidir sobre o requerimento de prisão provisória ou outra medida cautelar, observado o disposto no § 1.º deste artigo;

Sendo o "juiz das garantias" o competente para decidir sobre os requerimentos realizados durante qualquer investigação criminal, caso a autoridade policial ou o Ministério Público requeiram qualquer prisão provisória (prisão temporária ou prisão preventiva), bem como qualquer outra medida cautelar (art. 319 do CPP), é ele quem analisará o pedido.

> VI – prorrogar a prisão provisória ou outra medida cautelar, bem como substituí-las ou revogá-las, assegurado, no primeiro caso, o exercício do contraditório em audiência pública e oral, na forma do disposto neste Código ou em legislação especial pertinente;

Assim como o "juiz das garantias" é o competente para analisar os pedidos de prisão provisória ou de medidas cautelares, ele também será o responsável para prorrogar as prisões provisórias (normalmente a prisão temporária) ou outra medida cautelar diversa da prisão, bem como substituí-las ou revogá-las. Parece-nos óbvio que o juiz jamais poderá prorrogar qualquer medida de ofício, pois incompatível com o sistema acusatório expressamente adotado pelo art. 3.º-A do Código de Processo Penal.

Aparece aqui uma novidade muito importante que não estava prevista no sistema processual penal brasileiro: quando o juiz das garantias decidir sobre pedido de prorrogação de prisão provisória ou outra medida cautelar, deverá, obrigatoriamente, realizar audiência pública e oral na qual será garantido o contraditório.

Logo, qualquer decisão de prorrogação de prisão provisória ou medida cautelar que não for antecedida de audiência pública, em que a defesa possa exercer oralmente o contraditório, será ilegal e nula, pois viola frontalmente texto expresso de lei. O contrário não nos parece verdadeiro, ou seja, se houver o pedido da autoridade policial ou do Ministério Público para prorrogação da prisão provisória ou medida cautelar, mas o juiz das garantias indeferir o pedido e expedir o alvará de soltura, poderá fazê-lo imediatamente, independentemente da audiência, pois o "juiz das garantias" e a audiência prévia têm a função de assegurar os direitos do investigado, especialmente o contraditório, sendo dispensáveis se a liberdade já estiver garantida. Também não haverá necessidade de audiência prévia, se o pedido da autoridade policial ou do Ministério Público for para não prorrogação do prazo ou para a revogação da prisão provisória ou medidas cautelares.

> VII – decidir sobre o requerimento de produção antecipada de provas consideradas urgentes e não repetíveis, assegurados o contraditório e a ampla defesa em audiência pública e oral;

Conforme se explicou, o "juiz das garantias" não será o responsável pela instrução probatória, pois sua competência será finalizada com o ato de recebimento da inicial acusatória (denúncia ou queixa-crime).

Entretanto, é possível que haja a necessidade de produção antecipada de provas, se estas forem consideradas urgentes e não repetíveis, isto é, se não forem produzidas naquele momento (antes da instrução), não mais poderão sê-lo. É o que acontece, por exemplo, se há uma testemunha da acusação que, pela idade avançada e debilitado estado de saúde, pode não sobreviver até o momento da fase da instrução processual. Nesse caso, o Ministério Público (ou querelante) deverá requerer ao "juiz das garantias" que defira a oitiva antecipada da referida testemunha, justificando ser uma prova urgente e não repetível. O "juiz das garantias" poderá deferir a produção antecipada da prova, que será produzida em sua presença, em audiência pública e oral, assegurados o contraditório e a ampla defesa.

A prova também poderá ser requerida pela defesa, devendo ser garantido à acusação, em audiência pública e oral, o exercício do contraditório.

De acordo com o disposto no art. 3.º-A, não poderá essa prova – como nenhuma outra – ser determinada de ofício pelo juiz.

> *VIII – prorrogar o prazo de duração do inquérito, estando o investigado preso, em vista das razões apresentadas pela autoridade policial e observado o disposto no § 2.º deste artigo;*

O art. 10 do Código de Processo Penal define que o inquérito policial deverá ser finalizado no prazo de 30 dias, se o investigado estiver solto, ou 10 dias se o investigado estiver preso.

Entretanto, o § 3.º do mesmo art. 10 prevê a possibilidade de prorrogação do prazo para finalização do inquérito policial, desde que o investigado esteja solto.

No tocante ao investigado preso, não havia previsão de prorrogação do inquérito policial, apesar de acontecer ilegalmente na prática e ser tolerado pela jurisprudência.

Agora, nos termos do inciso VIII supramencionado, poderá o inquérito policial com investigado preso ter seu prazo prorrogado, por até 15 dias, pelo "juiz das garantias", nos termos do § 2.º do art. 3.º-B.

O § 2.º do art. 3.º-B tem a seguinte redação:

> § 2.º Se o investigado estiver preso, o juiz das garantias poderá, mediante representação da autoridade policial e ouvido o Ministério Público, prorrogar, uma única vez, a duração do inquérito por até 15 (quinze) dias, após o que, se ainda assim a investigação não for concluída, a prisão será imediatamente relaxada.

Desse modo, estando o investigado preso, ao final de 10 dias contados da data da prisão, a autoridade policial poderá representar ao "juiz das garantias" pela prorrogação do inquérito policial, que poderá deferi-la por uma única vez, por até 15 dias. Se nesse prazo a investigação não for concluída, a prisão será imediatamente relaxada, pois tornar-se-á ilegal.

Em um primeiro olhar, a impressão que se dá é a de que a situação foi piorada com relação ao investigado, pois antes da Lei 13.964/2019 o tempo máximo que admitia de prisão (fosse temporária ou preventiva) era de 10 dias, uma vez que o inquérito deveria ser encerrado em 10 dias, contados da prisão. Ocorre que a jurisprudência, conforme salientado, não poucas vezes, entendia tratar-se de um prazo impróprio e não relaxava a prisão depois de decorridos os 10 dias do prazo.[6] Agora, pela Lei 13.964/2019, além dos 10 dias já previstos, permite-se uma prorrogação de mais 15 dias, mas em contrapartida o texto da lei é expresso em prever que ao final dos 25 dias, se não houver conclusão da investigação, a prisão preventiva deverá ser imediatamente relaxada. Não há, portanto, mais espaço para interpretações.

Sintetizando: nos termos do Código de Processo Penal, o investigado poderá, excepcionalmente, ficar preso durante a investigação por até 25 (10 + 15) dias, e ao final desse prazo, se não for oferecida a denúncia, a prisão será considerada ilegal e deverá ser imediatamente relaxada, nos termos do § 2.º do art. 3.º-B do Código de Processo Penal.

Questão que já foi levantada pela doutrina e certamente demandará tempo para se firmar na jurisprudência é sobre a abrangência do § 2.º do art. 3.º-B do Código de Processo Penal. Isso porque, embora a redação do art. 10 do Código de Processo Penal preveja o prazo para finalização do inquérito policial com imputado preso em 10 dias, agora prorrogáveis por 15 dias, por força do novo § 2.º do art. 3.º-B do Código de Processo Penal, outras leis especiais regulamentam esse prazo de maneira diversa. O art. 51 da Lei de Drogas (Lei 11.343/2006), por exemplo, prevê o prazo de 30 dias para término da investigação com imputado preso, podendo esse ser prorrogado por mais 30 dias, totalizando 60 dias de prisão durante a fase investigativa. O art. 66 da Lei 5.010/1966, que regulamenta a investigação criminal na Justiça Federal, prevê que o prazo para finalização da investigação de imputado preso é de 15 dias, podendo ser prorrogado por 15 dias. Ainda, o Código de Processo Penal Militar prevê o prazo de 20 dias para finalizar a investigação de imputado preso, que pode ser prorrogado por mais 20 dias; e a Lei 1.521/1951, em seu art. 10, § 1.º, prevê o prazo de 10 dias, sem prorrogação.

---

[6] "*Habeas corpus*. Prisão preventiva e excesso de prazo para conclusão do inquérito policial. Custódia provisória que se reveste de legalidade. Paciente com envolvimento em crime de roubo de carga transportada por via terrestre, avaliada em valor superior a R$ 1.200.000,00. Agente surpreendido na posse de submetralhadora, pistolas, munições, coletes balísticos etc. Prisão preventiva que se justifica para manutenção da ordem pública. Alegação de excesso de prazo para conclusão do inquérito policial que não se constata na espécie. Prazo decenal que não é peremptório (jurisprudência). Demora na conclusão da fase investigatória que encontra justificativa na multiplicidade de pessoas envolvidas na nefasta prática de roubo de carga. Questão superada diante do oferecimento de denúncia na instância ordinária. Ordem denegada" (TJSP, HC 20011108-06.2018.26.0000, Rel. Des. Otávio Rocha, j. 21.02.2018).

A questão que surgirá é a seguinte: a prorrogação de 15 dias prevista no § 2.º do art. 3.º-B, com redação dada pela Lei 13.964/2019, vale apenas para os procedimentos previstos no Código de Processo Penal ou também para os procedimentos previstos nas leis extravagantes?

São possíveis dois entendimentos: o primeiro é sustentar que o § 2.º do art. 3.º-B é aplicável apenas ao Código de Processo Penal, pois as leis extravagantes são especiais e não são alcançadas pela lei geral.[7] O princípio da especialidade prevaleceria. O segundo entendimento seria de que houve revogação tácita dos dispositivos das leis especiais, pois a nova lei é posterior e mais benéfica, logo, todo e qualquer inquérito policial imputado ao preso somente poderia ser prorrogado por 15 dias.[8]

Parece-nos que o segundo entendimento é o que deveria prevalecer, pois, de fato, é o mais benéfico ao imputado e o que traria maior segurança jurídica. Inclusive, tal proceder já foi adotado anteriormente pelo Supremo Tribunal Federal[9] e pelo Superior Tribunal de Justiça quando da alteração dos procedimentos do Código de Processo Penal (Lei 11.719/2008) que modificou o momento do interrogatório do início para o final da instrução criminal. A Lei 11.719/2008 mudou apenas os procedimentos do Código de Processo Penal, mas entendeu-se que o interrogatório ao final da instrução criminal – apesar de não estar assim previsto nas demais leis – deveria ser aplicado a todo e qualquer procedimento, pois era o que previa a nova lei e era mais benéfico ao réu.

IX – determinar o trancamento do inquérito policial quando não houver fundamento razoável para sua instauração ou prosseguimento;

A doutrina e a jurisprudência admitem o trancamento do inquérito policial, quando este for instaurado para apurar conduta atípica, ou sem fundamento razoável (justa causa), ou ainda quando, durante a investigação, esse fundamento deixa de existir.[10]

---

[7] É a posição adotada por FULLER, Paulo H. *Lei anticrime comentada*. São Paulo: Saraiva, 2020. p. 108 e ss.

[8] É a posição adotada por DEZEM, Guilherme M.; SOUZA, Luciano A. *Comentários ao pacote anticrime*, p. 87.

[9] "Reclamação. Direito processual penal militar. Aplicabilidade do art. 400 do CPP ao processo penal militar. Interrogatório realizado ao início da instrução em momento anterior à decisão plenária" (STF, Rcl 30.799/DF, Rel. Min. Roberto Barroso, j. 20.02.2019). No mesmo sentido: STF, HC127.900/AM, Rel. Min. Dias Toffoli, j. 03.08.2017; HC 162.650/SP, Rel. Min. Celso de Mello, j. 20.11.2019; ARE 823822 AgR, Rel. Min. Gilmar Mendes, j. 12.08.2014.

[10] Para uma série de situações em que inquéritos policiais foram devidamente trancados pela via do *habeas corpus* recomenda-se a leitura de TORON, Alberto Z. *Habeas corpus*: controle do devido processo legal: questões controvertidas e de processamento do *writ*. 2. ed. São Paulo: Thomson Reuters Brasil, 2018. p. 157.

O pedido de trancamento do inquérito policial, geralmente, é feito por *habeas corpus*, pois entendem a doutrina e a jurisprudência que responder a um inquérito policial sem fundamento para sua existência configura constrangimento ilegal.

Entretanto, a partir desse dispositivo, parece-nos plenamente possível que tanto a defesa quanto o Ministério Público podem simplesmente peticionar ao juiz requerendo o trancamento do inquérito policial sempre que o fundamento razoável (justa causa) não estiver presente ou deixar de existir.

Nos termos desse dispositivo, havendo pedido de *habeas corpus* para trancamento de inquérito policial, ou qualquer outro expediente investigativo de competência do juiz das garantias, será este o competente para conhecer e julgar o remédio constitucional.

X – requisitar documentos, laudos e informações ao delegado de polícia sobre o andamento da investigação;

Caberá ao "juiz das garantias" requisitar (ordenar a vinda ao processo) documentos e laudos para serem anexados à investigação, lembrando que não pode o magistrado, nos termos do art. 3.º-A, praticar atos típicos da acusação.

Ainda, ao "juiz das garantias" caberá requisitar à autoridade policial informações sobre a investigação.

XI – decidir sobre os requerimentos de:

a) interceptação telefônica, do fluxo de comunicações em sistemas de informática e telemática ou de outras formas de comunicação;

b) afastamento dos sigilos fiscal, bancário, de dados e telefônico;

c) busca e apreensão domiciliar;

d) acesso a informações sigilosas;

e) outros meios de obtenção da prova que restrinjam direitos fundamentais do investigado;

Nas letras *a* a *e* do inciso XI estão previstas medidas que dependem, sempre, de autorização judicial para serem efetivadas, pois representam uma limitação ao direito fundamental do investigado "a intimidade e a privacidade".

Assim, sempre que houver um pedido por parte da acusação (ou representação pela autoridade policial) para que haja uma interceptação telefônica, de dados informáticos ou telemática, caberá ao "juiz das garantias" decidir sobre o pedido. Perceba-se que nessas hipóteses há uma interceptação das informações que estão sendo trocadas entre o investigado e outras pessoas, como uma conversa telefônica.

Também caberá ao "juiz das garantias" analisar pedido da acusação (ou representação pela autoridade policial) para quebra de sigilo fiscal, bancário, telefônico, de dados informáticos ou telemáticos. Nessa situação, as informações buscadas não estão sendo enviadas e recebidas, mas sim armazenadas em bancos de dados.

Caberá ao "juiz das garantias" decidir acercados pedidos e representações sobre busca e apreensão domiciliar, acesso a informações sigilosas e quaisquer outros meios de obtenção da prova que restrinjam direitos fundamentais do investigado.

Sintetizando: durante as investigações, todo e qualquer pedido ou representação para deferimento de medidas cautelares que dependa de autorização judicial será de competência do "juiz das garantias".

XII – julgar o habeas corpus impetrado antes do oferecimento da denúncia;

Qualquer *habeas corpus* impetrado antes do oferecimento da denúncia será de competência do "juiz das garantias". Durante a fase de investigação, além da hipótese referida de impetração de *habeas corpus* para trancamento do inquérito policial, poderá ser impetrado o remédio constitucional para cessar qualquer ilegalidade ou constrangimento ilegal infligido ao investigado.

Assim, se houver um *habeas corpus* preventivo para que o investigado não seja indiciado,[11] por exemplo, a competência será do "juiz das garantias".

XIII – determinar a instauração de incidente de insanidade mental;

Se houver dúvida sobre a integridade da saúde mental do acusado, poderá ser realizado um exame de sanidade mental. A questão é tratada no art. 149 do Código de Processo Penal nos seguintes termos:

> Art. 149. Quando houver dúvida sobre a integridade mental do acusado, o juiz ordenará, de ofício ou a requerimento do Ministério Público, do defensor, do curador, do ascendente, descendente, irmão ou cônjuge do acusado, seja este submetido a exame médico-legal.

Portanto, se a dúvida a respeito da sanidade mental do acusado surgir durante a fase investigativa, caberá ao "juiz das garantias" decidir sobre even-

---

[11] Nesse sentido: "*Habeas corpus* (com pedido de liminar). Denunciação caluniosa. Pleito de trancamento do inquérito policial por inexistência de justa causa, diante de suposta ausência de indícios de autoria, ou suspensão de formal indiciamento. Impossibilidade. Elementos de convicção amealhados em procedimento administrativo investigatório instaurado por provocação do irmão do paciente suficientes para demonstrar a presença de prova da materialidade e indícios mínimos de autoria. Requisição do Ministério Público para instauração de inquérito policial que não enseja o constrangimento ilegal aventado na inicial. Remédio heroico que não se presta ao enfrentamento de questões que demandam exame aprofundado de fato se provas. Formal indiciamento que deve ser obstado até o fim da investigação a fim de evitar eventual constrangimento ilegal. Liminar ratificada. Ordem concedida, em parte" (TJSP, HC 2058464-56.2018.8.26.0000, Rel. Des. Juvenal Duarte, j. 07.06.2018).

tual pedido de instauração do incidente de insanidade, ou determinar a sua realização de ofício.¹²

Obviamente, se a questão surgir após o recebimento da denúncia, caberá ao juiz da instrução e julgamento decidir sobre eventual pedido ou determinar a realização do exame de ofício.

> *XIV – decidir sobre o recebimento da denúncia ou queixa, nos termos do art. 399 deste Código;*

O "juiz das garantias" é o competente para decidir sobre o recebimento ou rejeição da inicial acusatória.

O inciso faz remissão direta ao art. 399 do Código de Processo Penal, que tem a seguinte redação:

> Art. 399. *Recebida a denúncia ou queixa*, o juiz designará dia e hora para a audiência, ordenando a intimação do acusado, de seu defensor, do Ministério Público e, se for o caso, do querelante e do assistente. (g.n.)

É preciso atentar-se, nesse momento, para a seguinte situação: o recebimento da denúncia ocorre no momento do art. 396 ou do art. 399 do Código de Processo Penal?

O art. 396 do Código de Processo Penal tem a seguinte redação:

> Art. 396. Nos procedimentos ordinário e sumário, oferecida a denúncia ou queixa, o juiz, se não a rejeitar liminarmente, *recebê-la-á* e ordenará a citação do acusado para responder à acusação, por escrito, no prazo de 10 (dez) dias. (g.n)

Essa celeuma era apontada pela doutrina quando das alterações promovidas no Código de Processo Penal pela Lei 11.719/2008. Entretanto, embora com algumas posições contrárias, a jurisprudência acabou por consagrar como momento do recebimento da denúncia o do art. 396 do Código de Processo Penal, e o ato do art. 399 seria uma mera "confirmação" do recebimento ocorrido anteriormente.

No entanto, em princípio, a Lei 13.964/2019 veio alterar esse panorama, uma vez que reconhece expressamente no inciso XIV do art. 3.º-B que o momento do recebimento da denúncia é o do art. 399 do Código de Processo Penal. E esse entendimento é reforçado, ainda, com a redação do art. 3.º-C, que também reconhece o momento do art. 399 do Código de Processo Penal como o do recebimento da denúncia. De fato, esse raciocínio parece o mais lógico,

---

¹² Não há qualquer incompatibilidade entre o sistema acusatório e a possibilidade de o juiz decretar de ofício a realização do incidente de insanidade mental, pois tal exame não se trata de prova sobre a autoria ou materialidade do fato imputado, mas sim da verificação da higidez mental do acusado e, consequentemente, de sua imputabilidade, condições absolutamente necessárias para a responsabilização penal.

porquanto sob esse ponto de vista a denúncia somente seria recebida (e o acusado passaria para a posição de réu) após análise dos argumentos da defesa e afastada qualquer possibilidade de absolvição sumária.

De qualquer forma, será o "juiz das garantias" o competente para analisar se a inicial acusatória está formalmente em ordem (art. 396 do CPP) ou se deve ser rejeitada (art. 395 do CPP). Não sendo caso de rejeição, citará o acusado para apresentar resposta à acusação no prazo de dez dias (art. 396-A do CPP). Apresentada a resposta, é o "juiz das garantias" que decidirá se é caso de rejeição tardia da denúncia (art. 395 do CPP),[13] absolvição sumária (art. 397 do CPP), *mutatio libelli* – desclassificação antecipada – (art. 383 do CPP), recebimento da denúncia e designação de audiência (art. 399 do CPP).

Parece-nos que, com a redação dada ao inciso XIV do art. 3.º-B do Código de Processo Penal, não há como admitir uma cisão de competências entre o juiz das garantias e o juiz da instrução e julgamento no momento do recebimento da denúncia. Ainda que se admita que existam dois momentos de recebimento da denúncia – o primeiro no art. 396 e o segundo no art. 399, ambos do Código de Processo Penal –, os dois serão de competência do juiz das garantias, uma vez que sua competência somente cessa com a prática dos atos previstos no art. 399 do CPP.

Também será o "juiz das garantias" o responsável pela análise e deferimentos das provas que pretenderão produzir a acusação e a defesa durante a fase instrutória, visto que estas deverão ser requeridas na inicial acusatória e na resposta à acusação, tais como oitivas, perícias, diligências etc. Obviamente, se durante a instrução criminal houver novos pedidos, estes serão analisados pelo juiz da instrução e julgamento.

Recebida a denúncia ou queixa pelo "juiz das garantias", pela literalidade do art. 399, deverá designar "dia e hora para a audiência, ordenando a intimação do acusado, de seu defensor, do Ministério Público e, se for o caso, do querelante e do assistente".

Parece-nos, entretanto, que nesse exato ponto o "juiz das garantias" deverá simplesmente encaminhar os autos para o juiz da instrução e julgamento, uma vez que este será o responsável pela instrução e, consequentemente, pelas audiências que ocorrerão, sendo mais lógico e produtivo que se permita a esse juiz organizar a própria pauta, designando as audiências e determinando as intimações a que se refere o art. 399 do Código de Processo Penal.

> *XV – assegurar prontamente, quando se fizer necessário, o direito outorgado ao investigado e ao seu defensor de acesso a todos os elementos informativos e provas produzidos no âmbito da investigação criminal, salvo no que concerne, estritamente, às diligências em andamento;*

---

[13] Sobre a possibilidade de rejeição tardia da denúncia, conferir: SCARANCE, Antonio; LOPES, Mariângela Tomé. O recebimento da denúncia no novo procedimento. *Boletim IBCCRIM*, São Paulo, ano 16, n. 190, p. 2-3, set. 2008.

O advogado e o investigado têm direito ao acesso ao conteúdo das investigações sempre que julgarem necessário, devendo o "juiz das garantias" assegurar que esse direito seja exercido.

Além das previsões legais do Estatuto dos Advogados, há a Súmula Vinculante 14 do Supremo Tribunal Federal que garante o acesso do advogado aos autos de investigação.

Somente poderá ser restringido ao advogado e ao investigado o acesso às diligências em andamento, pois este poderia inviabilizar totalmente a medida. Assim, se durante uma investigação há o deferimento pelo "juiz das garantias" de interceptação telefônica do investigado pelo prazo de 15 dias, enquanto o investigado estiver sendo interceptado, não poderão ele e seu defensor ter acesso à essa medida, pois certamente seria infrutífera.

XVI – deferir pedido de admissão de assistente técnico para acompanhar a produção da perícia;

Nos termos do art. 159 do Código de Processo Penal, é facultada às partes a indicação de assistentes técnicos na realização de perícias.

O assistente técnico, nos termos do art. 159, § 4.º, somente poderá atuar após a admissão pelo juiz, que deverá ser requerida pelas partes.

Caberá ao "juiz das garantias" a decisão sobre a admissão dos assistentes técnicos, quando a perícia for realizada durante a fase investigativa. Sendo a perícia requerida e deferida durante a fase de instrução e julgamento, esse ato caberá, por óbvio, ao juiz da instrução e julgamento.

XVII – decidir sobre a homologação de acordo de não persecução penal ou os de colaboração premiada, quando formalizados durante a investigação;

A Lei de Organização Criminosa (Lei 12.850/2013) regulamentou o instituto da colaboração premiada, que nada mais é do que um acordo firmado entre o investigado e a autoridade policial ou entre o investigado e o Ministério Público, no qual pode ser "trocada" uma gama de benefícios por determinadas informações.

Conforme veremos adiante, a Lei 13.964/2019 inseriu diversos dispositivos na Lei 12.850/2013, alterando pontos importantes do acordo de colaboração premiada.

No art. 3.º-A da Lei de Organização Criminosa, com redação dada pela Lei 13.964/2019, encontra-se a seguinte redação, que define a natureza jurídica do acordo de colaboração premiada:

> Art. 3.º-A. O acordo de colaboração premiada é negócio jurídico processual e meio de obtenção de prova, que pressupõe utilidade e interesse públicos.

Para que o acordo de colaboração premiada tenha validade jurídica e surta efeitos precisa ser homologado por um juiz, nos termos do art. 4.º, § 7.º, da Lei 12.850/2013.

Se o acordo for firmado durante a fase de investigação, isto é, antes do recebimento da denúncia, é o "juiz das garantias" que terá competência para analisar sua legalidade e decidir pela homologação ou rejeição do acordo.

O mesmo ocorrerá nos chamados acordos de não persecução penal, incorporados ao Código de Processo Penal pela Lei 13.964/2019, que em seu art. 28-A prevê:

> Art. 28-A. Não sendo caso de arquivamento e tendo o investigado confessado formal e circunstancialmente a prática de infração penal sem violência ou grave ameaça e com pena mínima inferior a 4 (quatro) anos, o Ministério Público poderá propor acordo de não persecução penal, desde que necessário e suficiente para reprovação e prevenção do crime, mediante as seguintes condições ajustadas cumulativa e alternativamente:
> [...]

Trata-se, também, de um acordo entre investigado e Ministério Público e que para surtir efeitos deverá ser homologado por um juiz (art. 28-A, § 6.º, do CPP).

Diferentemente da colaboração premiada que poderá ser realizada a qualquer tempo, o acordo de não persecução penal tem por objetivo evitar o oferecimento da denúncia e o início da instrução processual penal, devendo, portanto, ser realizado antes do oferecimento da denúncia.

Portanto, o "juiz das garantias" é que será responsável por analisar e homologar ou rejeitar o acordo de não persecução firmado entre investigado e Ministério Público.

XVIII – outras matérias inerentes às atribuições definidas no caput deste artigo.

De forma genérica, termina o art. 3.º-B atribuindo ao "juiz das garantias" a competência para decidir sobre qualquer pedido, homologação ou ato judicial que precise ser praticado durante a fase investigativa.

No que se refere ao § 1.º do art. 3.º-B, trata-se de um dos dispositivos que foram vetados pela Presidência da República, mas que posteriormente tiveram os vetos derrubados pelo Congresso Nacional, passando então a compor o Código de Processo Penal.

A redação do § 1.º do art. 3.º-B é a seguinte:

> § 1.º O preso em flagrante ou por força de mandado de prisão provisória será encaminhado à presença do juiz de garantias no prazo de 24 (vinte e quatro) horas, momento em que se realizará audiência com a presença do Ministério Público e da Defensoria Pública ou de advogado constituído, vedado o emprego de videoconferência.

Como se verifica, este dispositivo legal é extremamente importante, pois reafirma a necessidade de realização da audiência de custódia ao preso em flagrante no prazo de 24 horas (situação também garantida pelo art. 310 do Código de Processo Penal com redação dada pela Lei 13.964/2019), mas vai além, pois também garante a audiência de custódia ao preso provisório (prisão temporária e prisão preventiva), define que a competência para sua realização é do juiz das garantias (excepcionalmente, quando a prisão preventiva for decretada após o recebimento da denúncia, o juiz que fará a audiência de custódia não será o juiz das garantias, pois sua competência terá cessado) e proíbe a sua realização por videoconferência.

O motivo do veto presidencial a esse dispositivo foi exatamente a proibição de se fazer a audiência de custódia por meio de videoconferência, conforme se verifica das razões do veto a seguir transcritas:

> A propositura legislativa, ao suprimir a possibilidade da realização da audiência por videoconferência, gera insegurança jurídica ao ser incongruente com outros dispositivos do mesmo código, a exemplo do art. 185 e 222 do Código de Processo Penal, os quais permitem a adoção do sistema de videoconferência em atos processuais de procedimentos e ações penais, além de dificultar a celeridade dos atos processuais e do regular funcionamento da justiça, em ofensa à garantia da razoável duração do processo, nos termos da jurisprudência do Superior Tribunal de Justiça (RHC 77.580/RN, Quinta Turma, Rel. Min. Reynaldo Soares da Fonseca, *DJe* de 10/02/2017). Ademais, o dispositivo pode acarretar em aumento de despesa, notadamente nos casos de juiz em vara única, com apenas um magistrado, seja pela necessidade de pagamento de diárias e passagens a outros magistrados para a realização de uma única audiência, seja pela necessidade premente de realização de concurso para a contratação de novos magistrados, violando as regras do art. 113 do ADCT, bem como dos arts. 16 e 17 LRF e ainda do art. 114 da Lei de Diretrizes Orçamentárias para 2019 (Lei n.º 13.707, de 2018).

Mais uma vez, as razões do veto são confusas, misturando questões jurídicas com questões orçamentárias, utilizando-se de argumentos jurisprudenciais e, ainda mais surpreendente, alegando falta de juízes para dar cumprimento ao dispositivo.

A justificativa para proibição da realização da audiência de custódia por videoconferência é óbvia e decorre da natureza do próprio instituto: a preservação da integridade física do custodiado.

Embora a audiência de custódia também sirva como uma oportunidade processual para se verificar a regularidade formal da prisão cautelar, sua principal função é permitir que o Poder Judiciário, Ministério Público e Defesa garantam a integridade física do custodiado contra violências eventualmente praticadas por agentes criminosos do estado, especialmente a tortura. Assim, a audiência de custódia exige, para que alcance seus fins, que o custodiado esteja fisicamente diante do juiz, do promotor e do defensor para que estes assegurem sua integridade física e, eventualmente, recebam qualquer denúncia contra os agentes estatais. Ora, como poderia o custodiado, à distância, mediado por uma tela, acusar os agentes estatais que possivelmente estariam na sua presença durante a audiência? A audiência de custódia é uma importante ferramenta contra a tortura e os abusos físicos historicamente praticados por maus policiais, não podendo se tornar apenas uma formalidade a ser praticada de qualquer modo. Parece-nos que a inegável rapidez e economia processual advindas da utilização da tecnologia da videoconferência – com a qual concordamos em várias hipóteses – não pode se sobrepor à função precípua do processo penal na garantia dos direitos humanos.[14]

No tocante ao § 2.º do art. 3.º-B, remetemos o leitor ao inciso VIII do próprio art. 3.º-B, *supra*, uma vez que lá foram feitas as considerações pertinentes.

Por ora, os arts. 3.º-A a 3.º-F do Código de Processo Penal estão com a eficácia suspensa, *sine die*, por decisão do Ministro Luiz Fux, do Supremo Tribunal Federal.

3.1.3 Art. 3.º-C

O art. 3.º-C, também incluído pela Lei 13.964/2019, tem a seguinte redação:

> Art. 3.º-C. A competência do juiz das garantias abrange todas as infrações penais, exceto as de menor potencial ofensivo, e cessa com o recebimento da denúncia ou queixa na forma do art. 399 deste Código.
>
> § 1.º Recebida a denúncia ou queixa, as questões pendentes serão decididas pelo juiz da instrução e julgamento.
>
> § 2.º As decisões proferidas pelo juiz das garantias não vinculam o juiz da instrução e julgamento, que, após o recebimento da denúncia ou queixa, deverá reexaminar a necessidade das medidas cautelares em curso, no prazo máximo de 10 (dez) dias.
>
> § 3.º Os autos que compõem as matérias de competência do juiz das garantias ficarão acautelados na secretaria desse juízo, à disposição do Ministério Público e da defesa, e não serão apensados aos autos do processo enviados ao juiz da instrução e julgamento, ressalvados os documentos relativos às provas irrepetíveis, medidas de obtenção de provas ou de antecipação de provas, que deverão ser remetidos para apensamento em apartado.
>
> § 4.º Fica assegurado às partes o amplo acesso aos autos acautelados na secretaria do juízo das garantias.

Nos termos do *caput* do art. 3.º-C, a competência do "juiz das garantias" aplicar-se-ia a todas as infrações penais, exceto as de menor potencial ofensivo.

---

[14] Sobre o Princípio da Humanidade, conferir FABRETTI, Humberto B.; SMANIO, Gianpaolo P. *Direito penal* – parte geral. São Paulo: Atlas, 2019. p. 155 e ss.

Por esse dispositivo, portanto, apenas o procedimento sumaríssimo (Lei 9.099/1995) é que não seria alcançado pela figura do "juiz das garantias", e o juiz responsável pela investigação e pela instrução e julgamento seria o mesmo.

Embora a Lei 13.964/2019 tenha criado apenas a exceção da Lei 9.099/1995 relativamente à aplicação do "juiz das garantias", o Ministro Dias Toffoli, em decisão liminar nas ADIs 6.298, 6.299 e 6.300, estabeleceu o seguinte:

> Pelo exposto, neste juízo preliminar, confiro cautelarmente interpretação conforme às normas relativas ao juiz das garantias (arts. 3.º-B a 3.º-F do CPP), para esclarecer que não se aplicam às seguintes hipóteses:
> (i) processos de competência originária dos tribunais, os quais são regidos pela Lei 8.038/1990;
> (ii) processos de competência do Tribunal do Júri;
> (iii) casos de violência doméstica e familiar; e
> (iv) processos de competência da Justiça Eleitoral.

Não nos parece que poderia o Supremo Tribunal Federal limitar a aplicação da Lei 13.964/2019 dessa forma, uma vez que essas "limitações" não foram previstas pelo legislador. Mais! Não se nos afigura, absolutamente, haver inconstitucionalidade em instituir o "juiz das garantias" aos processos de competência originária dos tribunais, tampouco para os processos do júri e casos de violência doméstica e familiar. Conforme tratamos, o "juiz das garantias" só acrescenta a existência de um juiz específico para a fase de investigação e o impede de atuar durante a instrução e julgamento, não tento absolutamente nada de inconstitucional. Entretanto, tal decisão do Ministro Dias Toffoli não tem mais validade, pois foi substituída pela decisão do Ministro Luiz Fux, que suspendeu os arts. 3.º-A a 3.º-F por tempo indeterminado.

Segundo o § 1.º do art. 3.º-C, após o recebimento da inicial acusatória, cessa a competência do "juiz das garantias", e todas as questões pendentes deverão ser decididas pelo juiz da instrução e julgamento, que passa a ser o competente.

Assim, se houver um pedido da defesa ao "juiz das garantias" requerendo uma diligência, mas a denúncia for oferecida e recebida antes da decisão sobre esse pedido, quem terá que apreciá-lo será o juiz da instrução e julgamento.

As decisões do "juiz das garantias", nos termos do § 2.º do art. 3.º-C, não vinculam o juiz da instrução e julgamento, tanto que este, após receber o processo, deverá reexaminar a necessidade das cautelares em curso, no prazo de dez dias, sob pena de tornarem-se ilegais.

Logo, se houver uma prisão preventiva decretada pelo "juiz das garantias" (ou qualquer outra medida cautelar), após o recebimento da denúncia, o juiz da instrução e julgamento deverá reexaminar a necessidade da prisão e decidir fundamentadamente se é o caso de manter a medida, revogá-la ou substituí-la.

É no § 3.º que surge uma grande novidade no processo penal brasileiro.

Segundo esse dispositivo, os elementos indiciários colhidos durante o inquérito policial não serão anexados ao processo de instrução e julgamento, devendo ficar acautelados na secretaria do juízo do "juiz das garantias".

Assim, após o recebimento da denúncia pelo "juiz das garantias", somente deverão ser encaminhados ao juiz da instrução os documentos relativos às provas irrepetíveis, medidas de obtenção de provas ou antecipação de provas, e todas deverão ser apensadas em apartado. Caso não existam essas provas irrepetíveis ou medidas de obtenção ou antecipação de prova, apenas serão remetidas ao juiz da instrução e julgamento a denúncia, a resposta à acusação e a decisão de recebimento.

Essa sistemática tem por finalidade não permitir que o juiz da instrução e julgamento se contamine pelos elementos do inquérito policial, pois estes não foram colhidos sob o crivo do contraditório e da ampla defesa, logo, não podem ser considerados como provas. Acreditar que o magistrado possa ter conhecimento desses elementos indiciários e depois não os utilizar em seu julgamento, ainda que de maneira inconsciente, é absolutamente fantasioso.

A intenção do legislador é que toda prova a ser utilizada pelo juiz da instrução e julgamento para condenar ou absolver o réu seja produzida na sua presença, observados o contraditório e a ampla defesa. A ideia é que o juiz da instrução e julgamento inicie sua atuação no processo sem qualquer predisposição ou qualquer pré-julgamento sobre os fatos e o limite de sua decisão às provas produzidas em juízo.

Somente poderão ser excepcionadas dessa condição as provas irrepetíveis ou medidas de obtenção ou antecipação de prova. Assim, um exame de corpo de delito realizado durante o inquérito para apurar lesões corporais na vítima é uma prova irrepetível, pois os vestígios da lesão somem com o tempo. Da mesma maneira, uma interceptação telefônica ocorrida durante a fase investigativa não é apenas uma prova irrepetível, mas também uma medida de obtenção de provas. Uma testemunha que está no fim da vida e é ouvida de forma antecipada pelo "juiz das garantias" também configura uma prova que poderá ser enviada ao juiz da instrução e julgamento.

Perceba-se que é o juiz da instrução e julgamento que não deverá ter acesso aos elementos do inquérito policial, tanto que esses elementos ficarão acautelados no cartório do "juiz das garantias" e à disposição das partes.

Sintetizando: não poderá o juiz da instrução e julgamento ter acesso aos elementos do inquérito policial, pois essa medida busca impedir a "contaminação" psicológica do juiz da instrução e julgamento pelos elementos da fase investigativa.

Esse parágrafo apenas reforça o conteúdo do parágrafo anterior declarando expressamente que as partes terão amplo acesso aos autos acautelados na secretaria do juízo das garantias.

Mas por que as partes poderiam ter acesso aos autos de inquérito, se essa fase já está finda? E mais: poderiam as partes levar essas informações colhidas no inquérito para o juiz de instrução e julgamento?

A primeira resposta é mais simples. As partes poderiam se utilizar dessas informações em ações autônomas de impugnação, como mandado de segurança e *habeas corpus*. A segunda resposta é mais complexa, mas parece-nos que também é positiva, pois os elementos do inquérito poderão ser absolutamente necessários para que as partes provem algo durante a instrução e julgamento. Imagine-se que o juiz das garantias decretou a prisão preventiva do investigado e, durante a instrução e julgamento, os motivos que ensejaram a prisão preventiva não mais subsistem, mas isso somente é possível de ser comprovado pela defesa por meio de um depoimento tomado em sede policial. Não poderia a defesa, ao requerer a revogação da prisão preventiva ao juiz da instrução e julgamento, apresentar a cópia desse depoimento? Parece-nos que proibir tal situação para impedir que o juiz da instrução e julgamento não tenha qualquer contato com o inquérito policial é verdadeiro cerceamento de defesa. Os limites dessa transposição dos elementos do inquérito para o processo pelas partes precisarão ser ajustados pela jurisprudência com o cuidado de não comprometer o direito ao contraditório e à ampla defesa.

Perceba-se que a preocupação do legislador em não permitir que o juiz da instrução e julgamento tenha acesso aos elementos do inquérito é tão grande que estes sequer serão enviados ao cartório da vara em que este atua, devendo ser mantidos no cartório da vara do "juiz das garantias".

Por ora, os arts. 3.º-A a 3.º-F do Código de Processo Penal estão com a eficácia suspensa, *sine die*, por decisão do Ministro Luiz Fux, do Supremo Tribunal Federal.

3.1.4 Art. 3.º-D

O art. 3.º-D foi redigido nos seguintes termos:

> Art. 3.º-D. O juiz que, na fase de investigação, praticar qualquer ato incluído nas competências dos arts. 4.º e 5.º deste Código ficará impedido de funcionar no processo.
>
> Parágrafo único. Nas comarcas em que funcionar apenas um juiz, os tribunais criarão um sistema de rodízio de magistrados, a fim de atender às disposições deste Capítulo.

Trata-se de nova hipótese de impedimento, segundo a qual o magistrado que praticar qualquer ato judicial na fase investigativa não poderá atuar na fase de instrução e julgamento.

Levando em consideração que existem Comarcas com apenas um juiz, para se dar efetividade ao disposto no *caput* do art. 3.º-D faz-se necessário estabelecer um rodízio de juízes. Assim, se na Comarca A tem apenas um magistrado e este atuar como "juiz das garantias", após o recebimento da denúncia, o processo deverá ir para o juiz da Comarca B, que funcionará como juiz da instrução e julgamento. E o juiz da Comarca A poderá funcionar como juiz da instrução e julgamento dos processos em que o juiz da Comarca B funcionou como "juiz das garantias". Outra forma, seria um rodízio circular em que os juízes A, B e C alterariam as competências entre si. Assim, o juiz A é o juiz das garantias dos processos do juiz B; o juiz B é o juiz das garantias dos processos do juiz C e o juiz C é o juiz das garantias do processo do juiz A. É falsa a alegação de que isso aumentará o trabalho dos juízes, pois, ao receber os inquéritos do juiz B, o juiz A passará seus inquéritos para o juiz C, e assim sucessivamente.

Caberá aos tribunais organizar a forma como esse revezamento será realizado.

Por ora, os arts. 3.º-A a 3.º-F do Código de Processo Penal estão com a eficácia suspensa, *sine die*, por decisão do Ministro Luiz Fux, do Supremo Tribunal Federal.

3.1.5 Art. 3.º-E

O art. 3.º-E tem a seguinte redação:

> O juiz das garantias será designado conforme as normas de organização judiciária da União, dos Estados e do Distrito Federal, observando critérios objetivos a serem periodicamente divulgados pelo respectivo tribunal.

Definiu o legislador que a designação do "juiz das garantias" deverá ser feita por meio de normas de organização judiciária. Por determinação constitucional, as normas de organização judiciária caberão à União, aos Estados e ao Distrito Federal, de acordo com a competência de cada ente federativo.

A única exigência do art. 3.º-E é que os critérios sejam objetivos e divulgados periodicamente pelos tribunais.

Por ora, os arts. 3.º-A a 3.º-F do Código de Processo Penal estão com a eficácia suspensa, *sine die*, por decisão do Ministro Luiz Fux, do Supremo Tribunal Federal.

3.1.6 Art. 3.º-F

O art. 3.º-F é o último dispositivo incluído pela Lei 13.964/2019 que trata do juiz das garantias, com a seguinte redação:

> Art. 3.º-F. O juiz das garantias deverá assegurar o cumprimento das regras para o tratamento dos presos, impedindo o acordo ou ajuste de qualquer autoridade com órgãos da imprensa para explorar a imagem da pessoa submetida à prisão, sob pena de responsabilidade civil, administrativa e penal.
>
> Parágrafo único. Por meio de regulamento, as autoridades deverão disciplinar, em 180 (cento e oitenta) dias, o modo pelo qual as infor-

mações sobre a realização da prisão e a identidade do preso serão, de modo padronizado e respeitada a programação normativa aludida no *caput* deste artigo, transmitidas à imprensa, assegurados a efetividade da persecução penal, o direito à informação e a dignidade da pessoa submetida à prisão.

Pela leitura desse dispositivo, percebe-se ser de responsabilidade do "juiz das garantias" assegurar o cumprimento das regras para o tratamento dos presos, devendo ainda impedir que qualquer autoridade (seja administrativa, policial ou Ministério Público) faça acordos com órgãos de imprensa para explorar a imagem do preso.

Cabe ao "juiz das garantias" impedir que a imagem do preso seja explorada por órgãos de imprensa e outras autoridades, pois tal situação viola a dignidade da pessoa humana.

Nos termos do parágrafo único do art. 3.º-F, caberá às autoridades disciplinar a forma como as informações sobre a prisão e a identidade do preso serão transmitidas às empresas. Exige o dispositivo uma regulamentação padronizada para que se efetive o direito à informação e se respeite a dignidade da pessoa humana.

A intenção do legislador é garantir um tratamento isonômico a todos os presos, de modo que aqueles que recebam maior atenção da imprensa – seja por serem pessoas famosas, políticos ou forma como o crime foi praticado – também tenham seus direitos respeitados.

Por ora, os arts. 3.º-A a 3.º-F do Código de Processo Penal estão com a eficácia suspensa, *sine die*, por decisão do Ministro Luiz Fux, do Supremo Tribunal Federal.

3.1.7 Suspensão do juiz das garantias pelo Supremo Tribunal Federal

A Lei 13.964/2019 trouxe uma *vacatio legis* de 30 dias, de modo que passou a surtir efeito no dia 24 de janeiro de 2020.

Entretanto, conforme mencionado, houve uma série de ações declaratórias de inconstitucionalidade, especialmente as ADIns 6.298, 6.299 e 6.300, cuja relatoria no Supremo Tribunal Federal é do Ministro Luiz Fux.

No entanto, quando as ações declaratórias de inconstitucionalidade foram impetradas no Supremo Tribunal Federal, por ser período de recesso, as ações foram analisadas pelo presidente do Supremo Tribunal Federal, o Ministro Dias Toffoli, que entre outras coisas decidiu liminarmente aumentar o prazo de *vacatio legis* de 30 para 180 dias.

Contudo, terminado o recesso forense, os autos foram encaminhados ao relator natural das ações declaratórias de inconstitucionalidade, o Ministro Luiz Fux, que alterou a decisão do presidente, Ministro Dias Toffoli, para determinar, liminarmente, a suspensão por tempo indeterminado dos arts. 3.º-A a 3.º-F, ou seja, tudo o que se refere ao "juiz das garantias".

Os argumentos utilizados pelo Ministro Luiz Fux para conceder a liminar e suspender a eficácia dos arts. 3.º-A a 3.º-F do Código de Processo Penal, sinteticamente, foram:

1. Inconstitucionalidade Formal: a criação do juiz das garantias não apenas reforma, mas refunda o processo penal brasileiro e altera direta e estruturalmente o funcionamento de qualquer unidade judiciária criminal do país. Nesse ponto, os dispositivos questionados têm natureza materialmente híbrida, sendo simultaneamente norma geral processual e norma de organização judiciária, a reclamar a restrição do artigo 96 da Constituição. [...] De qualquer modo, esses dados da vida real são essenciais para a análise da inconstitucionalidade formal dos dispositivos atacados, na medida em que conduzem a uma inescapável conclusão: a instituição do juiz de garantias altera materialmente a divisão e a organização de serviços judiciários em tal nível que demanda uma completa reorganização da justiça criminal do país. Por óbvio, cada Tribunal tem a prerrogativa de decidir como essa reorganização de funções será feita, se for o caso (especialização de varas, criação de núcleos de inquéritos etc.), de sorte que é inafastável considerar que os artigos 3.º-A a 3.º-F consistem preponderantemente em normas de organização judiciária.

2. Inconstitucionalidade Material: para a instituição do juiz das garantias, em vez de se produzir uma política pública integrativa com a participação dos entes interessados, promove-se uma mudança estrutural no Poder Judiciário por meio da aprovação de uma regra de impedimento processual, a qual, embora de efeitos aparentemente sutis, encontra-se apta a gerar a completa desorganização do sistema de justiça criminal. Na prática, criaram-se dois novos órgãos – juízos das garantias e juízo da instrução – por meio de uma regra de impedimento processual, o que abreviou indevidamente uma discussão legislativa que deveria ter tomado amplitudes equivalentes aos seus impactos. Observo que se deixaram lacunas tão consideráveis na legislação, que o próprio Poder Judiciário sequer sabe como as novas medidas deverão ser adequadamente implementadas. O resultado prático dessas violações constitucionais é lamentável, mas clarividente: transfere-se indevidamente ao Poder Judiciário as tarefas que deveriam ter sido cumpridas na seara legislativa. Em outras palavras, tem-se cenário em que o Poder Legislativo induz indiretamente o Poder Judiciário a preencher lacunas legislativas e a construir soluções para a implementação das medidas trazidas pela Lei n. 13.964/2019, tarefas que não são típicas às funções de um magistrado. [...] A base das ciências comportamentais é o caráter empírico de seus argumentos. A existência de estudos empíricos que afirmam que seres humanos desenvolvem vieses em seus processos decisórios não autoriza a presunção generalizada de que qualquer juiz

criminal do país tem tendências comportamentais típicas de favorecimento à acusação. Mais ainda, também não se pode inferir, a partir desse dado científico geral, que a estratégia institucional mais eficiente para minimizar eventuais vieses cognitivos de juízes criminais seja repartir as funções entre o juiz das garantias e o juiz da instrução. Defensores desse argumento sequer ventilam eventuais efeitos colaterais que esse arranjo proposto pode produzir, inclusive em prejuízo da defesa.

Sintetizando: os arts. 3.º-A a 3.º-F que reconhecem expressamente que o sistema processual penal brasileiro é o acusatório e que o juiz não pode substituir a acusação em sua atividade probatória, bem como a integralidade do instituto do "juiz das garantias", encontram-se suspensos, por decisão liminar do Ministro Luiz Fux, por tempo indeterminado.

3.2 Investigação de agente de segurança

A Lei 13.964/2019 acrescentou ao Código de Processo Penal o art. 14-A que traz uma situação sem precedentes no sistema processual penal brasileiro, que é a constituição obrigatória de defensor para acompanhar a investigação criminal quando o investigado for agente de segurança pública.

Como veremos, esse dispositivo trouxe uma série de previsões discutíveis e será de difícil aplicação.

3.2.1 Art. 14-A

O art. 14-A conta com a seguinte redação:

> Art. 14-A. Nos casos em que servidores vinculados às instituições dispostas no art. 144 da Constituição Federal figurarem como investigados em inquéritos policiais, inquéritos policiais militares e demais procedimentos extrajudiciais, cujo objeto for a investigação de fatos relacionados ao uso da força letal praticados no exercício profissional, de forma consumada ou tentada, incluindo as situações dispostas no art. 23 do Decreto-lei 2.848, de 7 de dezembro de 1940 (Código Penal), o indiciado poderá constituir defensor.
>
> § 1.º Para os casos previstos no *caput* deste artigo, o investigado deverá ser citado da instauração do procedimento investigatório, podendo constituir defensor no prazo de até 48 (quarenta e oito) horas a contar do recebimento da citação.
>
> § 2.º Esgotado o prazo disposto no § 1.º deste artigo com ausência de nomeação de defensor pelo investigado, a autoridade responsável pela investigação deverá intimar a instituição a que estava vinculado o investigado à época da ocorrência dos fatos, para que essa, no prazo de 48 (quarenta e oito) horas, indique defensor para a representação do investigado.

§ 3.º Havendo necessidade de indicação de defensor nos termos do § 2.º deste artigo, a defesa caberá preferencialmente à Defensoria Pública, e, nos locais em que ela não estiver instalada, a União ou a Unidade da Federação correspondente à respectiva competência territorial do procedimento instaurado deverá disponibilizar profissional para acompanhamento e realização de todos os atos relacionados à defesa administrativa do investigado.

§ 4.º A indicação do profissional a que se refere o § 3.º deste artigo deverá ser precedida de manifestação de que não existe defensor público lotado na área territorial onde tramita o inquérito e com atribuição para nele atuar, hipótese em que poderá ser indicado profissional que não integre os quadros próprios da Administração.

§ 5.º Na hipótese de não atuação da Defensoria Pública, os custos com o patrocínio dos interesses dos investigados nos procedimentos de que trata este artigo correrão por conta do orçamento próprio da instituição a que este esteja vinculado à época da ocorrência dos fatos investigados.

§ 6.º As disposições constantes deste artigo se aplicam aos servidores militares vinculados às instituições dispostas no art. 142 da Constituição Federal, desde que os fatos investigados digam respeito a missões para a Garantia da Lei e da Ordem.

Percebe-se pela leitura do *caput* que o dispositivo destina-se aos servidores públicos vinculados às instituições previstas no art. 144 da Constituição Federal, que tem a seguinte redação:

Art. 144. A segurança pública, dever do Estado, direito e responsabilidade de todos, é exercida para a preservação da ordem pública e da incolumidade das pessoas e do patrimônio, através dos seguintes órgãos:

I – polícia federal;

II – polícia rodoviária federal;

III – polícia ferroviária federal;

IV – polícias civis;

V – polícias militares e corpos de bombeiros militares.

VI – polícias penais federal, estaduais e distrital.

§ 1.º A polícia federal, instituída por lei como órgão permanente, organizado e mantido pela União e estruturado em carreira, destina-se a:

I – apurar infrações penais contra a ordem política e social ou em detrimento de bens, serviços e interesses da União ou de suas entidades autárquicas e empresas públicas, assim como outras infrações cuja prática tenha repercussão interestadual ou internacional e exija repressão uniforme, segundo se dispuser em lei;

II – prevenir e reprimir o tráfico ilícito de entorpecentes e drogas afins, o contrabando e o descaminho, sem prejuízo da ação fazendária e de outros órgãos públicos nas respectivas áreas de competência;

III – exercer as funções de polícia marítima, aeroportuária e de fronteiras;

IV – exercer, com exclusividade, as funções de polícia judiciária da União.

§ 2.º A polícia rodoviária federal, órgão permanente, organizado e mantido pela União e estruturado em carreira, destina-se, na forma da lei, ao patrulhamento ostensivo das rodovias federais.

§ 3.º A polícia ferroviária federal, órgão permanente, organizado e mantido pela União e estruturado em carreira, destina-se, na forma da lei, ao patrulhamento ostensivo das ferrovias federais.

§ 4.º Às polícias civis, dirigidas por delegados de polícia de carreira, incumbem, ressalvada a competência da União, as funções de polícia judiciária e a apuração de infrações penais, exceto as militares.

§ 5.º Às polícias militares cabem a polícia ostensiva e a preservação da ordem pública; aos corpos de bombeiros militares, além das atribuições definidas em lei, incumbe a execução de atividades de defesa civil.

§ 5.º-A. Às polícias penais, vinculadas ao órgão administrador do sistema penal da unidade federativa a que pertencem, cabe a segurança dos estabelecimentos penais.

§ 6.º As polícias militares e os corpos de bombeiros militares, forças auxiliares e reserva do Exército subordinam-se, juntamente com as polícias civis e as polícias penais estaduais e distrital, aos Governadores dos Estados, do Distrito Federal e dos Territórios.

§ 7.º A lei disciplinará a organização e o funcionamento dos órgãos responsáveis pela segurança pública, de maneira a garantir a eficiência de suas atividades.

§ 8.º Os Municípios poderão constituir guardas municipais destinadas à proteção de seus bens, serviços e instalações, conforme dispuser a lei.

§ 9.º A remuneração dos servidores policiais integrantes dos órgãos relacionados neste artigo será fixada na forma do § 4.º do art. 39.

§ 10. A segurança viária, exercida para a preservação da ordem pública e da incolumidade das pessoas e do seu patrimônio nas vias públicas:

I – compreende a educação, engenharia e fiscalização de trânsito, além de outras atividades previstas em lei, que assegurem ao cidadão o direito à mobilidade urbana eficiente; e

II – compete, no âmbito dos Estados, do Distrito Federal e dos Municípios, aos respectivos órgãos ou entidades executivos e seus agentes de trânsito, estruturados em Carreira, na forma da lei.

Em linhas gerais, o *caput* do art. 14-A prescreve que, se esses agentes da segurança pública forem investigados em qualquer procedimento extraprocessual (inquérito policial, inquérito policial militar, PIC, CPI etc.) que tenha por objeto o uso de força letal praticada durante o exercício profissional, de forma tentada ou consumada, incluindo as hipóteses do art. 23 do Código Penal, poderão constituir defensor.

Primeiro ponto a ser destacado, portanto, é que não se aplica a qualquer investigação envolvendo agente de segurança, mas apenas àquelas relacionadas ao uso de força letal, ou seja, que tenham resultado morte ou que este não tenha ocorrido por circunstâncias alheias à vontade do agente de segurança pública. Se o agente de segurança pública estiver sendo investigado por corrupção passiva, por exemplo, inaplicável o dispositivo.

Essa previsão do *caput* não traz absolutamente nenhuma novidade, uma vez que qualquer pessoa – servidor público ou não – que esteja sendo investigada em qualquer procedimento extrajudicial, por qualquer motivo, pode constituir defensor.

A novidade vem a partir do § 1.º, ao prever que, nas condições do *caput*, o investigado deverá ser citado *(?)* da instauração de um procedimento investigativo contra si, para que em 48 horas nomeie defensor.

Essa situação é absolutamente problemática e de constitucionalidade duvidosa, pois gera privilégio para o agente de segurança pública, violando a isonomia e a igualdade em relação aos demais servidores públicos e cidadãos. O correto, em verdade, seria que essa previsão valesse para toda e qualquer pessoa investigada para que pudesse exercer o contraditório e a ampla defesa já na fase investigativa. Isso porque não é raro que investigações criminais se iniciem e perdurem muito tempo sem conhecimento por parte do investigado, que normalmente o descobre quando intimado para interrogatório ou objeto de medida cautelar como prisão ou busca e apreensão. Sem falar nas inúmeras hipóteses em que o próprio interrogatório ocorre sem a presença de um advogado.

Ademais, a expressão "citação" foi utilizada de forma equivocada pelo legislador, uma vez que a citação é um ato processual cuja finalidade é levar ao conhecimento do réu a existência de um processo contra ele.

Sobre a citação, explica André Nicolitt:[15]

> A citação é o ato processual através do qual o réu toma ciência da acusação que lhe é feita, passando a integrar a relação jurídica processual e tendo, portanto, oportunidade de se defender. Verifica-se que a relação processual só se forma completamente quando realizada a citação do acusado (art. 363, *caput*, do CPP).

O ato adequado para dar a alguém ciência de uma determinada situação é a "intimação". Logo, o investigado deverá ser intimado da instauração de uma investigação e do prazo de 48 horas para nomear defensor.

Como não bastasse, o § 2.º também é problemático.

---

[15] NICOLITT, André. *Manual de processo penal*. 7. ed. Belo Horizonte: D'Plácido, 2018. p. 518.

A previsão do § 2.º é de que, não havendo nomeação de defensor no prazo de 48 horas, a autoridade responsável pela investigação tem que intimar a instituição à qual o agente de segurança pública pertencia à época dos fatos investigados para que essa indique o defensor.

Os problemas aqui são vários.

O § 2.º prevê que, "esgotado o prazo disposto no § 1.º deste artigo com ausência de nomeação de defensor pelo investigado", a instituição deverá ser intimada para constituir defensor. A questão é a seguinte: e se o investigado não for encontrado para ser intimado? A investigação não pode prosperar? Deverá o expediente investigativo ficar suspenso enquanto o investigado não é encontrado para ser intimado? Ou dever-se-á intimar a instituição a que era vinculado à época dos fatos para indicar um defensor? O dispositivo não faz qualquer menção a essa situação. Por um lado, poder-se-ia pensar o seguinte: já que o sistema de nulidades não alcança o expediente investigativo, basta dar continuidade à investigação. Ao se considerar essa hipótese, poder-se-ia simplesmente ignorar o art. 14-A e não fazer qualquer intimação do investigado e deixar que a investigação ocorra sem seu conhecimento. Trata-se de questão tormentosa que não tem solução definida pela lei processual penal. Uma interpretação literal leva a crer que qualquer ato praticado na investigação sem que haja defensor constituído – seja pelo investigado ou pela instituição – será ilegal, uma vez que praticado de maneira contrária ao que define a lei.

O art. 14-A não faz, entretanto, qualquer menção ao auto de prisão em flagrante. Se um agente de segurança pública foi preso em flagrante pelo uso da força letal, poderá a autoridade policial elaborar o auto de prisão em flagrante – o que inclui interrogatório e eventual indiciamento – sem a presença de um advogado? Parece-nos que a resposta deve ser positiva, pois a natureza do auto de prisão em flagrante é incompatível os lapsos temporais definidos no art. 14-A do Código de Processo Penal para a nomeação do advogado. Se o agente de segurança pública for preso em flagrante, como qualquer outra pessoa, ele pode entrar em contato com seu advogado e pedir para que este vá até a Delegacia de Polícia para acompanhar a lavratura do auto de prisão em flagrante. Entretanto, a nosso ver, não se mostra razoável que a autoridade policial tenha que esperar as 48 horas para que o investigado nomeie defensor e, caso não o faça, mais 48 horas para que a instituição indique um defensor.

Nos termos do § 3.º,[16] que havia sido vetado pelo Presidente da República, mas que teve o veto derrubado pelo Congresso Nacional, havendo a necessi-

---

[16] "A propositura legislativa, ao prever que os agentes investigados em inquéritos policiais por fatos relacionados ao uso da força letal praticados no exercício profissional serão defendidos prioritariamente pela Defensoria Pública e, nos locais em que ela não tiver instalada, a União ou a Unidade da Federação correspondente deverá disponibilizar profissional, viola o disposto no art. 5.º, inciso LXXIV, combinado com o art. 134, bem como os arts. 131 e 132, todos da Constituição da República, que confere à Advocacia-Geral da União e às Procuradorias dos Estados e do Distrito Federal, também Função Essencial à Justiça, a representação judicial das

dade de se indicar defensor, nos termos do § 2.º do art. 14-A, a defesa caberá preferencialmente à Defensoria Pública, e nos locais em que esta não estiver instalada, a União ou a Unidade da Federação correspondente à competência territorial do procedimento instaurado deverá disponibilizar profissional para o acompanhamento e a realização de todos os atos da investigação administrativa.

No § 4.º, que também foi vetado, mas teve o veto derrubado, prevê-se que a indicação do profissional a que se refere o § 3.º deverá ser precedida de manifestação de que não existe defensor público lotado na área em que tramita o inquérito e com atribuição para nele atuar, hipótese em que poderá ser indicado profissional que não integre os quadros próprios da Administração.

Por fim, no § 5.º, que também foi objeto de veto presidencial posteriormente derrubado pelo Congresso Nacional, há previsão de que, na hipótese de não atuação da Defensoria Pública, os custos com o patrocínio dos interesses do investigado nos procedimentos de que trata o *caput* do artigo, correrão por conta do orçamento próprio da instituição a que este estava vinculado à época da ocorrência dos fatos investigados.

Esses três parágrafos (3.º, 4.º e 5.º) são muito problemáticos e criam situações difíceis de serem resolvidas à luz do Direito Público e Administrativo.

Quando não houver Defensoria Pública no local, como a União ou o Estado fará a "disponibilização" de profissional? Qual é o expediente ou o ato administrativo a ser praticado? Quem tem atribuição para esse ato? Esse profissional deverá ser um advogado privado, ou poderá ser um Procurador da União ou do Estado?

Outra questão que surge é a seguinte: como a instituição vai contratar o advogado para o investigado que estava vinculado a ela na data dos fatos investigados? Essas instituições são públicas e não dispõem, geralmente, de corpo de advogados próprios. Ademais, para contratar um advogado, as instituições precisariam observar Lei 14.133/2021 e fazer licitação ou outro processo de contratação pública, o que não seria possível em 48 horas. Por fim, no § 6.º há uma extensão do disposto no art. 14-A, *caput* e §§ 1.º e 2.º, para as Forças Armadas, previstas no art. 142 da Constituição Federal, desde que estejam em missões para Garantia da Lei e da Ordem (Lei Complementar 97/1999 e Decreto 3.897/2001), na qual os membros das Forças Armadas, por determinação do Presidente da República, atuam em operações nas cidades para garantia da lei e da ordem, quando estas não consigam mais ser mantidas pelas forças policiais locais.

O art. 142 da Constituição Federal é assim redigido:

> Art. 142. As Forças Armadas, constituídas pela Marinha, pelo Exército e pela Aeronáutica, são instituições nacionais permanentes e regula-

---

respectivas unidades federadas, e destas competências constitucionais deriva a competência de representar judicialmente seus agentes públicos, em consonância com a jurisprudência do Supremo Tribunal (*v.g.* ADI 3.022, Rel. Min. Joaquim Barbosa, j. 2-8-2004, P, *DJ* de 4-3-2005)."

res, organizadas com base na hierarquia e na disciplina, sob a autoridade suprema do Presidente da República, e destinam-se à defesa da Pátria, à garantia dos poderes constitucionais e, por iniciativa de qualquer destes, da lei e da ordem.

Portanto, se um membro do Exército brasileiro, por exemplo, mata um cidadão durante uma missão de Garantia da Lei e da Ordem, quando for instaurado um expediente investigativo para apurar sua conduta, ser-lhe-á aplicável o art. 14-A.

No que se refere ao direito intertemporal, a norma do art. 14-A do Código de Processo Penal, com redação dada pela Lei 13.964/2019, é de natureza puramente processual, tendo aplicação imediata, nos termos do art. 2.º do Código de Processo Penal, inclusive com relação aos procedimentos investigatórios já em curso. Desse modo, os inquéritos policiais ou quaisquer outros procedimentos extrajudiciais em andamento que tenham por objeto o uso de força letal por agentes de segurança pública devem ser suspensos pelas autoridades que os presidem para que se dê cumprimento à intimação (erroneamente chamada pela lei de citação) dos investigados para constituírem defensores, sob pena de ilegalidade dos atos praticados.

3.3 Arquivamento do inquérito policial

A Lei 13.964/2019 modificou substancialmente o procedimento de arquivamento do inquérito policial previsto no art. 28 do Código de Processo Penal.

3.3.1 Art. 28

A seguir, apresentamos a comparação das redações antiga e nova:

Redação dada pela Lei 13.964/2019	Redação Antiga
Art. 28. **Ordenado o arquivamento do inquérito policial ou de quaisquer elementos informativos da mesma natureza, o órgão do Ministério Público comunicará à vítima, ao investigado e à autoridade policial e encaminhará os autos para a instância de revisão ministerial para fins de homologação, na forma da lei.**	Art. 28. Se o órgão do Ministério Público, ao invés de apresentar a denúncia, requerer o arquivamento do inquérito policial ou de quaisquer peças de informação, o juiz, no caso de considerar improcedentes as razões invocadas, fará remessa do inquérito ou peças de informação ao procurador-geral, e este oferecerá a denúncia, designará outro órgão do Ministério Público para oferecê-la, ou insistirá no pedido de arquivamento, ao qual só então estará o juiz obrigado a atender.

Redação dada pela Lei 13.964/2019	Redação Antiga
§ 1.º Se a vítima, ou seu representante legal, não concordar com o arquivamento do inquérito policial, poderá, no prazo de 30 (trinta) dias do recebimento da comunicação, submeter a matéria à revisão da instância competente do órgão ministerial, conforme dispuser a respectiva lei orgânica.	*Sem correspondente*
§ 2.º Nas ações penais relativas a crimes praticados em detrimento da União, Estados e Municípios, a revisão do arquivamento do inquérito policial poderá ser provocada pela chefia do órgão a quem couber a sua representação judicial.	*Sem correspondente*

A nova redação do art. 28 do Código de Processo Penal consagra o sistema acusatório como modelo processual penal brasileiro, pois, conforme se verificará, o Poder Judiciário não pode mais intrometer-se na decisão Ministério Público de formalizar ou não a acusação contra o investigado.

Na redação anterior, vigente desde 1941, para que houvesse o arquivamento dos autos de investigação, o Ministério Público deveria fazer um requerimento (pedido) e o juiz decidiria se concordaria ou não com o arquivamento. Caso o juiz assentisse com o arquivamento, bastaria determinar nesse sentido, e o inquérito somente poderia ser desarquivado, se houvesse novas provas, nos termos do art. 18 do Código de Processo Penal.

Entretanto, ainda sob a lógica antiga, se o juiz não concordasse com o requerimento do Ministério Público, aplicava o art. 28 do Código de Processo Penal (redação antiga), enviando os autos para o Procurador-Geral de Justiça (no âmbito estadual) ou para 2.ª Câmara de Coordenação e Revisão do Ministério Público Federal (no âmbito federal). Nesse caso, caberia ao Procurador-Geral de Justiça (ou à 2.ª Câmara de Coordenação e Revisão do Ministério Público Federal) decidir se concordava com o Promotor de Justiça e determinava o arquivamento dos autos, ou se concordava com o juiz, e ele mesmo oferecia a denúncia ou designava outro membro do Ministério Público (que não o Promotor de Justiça que requereu o arquivamento) para fazê-lo. De uma forma ou de outra, a última palavra sobre o arquivamento pertencia ao Procurador-Geral de Justiça (no âmbito estadual) ou à 2.ª Câmara de Coordenação e Revisão do Ministério Público Federal, uma vez que o Ministério Público é o titular da ação penal e, portanto, tem a última palavra sobre o oferecimento ou não da denúncia.

Pela nova sistemática definida pela Lei 13.964/2019, o juiz não pode mais interferir no procedimento de arquivamento do inquérito policial ou de qualquer expediente investigativo, e este ocorre integralmente no âmbito administrativo do Ministério Público. Tal procedimento é o único compatível com o sistema acusatório instituído pelo art. 3.º-A do Código de Processo Penal.

Nos termos do *caput* do art. 28 do Código de Processo Penal, quando o membro do Ministério Público ordenar (perceba que a expressão não é mais "requer", e sim "ordenar") o arquivamento dos autos de inquérito ou qualquer outro expediente administrativo de mesma natureza, os autos deverão ser encaminhados para "instância de revisão ministerial" para fins de homologação.

Portanto, quando o Promotor de Justiça, por exemplo, decidir que um determinado inquérito policial não traz elementos suficientes para propositura da ação penal e não houver mais possibilidade de aprofundamento das investigações, determinará o arquivamento dos autos e, ato contínuo, os encaminhará para "instância de revisão ministerial".

Essas chamadas "instâncias de revisão criminal" poderão funcionar com as estruturas já existentes nos Ministérios Públicos, ou poderão ser criadas no âmbito dos próprios Ministérios Públicos, e terão a função de homologar ou não o arquivamento determinado pelo membro do Ministério Público, sem qualquer participação do juiz ou do Poder Judiciário. É importante que se perceba que o arquivamento do inquérito policial, a partir da Lei 13.964/2019, é uma questão *interna corporis* do Ministério Público.

Ainda nos termos do *caput* do art. 28, com redação dada pela Lei 13.964/2019, quando o membro do Ministério Público ordenar o arquivamento dos autos de inquérito policial (ou equivalente), deverá comunicar a vítima, o investigado e a autoridade policial de sua decisão e, posteriormente, encaminhar os autos para instância de revisão ministerial.

Nos termos do § 1.º do art. 28 do Código de Processo Penal, com redação dada pela Lei 13.964/2019, a vítima terá o prazo de 30 dias, contados da data em que receber a comunicação do ordenamento do arquivamento do inquérito policial pelo membro do Ministério Público, para submeter a matéria à revisão da instância competente do órgão ministerial, conforme dispuser a Lei Orgânica.

No que se refere ao § 1.º, parece-nos que surge para a vítima ou seu representante legal a possibilidade de uma espécie de "recurso administrativo" contra a decisão do Promotor de Justiça em ordenar o arquivamento do inquérito policial. De qualquer modo, pela disposição do *caput*, haveria uma reanálise do caso de ofício pela instância de revisão para homologação, mas pelo disposto no § 1.º poderá a vítima ou seu representante legal apresentar argumentos para que o arquivamento não seja homologado.

Nos termos do § 2.º, se a eventual vítima dos crimes cujos inquéritos foram arquivados forem a União, os Estados ou os Municípios, a legitimidade para apresentar o recurso administrativo e submeter o arquivamento à revisão será da chefia do órgão a quem couber a sua representação judicial.

No tocante a essa hipótese de "recurso administrativo" pela vítima ou seu representante legal, surge uma questão interessante: se há uma espécie de recurso administrativo para a vítima ou seu representante legal, não deveria ser possível ao investigado poder manifestar-se para exercer o direito ao contraditório e ampla defesa? Se a vítima tem a possibilidade de tentar convencer o órgão do Ministério Público a não homologar uma decisão de arquivamento, por que não poderia o investigado apresentar os seus argumentos para manter o arquivamento?

Apesar disso, será necessário que os Ministérios Públicos criem normas administrativas para efetuar esses procedimentos e dar efetividade ao disposto na Lei 13.964/2019.

3.3.2 Suspensão pelo Supremo Tribunal Federal

A Associação Nacional dos Membros do Ministério Público (ANAMP) ingressou com ação direta de inconstitucionalidade (ADI 6305) no Supremo Tribunal Federal, sustentando que a alteração do art. 18 do Código de Processo Penal seria benéfica, porém os Ministérios Públicos não teriam tempo suficiente para se reestruturarem para a nova função de revisão dos arquivamentos dos inquéritos policiais.

O seguinte trecho da petição inicial dá-nos uma dimensão do problema:

> De fato, esta alteração é muito elogiável, tratando-se de medida que, há muito tempo, é aguardada pela comunidade jurídica brasileira, preservando a imparcialidade judicial e o protagonismo ministerial que são medidas estruturais do sistema acusatório. Ocorre que, ao estabelecer a vigência da alteração proposta no novo enunciado do art. 28 em prazo de 30 dias após a data de sua publicação, a lei desafiou normas constitucionais que dizem respeito à falta de razoabilidade e proporcionalidade da alteração para a sua vigência, na medida em que causará extremo impacto na autonomia e gestão administrativa e financeira do Ministério Público. O fato é que, em todo o País, o elevado número de inquéritos policiais e outros elementos investigativos de mesma natureza é uma realidade inconteste, que não pode ser desconsiderada. O novo comando legislativo parece não ter somente desconsiderado esta realidade, mas também toda a problemática que a envolve, com a existência de inquéritos físicos e digitais, a necessidade de compartilhamento de sistemas de informática, a estruturação administrativa das instituições envolvidas, entre outras. Sobre a questão do volume de inquéritos, para se ter uma noção da situação real que se enfrenta, o Ministério Público do Estado de São Paulo fez um levantamento de dados que apontou para um acervo de 829 inquéritos policiais objetos de aplicação do art. 28 do CPP no ano de 2019, o que daria uma média mensal de 70 procedimentos investigatórios criminais para apreciação do Procurador-Geral de Justiça. A partir da ampliação feita pelo novo art. 28, o número apresentado pelo MPSP de arquivamentos no ano de 2019 seria de 174.822, o que daria

uma média mensal de análise de 14.500 procedimentos. Esta situação, que se repete na medida das suas especificidades em outros Estados da Federação, não pode ser desprezada, sob pena de ser instituído o caos processual sistêmico.

O Ministro Luiz Fux, relator da referida ADIn, acolheu as pretensões da autora e suspendeu liminarmente esse dispositivo, nos seguintes termos:

> Em análise perfunctória, verifico satisfeito o requisito do *fumus boni iuris* para o deferimento do pedido cautelar de suspensão do artigo 28, *caput*, da Lei n. 13.964/2019. Na esteira dos dados empíricos apresentados pela parte autora, verifica-se que o Congresso Nacional desconsiderou a dimensão superlativa dos impactos sistêmicos e financeiros que a nova regra de arquivamento do inquérito policial ensejará ao funcionamento dos órgãos ministeriais. Nesse sentido, a inovação legislativa viola as cláusulas que exigem prévia dotação orçamentária para a realização de despesas, além da autonomia financeira dos Ministérios Públicos. Na esteira do que já argumentado no tópico anterior, vislumbro, em sede de análise de medida cautelar, violação aos arts. 169 e 127 da Constituição.

Assim, a nova redação do art. 28 do Código de Processo Penal, dada pela Lei 13.964/2019, encontra-se liminarmente suspensa, por tempo indeterminado, por decisão do Ministro Luiz Fux, do Supremo Tribunal Federal.

3.4 Acordo de não persecução penal

Sabe-se que a Justiça Criminal é notadamente mais lenta que as demais, seja pela consequência trazida pelo direito penal ao acusado, seja pelo próprio rito processual. Anualmente, no relatório conhecido como *Justiça em Números*, o Conselho Nacional de Justiça apresenta dados estatísticos acerca dos processos que tramitam na Justiça brasileira. No ano de 2019, em sua 15.ª edição, o relatório evidenciou a morosidade na tramitação dos processos criminais, sendo o tempo médio de duração no Estado de São Paulo, da inicial até a sentença, de três anos e seis meses.[17]

A magnitude dos dados expostos no relatório é suficiente para se ter a noção da premente necessidade de que se avance na utilização de soluções de justiça negociada, sob pena de inviabilizar a administração da Justiça Criminal.

---

[17] Relatório elaborado com base nos dados referentes ao ano de 2018. CONSELHO NACIONAL DE JUSTIÇA. *Relatório Justiça em Números 2019*. Disponível em: https://www.cnj.jus.br/wp-content/uploads/conteudo/arquivo/2019/08/justica_em_ numeros20190919.pdf. Acesso em: 29 jan. 2020.

A tendência do ordenamento jurídico brasileiro sempre foi a inserção da justiça penal negociada como instrumento alternativo que proporcionasse celeridade na resolução de casos menos graves.

Várias nações assumiram uma política criminal a fim de evitar a prisão daquele que comete infração de médio potencial ofensivo. Nesse contexto, a Justiça Consensual brasileira foi inspirada nas Regras de Tóquio, adotadas pela Organização das Nações Unidas, cuja proposta seria fortalecer a sistemática da aplicação de medidas que não privem a liberdade do acusado, buscando soluções alternativas para as lides penais e resultados menos danosos do que aqueles decorrentes da prisão.[18] Tais regras clamam por soluções que não envolvam o oferecimento de ação penal, sempre que possível.

Portanto, o Brasil, como subscritor de tais regras, deve oferecer, em seu sistema de justiça criminal, uma variedade de medidas não privativas de liberdade, desde a fase de pré-julgamento até a fase pós-sentença, com o intuito de evitar o encarceramento desnecessário (Regra 2.3), respeitando o princípio da intervenção mínima (Regra 2.6).

Diante disso, o Conselho Nacional do Ministério Público (CNMP) adotou o acordo de não persecução penal em sua Resolução 181/2017,[19] que dispõe sobre a instauração e tramitação do procedimento investigatório criminal a cargo do Ministério Público. Aludida Resolução reforçou, no âmbito da persecução criminal, a Justiça Consensual Negociada.

Nesse contexto, cumpre diferenciar o acordo de não persecução penal da suspensão condicional do processo. Este foi instituído pelo art. 89 da Lei 9.099/1995 (Lei dos Juizados Especiais) com o objetivo de evitar a pena privativa de liberdade de curta duração, sendo cabível não só às infrações penais de menor potencial ofensivo, mas sim em todas as infrações penais cuja pena mínima seja igual ou inferior a um ano. Da mesma maneira que nos demais benefícios penais, a aplicação desse benefício processual exige o cumprimento de alguns requisitos normativos, entre eles não pode o acusado estar respondendo pela prática de outro delito ou ter sido condenado por crime anterior (art. 89, *caput*, da Lei 9.099/1995), e também não pode ser reincidente em crime doloso.

Diferentemente da sistemática apresentada pela suspensão condicional do processo, o acordo de não persecução penal não pode ser apresentado em cota ministerial, com o oferecimento da denúncia, pois, assim como a transação penal, é uma forma de resolução penal pré-processual, isto é, deve ser oferecido antes do oferecimento da denúncia.

---

[18] CONSELHO NACIONAL DE JUSTIÇA. *Regras de Tóquio*. Disponível em: https://www.cnj.jus.br/wp-content/ uploads/2019/09/6ab7922434499259ffca0729122b2d38-2.pdf. Acesso em: 29 jan. 2020.

[19] Posteriormente reformulada pela Resolução CNMP 183/2018.

Pouco após a publicação da referida Resolução do CNMP, que instituiu o acordo de não persecução penal, a Associação dos Magistrados Brasileiros (AMB) e a Ordem dos Advogados do Brasil (OAB) ingressaram com ações diretas de inconstitucionalidade (ADI 5.790 e ADI 5.793, respectivamente) questionando a inexistência de lei dispondo sobre o referido assunto, alegando possível insegurança jurídica diante de tal fato.

Ao sancionar a Lei 13.964/2019, a então crítica acerca da violação da reserva legal desaparece, afastando o questionamento da competência do CNMP para a edição de tal norma e promovendo a regulamentação do instituto do acordo de não persecução penal pela via correta: a Lei.

3.4.1 Art. 28-A

O acordo de não persecução penal foi incluído no Código de Processo Penal por meio do art. 28-A, que tem a seguinte redação:

> Art. 28-A. Não sendo caso de arquivamento e tendo o investigado confessado formal e circunstancialmente a prática de infração penal sem violência ou grave ameaça e com pena mínima inferior a 4 (quatro) anos, o Ministério Público poderá propor acordo de não persecução penal, desde que necessário e suficiente para reprovação e prevenção do crime, mediante as seguintes condições ajustadas cumulativa e alternativamente:
>
> I – reparar o dano ou restituir a coisa à vítima, exceto na impossibilidade de fazê-lo;
>
> II – renunciar voluntariamente a bens e direitos indicados pelo Ministério Público como instrumentos, produto ou proveito do crime;
>
> III – prestar serviço à comunidade ou a entidades públicas por período correspondente à pena mínima cominada ao delito diminuída de um a dois terços, em local a ser indicado pelo juízo da execução, na forma do art. 46 do Decreto-lei n.º 2.848, de 7 de dezembro de 1940 (Código Penal);
>
> IV – pagar prestação pecuniária, a ser estipulada nos termos do art. 45 do Decreto-lei n.º 2.848, de 7 de dezembro de 1940 (Código Penal), a entidade pública ou de interesse social, a ser indicada pelo juízo da execução, que tenha, preferencialmente, como função proteger bens jurídicos iguais ou semelhantes aos aparentemente lesados pelo delito; ou
>
> V – cumprir, por prazo determinado, outra condição indicada pelo Ministério Público, desde que proporcional e compatível com a infração penal imputada.
>
> § 1.º Para aferição da pena mínima cominada ao delito a que se refere o *caput* deste artigo, serão consideradas as causas de aumento e diminuição aplicáveis ao caso concreto.

§ 2.º O disposto no *caput* deste artigo não se aplica nas seguintes hipóteses:

I – se for cabível transação penal de competência dos Juizados Especiais Criminais, nos termos da lei;

II – se o investigado for reincidente ou se houver elementos probatórios que indiquem conduta criminal habitual, reiterada ou profissional, exceto se insignificantes as infrações penais pretéritas;

III – ter sido o agente beneficiado nos 5 (cinco) anos anteriores ao cometimento da infração, em acordo de não persecução penal, transação penal ou suspensão condicional do processo; e

IV – nos crimes praticados no âmbito de violência doméstica ou familiar, ou praticados contra a mulher por razões da condição de sexo feminino, em favor do agressor.

§ 3.º O acordo de não persecução penal será formalizado por escrito e será firmado pelo membro do Ministério Público, pelo investigado e por seu defensor.

§ 4.º Para a homologação do acordo de não persecução penal, será realizada audiência na qual o juiz deverá verificar a sua voluntariedade, por meio da oitiva do investigado na presença do seu defensor, e sua legalidade.

§ 5.º Se o juiz considerar inadequadas, insuficientes ou abusivas as condições dispostas no acordo de não persecução penal, devolverá os autos ao Ministério Público para que seja reformulada a proposta de acordo, com concordância do investigado e seu defensor.

§ 6.º Homologado judicialmente o acordo de não persecução penal, o juiz devolverá os autos ao Ministério Público para que inicie sua execução perante o juízo de execução penal.

§ 7.º O juiz poderá recusar homologação à proposta que não atender aos requisitos legais ou quando não for realizada a adequação a que se refere o § 5.º deste artigo.

§ 8.º Recusada a homologação, o juiz devolverá os autos ao Ministério Público para a análise da necessidade de complementação das investigações ou o oferecimento da denúncia.

§ 9.º A vítima será intimada da homologação do acordo de não persecução penal e de seu descumprimento.

§ 10. Descumpridas quaisquer das condições estipuladas no acordo de não persecução penal, o Ministério Público deverá comunicar ao juízo, para fins de sua rescisão e posterior oferecimento de denúncia.

§ 11. O descumprimento do acordo de não persecução penal pelo investigado também poderá ser utilizado pelo Ministério Público como justificativa para o eventual não oferecimento de suspensão condicional do processo.

§ 12. A celebração e o cumprimento do acordo de não persecução penal não constarão de certidão de antecedentes criminais, exceto para os fins previstos no inciso III do § 2.º deste artigo.

§ 13. Cumprido integralmente o acordo de não persecução penal, o juízo competente decretará a extinção de punibilidade.

§ 14. No caso de recusa, por parte do Ministério Público, em propor o acordo de não persecução penal, o investigado poderá requerer a remessa dos autos a órgão superior, na forma do art. 28 deste Código.

Pela leitura do *caput* do dispositivo, percebe-se que o acordo de não persecução penal é uma exceção ao chamado princípio da obrigatoriedade da ação penal, uma vez que desobriga o Ministério Público a oferecer a denúncia, ainda que presentes as condições da ação e os pressupostos processuais. De acordo com o princípio da obrigatoriedade da ação penal pública, existentes as condições da ação (possibilidade jurídica do pedido, interesse de agir e legitimidade das partes) e os pressupostos processuais, o Ministério Público é obrigado a ingressar com a ação penal, excetuados casos previstos expressamente em lei, como o caso da transação penal para os crimes de menor potencial ofensivo.

Essa obrigatoriedade, entretanto, não está prevista expressamente em lei. Os doutrinadores tentam encontrá-la na Constituição Federal, a qual afirma em seu art. 129, I, a competência privativa do Ministério Público para promover a ação penal pública. Também recorrem ao Código de Processo Penal, que estabelece nos arts. 24 e 42 a atribuição do Ministério Público de promover a ação nos crimes de ação pública, não podendo dela desistir.

Uma corrente mais moderna repensa a obrigatoriedade, defendendo que ela não deve ser encarada como uma imposição a ser seguida a todo e qualquer custo. O cerne desse princípio é que não pode o Ministério Público abrir mão de dar uma resposta às investigações penais sem justa causa.

O instituto do acordo de não persecução penal não indica oportunidade no exercício da ação penal. Trata-se apenas de uma alternativa que se coloca nos crimes de médio potencial ofensivo para evitar o manejo de tal ação, satisfazendo-se o *jus puniendi* com o cumprimento do acordo.

No *caput* do art. 28-A encontram-se os pressupostos de admissibilidade do acordo de não persecução penal, sendo eles:

a) **existência de procedimento investigatório** – deve existir procedimento oficial devidamente instaurado para nele as partes ajustarem as condições adequadas e necessárias para o acordo;

b) **não ser o caso de arquivamento** dos autos – o acordo pressupõe justa causa para a denúncia-crime;

c) cominada **pena mínima inferior a quatro anos** e o crime **não ser cometido com violência ou grave ameaça** – para aferição da pena mínima, são consideradas as causas de aumento e diminuição aplicáveis ao caso concreto (na linha do que já dispõem os enunciados sumulados 243 e 723, respectivamente, do Superior Tribunal de Justiça e Supremo Tribunal Federal);

d) ter o investigado **confessado formal e circunstanciadamente** a prática do delito – entretanto, não há reconhecimento expresso da culpa pelo investigado.

Importante destacarmos alguns aspectos.

Primeiro, no que se refere à letra "b", de não ser caso de arquivamento dos autos. É importantíssimo que não se permita que os acordos de não persecução penal tornem-se punição branda para quem não deveria ser punido. Em outras palavras: não se pode permitir que os acordos de persecução penal sejam utilizados para resolução daqueles inquéritos policiais que deveriam ser arquivados, uma vez que não trazem os elementos mínimos que possibilitam o exercício do direito de ação pelo Ministério Público ou querelado. O acordo de não persecução não pode ser o "prêmio de consolação" do promotor que não pode oferecer a denúncia. O papel do defensor e do juiz nesse quesito é fundamental.

Outro ponto que merece atenção é a exigência de confissão formal e circunstanciada.

O acordo de não persecução é diferente da colaboração premiada (art. 4.º da Lei 12.850/2012) e do *plea bargain* (não adotado no Brasil, embora constasse no Projeto de Lei do Ministério da Justiça). Estes são acordos penais que importam em aplicação de pena privativa de liberdade. No primeiro, a confissão é necessária, pois o agente receberá benefícios legais na condenação e também trará resultados para a investigação ou processo. No segundo, o que ocorre é uma abreviação do processo em troca de uma redução da pena, sendo inevitável, também, a condenação. Em ambas as hipóteses, forma-se a culpa do acusado, há uma condenação, por isso a necessidade de confissão. Já no acordo de não persecução não há que falar em culpa do acusado, visto que não haverá processo tampouco sentença condenatória. Trata-se de um benefício processual no qual o Estado abre mão do próprio processo em troca do cumprimento de determinadas condições, sem que se realize qualquer discussão sobre a culpabilidade do agente, tanto que sequer há sentença condenatória. Se é assim, por que exigir a confissão? Exigir a confissão como contrapartida para um acordo extraprocessual não violaria direito ao silêncio?

Ainda, sobre o mesmo tópico, qual seria a natureza jurídica dessa confissão? Se não há processo, não é prova. Se é feita durante o inquérito, pode ser retratada. Teria ido muito melhor o legislador, se não tivesse exigido essa confissão que, ao fim e ao cabo, não tem valor algum. Imagine-se que o investigado não tenha confessado a prática do crime durante as investigações policiais, mas, quando os autos são encaminhados ao Ministério Público, com a intenção de realizar o acordo, o investigado procura o promotor e faz a confissão. Feito o acordo, tempos depois, este é descumprido pelo acusado e rescindido. Oferecida e recebida a denúncia, ao final da instrução, o réu é interrogado e nega a prática do crime, dizendo que somente confessou para obter o acordo.

Outro problema que daqui deriva é: o que deverá fazer o Ministério Público quando receber os autos de inquérito sem a confissão circunstanciada? Deverá o membro do Ministério Público comunicar o investigado sobre a intenção de confessar para obter o benefício? Ou deverá determinar que os autos voltem à Delegacia para que essa diligência seja realizada? Ou deverá simplesmente oferecer a denúncia, uma vez que não há nos autos qualquer confissão? Parece-nos que, de uma forma ou de outra, deverá o Ministério Público garantir que o investigado, antes do oferecimento da denúncia, tome conhecimento de que, se fizer a confissão, terá direito ao acordo de não persecução penal.

Já nos incisos do *caput* do art. 28-A estão presentes as condições que devem ser cumpridas pelo investigado, e estas podem ser aplicadas cumulativa ou alternativamente.

São estas as condições:

I – Reparar o dano ou restituir a coisa à vítima, exceto na impossibilidade de fazê-lo.

II – Renunciar voluntariamente a bens e direitos indicados pelo Ministério Público como instrumentos, produto ou proveito do crime.

III – Prestar serviço à comunidade ou a entidade pública por período correspondente à pena mínima cominada ao delito, com redução de um a dois terços.

IV – Pagar prestação pecuniária a entidade pública ou de interesse social, a ser indicada pelo juízo da execução.

V – Cumprir por prazo determinado, outra condição indicada pelo Ministério Público, desde que compatível e proporcional à infração imputada.

É de extrema importância que a vítima seja ressarcida do prejuízo, por esse motivo é de grande valia que sempre se procure considerar na celebração do acordo quatro dessas condições, sem prejuízo das demais: reparação do dano, prestação de serviço à comunidade, comunicação de mudança de endereço e dever de demonstrar o cumprimento das condições. A reparação do dano pode se dar até mesmo de forma parcelada, pois é importante que a vítima, ao final, seja ressarcida do prejuízo.

A reparação do dano ou restituição da coisa à vítima é estabelecida como condição para o acordo, entretanto a impossibilidade de reparar ou restituir não impede a sua realização. Diante dessa situação, o Ministério Público poderá ajustar outras condições, compatíveis e proporcionais com a infração penal imputada (art. 28-A, V), evidenciando a liberdade de negociação na celebração do acordo.

No § 1.º, o legislador recepcionou o entendimento já pacificado nas Súmulas 243 e 723, respectivamente, do Superior Tribunal de Justiça e Supremo Tribunal Federal, no sentido de que, para aferir a pena mínima, devem ser consideradas as causas de aumento e as causas de diminuição de pena.

No § 2.º, encontram-se as hipóteses nas quais o acordo de não persecução penal não será aplicável, também chamadas de requisitos negativos, sendo elas:

a) Se for cabível transação penal de competência dos Juizados Especiais Criminais.
b) Se o investigado foi reincidente ou se houver elementos probatórios que indiquem conduta criminal habitual, reiterada ou profissional, exceto se insignificantes as infrações penais pretéritas.
c) Ter sido o agente beneficiado nos cinco anos anteriores ao cometimento da infração, em acordo de não persecução penal, transação penal ou suspensão condicional do processo.
d) Nos crimes praticados no âmbito da violência doméstica ou familiar, ou praticados contra mulher por razões do sexo feminino, em favor do agressor.

A letra "b" parece-nos um pouco problemática, podendo dar azo à insegurança jurídica, visto que elementos probatórios que indiquem conduta criminal habitual, reiterada ou profissional somente poderão existir após a instrução criminal, diante do contraditório e da ampla defesa. Antes da fase da instrução, tudo o que houver no inquérito policial são meros indícios. Assim, deixar de oferecer o benefício porque existem evidências de que o investigado (uma vez que a fase probatória ainda não se iniciou) tem conduta criminal habitual, reiterada ou profissional (termos absolutamente vagos) parece-nos que viola o princípio da isonomia.

O § 3.º do art. 28-A exige que o acordo de não persecução seja formalizado por escrito e assinado pelo membro do Ministério Público, pelo investigado e pelo defensor.

Nos termos do § 4.º, o acordo será homologado em audiência específica, na qual o juiz verificará a legalidade e a voluntariedade, ouvindo para tanto o investigado na presença de seu defensor. Perceba-se que antes da realização dessa audiência o acordo já deve ter sido firmado entre o Ministério Público e o investigado e submetido ao juiz apenas para homologação. Tal fato garante, inclusive, que o juiz não participe do acordo. Não é para se marcarem audiências para realização de acordos, mas apenas para homologação. O juiz, em audiência, verifica somente a legalidade e voluntariedade.

Caso o juiz considere inadequadas, insuficientes ou abusivas as condições presentes no acordo de não persecução penal, devolverá os autos ao Ministério Público para que seja formulada nova proposta, com concordância do investigado e seu defensor, nos termos do § 5.º do art. 28-A.

A nova proposta, nos termos do § 7.º, pode ser novamente recusada pelo juiz, quando não atender aos requisitos legais ou não se adequar ao § 5.º do art. 28-A.

Ainda, nos termos do § 8.º do art. 28-A, os autos deverão retornar ao Ministério Público para análise sobre a necessidade de complementação das investigações ou do oferecimento da denúncia. Esse dispositivo permite que haja um controle judicial sobre o acordo, minorando as possibilidades de eventuais abusos e ilegalidades.

Caso o acordo seja homologado, os autos retornam ao Ministério Público, que deverá iniciar a sua execução perante o juízo das execuções penais, nos termos do § 5.º. A fiscalização do acordo não caberá, portanto, ao juiz que o homologou, mas sim à Vara de Execução Penal.

Homologado o acordo de não persecução penal, a vítima deverá ser intimada para ciência, nos termos do § 9.º.

Em caso de descumprimento das condições do acordo de não persecução, conforme o § 10, o Ministério Público deverá comunicar ao juiz, para fins de sua rescisão e posterior oferecimento da denúncia.

Parece-nos que o juiz que deverá decidir sobre a rescisão ou não do acordo é o juiz das execuções penais, pois é naquela Vara que estará sendo executado o acordo. Antes da rescisão do acordo, devem ser garantidos ao investigado o contraditório e ampla defesa.

O fato de o investigado ter descumprido o acordo pode ser utilizado pelo Ministério Público como motivo para o não oferecimento da proposta de suspensão condicional do processo, nos termos do art. 89 da Lei 9.099/1995. Não se trata de uma vedação, e sim de uma possibilidade. Ficará a cargo do Ministério Público.

A realização do acordo de não persecução penal, nos termos do § 12, não constará de certidão de antecedentes criminais, existindo o registro apenas para evitar novo acordo no prazo de cinco anos, nos termos do inciso III do § 2.º do art. 28-A.

Segundo o § 13, cumprido integralmente o acordo, o juiz decretará a extinção da punibilidade. Quem tomará essa decisão é o juiz das execuções penais.

Por fim, nos termos do § 14, caso o Ministério Público se recuse a oferecer o acordo, o investigado poderá requerer a remessa dos autos a órgão superior do Ministério Público, nos termos do art. 28 do Código de Processo Penal.

Aqui, parece-nos que, havendo esse pedido, o juiz deverá suspender o processo até que a questão seja resolvida no âmbito administrativo do Ministério Público, pois, caso o investigado tenha o direito posteriormente reconhecido, terá sido submetido a atos processuais absolutamente desnecessários.

O legislador deveria ter regulamentado a forma como esse pedido seria processado.

Parece-nos que, tal como ocorre com a transação penal e com a suspensão condicional do processo, também é possível a realização do acordo de não persecução penal nas ações penais privadas, conforme já admitiram o Superior

Tribunal de Justiça e o Supremo Tribunal Federal acerca da transação penal[20] e da suspensão condicional do processo.[21]

Por fim, no que se refere ao direito intertemporal, a norma do art. 28-A é de natureza mista, pois, além de tratar de procedimento, tem natureza penal, uma vez que permite a extinção da punibilidade. Dessa forma, defendemos que deverá ser realizado o acordo aos casos em andamento, mesmo que a denúncia já esteja recebida. Nessas situações, o magistrado deverá suspender o andamento do processo e encaminhar os autos ao Ministério Público para que haja manifestação sobre proposta de acordo de não persecução. Ainda, parece-nos que a norma deverá retroagir para ser aplicada mesmo aos casos já sentenciados com condenação,[22] em analogia ao que determina o art. 383, § 1.º,

---

[20] Nesse sentido: "Penal e processual penal. Ação penal originária. Queixa. Injúria. Transação penal. Ação penal privada. Possibilidade. Legitimidade do querelante. Justa causa evidenciada. Recebimento da peça acusatória. I – A transação penal, assim como a suspensão condicional do processo, não se trata de direito público subjetivo do acusado, mas sim de poder-dever do Ministério Público (Precedentes desta e. Corte e do c. Supremo Tribunal Federal). II – A jurisprudência dos Tribunais Superiores admite a aplicação da transação penal às ações penais privadas. Nesse caso, a legitimidade para formular a proposta é do ofendido, e o silêncio do querelante não constitui óbice ao prosseguimento da ação penal. III – Isso porque a transação penal, quando aplicada nas ações penais privadas, assenta-se nos princípios da disponibilidade e da oportunidade, o que significa que o seu implemento requer o mútuo consentimento das partes. IV – [...]" (STJ, APN 634/RJ, Processo 201000842187, Rel. Min. Felix Fischer, j. 21.03.2012).

[21] Nesse sentido: "Criminal. Ação penal privada originária. Crime contra a honra. Injúria. Prova da materialidade. Indícios de autoria. Elementos suficientes para caracterizar a suposta prática do delito. Improcedência da acusação, na forma de julgamento antecipado da lide, que não mostra possível. Suspensão condicional do processo. Cabimento. Legitimidade para oferecimento da proposta que é do querelante. Queixa-crime recebida. Vista dos autos ao querelante. Manifestação sobre a suspensão condicional do processo. I – Hipótese em que a queixa-crime trata da suposta prática de crime contra a honra – injúria. II – A materialidade do crime e os indícios de autoria restaram devidamente comprovados, sobressaindo, em princípio, a possível prática de injúria. III – Não há como afastar, de pronto, o intuito do querelado de depreciar a honra do querelante, não sendo possível aplicar ao caso as hipóteses de perdão judicial. IV – A improcedência da acusação, na forma de julgamento antecipado da lide, só pode ser reconhecida quando evidenciada, estreme de dúvidas, a inviabilidade da instauração do processo, quando for possível afirmar-se, sem necessidade de formação de culpa, que a acusação não procede – que não é a hipótese dos autos. V – Sendo cabível a suspensão condicional do processo nas ações penais privadas, a legitimidade para o oferecimento da proposta é do querelante, o qual figura, na hipótese, como órgão acusador. Precedentes desta Corte e do STF. VI – Observados os artigos 41 e 43 da Lei Processual Adjetiva e presentes os elementos configuradores do crime imputado ao acusado, faz-se mister a instauração da ação penal. VII – Queixa-crime recebida, determinando-se a abertura de vista ao querelante, a fim de que se manifeste a respeito da suspensão condicional do processo, em observância ao art. 89 da Lei n.º 9.099/95" (STJ, Apn 296 PB, Rel. Min. Gilson Dipp, j. 1.º.06.2005).

[22] No mesmo sentido: DEZEM, Guilherme M.; SOUZA, Luciano A. *Comentários ao pacote anticrime*, p. 112.

do Código de Processo Penal e da Súmula 337 do STJ, cujas redações são as seguintes, respectivamente:

> § 1.º Se, em consequência de definição jurídica diversa, houver possibilidade de proposta de suspensão condicional do processo, o juiz procederá de acordo com o disposto na lei.
>
> É cabível a suspensão condicional do processo na desclassificação do crime e na procedência parcial da pretensão punitiva.

Parece-nos que o limite da retroatividade, nesse caso, deverá ser o trânsito em julgado da sentença penal condenatória.

Em relação à retroatividade, a questão ainda não está decidida de maneira definitiva nos Tribunais Superiores.

A Primeira Turma do Supremo Tribunal Federal decidiu que "o acordo de não persecução penal (ANPP) aplica-se a fatos ocorridos antes da Lei n.º 13.964/2019, desde que não recebida a denúncia" (STF, HC 191.464/SC, 1.ª Turma, Rel. Min. Roberto Barroso, j. 10.11.2020). Contudo, o entendimento sobre a retroatividade do ANPP ainda não está consolidado na Suprema Corte. Na Segunda Turma, o Ministro Gilmar Mendes, no julgamento do *Habeas Corpus* 185.913/DF, decidiu remeter a questão à deliberação do Plenário. No âmbito do referido *writ*, não julgado pelo Plenário da Suprema Corte até o momento da impressão desta edição do livro, a Procuradoria-Geral da República apresentou parecer manifestando o entendimento de que o "art. 28-A do Código de Processo Penal (...) não é uma norma despenalizadora", de modo que, "sendo um instrumento destinado a favorecer e facilitar o decurso do feito, não faz sentido aplicá-lo nas hipóteses em que a sentença condenatória já fez coisa julgada" (STF, HC 185.913/DF, Plenário, Rel. Min. Gilmar Mendes, Parecer apresentado pelo Vice-Procurador-Geral da República Humberto Jacques de Medeiros, em 08.02.2021).

A questão apresenta divergência no Superior Tribunal de Justiça. A Sexta Turma admitia a aplicação do Acordo de Não Persecução Penal para processos em curso até o trânsito em julgado da condenação, conforme seguinte trecho do acórdão do julgamento do AgRg no *Habeas Corpus* 575.395, de relatoria do Exmo. Ministro Nefi Cordeiro: "o cumprimento integral do acordo de não persecução penal gera a extinção da punibilidade (art. 28-A, § 13, do CPP), de modo que como norma de natureza jurídica mista e mais benéfica ao réu, deve retroagir em seu benefício em processos não transitados em julgado (art. 5.º, XL, da CF)" (STJ, AgRg no HC 575.395/RN, 6.ª Turma, Rel. Min. Nefi Cordeiro, j. 08.09.2020). Posteriormente, entretanto, no julgamento do Agravo Regimental no *Habeas Corpus* 628.647/SC, o entendimento foi alterado e restou decidido, por maioria, que somente é possível a aplicação retroativa do acordo de não persecução penal em processos nos quais denúncia ainda não tiver sido recebida (Acórdão ainda não publicado – STJ, AgRg no HC 628.647/SC, 6ª Turma, Rel. Min. Laurita Vaz, j. 09.03.2021).

A Quinta Turma do Superior Tribunal de Justiça, por sua vez, entende que "não é possível que se aplique com ampla retroatividade norma predominante processual, que segue o princípio do *tempus regitactum*, sob pena de se subverter não apenas o instituto, que é pré-processual e direcionado ao investigado, mas também a segurança jurídica (...) Mostra[ndo]-se incompatível com o propósito do instituto do Acordo de Não Persecução Penal (ANPP) quando já recebida a denúncia e já encerrada a prestação jurisdicional nas instâncias ordinárias" (STJ, AgRg na Pet no Agravo em Recurso Especial 1.664.039, 5.ª Turma, Rel. Min. Reynaldo Soares da Fonseca, j. 20.10.2020).

A matéria foi afetada, pela Sexta Turma, para julgamento pela Terceira Seção do Superior Tribunal de Justiça, no âmbito do *Habeas Corpus* 596.340/TO, de relatoria do Ministro Rogerio Schietti Cruz, que, até o momento da impressão da presente edição deste livro, não foi julgado.

3.5 Perdimento de bens

O art. 122 do Código de Processo Penal trata da alienação dos bens apreendidos durante o processo penal, cujo perdimento foi declarado por sentença penal condenatória transitada em julgado.

3.5.1 Art. 122

A seguir, uma tabela comparativa entre as redações do dispositivo:

Redação dada pela Lei 13.964/2019	Redação Antiga
Art. 122. Sem prejuízo do disposto no art. 120, as coisas apreendidas serão alienadas nos termos do disposto no art. 133 deste Código.	Art. 122. Sem prejuízo do disposto nos arts. 120 e 133, decorrido o prazo de 90 dias, após transitar em julgado a sentença condenatória, o juiz decretará, se for caso, a perda, em favor da União, das coisas apreendidas (art. 74, II, *a* e *b* do Código Penal) e ordenará que sejam vendidas em leilão público.
Parágrafo único. (*Revogado*.)	Parágrafo único. Do dinheiro apurado será recolhido ao Tesouro Nacional o que não couber ao lesado ou a terceiro de boa-fé.

Nos termos da nova redação do art. 122 do Código de Processo Penal, sem prejuízo ao disposto no art. 120 do Código de Processo Penal, as coisas apreendidas serão alienadas, de acordo com o art. 133 do Código de Processo Penal.

O art. 120 trata das hipóteses de restituição das coisas apreendidas, ou seja, das situações nas quais os bens apreendidos durante o inquérito policial ou processo criminal devem ser devolvidos aos seus legítimos proprietários, nos seguintes termos:

> Art. 120. A restituição, quando cabível, poderá ser ordenada pela autoridade policial ou juiz, mediante termo nos autos, desde que não exista dúvida quanto ao direito do reclamante.
>
> § 1.º Se duvidoso esse direito, o pedido de restituição autuar-se-á em apartado, assinando-se ao requerente o prazo de 5 (cinco) dias para a prova. Em tal caso, só o juiz criminal poderá decidir o incidente.
>
> § 2.º O incidente autuar-se-á também em apartado e só a autoridade judicial o resolverá, se as coisas forem apreendidas em poder de terceiro de boa-fé, que será intimado para alegar e provar o seu direito, em prazo igual e sucessivo ao do reclamante, tendo um e outro dois dias para arrazoar.
>
> § 3.º Sobre o pedido de restituição será sempre ouvido o Ministério Público.
>
> § 4.º Em caso de dúvida sobre quem seja o verdadeiro dono, o juiz remeterá as partes para o juízo cível, ordenando o depósito das coisas em mãos de depositário ou do próprio terceiro que as detinha, se for pessoa idônea.
>
> § 5.º Tratando-se de coisas facilmente deterioráveis, serão avaliadas e levadas a leilão público, depositando-se o dinheiro apurado, ou entregues ao terceiro que as detinha, se este for pessoa idônea e assinar termo de responsabilidade.

Desse modo, por óbvio, se as coisas apreendidas forem restituídas, não há que falar em perdimento desses bens, tampouco em alienação, estando inaplicável o art. 122 do Código de Processo Penal.

No entanto, não sendo o caso de restituição dos bens apreendidos, estes deverão ser alienados, isto é, vendidos, nos termos do citado art. 122.

3.5.2 Art. 133

O art. 122, porém, remete-se também ao art. 133 do Código de Processo Penal, que também teve redação alterada pela Lei 13.964/2019, conforme se verifica da tabela comparativa a seguir:

Redação dada pela Lei 13.964/2019	Redação Antiga
Art. 133. Transitada em julgado a sentença condenatória, o juiz, de ofício ou a requerimento do interessado ou do Ministério Público, determinará a avaliação e a venda dos bens em leilão público **cujo perdimento tenha sido decretado**.	Art. 133. Transitada em julgado a sentença condenatória, o juiz, de ofício ou a requerimento do interessado, determinará a avaliação e a venda dos bens em leilão público.

Redação dada pela Lei 13.964/2019	Redação Antiga
§ 1.º Do dinheiro apurado, será recolhido aos cofres públicos o que não couber ao lesado ou a terceiro de boa-fé.	Parágrafo único. Do dinheiro apurado, será recolhido ao Tesouro Nacional o que não couber ao lesado ou a terceiro de boa-fé.
§ 2.º O valor apurado deverá ser recolhido ao Fundo Penitenciário Nacional, exceto se houver previsão diversa em lei especial.	*Sem correspondente*

A alteração legislativa nesse dispositivo foi bem singela. Manteve-se a exigência de trânsito em julgado da sentença penal condenatória para que os bens cujo perdimento fora decretado sejam enviados a leilão público.

No § 1.º foi mantido que o valor apurado que não couber ao lesado ou a terceiro de boa-fé deverá ser recolhido aos cofres públicos. E, no § 2.º, previu-se que o valor apurado com a venda dos bens deverá ser recolhido ao Fundo Penitenciário Nacional, exceto se houver previsão diversa em lei especial.

3.5.3   Art. 124-A

A Lei 13.964/2019 inclui no Código de Processo Penal uma nova situação, prevista no art. 124-A, cuja redação é a seguinte:

> Art. 124-A. Na hipótese de decretação de perdimento de obras de arte ou de outros bens de relevante valor cultural ou artístico, se o crime não tiver vítima determinada, poderá haver destinação dos bens a museus públicos.

Trata-se de uma hipótese específica para quando os bens apreendidos são obras de arte ou outros bens de relevante valor cultural ou artístico.

Nesses termos, havendo apreensão e posterior decretação do perdimento desses bens especiais (obras de arte ou de qualquer bem de relevante valor cultural ou artístico), se o crime não tiver vítima determinada, poderão esses bens ser destinados aos museus públicos, sem necessidade de alienação.

Exige-se que sejam crimes sem vítima determinada, pois, do contrário, os bens precisariam ser vendidos para que o valor pudesse ser aproveitado pela vítima específica, seja como restituição ou como indenização.

3.5.4   Art. 133-A

Ainda, a Lei 13.964/2019 criou mais um dispositivo que trata da destinação dos bens apreendidos, inserido no art. 133-A:

Art. 133-A. O juiz poderá autorizar, constatado o interesse público, a utilização de bem sequestrado, apreendido ou sujeito a qualquer medida assecuratória pelos órgãos de segurança pública previstos no art. 144 da Constituição Federal, do sistema prisional, do sistema socioeducativo, da Força Nacional de Segurança Pública e do Instituto Geral de Perícia, para o desempenho de suas atividades.

§ 1.º O órgão de segurança pública participante das ações de investigação ou repressão da infração penal que ensejou a constrição do bem terá prioridade na sua utilização.

§ 2.º Fora das hipóteses anteriores, demonstrado o interesse público, o juiz poderá autorizar o uso do bem pelos demais órgãos públicos.

§ 3.º Se o bem a que se refere o *caput* deste artigo for veículo, embarcação ou aeronave, o juiz ordenará à autoridade de trânsito ou ao órgão de registro e controle a expedição de certificado provisório de registro e licenciamento em favor do órgão público beneficiário, o qual estará isento do pagamento de multas, encargos e tributos anteriores à disponibilização do bem para a sua utilização, que deverão ser cobrados de seu responsável.

§ 4.º Transitada em julgado a sentença penal condenatória com a decretação de perdimento dos bens, ressalvado o direito do lesado ou terceiro de boa-fé, o juiz poderá determinar a transferência definitiva da propriedade ao órgão público beneficiário ao qual foi custodiado o bem.

Nessa hipótese, não se trata de situação definitiva para alienação ou destinação dos bens cujo perdimento foi decretado por sentença penal condenatória transitada em julgado, mas sim de destinação provisória e precária de bens apreendidos nos autos enquanto o processo ainda tramita, sem um desfecho definitivo.

Nos termos do *caput* do art. 133-A do Código de Processo Penal, poderá o juiz, quando houver interesse público, autorizar a utilização de qualquer bem que esteja submetido a uma medida assecuratória (cautelar real) pelas instituições responsáveis pela segurança pública (art. 144 da Constituição Federal), ou pelo sistema socioeducativo, ou da Força Nacional de Segurança Pública e do Instituto Geral de Perícia, para o desempenho de suas atividades.

Importante perceber que esses bens que poderão ser destinados às instituições supratranscritas ainda não foram declarados perdidos por sentença penal condenatória transitada em julgado, pelo contrário, estão indisponíveis por decisão precária e provisória consistente numa cautelar real (busca e apreensão, penhora, sequestro, arresto etc.).

No § 1.º, há uma previsão de que o órgão que participou da constrição do bem, seja pela investigação ou pelo processo, tem preferência na destinação do bem. Assim, se a cautelar que resultou na constrição do bem ocorreu durante uma investigação levada acabo pela Polícia Federal, essa instituição terá preferência para receber o bem e utilizar-se dele.

No § 2.º, simplesmente permite-se a destinação do bem para os demais órgãos públicos quando houver interesse público.

Tratando-se o bem sobre o qual recai a constrição de veículo, aeronave ou embarcação, deverá o juiz, quando destiná-lo às instituições ou órgãos públicos, ordenar à autoridade de trânsito ou ao órgão de registro e controle a expedição de certificado provisório de registro e licenciamento em favor do órgão público beneficiário, o qual estará isento do pagamento de multas, encargos e tributos anteriores à disponibilização do bem para a sua utilização, que deverão ser cobrados de seu responsável. Assim, se o bem tratar-se de um carro destinado ao uso da Polícia Militar, o juiz deverá oficiar ao DETRAN para que registre provisoriamente o veículo em nome da Polícia Militar, e todos os encargos – multas, impostos etc. – anteriores à destinação ficarão a cargo do investigado ou réu.

Por fim, nos termos do § 4.º, se ao final do processo o réu for condenado por decisão transitada em julgado e for decretada a perda do bem, deverá o juiz, ressalvados os direitos da vítima e de terceiros de boa-fé, determinar a transferência definitiva do bem ao órgão ou instituição pública ao qual estava destinado provisoriamente.

Aqui surge uma situação não prevista pela Lei 13.964/2019, que é a depreciação do bem pelo uso, ou mesmo sua completa destruição, e ao final da investigação o inquérito ser arquivado, ou o réu absolvido, ou mesmo durante o processo da cautelar sobre a qual recai o bem ser revogado. Caso ocorram quaisquer das hipóteses elencadas, como fica a situação do sujeito que teve uma depreciação do seu patrimônio pelo Estado? Deverá o prejuízo ser cobrado do juiz que destinou o bem antes de decretar a sua perda, ou deverá o prejuízo ser cobrado do órgão ou instituição que se utilizou do bem e gerou a depreciação ou destruição?

Parece-nos que, nesse caso, conforme o art. 3.º do Código de Processo Penal, deva-se fazer uma analogia e aplicar o disposto no art. 62 da Lei 11.343/2006 (Lei de Drogas), com redação dada pela Lei 13.840/2019.

O referido art. 62 da Lei 11.343/2006 tem a seguinte redação:

> Art. 62. Comprovado o interesse público na utilização de quaisquer dos bens de que trata o art. 61, os órgãos de polícia judiciária, militar e rodoviária *poderão deles fazer uso, sob sua responsabilidade e com o objetivo de sua conservação*, mediante autorização judicial, ouvido o Ministério Público e garantida a prévia avaliação dos respectivos bens. (g.n)

O art. 61, ao qual o dispositivo supratranscrito faz referência, trata exatamente de veículo, embarcações e aeronaves. E, como se pode perceber pela redação do art. 61 da Lei 11.343/2006, a responsabilidade sobre o bem recai sobre o órgão ou instituição pública que o utiliza, tendo esta o objetivo de preservá-lo.

Por fim, cumpre-nos fazer uma crítica a esse dispositivo. Em nosso entendimento, não deveria o legislador permitir que instituições responsáveis pela segurança pública ou investigação criminal pudessem obter vantagens diretas da prática de seus atos de ofício, pois tais instituições – e seus agentes – devem agir movidos única e exclusivamente pela finalidade de seus ofícios. Ao permitir que as instituições pudessem se beneficiar dos veículos, embarcações e aeronaves apreendidos durante as investigações, pode-se fazer com que os agentes e instituições ajam de maneira ilegal ou em desacordo com o interesse público com o intuito de obter referidos "prêmios", especialmente diante da situação de absoluto sucateamento que algumas instituições policiais vêm enfrentando.

3.6 Provas ilícitas

A Constituição Federal e o Código de Processo Penal disciplinam as provas que podem e as que não podem ser admitidas no processo penal.

O art. 5.º, LVI, da Constituição Federal prevê o seguinte:

> LVI – são inadmissíveis, no processo, as provas obtidas por meios ilícitos;

O Código de Processo Penal, no art. 157, *caput*, com redação dada pela Lei 11.690/2008, aduz que se compreendem como ilícitas as provas obtidas em violação às normas constitucionais ou legais.

Essa concepção adotada pelo Código de Processo Penal em 2008 não foi aquela que vinha sendo construída pela doutrina e jurisprudência pátrias, que faziam uma distinção entre provas ilícitas (violações de regras de direito material) e provas ilegítimas (violações de regras processuais).[23]

Ricardo Jacobsen Gloeckner[24] estabelece uma relação que nos parece muito adequada entre a prova ilícita e as nulidades ao escrever que:

> Se a prova ilícita se caracteriza pela sua realização em desconformidade com alguma norma jurídica, seja processual ou material, constitucional ou infraconstitucional, fato é que se tratará de prova inválida. O ato de realização da prova é inválido. Como visto, quando um ato processual for considerado inválido, a nulidade lhe será decretada.

E continua o autor:

> Nesse momento entra em cena a dinâmica entre a teoria das nulidades e as provas ilícitas. O ato processual inválido trata de todos os atos processuais, atribuindo-se-lhes uma consequência jurídica negativa em

---

[23] BADARÓ, Gustavo H. *Processo penal*. 3. ed. São Paulo: RT, 2015. p. 403.
[24] GLOECKNER, Ricardo J. *Nulidades no processo penal*. 3. ed. São Paulo: Saraiva, 2017. p. 170.

caso de desobediência à forma prescrita. Um ato processual nulo poderá corresponder a um ato de comunicação (*v.g.*, a citação), um ato de defesa ou acusação (não abertura de vistas do processo para memoriais), um ato recursal (não concessão de prazo para recorrer) e, inclusive, um ato relativo à produção probatória. Pode-se afirmar que a teoria da prova ilícita se enquadra dentro do gênero nulidade. O efeito do reconhecimento de uma prova como ilícita é a sua imprestabilidade para gerar efeitos. Essa imprestabilidade decorrerá de uma decisão declaratória da nulidade (invalidade) da realização da prova.

Nesses termos, sinteticamente, toda prova produzida com violação de norma constitucional ou legal deverá ser considerada ilícita e, consequentemente, nula.

3.6.1 Art. 157

O art. 157 do Código de Processo Penal, com redação dada pela Lei 11.690/2008, tratava das provas ilícitas, nos seguintes termos:

> Art. 157. São inadmissíveis, devendo ser desentranhadas do processo, as provas ilícitas, assim entendidas as obtidas em violação a normas constitucionais ou legais.
>
> § 1.º São também inadmissíveis as provas derivadas das ilícitas, salvo quando não evidenciado o nexo de causalidade entre umas e outras, ou quando as derivadas puderem ser obtidas por uma fonte independente das primeiras.
>
> § 2.º Considera-se fonte independente aquela que por si só, seguindo os trâmites típicos e de praxe, próprios da investigação ou instrução criminal, seria capaz de conduzir ao fato objeto da prova.
>
> § 3.º Preclusa a decisão de desentranhamento da prova declarada inadmissível, esta será inutilizada por decisão judicial, facultado às partes acompanhar o incidente.
>
> § 4.º (*Vetado.*)

Assim, o artigo prevê que as provas ilícitas são inadmissíveis, entendidas como tais aquelas obtidas com violação da Constituição ou de lei.

Prevê também, expressamente no § 1.º, as provas ilícitas por derivação (teoria da árvore dos frutos envenenados) e no § 2.º admite como lícita a prova admitida por fonte independente.

Por fim, no § 3.º, prevê que prova reconhecida ilícita deverá ser inutilizada e, obviamente, retirada dos autos, podendo as partes acompanhar sua destruição.

Conforme mencionado, o art. 157, *caput* e parágrafos, teve redação dada pela Lei 11.690/2008, que foi um grande progresso para o sistema processual penal.

Entretanto, ainda em 2008, o legislador tentou por meio do § 4.º impedir que o juiz que tivesse contato com a prova reconhecida como ilícita não poderia proferir decisão, devendo ser afastado do processo, pois teria sua imparcialidade violada, uma vez que não seria possível "desver" a prova ilícita.

O § 4.º tinha a seguinte redação:

> § 4.º O juiz que conhecer do conteúdo da prova declarada inadmissível não poderá proferir a sentença ou acórdão.

Entretanto, tal dispositivo foi vetado pelo Presidente da República em 2008 e não ingressou no Código de Processo Penal. As razões do veto foram assim aduzidas:

> Razões do veto
> O objetivo primordial da reforma processual penal consubstanciada, dentre outros, no presente projeto de lei, é imprimir celeridade e simplicidade ao desfecho do processo e assegurar a prestação jurisdicional em condições adequadas. O referido dispositivo vai de encontro a tal movimento, uma vez que pode causar transtornos razoáveis ao andamento processual, ao obrigar que o juiz que fez toda a instrução processual deva ser eventualmente substituído por um outro que nem sequer conhece o caso.
> Ademais, quando o processo não mais se encontra em primeira instância, a sua redistribuição não atende necessariamente ao que propõe o dispositivo, eis que mesmo que o magistrado conhecedor da prova inadmissível seja afastado da relatoria da matéria, poderá ter que proferir seu voto em razão da obrigatoriedade da decisão coligada.

Perdeu-se, portanto, ainda em 2008, com o veto supratranscrito, a possibilidade de deixar o processo penal brasileiro mais democrático e condizente com o respeito às garantias fundamentais e às teorias mais atuais sobre valoração da prova que simplesmente consideram uma contradição permitir que um juiz tenha acesso a uma prova e, depois, quando esta seja reconhecida como inadmissível, esse juiz tenha que julgar sem levar aquela prova em consideração.

Imagine-se a seguinte situação: A polícia realiza uma interceptação telefônica sem autorização judicial e grava o investigado, funcionário público, combinando o recebimento de determinada quantia. Quando essa prova vai parar no processo, o juiz de primeiro grau não reconhece a sua ilegalidade e inadmissibilidade. Diante desse fato, a defesa impetra um *habeas corpus* no Tribunal de Justiça e este também reconhece a prova como lícita. Inconformada, a defesa impetra outro *habeas corpus* no Superior Tribunal de Justiça, que reconhece a ilicitude da prova e determina o seu desentranhamento dos autos. Agora, a maior prova da acusação – uma escuta telefônica ilegal – é desentranhada do processo. No entanto, o juiz é quem vai decidir se o acusado é culpado ou inocente.

Será possível ao juiz esquecer que viu a prova ilícita e não considerá-la para formar sua convicção que será expressa na sentença? Condenado o réu, se a defesa apresentar recurso de apelação, conseguirão os desembargadores que negaram o *habeas corpus* e já viram a prova ilícita simplesmente desconsiderá-la no momento da formação de suas convicções? Parece-nos que não.

A Lei 13.964/2019 tentou mais uma vez corrigir esse grave erro do processo penal brasileiro e previu a inclusão de um § 5.º ao art. 157 que resgata a mesma ideia que continha o § 4.º, vetado pelo Presidente da República em 2008.

A redação, em verdade, é exatamente a mesma:

> § 5.º O juiz que conhecer do conteúdo da prova declarada inadmissível não poderá proferir a sentença ou acórdão.

Dessa vez, entretanto, não houve veto presidencial e o § 5.º foi incluído no art. 157 do Código de Processo Penal, e o juiz que conhecer da prova declarada inadmissível deverá ser afastado e não poderá proferir decisão.

Contudo, embora o Presidente da República não tenha vetado o referido dispositivo, este foi suspenso em decisão liminar nas ADIns 6.298, 6.299 e 6.300 primeiramente pelo presidente do Supremo Tribunal Federal, o Ministro Dias Toffoli, e depois pelo Relator, Ministro Luiz Fux, nos seguintes termos:

> Esse dispositivo determina que "[o] juiz que conhecer do conteúdo da prova declarada inadmissível não poderá proferir sentença ou acórdão". Nesse ponto, retomo e adoto como razão de decidir a bem lançada argumentação do Presidente desta Corte, que justificou o pedido de suspensão da norma nos seguintes termos:
>
> "De início, anoto que a norma em tela é extremamente vaga, gerando inúmeras dúvidas. O que significa 'conhecer do conteúdo da prova declarada inadmissível'? Significa apenas travar contato com a prova ou pressupõe que o juiz necessariamente tenha emitido algum juízo de valor sobre o material probatório? Como se materializaria a demonstração desse 'conhecimento'? O juiz, após 'conhecer' do conteúdo da prova, ainda poderá proferir decisões interlocutórias e presidir a instrução, ficando impedido apenas para a sentença, ou ficará impedido desde logo? A ausência de clareza do preceito é também capaz de gerar situações inusitadas. Imagine-se o juiz que, ao proferir a sentença, se depare com uma prova ilícita e a declare como tal. Nesse caso, ele interrompe a prolação da sentença e, em seguida, remete os autos ao juiz que o substituirá? Imagine-se, agora, que a câmara de um tribunal decida anular um processo por ilicitude da prova e determine o retorno dos autos à origem. Nesse caso, a câmara ficará impedida de julgar nova apelação? A vagueza do preceito e as inúmeras dúvidas que ele suscita, por si sós, colocam em dúvida sua constitucionalidade. Uma das facetas do princípio da legalidade, princípio basilar do Estado Democrático de Direito, é que as leis sejam editadas, tanto quanto possível e adequado, com precisão, de modo que sejam aptas a efetivamente orientar a ação individual. Desse modo,

promove-se previsibilidade e, consequentemente, segurança jurídica. Assim, a utilização de fórmulas legislativas excessivamente vagas viola a segurança jurídica e o princípio da legalidade. [...] O § 5.º do art. 157 é também danoso ao princípio do juiz natural, por ser norma de competência que não fornece critérios claros e objetivos para sua aplicação. Como redigido, o preceito pode resultar na criação de situações em que a produção de prova eventualmente nula sirva como instrumento deletério de interferência na definição do juiz natural (CF, art. 5.º, LIII), abrindo brecha para a escolha do magistrado que examinará o processo crime, vulnerando-se, por via transversa, o postulado constitucional em questão. Com efeito, Gustavo Badaró anota que existe o direito ao juiz certo, determinado segundo os critérios legais de competência, 'que devem ser estabelecidos a partir de elementos claros e objetivos, que não permitam qualquer manipulação da individualização ou escolha do órgão que legitimamente irá julgar o processo' (Juiz *natural no Processo Penal*. São Paulo: Revista dos Tribunais, 2014, p. 157). [...] Por essas razões, neste juízo preliminar, próprio das medidas liminares, entendo ser o caso de suspensão do § 5.º do art. 157 do CPP, inserido pela Lei n.º 13.964/2019".

Ex positis, neste tópico, acolhendo a argumentação proferida na análise cautelar preliminar, determino a suspensão da eficácia do artigo 157, § 5.º, do Código de Processo Penal, na redação dada pela Lei n. 13.964/2019.

Portanto, até o julgamento definitivo das ADINs supramencionadas, ou até que a medida liminar seja cassada, o § 5.º do art. 157 do Código de Processo Penal encontra-se com sua eficácia suspensa, de modo que, ao menos por enquanto, o juiz que tomar conhecimento de prova declarada inadmissível poderá proferir sentença ou acórdão.

3.7 Cadeia de custódia

A Lei 13.964/2019 alterou a denominação do Capítulo II do Código de Processo Penal.

Anteriormente, o nome do capítulo era "Do Exame do Corpo de Delito e das Perícias em Geral", sendo alterado para "Do Exame de Corpo de Delito, da Cadeia de Custódia e das Perícias em Geral".

Como se pode perceber, acrescentou-se a "cadeia de custódia" aos temas abordados no Capítulo II do Código Processual Penal, sendo esta tratada nos inéditos arts. 158-A a 158-F.

A preservação da cadeia de custódia das provas tem a finalidade de garantir a fiabilidade probatória, ou seja, que aquele elemento anexado ao processo é efetivamente confiável e pode ser considerado pelo juiz em seu julgamento. Não se trata de uma "medida" da prova, que pode ser livremente sopesada pelo juiz, mas sim da validade ou não daquela prova, ou seja, se ele pode ou não ser aquilatada pelo juiz.

O juízo sobre a cadeia de custódia é anterior e condicionante ao juízo da própria prova.

Geraldo Prado explica que:

> A fiabilidade probatória refere-se ao esquema de ingresso do elemento provatória no procedimento em cujo âmbito, posteriormente, este elemento poderá ser objeto de avaliação e diz muito especificamente com a questão dos controles epistêmicos, compreendidos nesta etapa como "controles de entrada".
>
> A avaliação da prova, seja para qualquer fim, por sua vez cuida da corroboração de uma hipótese e se consubstancia em um juízo de valor relativamente ao grau de convencimento alcançado pelo juiz a partir do exame de determinado elemento probatório. Lógica e cronologicamente, a questão da avaliação da prova é posterior à sua fiabilidade.
>
> São coisas diversas, portanto, saber se um determinado elemento probatório está em condições de ser avaliado, ou seja, se o elemento probatório pode ser objeto de avaliação, e em caso de ser "avaliável", saber que valor o juiz lhe atribui. A primeira atividade é denominada "fiabilidade provatória".[25]

Assim, nos arts. 158-A a 158-F do Código de Processo Penal, o legislador estabeleceu regras e procedimentos para manutenção da cadeia de custódia da prova, bem como definiu alguns conceitos importantes sobre o tema, pois este é inédito no sistema legal brasileiro.

Passemos à análise de cada um desses dispositivos.

3.7.1 Art. 158-A

No art. 158-A, a Lei 13.964/2019 definiu o que considera como cadeia de custódia, nos seguintes termos:

> Art. 158-A. Considera-se cadeia de custódia o conjunto de todos os procedimentos utilizados para manter e documentar a história cronológica do vestígio coletado em locais ou em vítimas de crimes, para rastrear sua posse e manuseio a partir de seu reconhecimento até o descarte.

Dessarte, a cadeia de custódia nada mais é do que a soma dos procedimentos que deverão ser observados para deixar registrada a história cronológica de um vestígio desde sua coleta até o seu descarte.

Esse vestígio somente poderá ingressar em um processo como prova e, consequentemente, ser avaliado pelo juiz, se toda a cadeia de custódia da prova tiver sido respeitada. Havendo a "quebra" da cadeia de custódia, a fiabilidade desse elemento se perde e este não pode mais ser avaliado pelo juiz.

---

[25] PRADO, Geraldo. *A cadeia de custódia da prova no processo penal*. São Paulo: Marcial Pons, 2019. p. 88.

Nos §§ 1.º a 3.º do art. 158-A, o legislador fixou o momento de início da cadeia de custódia (§ 1.º), o responsável pela preservação do vestígio (§ 2.º) e a definição de "vestígio" (§ 3.º), nos seguintes termos:

> § 1.º O início da cadeia de custódia dá-se com a preservação do local de crime ou com procedimentos policiais ou periciais nos quais seja detectada a existência de vestígio.
>
> § 2.º O agente público que reconhecer um elemento como de potencial interesse para a produção da prova pericial fica responsável por sua preservação.
>
> § 3.º Vestígio é todo objeto ou material bruto, visível ou latente, constatado ou recolhido, que se relaciona à infração penal.

Inicia-se a cadeia de custódia com a preservação do local de crime ou com procedimentos policiais ou periciais nos quais seja detectada a existência de vestígio.

Assim, se houver um homicídio no interior de um apartamento, por exemplo, esse apartamento é local do crime e deverá ser preservado pela autoridade policial (art. 6.º, I, do CPP), iniciando-se nesse momento (do início da preservação) a cadeia de custódia dos elementos ali coletados, tais como armas, roupas, sangue, material genético etc.

Também se inicia a cadeia de custódia com procedimentos policiais ou periciais, tais como uma busca e apreensão que localiza um computador ou documentos, por exemplo, principiando nesse ato a cadeia de custódia da prova.

Ambas as hipóteses (preservação do local do crime e início de procedimento policial ou pericial) têm igual finalidade: garantir que o elemento coletado seja exatamente o mesmo que será analisado pelo juiz durante o processo.

O responsável por preservar os vestígios até a chegada da perícia ou autoridade policial é o agente público que os reconhecer como prova em potencial, devendo preservá-los. Desse modo, se um policial militar é o primeiro a chegar ao local do crime e verifica que ali há uma faca com manchas de sangue ou um aparelho celular, deverá resguardar esses objetos, pois iniciou-se a cadeia de custódia.

Por fim, é legalmente considerado como vestígio "todo e qualquer objeto ou material bruto, visível ou latente, constatado ou recolhido, que se relaciona à infração penal". Tudo o que guardar relação com a infração e puder ser coletado ou constatado é vestígio, podendo ser físico (armas, por exemplo) ou virtual (documentos em um celular ou mesmo em uma conta na "nuvem").

3.7.2 Art. 158-B

No art. 158-B, há uma descrição e definição de atos que compreendem a linha cronológica da cadeia de custódia, desde o reconhecimento até o descarte, nos seguintes termos:

> Art. 158-B. A cadeia de custódia compreende o rastreamento do vestígio nas seguintes etapas:

I – reconhecimento: ato de distinguir um elemento como de potencial interesse para a produção da prova pericial;

II – isolamento: ato de evitar que se altere o estado das coisas, devendo isolar e preservar o ambiente imediato, mediato e relacionado aos vestígios e local de crime;

III – fixação: descrição detalhada do vestígio conforme se encontra no local de crime ou no corpo de delito, e a sua posição na área de exames, podendo ser ilustrada por fotografias, filmagens ou croqui, sendo indispensável a sua descrição no laudo pericial produzido pelo perito responsável pelo atendimento;

IV – coleta: ato de recolher o vestígio que será submetido à análise pericial, respeitando suas características e natureza;

V – acondicionamento: procedimento por meio do qual cada vestígio coletado é embalado de forma individualizada, de acordo com suas características físicas, químicas e biológicas, para posterior análise, com anotação da data, hora e nome de quem realizou a coleta e o acondicionamento;

VI – transporte: ato de transferir o vestígio de um local para o outro, utilizando as condições adequadas (embalagens, veículos, temperatura, entre outras), de modo a garantir a manutenção de suas características originais, bem como o controle de sua posse;

VII – recebimento: ato formal de transferência da posse do vestígio, que deve ser documentado com, no mínimo, informações referentes ao número de procedimento e unidade de polícia judiciária relacionada, local de origem, nome de quem transportou o vestígio, código de rastreamento, natureza do exame, tipo do vestígio, protocolo, assinatura e identificação de quem o recebeu;

VIII – processamento: exame pericial em si, manipulação do vestígio de acordo com a metodologia adequada às suas características biológicas, físicas e químicas, a fim de se obter o resultado desejado, que deverá ser formalizado em laudo produzido por perito;

IX – armazenamento: procedimento referente à guarda, em condições adequadas, do material a ser processado, guardado para realização de contraperícia, descartado ou transportado, com vinculação ao número do laudo correspondente;

X – descarte: procedimento referente à liberação do vestígio, respeitando a legislação vigente e, quando pertinente, mediante autorização judicial.

Nos termos do art. 158-B, somente será possível a manutenção da cadeia de custódia da prova e, consequentemente, de sua confiabilidade, se os atos previstos forem praticados na ordem e na forma aqui descritas.

Ao todo, são dez atos: reconhecimento, isolamento, fixação, coleta, acondicionamento, transporte, recebimento, processamento, armazenamento e descarte.

Analisemos cada um deles:

a) Reconhecimento: é a descoberta do elemento com potencial probatório. Assim, quando um policial reconhece um pano manchado de sangue no local de um crime, inicia-se a cadeia de custódia. A partir de agora, os atos têm que ser praticados para que esse elemento (pano manchado de sangue) mantenha sua confiabilidade e, ao final, possa ser valorado como prova pelo juiz.

b) Isolamento: trata-se de proteger o elemento com potencial probatório para que este não seja alterado. Portanto, mantendo-se no exemplo do pano com sangue, cabe ao policial isolar a área onde o pano se encontra e não permitir que este seja alterado.

c) Fixação: é a descrição detalhada do vestígio no local em que se encontra. Logo, a fixação do pano com sangue poderia ser feita mediante fotografias, vídeos e croquis demonstrando como e onde o pano se encontrava no local do crime. Esta fase é anterior à coleta do vestígio, momento em que será manipulado. A ideia da fixação é registrar com fidelidade o estado do vestígio quando foi encontrado, pois esse estado será alterado com a coleta.

d) Coleta: é o recolhimento do vestígio para que possa ser submetido à perícia. Desse modo, mantendo o exemplo do pano com sangue, a coleta nada mais é do que recolher esse pano do local em que se encontra.

e) Acondicionamento: é a forma como a coleta será feita. O acondicionamento deverá ser realizado em embalagem individualizada, de acordo com suas características físicas, químicas e biológicas para análise posterior, com registro de data, hora e nome de quem efetuou a coleta e o acondicionamento. Alguns materiais podem reagir quimicamente com outros, por isso a necessidade de acondicionamento individualizado e de acordo com as características, tudo para manutenção do vestígio. Ainda, é preciso que se identifique quem fez a coleta e o acondicionamento, bem como a data e hora.

f) Transporte: é a transferência do material de um local para outro, sob condições adequadas, mantendo as características originais, bem como o controle da posse do material.

g) Recebimento: é ato formal de transferência da posse do material e também da responsabilidade sobre sua preservação. Por ser ato formal, precisa ser documentado com informações referentes ao número de procedimento e unidade de polícia judiciária, local de origem do material, nome do responsável pelo transporte, código de rastreamento, natureza do exame a ser realizado, tipo de vestígio, protocolo, assinatura e identificação de quem o recebe e passa a ser o responsável pela continuidade da cadeia de custódia.

h) Processamento: é o exame pericial em si, é a manipulação do vestígio para a coleta de informações. Tem como resultado o laudo que deverá ser produzido pelo perito. Dessarte, no exemplo do pano com sangue, é a identificação se a substância é mesmo sangue, se é humano, qual a tipologia, se há no pano mais algum material de interesse investigativo etc.

i) Armazenamento: é a guarda do material em condições adequadas para realização de futura contraperícia ou mesmo perícia complementar.

j) Descarte: é a liberação do vestígio, de acordo com a legislação vigente, e com autorização judicial, quando necessário.

Alberi Espindula, citado por Geraldo Prado,[26] sustenta:

> Importante esclarecer que a cadeia de custódia não está restrita só ao âmbito da perícia criminal, mas envolve desde a delegacia policial, quando apreende algum objeto e já deve observar com rigor tais procedimentos da cadeia de custódia. Podemos voltar mais ainda: qualquer policial, seja ele civil ou militar, que for receptor de algum objeto material que possa estar relacionado a alguma ocorrência, deve também – já no seu recebimento ou achado – proceder com cuidados da aplicação da cadeia de custódia. E essas preocupações vão além da polícia e da perícia, estendendo-se aos momentos de trâmites desses objetos da fase do processo criminal, tanto no ministério público quanto na própria justiça. Os procedimentos da cadeia de custódia devem continuar até o processo ter transitado em julgado.

De suma importância, portanto, o absoluto respeito a todos os atos da cadeia de custódia na forma definida no art. 158-B do Código de Processo Penal (e reforçada pelo § 1.º do art. 158-C), sob pena de a prova ter sua confiabilidade afastada e, logo, tornar-se imprestável. É a posição que defendemos, uma vez que é a única forma de impor o respeito à cadeia de custódia, pois, do contrário, esta não passará de mera recomendação do legislador. A cadeia de custódia compõe o devido processo legal e deve ser observada de maneira absoluta, sob pena de nulidade da prova. Inclusive, essa tem sido a posição do Superior Tribunal de Justiça.[27]

---

[26] PRADO, Geraldo. *A cadeia de custódia da prova no processo penal.* São Paulo. Marcial Pons, 2019, p. 102.

[27] Nesse sentido: "Recurso especial. Art. 305 do CPM. Nulidade. Interceptação telefônica. Prova emprestada. Quebra da cadeia de custódia da prova. Falta de acesso à integralidade das conversas. Evidenciado pelo tribunal de origem a existência de áudios descontinuados, sem ordenação, sequencial lógica e com omissão de trechos da degravação. Filtragem estabelecida sem a presença do defensor. Nulidade reconhecida. Prescrição configurada. Recursos providos. Decretada a extinção da punibilidade. 1. A quebra da cadeia de custódia tem como objetivo garantir a todos os acusados o devido processo legal e os recursos a ele inerentes, como a ampla defesa, o contraditório e principalmente o direito à prova lícita. O instituto abrange todo o caminho que deve ser percorrido pela prova até sua análise

3.7.3 Art. 158-C

O artigo tem a seguinte redação:

> Art. 158-C. A coleta dos vestígios deverá ser realizada preferencialmente por perito oficial, que dará o encaminhamento necessário para a central de custódia, mesmo quando for necessária a realização de exames complementares.
>
> § 1.º Todos vestígios coletados no decurso do inquérito ou processo devem ser tratados como descrito nesta Lei, ficando órgão central de perícia oficial de natureza criminal responsável por detalhar a forma do seu cumprimento.
>
> § 2.º É proibida a entrada em locais isolados bem como a remoção de quaisquer vestígios de locais de crime antes da liberação por parte do perito responsável, sendo tipificada como fraude processual a sua realização.

Há, no *caput*, uma recomendação de que a coleta dos vestígios seja realizada preferencialmente por perito oficial, mas não veda que seja feita por outros agentes públicos (policiais, por exemplo), desde que respeitadas as exigências do art. 158-B.

Em seu § 1.º, o artigo reafirma que todos os vestígios coletados no decurso do inquérito ou processo devem ser tratados da maneira como o Código de Processo Penal exige. Tal medida reforça a ideia de que, se for violada a cadeia de custódia, a prova perde sua credibilidade e deve ser afastada.

Por fim, o § 2.º proíbe expressamente a entrada de pessoas em locais isolados, bem como a remoção dos vestígios dos locais de crime, antes da liberação por parte do perito responsável. Essa proibição estende-se, inclusive, aos policiais, que não podem ficar alterando o local do crime ou removendo vestígios, pois tal ato configura o crime de fraude processual, definido no art. 347 do Código Penal, a seguir transcrito:

---

pelo magistrado, sendo certo que qualquer interferência durante o trâmite processual pode resultar na sua imprestabilidade (RHC 77.836/PA, 5.ª Turma, Rel. Min. Ribeiro Dantas, j. 05.02.2019, *DJe* 12.02.2019). 2. É dever do Estado a disponibilização da integralidade das conversas advindas nos autos de forma emprestada, sendo inadmissível a seleção pelas autoridades de persecução de partes dos áudios interceptados. 3. A apresentação de parcela do produto extraído dos áudios, cuja filtragem foi estabelecida sem a presença do defensor, acarreta ofensa ao princípio da paridade de armas e ao direito à prova, porquanto a pertinência do acervo probatório não pode ser realizado apenas pela acusação, na medida em que gera vantagem desarrazoada em detrimento da defesa. 4. Reconhecida a nulidade, inegável a superveniência da prescrição, com fundamento no art. 61 do CPP. 5. Recursos especiais providos para declarar a nulidade da interceptação telefônica e das provas dela decorrentes, reconhecendo, por consequência, a superveniência da prescrição da pretensão punitiva do Estado, de ofício" (STJ, REsp 1795341/RS, Rel. Min. Nefi Cordeiro, j. 07.05.2019).

Fraude processual

Art. 347. Inovar artificiosamente, na pendência de processo civil ou administrativo, o estado de lugar, de coisa ou de pessoa, com o fim de induzir a erro o juiz ou o perito:

Pena – detenção, de três meses a dois anos, e multa.

Parágrafo único. Se a inovação se destina a produzir efeito em processo penal, ainda que não iniciado, as penas aplicam-se em dobro.

3.7.4 Art. 158-D

O art. 158-D regulamenta o recipiente de acondicionamento do material coletado e também como deve ser tratado o lacre do recipiente, nos seguintes termos:

Art. 158-D. O recipiente para acondicionamento do vestígio será determinado pela natureza do material.

§ 1.º Todos os recipientes deverão ser selados com lacres, com numeração individualizada, de forma a garantir a inviolabilidade e a idoneidade do vestígio durante o transporte.

§ 2.º O recipiente deverá individualizar o vestígio, preservar suas características, impedir contaminação e vazamento, ter grau de resistência adequado e espaço para registro de informações sobre seu conteúdo.

§ 3.º O recipiente só poderá ser aberto pelo perito que vai proceder à análise e, motivadamente, por pessoa autorizada.

§ 4.º Após cada rompimento de lacre, deve se fazer constar na ficha de acompanhamento de vestígio o nome e a matrícula do responsável, a data, o local, a finalidade, bem como as informações referentes ao novo lacre utilizado.

§ 5.º O lacre rompido deverá ser acondicionado no interior do novo recipiente.

Todos os recipientes utilizados para acondicionamento de material deverão ser compatíveis com o material e ser capazes de preservar suas características.

Ainda, os recipientes devem ser selados e no lacre deverá conter numeração individualizada para garantir a inviolabilidade e a idoneidade do vestígio.

A integralidade do lacre é a segurança de que o material não foi manipulado, adulterado ou substituído, tanto que somente o perito poderá realizar seu rompimento para análise, ou outra pessoa autorizada, quando houver motivos.

Sempre que o lacre for rompido, devem-se constar na ficha de acompanhamento do material o nome e a matrícula do responsável pelo rompimento, bem como a data, o local e a finalidade do rompimento, bem como as informações do novo lacre.

O lacre rompido deverá ser acondicionado no interior do novo recipiente.

O Tribunal de Justiça de São Paulo, no julgamento da Apelação Criminal 1503220-46.2018.8.26.0536, pela 16.ª Câmara de Direito Criminal, com relatoria do Desembargador Guilherme de Souza Nucci, reconheceu a quebra da cadeia de custódia da prova em razão da ausência de correspondência entre a numeração do lacre do objeto do crime inserido pela Autoridade Policial e o recebido e periciado pelo Instituto de Criminalística, absolvendo o acusado da prática do delito de porte ilegal de arma de fogo por ausência de provas da materialidade.

> Apelação. Art. 16, parágrafo único, IV, da Lei 11.343/06. Alegada imprestabilidade do laudo pericial. Ocorrência. Circunstâncias presentes nos autos que indicam ter sido periciada arma diversa daquela apreendida. A numeração do lacre inserido pela autoridade policial não corresponde ao lacre recebido e periciado pelo Instituto de Criminalística. Quebra da cadeia de custódia da prova pericial. Inexistência de elementos que comprovem ser o armamento apto para o disparo. Absolvição que se impõe. (TJSP, Apelação Criminal 1503220-46.2018.8.26.0536, 16.ª Câmara de Direito Criminal, Rel. Des. Guilherme de Souza Nucci, j. 27.04.2020).

3.7.5 Art. 158-E

No art. 158-E há uma determinação legal para que os Institutos de Criminalística criem uma central de custódia própria que deverá observar alguns procedimentos, nos seguintes termos:

> Art. 158-E. Todos os Institutos de Criminalística deverão ter uma central de custódia destinada à guarda e controle dos vestígios, e sua gestão deve ser vinculada diretamente ao órgão central de perícia oficial de natureza criminal.
>
> § 1.º Toda central de custódia deve possuir os serviços de protocolo, com local para conferência, recepção, devolução de materiais e documentos, possibilitando a seleção, a classificação e a distribuição de materiais, devendo ser um espaço seguro e apresentar condições ambientais que não interfiram nas características do vestígio.
>
> § 2.º Na central de custódia, a entrada e a saída de vestígio deverão ser protocoladas, consignando-se informações sobre a ocorrência no inquérito que a eles se relacionam.
>
> § 3.º Todas as pessoas que tiverem acesso ao vestígio armazenado deverão ser identificadas e deverão ser registradas a data e a hora do acesso.
>
> § 4.º Por ocasião da tramitação do vestígio armazenado, todas as ações deverão ser registradas, consignando-se a identificação do responsável pela tramitação, a destinação, a data e horário da ação.

Nos termos desse dispositivo, cada Instituto de Criminalística (seja federal ou estadual) deverá ter uma Central de Custódia própria, cuja gestão deverá ser vinculada ao órgão central de perícia oficial de natureza criminal e que será responsável pela guarda e controle dos vestígios (*caput*).

Essas Centrais de Custódia deverão possuir os serviços de protocolo, com local destinado à conferência, recepção e devolução de materiais e documentos, e que permita a seleção, classificação e distribuição de materiais, com a segurança de que não haja interferência nas características do material ali recebido (§ 1.º).

Sempre que houver a entrada ou saída de qualquer material na Central de Custódia, deverá haver um protocolo com o registro das informações do procedimento ao qual esse material se relaciona (§ 2.º).

Toda e qualquer pessoa que tiver acesso ao vestígio armazenado na Central de Custódia deverá ser identificada com o registro da data e hora do acesso ao material (§ 3.º). Aliás, toda e qualquer tramitação do vestígio deverá ser registrada e a pessoa responsável pela tramitação deverá ser identificada, bem como a data e horário da ação (§ 4.º).

Percebe-se uma preocupação muito grande do legislador em garantir o "princípio da mesmidade", exigindo, para tanto, que as polícias científicas criem estruturas eficientes e suficientes para manter a cadeia de custódia das provas.

3.7.6 Art. 158-F

Por fim, no art. 158-F, há a previsão de que, após a realização da perícia, o material deverá ser devolvido à Central de Custódia, onde deverá permanecer.

A regra, portanto, é todo e qualquer vestígio deverá ficar armazenado na Central de Custódia, e não mais em delegacias, fóruns, depósitos etc.

Quando a Central de Custódia não tiver espaço ou condições de armazenar determinado material, a autoridade policial ou judicial deverá determinar as condições para depósito do material em outro local, mediante requerimento ao diretor do órgão central de perícia oficial de natureza criminal.

Assim está redigido o art. 158-F:

> Art. 158-F. Após a realização da perícia, o material deverá ser devolvido à central de custódia, devendo nela permanecer.
>
> Parágrafo único. Caso a central de custódia não possua espaço ou condições de armazenar determinado material, deverá a autoridade policial ou judiciária determinar as condições de depósito do referido material em local diverso, mediante requerimento do diretor do órgão central de perícia oficial de natureza criminal.

3.8 Medidas cautelares

A Lei 13.964/2019 realizou importantes alterações no sistema de prisões cautelares, aproximando ainda mais o processo penal brasileiro do modelo acusatório.

Em 2011, a Lei 12.403, já havia modificado substancialmente a redação originária do Código de Processo Penal de 1941.

3.8.1 Art. 282

As alterações implementadas pela Lei 13.964/2019 com relação às prisões cautelares iniciam-se no art. 282 do Código de Processo Penal, que teve seus §§ 2.º a 6.º modificados, conforme tabela a seguir:

Redação dada pela Lei 13.964/2019	Redação Antiga
Art. 282. As medidas cautelares previstas neste Título deverão ser aplicadas observando-se a:	Art. 282. As medidas cautelares previstas neste Título deverão ser aplicadas observando-se a:
I – necessidade para aplicação da lei penal, para a investigação ou a instrução criminal e, nos casos expressamente previstos, para evitar a prática de infrações penais;	I – necessidade para aplicação da lei penal, para a investigação ou a instrução criminal e, nos casos expressamente previstos, para evitar a prática de infrações penais;
II – adequação da medida à gravidade do crime, circunstâncias do fato e condições pessoais do indiciado ou acusado.	II – adequação da medida à gravidade do crime, circunstâncias do fato e condições pessoais do indiciado ou acusado.
§ 1.º As medidas cautelares poderão ser aplicadas isolada ou cumulativamente.	§ 1.º As medidas cautelares poderão ser aplicadas isolada ou cumulativamente.
§ 2.º As medidas cautelares serão decretadas pelo juiz a requerimento das partes ou, quando no curso da investigação criminal, por representação da autoridade policial ou mediante requerimento do Ministério Público.	§ 2.º As medidas cautelares serão decretadas pelo juiz, de ofício ou a requerimento das partes ou, quando no curso da investigação criminal, por representação da autoridade policial ou mediante requerimento do Ministério Público.
§ 3.º Ressalvados os casos de urgência ou de perigo de ineficácia da medida, o juiz, ao receber o pedido de medida cautelar, determinará a intimação da parte contrária, para se manifestar no prazo de 5 (cinco) dias, acompanhada de cópia do requerimento e das peças necessárias, permanecendo os autos em juízo, e os casos de urgência ou de perigo deverão ser justificados e fundamentados em decisão que contenha elementos do caso concreto que justifiquem essa medida excepcional.	§ 3.º Ressalvados os casos de urgência ou de perigo de ineficácia da medida, o juiz, ao receber o pedido de medida cautelar, determinará a intimação da parte contrária, acompanhada de cópia do requerimento e das peças necessárias, permanecendo os autos em juízo.

Redação dada pela Lei 13.964/2019	Redação Antiga
§ 4.º No caso de descumprimento de qualquer das obrigações impostas, o juiz, mediante requerimento do Ministério Público, de seu assistente ou do querelante, poderá substituir a medida, impor outra em cumulação, ou, em último caso, decretar a prisão preventiva, nos termos do parágrafo único do art. 312 deste Código.	§ 4.º No caso de descumprimento de qualquer das obrigações impostas, o juiz, de ofício ou mediante requerimento do Ministério Público, de seu assistente ou do querelante, poderá substituir a medida, impor outra em cumulação, ou, em último caso, decretar a prisão preventiva (art. 312, parágrafo único).
§ 5.º O juiz poderá, de ofício ou a pedido das partes, revogar a medida cautelar ou substituí-la quando verificar a falta de motivo para que subsista, bem como voltar a decretá-la, se sobrevierem razões que a justifiquem.	§ 5.º O juiz poderá revogar a medida cautelar ou substituí-la quando verificar a falta de motivo para que subsista, bem como voltar a decretá-la, se sobrevierem razões que a justifiquem.
§ 6.º A prisão preventiva somente será determinada quando não for cabível a sua substituição por outra medida cautelar, observado o art. 319 deste Código, e o não cabimento da substituição por outra medida cautelar deverá ser justificado de forma fundamentada nos elementos presentes do caso concreto, de forma individualizada. (g.n)	§ 6.º A prisão preventiva será determinada quando não for cabível a sua substituição por outra medida cautelar (art. 319).

No art. 282 do Código de Processo Penal estão definidos os parâmetros para aplicação das medidas cautelares pessoais no processo penal brasileiro, tais como as prisões e as medidas diversas da prisão.

O *caput* e os incisos I e II do art. 282 do Código de Processo Penal não foram alterados, de modo que se manteve intacto o binômio "necessidade e adequação", que deve ser observado para a decretação de qualquer medida cautelar.

Nos termos do inciso I, a medida cautelar poderá ser decretada quando *necessária* para a aplicação da lei penal, para o desenvolvimento da investigação ou da instrução processual ou para evitar a prática de novas infrações penais.

O inciso II, por sua vez, exige que a medida cautelar seja sempre *adequada* à gravidade do delito, às circunstâncias do fato e às condições pessoais do indiciado ou acusado.

Também não houve alteração no § 1.º, que continua a prever que as medidas cautelares podem ser aplicadas de maneira isolada ou cumulativamente.

Até aqui, portanto, nenhuma novidade.

A partir do § 2.º começam as alterações importantes.

A primeira delas, já no próprio § 2.º, pela redação antiga, o juiz poderia decretar as medidas cautelares, inclusive prisões, de ofício, isto é, sem ser provocado pelas partes. Tal permissão era muito criticada pela doutrina, pois caracterizava um ranço autoritário e inquisitório, uma vez que o juiz que decreta prisões ou medidas cautelares de ofício perde sua imparcialidade e acaba por substituir a acusação.

Assim, pela nova redação do § 2.º, o juiz somente poderá decretar prisões ou medidas cautelares quando houver requerimento das partes, ou durante a investigação policial, se houver representação pela autoridade policial. Tal exigência servirá, inclusive, para os casos de prisão em flagrante, e o magistrado não pode mais, de ofício, converter em prisão preventiva a prisão em flagrante determinada pela autoridade policial.[28] Para converter, portanto, a prisão em flagrante em prisão preventiva, deverá haver representação da autoridade policial nesse sentido ou, em audiência de custódia, pedido do membro do Ministério Público.

No mesmo sentido foi a alteração do § 4.º, visto que pela redação antiga, quando houvesse descumprimento de qualquer obrigação cautelarmente imposta, o juiz poderia, a requerimento das partes ou mesmo de ofício, substituir a medida, impor outra de forma cumulativa ou, em último caso, decretar a prisão preventiva, nos termos do que previa o parágrafo único do art. 312 do Código de Processo Penal.

Pela redação nova do § 4.º, em caso de descumprimento de obrigação cautelar imposta, o juiz não pode mais agir de ofício para substituir a cautelar, acrescentar outra em cumulação ou decretar a prisão preventiva, e tal medida dependerá sempre de requerimento do Ministério Público, do assistente de acusação ou do querelante.

Consagraram, portanto, os §§ 2.º e 4.º o sistema acusatório e mantiveram o juiz inerte e imparcial, como deve ser num Estado Democrático de Direito. Ademais, tal dispositivo vai ao encontro do art. 3.º-A do Código de Processo Penal, que também foi acrescido pela Lei 13.964/2019.

No tocante ao § 3.º, a nova redação reforçou a necessidade de observar o contraditório e a ampla defesa antes do deferimento de qualquer medida cautelar.

Pela nova redação do § 3.º, ficou expresso que o juiz somente poderá decretar a medida cautelar *inaldita altera pars*, isto é, sem que a outra parte se manifeste sobre o pedido, nos casos de urgência ou naqueles em que a medida se tornaria ineficaz.

---

[28] Causa-nos felicidade informar que o Supremo Tribunal Federal, por diversas vezes, utilizou-se da 1.ª edição desta obra, especialmente deste trecho, para fundamentar decisões que reconheceram, seguindo nossa doutrina, como ilegais as conversões de ofício de prisão em flagrante em prisão preventiva. Dentre os julgados, destacamos: HC 190.094/MG, Rel. Min. Celso de Mello, decisão monocrática; HC 186.421/SC, 2.ª Turma, Rel. Min. Celso de Mello, Redator do acórdão Min. Edson Fachin; HC 186.490/SC, 2.ª Turma, Rel. Min. Celso de Mello; HC 187.225/GO, 2.ª Turma, Rel. Min. Celso de Mello; HC 188.888/MG, 2.ª Turma, Rel. Min. Celso de Mello.

Ainda, quando o juiz decidir por não ouvir a parte contrária, por entender que se trata de um caso de urgência ou que com o contraditório a medida se tornaria ineficaz, deverá justificar e fundamentar sua decisão com elementos do caso concreto. Isso significa que o juiz não pode se utilizar de fundamentação genérica, tal como gravidade abstrata do delito, natureza da medida cautelar etc. Será necessário que a decisão contenha elementos específicos do caso concreto como fundamento para fundamentar a excepcionalidade da medida.

A regra geral, portanto, para determinação de medidas cautelares, inclusive prisão, é a seguinte: o juiz receberá o pedido e deverá intimar a parte contrária, fornecendo-lhe cópia do pedido e das peças necessárias, para manifestar-se em cinco dias, permanecendo-se os autos em juízo.

No § 5.º, com redação antiga, havia a previsão da possibilidade de o juiz revogar a medida cautelar ou substituí-la, quando cessasse o motivo que a justificou, bem como voltar a decretá-la, caso sobreviessem razões que a justificassem.

A Lei 13.964/2019 não modificou muito esse panorama, pois prevê que o juiz pode – de ofício ou a requerimento das partes – revogar ou substituir medida cautelar, bem como voltar a decretá-la.

Entretanto, parece-nos que esse dispositivo tem que ser interpretado de acordo com as demais previsões desse artigo e do Código de Processo Penal. Assim, não há problemas se juiz revogar ou substituir a medida cautelar de ofício, uma vez que ou o *status* de liberdade do sujeito é ampliado (com a revogação) ou é mantido (substituição). Entretanto, se a substituição ocorrer por medida mais gravosa, afigura-se-nos lógico a necessidade de pedido da parte, pois do contrário poderia haver burla ao disposto no § 2.º do art. 282. Imagine-se que o juiz queira decretar a prisão preventiva do acusado, mas não há qualquer pedido pelo Ministério Público nesse sentido, que se limitou a requerer que fosse decretada a proibição do acusado de ausentar-se do país e a entrega do passaporte. Deferida a cautelar solicitada pelo Ministério Público, poderia o juiz, dias depois, substituí-la, de ofício, pela prisão preventiva, por entendê-la insuficiente? Óbvio que não, pois isso violaria o disposto no § 2.º do art. 282 que proíbe ao juiz decretar medidas cautelares de ofício.

Parece-nos, portanto, que a revogação ou substituição das medidas cautelares decretadas porque havia pedido das partes somente podem ocorrer de ofício se aumentarem ou mantiverem o mesmo nível de restrição da liberdade do investigado ou acusado, pois, do contrário, estar-se-ia voltando ao modelo inquisitório, abandonado pela Lei 13.964/2019.

Por fim, no § 6.º, quando da redação original, previa-se que a prisão preventiva somente poderia ser decretada, se todas as demais medidas cautelares do art. 319 do Código de Processo Penal fossem cabíveis.

A nova redação do § 6.º manteve a mesma ideia, mas foi acrescentada, expressamente, a necessidade de justificação de forma fundamentada em elementos presentes no caso concreto e de maneira individualizada pelo magistrado.

Proibiu-se, portanto, uma forma comumente utilizada pelos magistrados para decretar a prisão preventiva, quando simplesmente escreviam: "não são cabíveis as cautelares diversas da prisão".

Pela nova redação, a decisão que decreta a prisão preventiva tem que se utilizar, como fundamento e razão de decidir, de elementos do caso concreto e de forma individualizada do porquê as cautelares não são cabíveis naquele caso. Não podem os magistrados lançar mão de argumentos genéricos e abstratos, como "gravidade do crime"; "atual situação da criminalidade no Brasil"; "medo da população" etc.

Por tratar-se de norma de natureza puramente processual, somente é aplicável aos casos futuros, nos termos do art. 2.º do Código de Processo Penal. Assim, as prisões preventivas decretadas de ofício antes da vigência da Lei 13.964/2019 não são ilegais.

3.9 Requisitos da prisão

O art. 283 do Código de Processo Penal já foi objeto de muita discussão, inclusive acerca de sua constitucionalidade, tratada nas ADC 43, 44 e 54.

A discussão pautava-se pelo seguinte ponto: o art. 283, mesmo com a redação antiga, proibia ou não proibia a prisão antes do trânsito em julgado da sentença penal condenatória? Em outras palavras: proibia ou permitia a execução provisória da sentença condenatória?

Alguns sustentavam que pela redação do artigo a interpretação correta era a de que somente se poderia ser preso por: a) prisão em flagrante; b) ordem escrita e fundamentada da autoridade judiciária competente; c) em decorrência de sentença condenatória transitada em julgado; e e) no curso da investigação ou do processo, em virtude de prisão temporária ou preventiva. Quem assim pensava admitia, com fundamento na letra *b*, que era possível a execução provisória da pena, bastando, para tanto, que houvesse ordem escrita e fundamentada da autoridade competente.

Outros, por sua vez, interpretavam o dispositivo da seguinte forma: somente se pode prender alguém: a) prisão em flagrante; b) ordem escrita e fundamentada da autoridade competente em decorrência de sentença penal condenatória transitada em julgado; e c)no curso da investigação ou do processo, em virtude de prisão temporária ou preventiva.

Em julgamento histórico ocorrido em 2019, o Supremo Tribunal Federal, sob a relatoria do Ministro Celso de Mello, decidiu, por 6x5, pela constitucionalidade do art. 283 do Código de Processo Penal, de modo que ficou afastada a possibilidade de execução provisória da sentença, devendo-se aguardar o trânsito em julgado, prevalecendo o segundo entendimento.[29]

---

[29] Para um panorama sobre a execução provisória da pena na jurisprudência do STF conferir: RAMOS, Carla. Execução provisória da pena na jurisprudência do STF. *In*: PEDRINA,

3.9.1 Art. 283

A Lei 13.964/2019 reforçou a ideia já existente no art. 283 de se proibir a execução provisória da pena, alterando um pouco a redação para deixar ainda mais clara a opção legislativa por consagrar o estado de inocência previsto na Constituição Federal.

A seguir, comparamos as redações:

Redação dada pela Lei 13.964/2019	Redação Antiga
Art. 283. Ninguém poderá ser preso senão em flagrante delito ou **por ordem escrita e fundamentada da autoridade judiciária competente, em decorrência de prisão cautelar ou em virtude de condenação criminal transitada em julgado.**	Art. 283. Ninguém poderá ser preso senão em flagrante delito ou por ordem escrita e fundamentada da autoridade judiciária competente, em decorrência de sentença condenatória transitada em julgado ou, no curso da investigação ou do processo, em virtude de prisão temporária ou prisão preventiva.
§ 1.º As medidas cautelares previstas neste Título não se aplicam à infração a que não for isolada, cumulativa ou alternativamente cominada pena privativa de liberdade.	§ 1.º As medidas cautelares previstas neste Título não se aplicam à infração a que não for isolada, cumulativa ou alternativamente cominada pena privativa de liberdade.
§ 2.º A prisão poderá ser efetuada em qualquer dia e a qualquer hora, respeitadas as restrições relativas à inviolabilidade do domicílio.	§ 2.º A prisão poderá ser efetuada em qualquer dia e a qualquer hora, respeitadas as restrições relativas à inviolabilidade do domicílio.

Como se verifica, pelo *caput*, a Lei 13.964/2019 resolveu a celeuma sobre as hipóteses de prisão, deixando absolutamente claro que estas são:

a) flagrante delito;
b) ordem escrita e fundamentada da autoridade judiciária competente, em decorrência de prisão cautelar;
c) condenação criminal transitada em julgado.

Nos termos do art. 283 do Código de Processo Penal, com redação dada pela Lei 13.964/2019, não se admite a prisão para execução antecipada da pena.

Gustavo Mascarenhas Lacerda *et al.* (org.). Habeas corpus *no Supremo Tribunal Federal*. São Paulo: Thomson Reuters, 2019. p. 287-322.

3.10 Prisão sem mandado

O art. 287 do Código de Processo Penal permite que se realize a prisão de uma pessoa, sem exibição do mandado de prisão, se o crime for inafiançável. O mandado de prisão nada mais é do que a ordem documentada e assinada pelo juiz de que uma determinada pessoa deve ser presa.

A situação é a seguinte: imagine-se que a polícia, em uma *blitz*, por acidente encontre um réu foragido que tem um mandado de prisão expedido contra si. Entretanto, naquele momento, o policial não tem em mãos o mandado de prisão exarado pelo juiz. Se o crime for inafiançável, o policial poderá realizar a prisão, mesmo sem o mandado. Se o crime for afiançável, a prisão não poderá ser efetuada.

Sobre o dispositivo escreve Magalhães Gomes Filho:[30]

> Diante disso, a previsão só pode ser interpretada restritivamente, aplicando-se excepcionalmente a casos em que o executor conheça a existência do mandado, mas não o tenha em seu poder.

Tanto a redação antiga quanto a nova permitem a prisão sem exibição do mandado, se o crime for inafiançável.

No entanto, a lei antiga exigia que o preso fosse apresentado imediatamente ao juiz que tivesse expedido o mandado.

3.10.1 Art. 287

Já a nova redação exige, além da apresentação imediata, que seja realizada a audiência de custódia.

Segue comparação das redações:

Redação dada pela Lei 13.964/2019	Redação Antiga
Art. 287. Se a infração for inafiançável, a falta de exibição do mandado não obstará a prisão, e o preso, em tal caso, será imediatamente apresentado ao juiz que tiver expedido o mandado, **para a realização de audiência de custódia**.	Art. 287. Se a infração for inafiançável, a falta de exibição do mandado não obstará à prisão, e o preso, em tal caso, será imediatamente apresentado ao juiz que tiver expedido o mandado.

A não realização da audiência de custódia torna a prisão ilegal, configurando constrangimento, podendo ser atacada via *habeas corpus*.

---

[30] GOMES FILHO, Antonio M.; TORON, Alberto Z.; BADARÓ, Gustavo H. *Código de Processo Penal comentado*. São Paulo: Thomson Reuters Brasil, 2018. p. 557.

No art. 310 do Código de Processo Penal, que será analisado a seguir, há uma previsão no § 4.º, incluído pela Lei 13.964/2019, de que, se houver prisão em flagrante e a audiência de custódia não for realizada em 24 horas, esta se tornará ilegal, devendo o preso ser colocado em liberdade.

Tal dispositivo encontra-se suspenso pela liminar do Ministro Luiz Fux nas ADIns 6.298, 6.299 e 6.300.

Entretanto, nada se falou sobre a audiência de custódia prevista no art. 287 do Código de Processo Penal, de modo que esse dispositivo está em vigor, devendo a audiência de custódia ser realizada imediatamente pelo juiz que expediu o mandado, quando a prisão for efetuada sem a exibição deste.

3.11 Prisão em flagrante

O art. 310 do Código de Processo Penal determina o que deverá fazer o juiz ao receber o auto de prisão em flagrante.

Na redação antiga do dispositivo, havia simples previsão do recebimento dos autos pelo juiz que deveria decidir se relaxava a prisão, se a convertia em prisão preventiva ou se concedia a liberdade provisória, com ou sem fiança.

3.11.1 Art. 310

Pela nova redação, não bastaria ao juiz receber o auto e decidir, mas sim realizar uma audiência de custódia, no prazo de 24 horas, com a presença do Ministério Público, do acusado e de seu defensor, na qual decidiria se se relaxaria a prisão, se a converteria em prisão preventiva ou se concederia a liberdade provisória com ou sem fiança.

Além de acrescentar ao *caput* do art. 310 a exigência de realização de audiência de custódia no prazo de 24 horas, a Lei 13.964/2019 incluiu os §§ 1.º, 2.º, 3.º e 4.º no dispositivo.

Colamos tabela comparativa entre os dispositivos:

Redação dada pela Lei 13.964/2019	Redação Antiga
Art. 310. Após receber o auto de prisão em flagrante, no prazo máximo de até 24 (vinte e quatro) horas após a realização da prisão, o juiz deverá promover audiência de custódia com a presença do acusado, seu advogado constituído ou membro da Defensoria Pública e o membro do Ministério Público, e, nessa audiência, o juiz deverá, fundamentadamente:	Art. 310. Ao receber o auto de prisão em flagrante, o juiz deverá fundamentadamente:
I – relaxar a prisão ilegal; ou	I – relaxar a prisão ilegal; ou

Redação dada pela Lei 13.964/2019	Redação Antiga
II – converter a prisão em flagrante em preventiva, quando presentes os requisitos constantes do art. 312 deste Código, e se revelarem inadequadas ou insuficientes as medidas cautelares diversas da prisão; ou	II – converter a prisão em flagrante em preventiva, quando presentes os requisitos constantes do art. 312 deste Código, e se revelarem inadequadas ou insuficientes as medidas cautelares diversas da prisão; ou
III – conceder liberdade provisória, com ou sem fiança.	III – conceder liberdade provisória, com ou sem fiança.
§ 1.º Se o juiz verificar, pelo auto de prisão em flagrante, que o agente praticou o fato em qualquer das condições constantes dos incisos I, II ou III do *caput* do art. 23 do Decreto-lei n.º 2.848, de 7 de dezembro de 1940 (Código Penal), poderá, fundamentadamente, conceder ao acusado liberdade provisória, mediante termo de comparecimento obrigatório a todos os atos processuais, sob pena de revogação.	Parágrafo único. Se o juiz verificar, pelo auto de prisão em flagrante, que o agente praticou o fato nas condições constantes dos incisos I a III do *caput* do art. 23 do Decreto-lei n.º 2.848, de 7 de dezembro de 1940 – Código Penal, poderá, fundamentadamente, conceder ao acusado liberdade provisória, mediante termo de comparecimento a todos os atos processuais, sob pena de revogação.
§ 2.º Se o juiz verificar que o agente é reincidente ou que integra organização criminosa armada ou milícia, ou que porta arma de fogo de uso restrito, deverá denegar a liberdade provisória, com ou sem medidas cautelares.	*Sem correspondente*
§ 3.º A autoridade que deu causa, sem motivação idônea, à não realização da audiência de custódia no prazo estabelecido no *caput* deste artigo responderá administrativa, civil e penalmente pela omissão.	*Sem correspondente*
§ 4.º Transcorridas 24 (vinte e quatro) horas após o decurso do prazo estabelecido no *caput* deste artigo, a não realização de audiência de custódia sem motivação idônea ensejará também a ilegalidade da prisão, a ser relaxada pela autoridade competente, sem prejuízo da possibilidade de imediata decretação de prisão preventiva.	*Sem correspondente*

Conforme mencionado, nos termos do *caput* do art. 310, o juiz deverá, no prazo máximo de 24 horas após receber o auto de prisão em flagrante, realizar a audiência de custódia, na qual deverão estar presentes o acusado, seu defensor e o Ministério Público.

A audiência de custódia é um importante instrumento para coibir a violação aos direitos fundamentais dos acusados, protegê-lo contra tortura e abusos policiais, bem como evitar prisões ilegais e desnecessárias.

Há muito tempo as audiências de custódia estavam previstas em Tratados Internacionais dos quais o Brasil é signatário, tais como o Pacto Internacional de Direitos Civis e Políticos e a Convenção Interamericana de Direitos Humanos – Pacto de San José da Costa Rica.

O artigo 9 do Pacto Internacional de Direitos Civis e Políticos tem a seguinte redação:

> **Artigo 9**
>
> 1. Toda pessoa tem direito à liberdade e à segurança pessoais. Ninguém poderá ser preso ou encarcerado arbitrariamente. Ninguém poderá ser privado de liberdade, salvo pelos motivos previstos em lei e em conformidade com os procedimentos nela estabelecidos.
>
> 2. Qualquer pessoa, ao ser presa, deverá ser informada das razões da prisão e notificada, sem demora, das acusações formuladas contra ela.
>
> 3. Qualquer pessoa presa ou encarcerada em virtude de infração penal deverá ser conduzida, sem demora, à presença do juiz ou de outra autoridade habilitada por lei a exercer funções judiciais e terá o direito de ser julgada em prazo razoável ou de ser posta em liberdade. A prisão preventiva de pessoas que aguardam julgamento não deverá constituir a regra geral, mas a soltura poderá estar condicionada a garantias que assegurem o comparecimento da pessoa em questão à audiência, a todos os atos do processo e, se necessário for, para a execução da sentença.
>
> 4. Qualquer pessoa que seja privada de sua liberdade por prisão ou encarceramento terá o direito de recorrer a um tribunal para que este decida sobre a legislação de seu encarceramento e ordene sua soltura, caso a prisão tenha sido ilegal.
>
> 5. Qualquer pessoa vítima de prisão ou encarceramento ilegais terá direito à repartição.

Por sua vez, o Pacto de San José da Costa Rica, em seu artigo 7, prevê:

> **Artigo 7. Direito à liberdade pessoal**
>
> 1. Toda pessoa tem direito à liberdade e à segurança pessoais.
>
> 2. Ninguém pode ser privado de sua liberdade física, salvo pelas causas e nas condições previamente fixadas pelas constituições políticas dos Estados-Partes ou pelas leis de acordo com elas promulgadas.

> 3. Ninguém pode ser submetido a detenção ou encarceramento arbitrários.
>
> 4. Toda pessoa detida ou retida deve ser informada das razões da sua detenção e notificada, sem demora, da acusação ou acusações formuladas contra ela.
>
> 5. Toda pessoa detida ou retida deve ser conduzida, sem demora, à presença de um juiz ou outra autoridade autorizada pela lei a exercer funções judiciais e tem direito a ser julgada dentro de um prazo razoável ou a ser posta em liberdade, sem prejuízo de que prossiga o processo. Sua liberdade pode ser condicionada a garantias que assegurem o seu comparecimento em juízo.
>
> 6. Toda pessoa privada da liberdade tem direito a recorrer a um juiz ou tribunal competente, a fim de que este decida, sem demora, sobre a legalidade de sua prisão ou detenção e ordene sua soltura se a prisão ou a detenção forem ilegais. Nos Estados-Partes cujas leis preveem que toda pessoa que se vir ameaçada de ser privada de sua liberdade tem direito a recorrer a um juiz ou tribunal competente a fim de que este decida sobre a legalidade de tal ameaça, tal recurso não pode ser restringido nem abolido. O recurso pode ser interposto pela própria pessoa ou por outra pessoa.
>
> 7. Ninguém deve ser detido por dívidas. Este princípio não limita os mandados de autoridade judiciária competente expedidos em virtude de inadimplemento de obrigação alimentar.

Embora o Brasil seja signatário de ambos os Pactos Internacionais desde 1992, as audiências de custódia nunca haviam sido introduzidas na legislação processual penal brasileira, até a Lei 13.964/2019.

Em 2015, começaram as primeiras experiências no Brasil com audiências de custódia graças a uma resolução do CNJ, especificamente a Resolução 213, cujo art. 1.º tem a seguinte redação:

> Art. 1.º Determinar que toda pessoa presa em flagrante delito, independentemente da motivação ou natureza do ato, seja obrigatoriamente apresentada, em até 24 horas da comunicação do flagrante, à autoridade judicial competente, e ouvida sobre as circunstâncias em que se realizou sua prisão ou apreensão.
>
> § 1.º A comunicação da prisão em flagrante à autoridade judicial, que se dará por meio do encaminhamento do auto de prisão em flagrante, de acordo com as rotinas previstas em cada Estado da Federação, não supre a apresentação pessoal determinada no *caput*.
>
> § 2.º Entende-se por autoridade judicial competente aquela assim disposta pelas leis de organização judiciária locais, ou, salvo omissão, definida por ato normativo do Tribunal de Justiça, Tribunal de Justiça Militar, Tribunal Regional Federal, Tribunal Regional Eleitoral ou do Superior Tribunal Militar que instituir as audiências de apresentação, incluído o juiz plantonista.

§ 3.º No caso de prisão em flagrante delito da competência originária de Tribunal, a apresentação do preso poderá ser feita ao juiz que o Presidente do Tribunal ou Relator designar para esse fim.

§ 4.º Estando a pessoa presa acometida de grave enfermidade, ou havendo circunstância comprovadamente excepcional que a impossibilite de ser apresentada ao juiz no prazo do *caput*, deverá ser assegurada a realização da audiência no local em que ela se encontre e, nos casos em que o deslocamento se mostre inviável, deverá ser providenciada a condução para a audiência de custódia imediatamente após restabelecida sua condição de saúde ou de apresentação.

§ 5.º O CNJ, ouvidos os órgãos jurisdicionais locais, editará ato complementar a esta Resolução, regulamentando, em caráter excepcional, os prazos para apresentação à autoridade judicial da pessoa presa em Municípios ou sedes regionais a serem especificados, em que o juiz competente ou plantonista esteja impossibilitado de cumprir o prazo estabelecido no *caput*.

Portanto, impossível negar que a intenção do legislador ao modificar o art. 310 do Código de Processo Penal para fazer previsão expressa à audiência de custódia foi introduzir esse instituto, definitivamente e de maneira generalizada, no processo penal brasileiro.

Assim, pela nova redação do art. 310 do Código de Processo Penal, o magistrado, ao receber o auto de prisão em flagrante, tem o prazo máximo de 24 horas para realizar a audiência de custódia, momento em que decidirá de maneira fundamentada sobre: relaxamento da prisão em flagrante; conversão da prisão em flagrante em prisão preventiva, nos termos do art. 312 do Código de Processo Penal; ou se concederá a liberdade provisória com ou sem fiança.

Ainda, no § 4.º, inserido no art. 310 pela Lei 13.964/2019, há previsão de que, se a audiência de custódia não for realizada no prazo de 24 horas sem uma motivação idônea, a prisão será automaticamente considerada ilegal e deverá ser relaxada pela autoridade competente, sem prejuízo de imediata decretação da prisão preventiva.

Parece-nos que nesse ponto agiu corretamente a Lei 13.964/2019 ao prever que a ausência de audiência de custódia no prazo de 24 horas, contadas da prisão, torna-a ilegal, pois de nada adiantaria prever essa garantia sem que houvesse consequências ao seu descumprimento.

Entretanto, o § 4.º do art. 310 do Código de Processo Penal encontra-se suspenso por decisão liminar do Ministro Luiz Fux na ADIn 6.298, nos seguintes termos:

Em análise perfunctória, e sem prejuízo de posterior posicionamento em sede meritória, entendo presentes os requisitos para a concessão da medida cautelar pleiteada. Não se desconsidera a importância do instituto da audiência de custódia para o sistema acusatório penal. No entanto, o dispositivo impugnado fixa consequência jurídica desarrazoada para a não realização da audiência de custódia, consistente na ilegalidade da prisão. Esse ponto desconsidera dificuldades práticas locais de várias regiões do país, especialmente na região Norte, bem como dificuldades logísticas decorrentes de operações policiais de considerável porte, que muitas vezes incluem grande número de cidadãos residentes em diferentes estados do país. A categoria aberta "motivação idônea", que excepciona a ilegalidade da prisão, é demasiadamente abstrata e não fornece baliza interpretativa segura aos magistrados para a aplicação do dispositivo.

O *caput* e demais parágrafos do art. 310 do Código de Processo penal continuam tendo eficácia.

Entretanto, importante frisar que, diante da nova sistemática implementada pela Lei 13.964/2019 – especificamente no que se refere à adoção expressa do sistema acusatório pelo art. 3.º-A, e também à proibição do magistrado em decretar a prisão preventiva de ofício pela nova redação dos §§ 2.º e 4.º do art. 282 e *caput* do art. 311, todos do Código de Processo Penal – também está vedada ao magistrado a conversão *ex officio* da prisão em flagrante em prisão preventiva, pois tal medida seria absolutamente incompatível com o sistema acusatório.

Após um pouco de resistência, esse foi o entendimento adotado pelos Tribunais Superiores.

No Supremo Tribunal Federal, a Segunda Turma, no julgamento do *Habeas Corpus* 173.791/MG, de relatoria do Ministro Celso de Mello, firmou o entendimento de que "a Lei n.º 13.964/2019, ao suprimir a expressão 'de ofício' que constava do art. 282, §§ 2.º e 4.º, e do art. 311, todos do Código de Processo Penal, vedou, de forma absoluta, a decretação da prisão preventiva sem o prévio 'requerimento das partes ou, quando no curso da investigação criminal, por representação da autoridade policial ou mediante requerimento do Ministério Público', não mais sendo lícito, portanto, com base no ordenamento jurídico vigente, a atuação 'ex officio' do Juízo processante em tema de privação cautelar da liberdade". Por isso, conforme consta no voto condutor, "a interpretação do art. 310, II, do CPP deve ser realizada à luz dos arts. 282, §§ 2.º e 4.º, e 311, também do estatuto processual penal", de modo que "se tornou inviável a conversão de ofício, da prisão em flagrante de qualquer pessoa em prisão preventiva, sendo necessária, por isso mesmo, anterior e formal provocação do Ministério Público, da autoridade policial ou, quando for o caso, do querelante ou do assistente do MP" (STF, HC 173.791/MG, 2.ª Turma, Rel. Min. Celso de Mello, j. 24.02.2021).

Na Primeira Turma do Supremo Tribunal Federal, no julgamento do *Habeas Corpus* 192.586/PR, cujo relator é o Ministro Marco Aurélio, apesar de a ordem não ter sido concedida, pois verificou-se que, no caso em análise, foi "Precedida, a decisão por meio da qual mantida custódia provisória, de manifestação do Ministério Público", afirmou-se que, "Ante a superveniência da Lei n.º 13.964/2019, revela-se inadmissível conversão, de ofício, da prisão em flagrante em preventiva" (STF, HC 192.586/PR, 1.ª Turma, Rel. Min. Marco Aurélio, j. 23.11.2020).

No Superior Tribunal de Justiça, a Quinta Turma alterou o próprio entendimento a respeito da matéria. O colegiado compreendia que a nova legislação mantém, no ordenamento jurídico, a autorização para o juiz converter o flagrante em segregação provisória sem prévio requerimento. No julgamento do AgRg no *Habeas Corpus* 611.940/SC, a Turma referendou, por unanimidade, a decisão que manteve a custódia cautelar do acusado, tendo o relator, Ministro Reynaldo Soares da Fonseca, ressaltado, no voto condutor, "Embora a Lei 13.964/2019 tenha retirado a possibilidade de decretação da prisão preventiva, de ofício, do artigo 311 do Código de Processo Penal, no caso, trata-se da conversão da prisão em flagrante, hipótese distinta e amparada pela regra específica do artigo 310, II, do CPP" (STJ, AgRg no HC 611.940/SC, 5.ª Turma, Rel. Min. Reynaldo Soares da Fonseca, j. 22.09.2020).

Posteriormente, a Quinta Turma, no julgamento do *Habeas Corpus* 590.039/GO, de relatoria do Ministro Ribeiro Dantas, fixou tese em sentido contrário, concedendo a ordem para anular duas prisões cautelares impostas sem prévia manifestação das partes, do Ministério Público ou da Autoridade Policial. Segundo o Ministro Ribeiro Dantas, o Pacote Anticrime modificou a redação do § 2.º do art. 282 do Código de Processo Penal, de modo a definir que qualquer medida cautelar somente será decretada pelo magistrado mediante provocação. Complementou o Relator que: "Parece evidente a intenção legislativa de buscar a efetivação do sistema penal acusatório, vontade explicitada, inclusive, quando da inclusão do artigo 3.º-A no Código de Processo Penal, que dispõe que o processo penal terá estrutura acusatória, vedadas a iniciativa do juiz na fase de investigação e a substituição da atuação probatória do órgão de acusação" (STJ, HC 590.039/GO, 5.ª Turma, Rel. Min. Ribeiro Dantas, j. 20.10.2020).

A fim de pacificar a interpretação do tema, a Quinta Turma afetou para a Terceira Seção o julgamento do Recurso em *Habeas Corpus* 131.263/GO, que, por maioria de votos, foi provido para invalidar a conversão *ex officio* da prisão em flagrante em prisão preventiva. Segundo o voto condutor do Ministro Relator, "após o advento da Lei n. 13.964/2019, não é mais possível a conversão da prisão em flagrante em preventiva sem provocação por parte ou da autoridade policial, do querelante, do assistente, ou do Ministério Público, mesmo nas situações em que não ocorre audiência de custódia" (STJ, RHC 131.263/GO, 3.ª Seção, Rel. Min. Sebastião Reis Junior, j. 24.02.2020).

O parágrafo único da antiga redação do art. 310 é o atual § 1.º, exatamente com a mesma redação.

Segundo esse dispositivo, se o juiz verificar pelo auto de prisão em flagrante que o preso praticou o fato em qualquer situação de exclusão de ilicitude (art. 23 do CP), poderá conceder a liberdade provisória mediante termo de comparecimento obrigatório a todos os atos, sob pena de revogação. Em outras palavras, o juiz não deverá decretar a prisão preventiva do agente que atua em possível situação de exclusão de ilicitude. Assim, por exemplo, se a autoridade policial prende o sujeito em flagrante pela prática de homicídio e o juiz, quando recebe o auto do inquérito e o analisa, constatar que há uma possível situação de legítima defesa, deverá conceder a liberdade provisória.

O § 2.º do art. 310, acrescido pela Lei 13.964/2019, traz uma previsão inédita e patentemente inconstitucional. Determina o referido dispositivo que, se o agente for reincidente, ou integrar organização criminosa ou milícia, ou portar arma de fogo de uso restrito, a liberdade provisória deverá ser negada, com ou sem medidas cautelares.

Sustentamos que esse dispositivo é inconstitucional porque cria situações não previstas na Constituição Federal de vedação à liberdade provisória, tornando, nesses casos, a decretação da prisão preventiva um ato obrigatório, o que não é razoável.

Impedir a liberdade provisória (logo, tornar a prisão obrigatória) viola o estado de inocência, pois presume a culpa do preso. Ora, o preso somente será reincidente quando tiver duas condenações criminais com trânsito em julgado, e, ao negar-lhe a liberdade provisória, parte-se do pressuposto de que será condenado também por essa infração pela qual foi preso em flagrante. No tocante ao pertencimento à organização criminosa, milícia ou porte de arma de fogo de uso restrito, a lógica é a mesma: somente poder-se-á afirmar que o preso em flagrante pertence à organização criminosa ou à milícia ou mesmo que portava a referida arma de uso restrito, ao final do processo, com o trânsito em julgado da sentença penal condenatória. Qualquer juízo anterior é presunção de culpa e viola o estado de inocência.

O Supremo Tribunal Federal, por várias vezes, já declarou a inconstitucionalidade de lei que vedou a liberdade provisória e acreditamos que com esse dispositivo ocorrerá o mesmo.[31]

O § 3.º do art. 310 do Código de Processo Penal, inserido pela Lei 13.964/2019, determina que a autoridade que deu causa, sem motivação idônea, à não realização da audiência de custódia no prazo de 24 horas responderá administrativa, civil e penalmente pela omissão.

3.12 Prisão preventiva

A alteração do art. 311 do Código de Processo Penal ocorreu no sentido de reforçar o sistema acusatório, pois, assim como outros dispositivos já tratados, limita a atuação do juiz de ofício, dependendo de requerimento das partes.

---

[31] "Recurso extraordinário. Constitucional. Processo penal. Tráfico de drogas. Vedação legal de liberdade provisória. Interpretação dos incisos XLIII e LXVI do art. 5.º da CF. Reafirmação de jurisprudência. Proposta de fixação da seguinte tese: É inconstitucional a expressão 'liberdade provisória', constante do *caput* do art. 44 da Lei 11.343/2006. Negado provimento ao recurso extraordinário interposto pelo Ministério Público Federal" (STF, RE 1.038.925, Rel. Min. Gilmar Mendes, *DJe* 19.09.2017).

3.12.1 Art. 311

No que se refere especificamente ao art. 311, pela nova redação, o juiz não pode mais decretar a prisão preventiva de ofício, mas apenas quando houver requerimento por parte do Ministério Público, do assistente de acusação, do querelante ou, durante o inquérito, da representação da autoridade policial.

A seguir, comparamos os dispositivos.

Redação dada pela Lei 13.964/2019	Redação Antiga
Art. 311. Em qualquer fase da investigação policial ou do processo penal, caberá a prisão preventiva **decretada pelo juiz, a requerimento do Ministério Público, do querelante ou do assistente, ou por representação da autoridade policial**. (g.n.)	Art. 311. Em qualquer fase da investigação policial ou do processo penal, caberá a prisão preventiva decretada pelo juiz, **de ofício**, se no curso da ação penal, ou a requerimento do Ministério Público, do querelante ou do assistente, ou por representação da autoridade policial. (g.n.)

Conforme nos lembra Alberto Toron:

> A possibilidade de o juiz decretar a preventiva em qualquer fase da investigação ou do processo penal compreende, além do inquérito, os Procedimentos Criminais Diversos (PCDs) ou o Procedimento Investigatório Criminal (PIC) conduzidos pelo Ministério Público, reconhecida a legitimidade deste para investigar (STF, Pleno, Repercussão Geral no RE 593.727, Rel. Min. Gilmar Mendes, *DJe* 08.09.2015).[32]

3.12.2 Art. 312

No art. 312 do Código de Processo Penal encontram-se os requisitos para a prisão preventiva, sendo este um dos dispositivos mais importantes sobre o tema.

Primeiramente, há no *caput* do art. 312 dois pressupostos para decretação de qualquer prisão preventiva: existência de prova do crime e de indício suficiente de autoria. Logo, para que uma prisão preventiva seja decretada, não pode haver qualquer dúvida sobre a materialidade do crime, isto é, deve-se ter a certeza de que um crime foi praticado. Além disso, necessário é preciso que existam indícios que apontem um possível autor do crime. Para a autoria,

---

[32] GOMES FILHO, Antônio M.; TORON, Alberto Z.; BADARÓ, Gustavo H. *Código de Processo Penal comentado*, p. 577.

portanto, não se faz necessária uma certeza inconteste (mesmo porque esta só será possível após o trânsito em julgado da sentença penal condenatória), e sim elementos que levem a crer quem é o autor do crime.

Ainda no *caput* do art. 312 encontram-se os fundamentos que podem justificar a decretação de uma prisão preventiva, sendo eles: garantia da ordem pública; garantia da ordem econômica; por conveniência da instrução criminal; ou para assegurar a aplicação da lei penal.

A garantia da ordem pública é entendida atualmente pelo viés da reiteração criminosa. Assim, se houver elementos concretos nos autos que indiquem a futura prática de crimes pelo investigado/acusado, este poderá ser preso para "garantia da ordem pública". É necessário que haja um perigo concreto, não bastando ilações, julgamentos meramente subjetivos e exercícios de futurologia por parte do juiz ou do Ministério Público. Também não se admite a prisão preventiva, sob o argumento da "garantia da ordem pública", para preservar a credibilidade das instituições, ou pela gravidade em abstrato do crime objeto do processo ou da investigação, bem como para aplacar o clamor popular ou manter a credibilidade da Justiça.[33]

A garantia da ordem econômica, por sua vez, é de pouco utilização prática, mesmo porque seria difícil a liberdade de uma pessoa colocar em risco toda a ordem econômica de um país. Ainda, se há elementos concretos de que essa pessoa vai praticar novas condutas ilícitas capazes de abalar a econômica, preenchido estará o requisito da garantia da ordem pública.[34]

---

[33] "Recurso ordinário em *habeas corpus*. Tráfico de drogas. Negativa de autoria. Não conhecimento. Revisão fático-probatória. Prisão preventiva. Garantia da ordem pública. Reiteração criminosa. Medidas cautelares diversas. Inaplicabilidade. Recurso parcialmente conhecido e, nessa medida, desprovido. [...] Considerando a natureza excepcional da prisão preventiva, somente se verifica a possibilidade de sua imposição quando evidenciado, de forma fundamentada e com base em dados concretos, o preenchimento dos pressupostos e requisitos previstos no art. 312 do CPP. Deve, ainda, ser mantida a prisão antecipada apenas quando não for possível a aplicação de medida cautelar diversa, nos termos previstos no art. 319 do CPP. Presentes elementos concretos a justificar a imposição da segregação antecipada, uma vez que restou demonstrada a maior periculosidade do recorrente, evidenciada pela nocividade do entorpecente comercializado – crack – e pela reiteração delitiva em crimes da mesma natureza, sendo que, quando do flagrante, respondia em liberdade a outra ação penal pela prática de crime de tráfico de drogas. Nesse contexto, forçoso concluir que a prisão processual está devidamente fundamentada na necessidade de garantir a ordem pública, não havendo falar, portanto, em existência de evidente flagrante ilegalidade capaz de justificar a sua revogação tampouco em aplicação de medida cautelar alternativa. Recurso em *habeas corpus* parcialmente conhecido e desprovido" (STJ, RHC 92.067, 5.ª Turma, Rel. Min. Joel Ilan Paciornik, j. 20.02.2018, *DJe* 02.03.2018).

[34] "Recurso ordinário em *habeas corpus*. Crimes de formação de quadrilha, corrupção ativa, corrupção passiva, uso de documento público ideologicamente falso, descaminho, evasão de divisas e lavagem de capitais. Prisão preventiva. Fundamentação idônea. Risco de reiteração. Garantia da ordem pública. Fraudes de valores vultosos. Garantia da ordem econômica. Recorrente esteve foragido por longo tempo. Assegurar aplicação da lei penal. Ausência

Por conveniência da instrução criminal entende-se a necessidade de a produção probatória poder ocorrer sem interferência do imputado. Portanto, se há nos autos elementos concretos que apontem que a liberdade do acusado põe em risco a instrução processual, estará justificada a sua prisão preventiva. Exemplo clássico é o do imputado que ameaça testemunhas que podem lhe prejudicar. Cessado o perigo, o fundamento da prisão não subsiste. Logo, terminada a instrução, não pode ser mantida a prisão preventiva fundamentada nesse argumento.[35]

Por fim, é possível decretar a prisão preventiva para assegurar a aplicação da lei penal. Entende-se legítima essa hipótese quando há risco concreto de fuga do acusado para não cumprir a pena que lhe foi imposta. Entretanto, é preciso haver nos autos elementos que efetivamente indiquem a real possibilidade de evasão, não sendo bastante, por exemplo, o fato de o imputado ter dupla cidadania ou de ter condições econômicas suficientes para financiar uma fuga.[36]

Nesse ponto, não houve qualquer alteração, sendo mantidos esses fundamentos pela nova redação do art. 312 do Código de Processo Penal.

A novidade no *caput* é o acréscimo de um novo pressuposto para a decretação da prisão preventiva: a *existência de perigo gerado pelo estado de liberdade do imputado*.

---

de constrangimento ilegal. Recurso improvido. [...] A medida constritiva da liberdade foi mantida pelo Tribunal impetrado para a garantia da ordem econômica (vultosos prejuízos acarretados ao fisco federal e estadual que alcançaram a cifra de mais de um bilhão e meio de reais. [...] Precedentes. Recurso ordinário em *habeas corpus* a que se nega provimento" (STJ, RHC 50.981, 5.ª Turma, Rel. Min. Reynaldo Soares da Fonseca, j. 21.09.2017, *DJe* 27.09.2017).

[35] "Agravo regimental em *habeas corpus*. Organização criminosa. Peculato. Falsidade ideológica e inserção de dados falsos em sistema de informações. Prisão preventiva. Garantia da ordem pública. Conveniência da instrução criminal. Fundamentação idônea. Excesso de prazo para o término da instrução criminal. Inocorrência. [...] Sobressai, no particular, que o agravante, na condição de agente público, de quem se esperaria uma conduta compatível com os anseios da população, foi apontado como líder 'em esquema que visava fraudar cofres públicos do Município de Sandovalina, no Estado de São Paulo, aproveitando-se de seu cargo de presidente da Câmara Municipal, acrescendo-se, ainda, as ameaças dirigidas às testemunhas com o fim de causar embaraços à instrução processual'. [...] Prisão preventiva que se revela imprescindível também para conveniência da instrução criminal, em razão do fundado receio de que o agravante possa embaraçar a instrução probatória e dificultar a elucidação dos fatos" (STF, AgR HC 174.009/SP, 1.ª Turma, Rel. Min. Alexandre de Moraes, j. 06.09.2019, *DJe* 20.09.2019).

[36] "*Habeas corpus*. Homicídio qualificado. Prisão preventiva devidamente motivada. Excesso de prazo. Não configurado. A fuga do distrito da culpa e o destacado modo de execução do crime de homicídio qualificado constituem fundamentos idôneos para manutenção da prisão preventiva não só para garantia da ordem pública, mas também para assegurar a aplicação da lei penal (CPP, art. 312). Precedentes. Inexistência de mora processual imputável ao Poder Judiciário. *Habeas corpus* denegado" (STF, HC 154.922/RJ, 1.ª Turma, Rel. Min. Marco Aurélio, j. 12.03.2019, *DJe* 16.04.2019).

Além dessa inclusão do *caput*, há o acréscimo do § 2.º, que não estava na redação antiga.

A seguir, comparamos os dispositivos:

Redação dada pela Lei 13.964/2019	Redação Antiga
Art. 312. A prisão preventiva poderá ser decretada como garantia da ordem pública, da ordem econômica, por conveniência da instrução criminal ou para assegurar a aplicação da lei penal, quando houver prova da existência do crime e indício suficiente de autoria e **de perigo gerado pelo estado de liberdade do imputado.**	Art. 312. A prisão preventiva poderá ser decretada como garantia da ordem pública, da ordem econômica, por conveniência da instrução criminal, ou para assegurar a aplicação da lei penal, quando houver prova da existência do crime e indício suficiente de autoria.
§ 1.º A prisão preventiva também poderá ser decretada em caso de descumprimento de qualquer das obrigações impostas por força de outras medidas cautelares (art. 282, § 4.º).	Parágrafo único. A prisão preventiva também poderá ser decretada em caso de descumprimento de qualquer das obrigações impostas por força de outras medidas cautelares (art. 282, § 4.º)
§ 2.º A decisão que decretar a prisão preventiva deve ser motivada e fundamentada em receio de perigo e existência concreta de fatos novos ou contemporâneos que justifiquem a aplicação da medida adotada.	*Sem correspondente*

Como mencionado, acrescentou-se ao *caput* um novo pressuposto: "perigo gerado pelo estado de liberdade do imputado".

Tal inclusão foi positiva no sentido de reforçar a natureza cautelar da prisão preventiva. No processo, a cautelaridade tem que se fundamentar em dois elementos: *fumus boni iuris* e *periculum in mora*. Em outras palavras, qualquer medida cautelar só pode ser deferida quando comprovados de plano a "fumaça do bom direito" – entendida como tal a plausibilidade jurídica do pedido – e o "perigo da demora" – compreendido como a possibilidade de perecimento do direito, se a cautelar não for concedida nesse momento.

Quando essas categorias – *fumus boni iuris* e *periculum libertatis* – são transferidas para o processo penal, especialmente quando se fala de prisões cautelares, há que se considerá-las como *fumus commissi delicti* e *periculum libertatis*.

O *fumus commissi delicti* pode ser entendido como a probabilidade (e não mera possibilidade), fundamentada em elementos concretos dos autos, de que o imputado seja o autor do crime.

No *caput* do art. 312 do Código de Processo Penal, o *fumus commissi delicti* é contemplado pela exigência da *prova da existência do crime* e de *indício suficiente de autoria*. Somente se pode prender preventivamente o sujeito contra quem pesa uma grande probabilidade de ser o autor do crime.

O *periculum libertatis*, por sua vez, não estava expressamente previsto no art. 312 do Código de Processo Penal, mas de fato não havia essa necessidade, uma vez que tal condição decorre diretamente da natureza cautelar da prisão preventiva. É óbvio que só se pode prender alguém preventivamente, se a liberdade dessa pessoa representa um perigo. Mais. Não é qualquer perigo, mas um perigo à ordem pública, ordem econômica, instrução criminal ou aplicação da lei penal.

De qualquer forma, para não deixar qualquer dúvida, o legislador incluiu no art. 312 do Código de Processo Penal, expressamente, mais um pressuposto da decretação da prisão preventiva, que é "o perigo gerado pela liberdade do imputado".

O § 1.º da nova redação nada mais é que a repetição do parágrafo único da redação antiga. Manteve-se, portanto, a possibilidade de decretação da prisão preventiva em caso de descumprimento de qualquer obrigação imposta por força de outras medidas cautelares.

Entretanto, como tratado anteriormente, importante lembrar que pela redação nova do § 4.º do art. 282 do Código de Processo Penal, em caso de descumprimento de obrigação cautelar imposta, o juiz não pode mais agir de ofício para substituir a cautelar, acrescentar outra em cumulação ou decretar a prisão preventiva, e tal medida dependerá sempre de requerimento do Ministério Público, do assistente de acusação ou do querelante.

Por fim, foi acrescentado um novo parágrafo (§ 2.º) ao art. 312, segundo o qual "a decisão que decretar a prisão preventiva deve ser motivada e fundamentada em receio de perigo e existência concreta de fatos novos ou contemporâneos que justifiquem a aplicação da medida adotada".

Esse dispositivo reforça a necessidade (já incorporada ao *caput*) da comprovação efetiva de que a liberdade do acusado gera uma situação de perigo, passando a exigir que a decisão que decreta a prisão preventiva seja motivada e fundamentada nesse argumento.

Ainda, o § 2.º passou a exigir que a decisão que decreta a prisão preventiva seja motivada e fundamentada na existência concreta de fatos novos ou contemporâneos. Essa exigência também decorre da própria natureza cautelar das prisões preventivas, de modo que não tem lógica, por exemplo, prender alguém preventivamente por um crime ocorrido, em tese, cinco anos atrás.

A jurisprudência dos Tribunais Superiores já vinha exigindo o requisito da contemporaneidade para decretação da prisão preventiva.[37]

---

[37] "[...] Tal quadro me indica a falta de contemporaneidade, considerando a data dos crimes imputados ao paciente e a data em que foi determinada a sua prisão, o que, nos termos da jurisprudência desta Casa e do próprio Supremo Tribunal Federal, desautoriza a restrição

O fato que motiva a decretação da prisão preventiva não pode ser o crime imputado em si, pois, se assim fosse, estaríamos tratando de uma antecipação de pena. Logo, nos termos do § 2.º, o fato que motiva a prisão preventiva deve ser um fato que demonstra o perigo da manutenção da liberdade do agente, mas não só. Esse fato, ainda, tem que ser um fato novo (diferente do crime em si) ou contemporâneo (ao momento atual, e não ao momento da prática do crime, que ficou no passado).

3.12.3 Art. 313

No art. 313 do Código de Processo Penal estão dispostos os requisitos de admissibilidade da prisão preventiva.

A Lei 13.964/2019 apenas acrescentou um parágrafo ao art. 313 do Código de Processo Penal, conforme se constata da comparação a seguir:

Redação dada pela Lei 13.964/2019	Redação Antiga
Art. 313. Nos termos do art. 312 deste Código, será admitida a decretação da prisão preventiva:	Art. 313. Nos termos do art. 312 deste Código, será admitida a decretação da prisão preventiva:
I – nos crimes dolosos punidos com pena privativa de liberdade máxima superior a 4 (quatro) anos;	I – nos crimes dolosos punidos com pena privativa de liberdade máxima superior a 4 (quatro) anos;
II – se tiver sido condenado por outro crime doloso, em sentença transitada em julgado, ressalvado o disposto no inciso I do *caput* do art. 64 do Decreto-lei n.º 2.848, de 7 de dezembro de 1940 – Código Penal;	II – se tiver sido condenado por outro crime doloso, em sentença transitada em julgado, ressalvado o disposto no inciso I do *caput* do art. 64 do Decreto-lei n.º 2.848, de 7 de dezembro de 1940 – Código Penal;

---

mais drástica" (STJ, RHC 99.575, 6.ª Turma, Min. Laurita Vaz, *DJe* 03.10.2018; e STF, HC 137.728, Min. Dias Toffoli, *DJe* 30.10.2017). Da mesma forma, entendeu o Ministro Nefi Cordeiro, por ocasião do julgamento do HC 443.914: "[...] a falta de contemporaneidade dos motivos utilizados para a decretação da prisão preventiva e a não indicação de fatos novos para justificar a custódia tornam a prisão preventiva ilegal, por não atender ao requisito da cautelaridade" (STJ, *DJe* 02.10.2018); e também o Ministro Rogério Schietti Cruz: "Assim, não se mostra razoável a manutenção da determinação da prisão cautelar, observado o entendimento jurisprudencial desta Corte no sentido de que a urgência intrínseca da prisão cautelar impõe a contemporaneidade dos fatos justificadores do *periculum libertatis*" (STJ, HC 449.231, 6.ª Turma, *DJe* 22.08.2018).

Redação dada pela Lei 13.964/2019	Redação Antiga
III – se o crime envolver violência doméstica e familiar contra a mulher, criança, adolescente, idoso, enfermo ou pessoa com deficiência, para garantir a execução das medidas protetivas de urgência;	III – se o crime envolver violência doméstica e familiar contra a mulher, criança, adolescente, idoso, enfermo ou pessoa com deficiência, para garantir a execução das medidas protetivas de urgência;
IV – (*Revogado.*).	IV – (*Revogado.*).
§ 1.º Também será admitida a prisão preventiva quando houver dúvida sobre a identidade civil da pessoa ou quando esta não fornecer elementos suficientes para esclarecê-la, devendo o preso ser colocado imediatamente em liberdade após a identificação, salvo se outra hipótese recomendar a manutenção da medida.	Parágrafo único. Também será admitida a prisão preventiva quando houver dúvida sobre a identidade civil da pessoa ou quando esta não fornecer elementos suficientes para esclarecê-la, devendo o preso ser colocado imediatamente em liberdade após a identificação, salvo se outra hipótese recomendar a manutenção da medida.
§ 2.º Não será admitida a decretação da prisão preventiva com a finalidade de antecipação de cumprimento de pena ou como decorrência imediata de investigação criminal ou da apresentação ou recebimento de denúncia.	*Sem correspondente*

Assim, nos termos dos incisos I, II e III desse dispositivo, somente será admissível a prisão preventiva nas seguintes situações:

a) Crimes dolosos com pena privativa de liberdade máxima superior a quatro anos.

b) Se for reincidente em crime doloso, com sentença transitada em julgado.

c) Se o crime envolver violência doméstica e familiar contra mulher, criança, adolescente, idoso, enfermo ou pessoa com deficiência, para garantir a execução das medidas protetivas de urgência.

As hipóteses das letras "a" e "b" justificam-se de acordo com o Código Penal, pois, quando a condenação for por pena igual ou inferior a quatro anos e o crime não for cometido com violência ou grave ameaça à pessoa, ou o condenado não for reincidente em crime doloso, a pena privativa de liberdade poderá ser substituída nos termos do art. 44, I, do Código Penal. Ademais, ainda que a pena não fosse substituída, pela quantidade de pena, o regime inicial deveria ser o aberto, nos termos do art. 33, § 1.º, c, do Código Penal.

Logo, seria uma contradição permitir a prisão preventiva de quem, ao final do processo, não pode ser condenado à pena privativa de liberdade.

No tocante ao inciso III, quando o crime envolver violência doméstica e familiar contra a mulher, criança, adolescente, idoso, enfermo ou pessoa com deficiência, a prisão preventiva poderá ser decretada, independentemente da quantidade de pena prevista no tipo penal, se for para garantir a execução das medidas protetivas de urgência.

No § 1.º da nova redação, repetiu-se o parágrafo único da antiga, mantendo-se a possibilidade de decretação da prisão preventiva, quando houver dúvidas sobre a identidade civil da pessoa ou quando esta não fornecer elementos suficientes para esclarecê-la. Nessa hipótese, ao ser identificada, a pessoa deve ser colocada imediatamente em liberdade.

Por fim, o § 2.º acrescentado pela Lei 13.964/2019 veio reforçar o princípio do estado de inocência previsto no art. 5.º da Constituição Federal, proibindo qualquer antecipação do cumprimento da pena antes do trânsito em julgado da sentença penal condenatória, bem como qualquer prisão automática decorrente da prática de atos processuais.

Nestes termos, não é admitida a prisão preventiva:

a) com a finalidade de antecipação de cumprimento de pena;
b) como decorrência de investigação criminal;
c) como consequência da apresentação ou recebimento da denúncia.

Tal dispositivo reforça a exigência prevista no art. 283 do Código de Processo Penal, de que ninguém poderá ser preso preventivamente senão por ordem escrita e fundamentada da autoridade judiciária competente.

3.12.4 Art. 315

O art. 315 do Código de Processo Penal, ainda com a redação antiga, exigia que toda e qualquer decisão que decretasse, substituísse ou denegasse a prisão preventiva deveria ser motivada.

Tal dispositivo apenas reforçava o mandamento do art. 93, IX, da Constituição Federal, que tem a seguinte redação:

> Art. 93. [...]
> [...] IX – todos os julgamentos dos órgãos do Poder Judiciário serão públicos, e fundamentadas todas as decisões, sob pena de nulidade [...].

A Lei 13.964/2019 reforçou esse entendimento, acrescentando no *caput* que, além de motivada, a decisão precisa ser fundamentada.

Contudo, a referida lei foi muito além, pois acrescentou ao dispositivo os §§ 1.º e 2.º, contando este último com seis incisos, claramente inspirado no art. 489, § 1.º, do Código de Processo Civil.

A seguir, é possível comparar as redações:

Redação dada pela Lei 13.964/2019	Redação Antiga
Art. 315. A decisão que decretar, substituir ou denegar a prisão preventiva será sempre motivada e fundamentada.	Art. 315. A decisão que decretar, substituir ou denegar a prisão preventiva será sempre motivada.
§ 1.º Na motivação da decretação da prisão preventiva ou de qualquer outra cautelar, o juiz deverá indicar concretamente a existência de fatos novos ou contemporâneos que justifiquem a aplicação da medida adotada.	*Sem correspondente*
§ 2.º Não se considera fundamentada qualquer decisão judicial, seja ela interlocutória, sentença ou acórdão, que:	*Sem correspondente*
I – limitar-se à indicação, à reprodução ou à paráfrase de ato normativo, sem explicar sua relação com a causa ou a questão decidida;	*Sem correspondente*
II – empregar conceitos jurídicos indeterminados, sem explicar o motivo concreto de sua incidência no caso;	*Sem correspondente*
III – invocar motivos que se prestariam a justificar qualquer outra decisão;	*Sem correspondente*
IV – não enfrentar todos os argumentos deduzidos no processo capazes de, em tese, infirmar a conclusão adotada pelo julgador;	*Sem correspondente*
V – limitar-se a invocar precedente ou enunciado de súmula, sem identificar seus fundamentos determinantes nem demonstrar que o caso sob julgamento se ajusta àqueles fundamentos;	*Sem correspondente*

Redação dada pela Lei 13.964/2019	Redação Antiga
VI – deixar de seguir enunciado de súmula, jurisprudência ou precedente invocado pela parte, sem demonstrar a existência de distinção no caso em julgamento ou a superação do entendimento.	Sem correspondente

O § 1.º do art. 315 repete a exigência do § 2.º do art. 312, de que na motivação da decretação da prisão preventiva ou qualquer outra cautelar o juiz deverá indicar concretamente a existência de fatos novos ou contemporâneos que justifiquem a aplicação da medida. Portanto, a existência de fatos novos ou contemporâneos não são apenas requisitos para a decretação da prisão preventiva, mas também condição de validade da decisão judicial, que deve apontá-los concretamente nos autos.

No Superior Tribunal de Justiça, em uma série de julgados, as Turmas penais vêm consolidando o entendimento de que a Lei 13.964/2019, nos termos da redação conferida ao art. 315 do Código de Processo Penal, exige expressamente que a imposição de prisão preventiva deve estar fundamentada em motivação concreta relacionada a fatos novos ou contemporâneos e na demonstração da imprescindibilidade da medida (*v.g.*, STJ, HC 645.644/SP, 5.ª Turma, Rel. Min. Reynaldo Soares da Fonseca, j. 23.02.2021; STJ, RHC 136.260/SP, 5.ª Turma, Rel. Min. Reynaldo Soares da Fonseca, j. 27.10.2020; STJ, AgRg no HC 564.624/MS, 6.ª Turma, Rel. Min. Rogerio Schietti Cruz, j. 30.06.2020).

Em relação às medidas cautelares alternativas à prisão, o princípio da contemporaneidade foi aplicado pela Sexta Turma para conceder, por unanimidade, a ordem de *Habeas Corpus* 553.310, de relatoria da Ministra Laurita Vaz, a uma então vereadora de Bertioga (SP), denunciada pela suposta prática do crime de concussão no seu gabinete parlamentar. Segundo o Ministério Público de São Paulo, entre 2013 e 2014, ela teria exigido de dois assessores parte de sua remuneração mensal, totalizando cerca de R$ 42.000,00. Em razão da denúncia, a ex-vereadora foi afastada do cargo pelo juízo de primeiro grau. Ao apreciar o caso, a Sexta Turma revogou a suspensão do exercício da função pública, ao entender que "A ofensa ao princípio da contemporaneidade ficou evidenciada na presente hipótese, em razão do decurso de longo período de tempo entre os supostos fatos delituosos e a determinação de afastamento da Paciente do cargo de Vereadora". De acordo com o voto condutor, "Em que pese, de fato, a gravidade e a reprovabilidade das condutas imputadas à paciente, verifica-se que não foi demonstrada, na espécie, a indispensabilidade atual da restrição, nos termos do parágrafo 1.º do artigo 315 do Código de Processo Penal, incluído pela Lei 13.964/2019" (STJ, HC 553.310/SP, 6.ª Turma, Rel. Min. Laurita

Vaz, j. 17.11.2020). No § 2.º, o legislador elencou em seis incisos as hipóteses de decisão judicial que não são consideradas fundamentadas, logo, são nulas e não podem sustentar uma prisão preventiva.

Assim, será considerada decisão judicial nula – seja ela interlocutória, sentença ou acórdão – aquela que:

a) limitar-se à indicação, à reprodução ou à paráfrase de ato normativo, sem explicar sua relação com a causa ou a questão decidida;

Algumas decisões que decretam prisão preventiva carecem de fundamentação pelo simples fato de que o julgador apenas indica, reproduz ou faz uma paráfrase do texto da lei, sem explicar o porquê daquele dispositivo citado ser aplicável no caso analisado. Dessarte, a decisão judicial que simplesmente aduz que o imputado coloca em risco a ordem pública, mas não aponta qual elemento concreto dos autos levou-o a esse convencimento, é nula.[38]

b) empregar conceitos jurídicos indeterminados, sem explicar o motivo concreto de sua incidência no caso;

Serão consideradas nulas as decisões que decretam a prisão preventiva e para tanto utilizam-se de conceitos jurídicos indeterminados, tais como "clamor social", "credibilidade das instituições", "crença na justiça", "paz pública" etc.[39]

c) invocar motivos que se prestariam a justificar qualquer outra decisão;

Algumas decisões são tão genéricas e abstratas que poderiam ser tomadas para qualquer outro caso além daquele no qual foi proferida. Essas decisões, a

---

[38] "Roubo qualificado. Prisão preventiva. Garantia da ordem pública, conveniência da instrução criminal, asseguramento da aplicação da lei penal (mera repetição de termos legais). Cidade abalada pela prática reiterada de crimes da mesma natureza. Decreto (ausência de fundamentação). Coação ilegal. Recurso em *habeas corpus*. Provido. No ordenamento jurídico vigente, a liberdade é a regra. A prisão antes do trânsito em julgado, cabível excepcionalmente e apenas quando concretamente comprovada a existência do *periculum libertatis*, deve vir sempre baseada em fundamentação concreta, não em meras conjecturas, tampouco em repetição dos termos previstos no art. 312 do Código de Processo Penal. [...] Carecendo o decreto prisional de suficiente fundamentação, falta-lhe validade. Caso, portanto, de constrangimento ilegal. Recurso provido" (STJ, RHC 42.759, 5.ª Turma, Rel. Min. Reynaldo Soares da Fonseca, j. 23.06.2015, *DJe* 29.06.2015).

[39] "*Habeas corpus*. Roubo tentado. Prisão preventiva. Art. 312 do CPP. *Periculum libertatis*. Indicação necessária. Fundamentação insuficiente. Ordem concedida. [...] A par de utilizar conceitos jurídicos indeterminados, sem a necessária densificação ao caso examinado, e repetir palavras do texto normativo de regência, empregou motivação que se ajusta a qualquer caso de tráfico de entorpecentes, incorrendo nos vícios de fundamentação a que alude o § 1.º do art. 489 do Código de Processo Civil, aplicável ao processo penal por força do art. 3.º do CPP. A prevalecer a argumentação da decisão, todos os crimes de roubo ensejariam a excepcionalidade da prisão preventiva, princípio que há de ser observado para a convivência harmônica da cautela pessoal extrema com a presunção de não culpabilidade" (STJ, HC 402.190, 6.ª Turma, Rel. Min. Rogério Schietti Cruz, j. 26.09.2017, *DJe* 02.10.2017).

partir de agora, são nulas. Assim, não pode o julgador simplesmente afirmar generalidade e abstrações que não guardem relação com elementos concretos dos autos para decretar a prisão preventiva.[40]

d) não enfrentar todos os argumentos deduzidos no processo capazes de, em tese, infirmar a conclusão adotada pelo julgador;

Não é incomum que em um pedido de *habeas corpus* ou de liberdade provisória a defesa apresente uma série de motivos para que a prisão preventiva não seja mantida e parte desses argumentos não seja enfrentada pelo(s) julgador(res). Pela nova redação do dispositivo, a decisão que não enfrentar todos os argumentos com capacidade de alterar a conclusão sobre a manutenção da prisão preventiva será nula.[41]

e) limitar-se a invocar precedente ou enunciado de súmula, sem identificar seus fundamentos determinantes nem demonstrar que o caso sob julgamento se ajusta àqueles fundamentos;

Também será nula a decisão que simplesmente invocar um precedente ou uma súmula, sem apontar como estes são aplicáveis ao caso concreto sob julgamento. Assim, numa decisão, não bastará que o julgador indefira o pedido com

---

[40] Segundo o ensinamento atemporal do Eminente ex-Ministro Sepúlveda Pertence, do Supremo Tribunal Federal: "[...] a melhor prova da ausência de motivação de um julgado é que a frase enunciada, a pretexto de fundamentá-lo, sirva, por sua vaguidão, para a decisão de qualquer outro caso" (HC 76.258, *DJe* 24.04.1998). De igual modo: "[...]. Para a decretação da prisão preventiva, é indispensável a demonstração da existência da prova da materialidade do crime e a presença de indícios suficientes da autoria. Exige-se ainda que a decisão esteja pautada em lastro probatório que se ajuste às hipóteses excepcionais da norma em abstrato (art. 312 do CPP), demonstrada, ainda, a imprescindibilidade da medida. Precedentes do STF e STJ. No caso, a fundamentação da decisão da prisão preventiva é genérica, sem indicação de elementos específicos. *Habeas corpus* não conhecido. Ordem concedida de ofício para revogar a prisão preventiva do paciente, mediante a aplicação de medidas cautelares previstas no art. 319 do CPP, a serem estabelecidas pelo Juiz de primeiro grau" (STJ, HC 551.954, 5.ª Turma, Rel. Min. Reynaldo Soares da Fonseca, j. 05.03.2020, *DJe* 13.03.2020).

[41] "Apelação criminal. Roubo majorado pelo concurso de agentes e pelo emprego de arma de fogo, e corrupção de menor. Condenação. Recurso defensivo. Alegação preliminar de nulidade da r. sentença por ausência de fundamentação quanto à manutenção da prisão preventiva. Descabimento. Discussão prejudicada diante do julgamento. Possibilidade de execução da pena após o julgamento em Segundo Grau. Alegação preliminar de nulidade da r. sentença por não enfrentar integralmente as teses defensivas. Desnecessidade. Julgador que não está obrigado a esmiuçar tais teses, mas sim demonstrar as razões de seu convencimento. Fundamentação suficiente. [...] Preliminares rejeitadas. Recurso defensivo parcialmente provido, sem reflexo nas penas" (TJSP, APR 0001713-33.2017.8.26.0222, 4.ª Câmara de Direito Criminal, Rel. Des. Roberto Porto, j. 10.09.2019, *DJe* 12.09.2019).

base na súmula X ou no entendimento Y, mas será preciso que o magistrado demonstre porque aquela súmula ou precedente é aplicável ao caso concreto.[42]

f) deixar de seguir enunciado de súmula, jurisprudência ou precedente invocado pela parte, sem demonstrar a existência de distinção no caso em julgamento ou a superação do entendimento.

Esta última situação é um desdobramento da letra "d", pois não pode a decisão deixar de seguir súmula, jurisprudência ou precedente invocado pela parte, sem que demonstre sua inaplicabilidade ao caso concreto. Logo, se a parte traz como argumento para concessão da liberdade provisória uma súmula, por exemplo, e o magistrado decidir pela sua não aplicabilidade, deverá demonstrar em que o caso em julgamento diverge daqueles nos quais a súmula é aplicável ou, ainda, em que aquela súmula se encontra superada.[43]

As hipóteses previstas nos seis incisos do art. 315 foram exemplos corriqueiros da jurisprudência que acabaram sendo incorporados ao texto do Código de Processo Penal pela Lei 13.964/2019.

3.12.5 Art. 316

No art. 316 do Código de Processo Penal havia a previsão da possibilidade de o juiz revogar a prisão preventiva se, durante o processo, fosse verificada a falta de motivo para que esta subsistisse, bem como a viabilidade de decretá-la novamente, se sobreviessem motivos que justificassem.

---

[42] "*Habeas corpus*. Tráfico de drogas. Pleito liberatório. Impugnação da decisão que indeferiu novo pedido de liberdade provisória. Desnecessidade da custódia. Ausência de requisitos legais da constrição da liberdade na atualidade. Não acolhimento. Manutenção da prisão preventiva definidamente fundamentada. Alteração da situação fática processual do paciente não evidenciada pelo impetrante. Excesso de prazo para formação da culpa. Incidência da Súmula 52 do STJ. Ordem denegada" (TJBA, HC 0018200-84.2016.8.05.0000, 1.ª Câmara Criminal, 2.ª Turma, Rel. Des. Nilson Soares Castelo Branco, *DJe* 1.º.12.2016).

[43] "Súmula 691 do STF. Superação. Fatos periféricos e muito antigos, de auxílio às atividades ilícitas do empregador. Contrato de trabalho encerrado há anos. Prisão preventiva. Contemporaneidade. Ausência. *Habeas corpus* concedido. Permite-se a superação da Súmula 691 do STF em casos excepcionalíssimos, quando, sob a perspectiva da jurisprudência majoritária deste Superior Tribunal, em análise superficial, a ilegalidade do ato apontado como coator é tão óbvia que é cognoscível a um primeiro olhar, sem necessidade de incursionar em questão de alta indagação. A concessão de liminar *per saltum*, em decisão precária, não prejudica o julgamento de mérito do *habeas corpus* requerido a tribunal, a ser realizado em diferente grau constitucional na origem, sem análise de mérito, subsiste o interesse no julgamento desta impetração. [...] *Habeas corpus* concedido para ratificar a liminar, revogar a prisão preventiva da paciente, ressalvada a possibilidade de nova decretação da custódia cautelar caso efetivamente demonstrada a superveniência de fatos novos e recentes que indiquem a sua necessidade, sem prejuízo de fixação de medida cautelar alternativa, nos termos do art. 319 do CPP" (STJ, HC 449.024, 6.ª Turma, Rel. Min. Rogério Schietti Cruz, j. 23.08.2018, *DJe* 04.09.2018).

A Lei 13.964/2019 alterou o *caput* desse dispositivo e acrescentou o parágrafo único, conforme se verifica da tabela comparativa a seguir:

Redação dada pela Lei 13.964/2019	Redação Antiga
Art. 316. O juiz poderá, **de ofício ou a pedido das partes, revogar a prisão preventiva se, no correr da investigação ou do processo, verificar a falta de motivo para que ela subsista**, bem como novamente decretá-la, se sobrevierem razões que a justifiquem.	Art. 316. O juiz poderá revogar a prisão preventiva se, no correr do processo, verificar a falta de motivo para que subsista, bem como de novo decretá-la, se sobrevierem razões que a justifiquem.
Parágrafo único. Decretada a prisão preventiva, deverá o órgão emissor da decisão revisar a necessidade de sua manutenção a cada 90 (noventa) dias, mediante decisão fundamentada, de ofício, sob pena de tornar a prisão ilegal.	*Sem correspondente*

Na redação antiga já era possível ao juiz revogar de ofício a prisão preventiva, embora não estivesse expresso no *caput* do art. 316. A Lei 13.964/2019 alterou o dispositivo para conter expressamente essa possibilidade.

Embora numa primeira leitura pareça que ao juiz é permitido revogar a prisão preventiva de ofício quando se verificar a falta de motivos para que subsista, bem como decretá-la novamente, também de ofício, quando sobrevierem razões que a justifiquem, parece-nos que esse não é o melhor entendimento.

Isso porque nos vários dispositivos já analisados a Lei 13.964/2019 fez uma opção clara pelo sistema acusatório, guardando ao magistrado uma posição de inércia e imparcialidade, só podendo atuar quando provocado pelas partes. Mais. Foi opção do legislador proibir o juiz de substituir a acusação na produção probatória, bem como em qualquer outra atividade.

Assim, afigura-se-nos que a interpretação não pode ser outra senão a seguinte: decretada a prisão preventiva a requerimento das partes, caso no curso do processo o motivo que a justificou deixe de existir, o juiz poderá, de ofício, revogá-la. Entretanto, se, no curso do processo, voltar a existir motivação para decretação da prisão preventiva, o juiz não poderá decretá-la novamente de ofício, mas apenas se houver requerimento das partes. Do contrário, estar-se-ia permitindo ao juiz assumir a função da acusação.

Ainda, se o juiz não pode decretar a prisão preventiva de ofício pela primeira vez (art. 311, *caput*, do CPP), por que poderia decretá-la de ofício após tê-la revogado?

No parágrafo único do art. 316 houve uma grande inovação.

Após a decretação da prisão preventiva, o órgão emissor da decisão deverá revisar sua necessidade a cada 90 dias, de ofício.

Caso não haja a revisão, a prisão automaticamente torna-se ilegal e deve ser relaxada.

Para que o dispositivo tenha eficácia, parece-nos não ser suficiente que a cada 90 dias o julgador dispare um despacho nos seguintes termos: "mantenho a decisão anterior pelos seus próprios fundamentos". É preciso que o julgador analise, de fato, se os motivos que ensejaram a decretação da prisão preventiva continuam subsistindo ou desapareceram. Se os fundamentos que motivaram a prisão preventiva desapareceram, o julgador deverá revogá-la de ofício, nos termos do *caput*.

Importante atentar-se para o fato de que o julgador não precisa esperar o transcurso de 90 dias para revogar uma prisão preventiva de ofício, cujos motivos que a ensejaram não mais subsistem. Portanto, se o juiz decretar a prisão preventiva hoje e amanhã perceber que os motivos não mais se sustentam, deverá revogá-la imediatamente. O prazo de 90 dias é uma garantia a mais para o preso de que seu caso não ficará esquecido e sua prisão preventiva não será revista dentro de um tempo razoável.

Por ser norma processual penal, sua aplicação é imediata, devendo alcançar mesmo aqueles que tiveram suas prisões preventivas decretadas antes da vigência da Lei 13.964/2019, devendo os 90 dias ser contados a partir do cumprimento do mandado de prisão.

Embora continuemos a sustentar que a não observância do prazo nonagesimal previsto no parágrafo único do art. 316 do Código de Processo Penal leva, automaticamente, à ilegalidade da prisão, devendo esta ser relaxada, cumpre-nos informar que não tem sido esse o entendimento dos Tribunais Superiores.

No Superior Tribunal de Justiça, a Sexta Turma, por unanimidade, negou a ordem no julgamento do *Habeas Corpus* 589.544/SC, em que um homem condenado em primeira e segunda instâncias pelo cometimento do crime de extorsão questionava o fato de o Tribunal de Justiça de Santa Catarina não ter revisado a prisão preventiva decretada pelo juízo de primeiro grau. A relatora do *writ*, Ministra Laurita Vaz, enfatizou que o Pacote Anticrime é literal ao atribuir exclusivamente ao órgão emissor da decisão o dever de reavaliar a prisão cautelar, afirmando que "A inovação legislativa se apresenta como uma forma de evitar o prolongamento da medida cautelar extrema, por prazo indeterminado, sem formação da culpa" (STJ, HC 589.544/SC, 6.ª Turma, Rel. Min. Laurita Vaz, j. 08.09.2020).

A Superior Corte vem compreendendo, ainda, que a inovação processual da Lei 13.964/2019 não resulta em soltura automática em caso de eventual atraso na reavaliação da conveniência da segregação provisória. No julgamento do *Habeas Corpus* 605.590, o Ministro Relator Reynaldo Soares da Fonseca afirmou que o descumprimento do prazo nonagesimal para a rediscussão da preventiva "não implica automático reconhecimento da ilegalidade da prisão, tampouco a imediata colocação do custodiado cautelar em liberdade" (STJ, HC 605.590, 5.ª Turma, Rel. Min. Reynaldo Soares da Fonseca, j. 06.10.2020).

Esse posicionamento foi reforçado por precedente do Plenário do Supremo Tribunal Federal exarado no julgamento da Suspensão de Liminar 1.395, que, por maioria, manteve a suspensão da eficácia de liminar concedida no *Habeas Corpus* 191.836 MC/SP, que havia colocado em liberdade André Oliveira Macedo, apontado como um dos líderes da facção criminosa Primeiro Comando da Capital (PCC), em razão da interpretação literal do art. 316 do Código de Processo Penal. No *writ*, o Ministro Relator Marco Aurélio destacou que "O paciente está preso, sem culpa formada, desde 15 de dezembro de 2019, tendo sido a custódia mantida, em 25 de junho de 2020, no julgamento da apelação. Uma vez não constatado ato posterior sobre a indispensabilidade da medida, formalizado nos últimos 90 dias, tem-se desrespeitada a previsão legal, surgindo o excesso de prazo" (STF, HC 191.836 MC/SP, 1.ª Turma, Rel. Min. Marco Aurélio, decisão liminar proferida em 02.10.2020). No procedimento de Suspensão de Liminar, o Ministro Relator Luiz Fux aduziu, no voto condutor, que "O disposto no art. 316, parágrafo único, do Código de Processo Penal, insere-se em um sistema a ser interpretado harmonicamente", de modo que, "à luz do *caput* do artigo, extrai-se a regra de que, para revogação da prisão preventiva, o juiz deve fundamentar a decisão na insubsistência dos motivos que determinaram sua decretação, e não no mero decurso de prazos processuais" (STF, SL 1.395 MC-REF/SP, Plenário, Rel. Min. Luiz Fux, j. 15.10.2020).

3.13 Prisão automática no Tribunal do Júri

O Código de Processo Penal, como se sabe, é de 1941 e foi outorgado durante o Estado Novo por Getúlio Vargas e seu Ministro da Justiça, Francisco Campos.

Não se tratava, portanto, de um Código de Processo Penal liberal, muito menos garantista.

Entre as várias disposições criticáveis do Código Penal de 1940, havia as determinações de prisões decorrentes da lei, ou seja, eram situações nas quais o Código impunha que o juiz decretasse a prisão, antes do trânsito em julgado da sentença penal condenatória, independentemente da cautelaridade delas.

Eram as chamadas situações de prisão obrigatórias ou automáticas.

Apenas para exemplificar, havia as seguintes situações nas quais a prisão era automática, decorrendo da lei:

1. Prisão decorrente da sentença de pronúncia.

O art. 282 do Código de Processo Penal, originariamente, tinha a seguinte redação:

> Art. 282. À exceção do flagrante delito, a prisão não poderá efetuar-se senão em virtude de pronúncia ou nos casos determinados em lei, e mediante ordem escrita da autoridade competente.

O § 1.º do art. 408 do Código de Processo original reforçava essa situação ao prever:

> § 1.º Na sentença de pronúncia o juiz declarará o dispositivo legal em cuja sanção julgar incurso o réu, mandará lançar-lhe o nome no rol dos culpados, recomendá-lo-á, na prisão em que se achar, ou expedirá as ordens necessárias para a sua captura.

Como se pode observar, havendo a pronúncia, a prisão do réu era imediata, independentemente de qualquer cautelaridade. O imputado não era preso porque havia *fumus comissi delicti* e *periculum libertatis*, mas sim pelo simples fato de ter sido pronunciado pelo juiz. A prisão era uma consequência legal da pronúncia.

2. Prisão preventiva obrigatória aos crimes cuja pena máxima era igual ou superior a dez anos.

O art. 312 do Código de Processo Penal, originariamente, tinha a seguinte redação:

> Art. 312. A prisão preventiva será decretada nos crimes a que for cominada pena de reclusão por tempo, no máximo, igual ou superior a dez anos.

Aqui, a lógica era a mesma. Não se determinava a prisão preventiva porque os requisitos da cautelaridade estavam presentes, mas simplesmente em virtude de o réu estar sendo acusado da prática de um crime cuja pena máxima superava dez anos. A prisão decorria, portanto, do simples fato de o sujeito estar sendo investigado ou denunciado por um crime cuja pena máxima era igual ou superior a dez anos. Era uma prisão automática.

3. Sentença de primeiro grau condenatória recorrível.

O art. 393 do Código de Processo Penal, originariamente, tinha a seguinte redação:

> Art. 393. São efeitos da sentença condenatória recorrível:
> I – ser o réu preso ou conservado na prisão, assim nas infrações inafiançáveis, como nas afiançáveis enquanto não prestar fiança;
> II – ser o nome do réu lançado no rol dos culpados.

Ainda, para reforçar esse dispositivo, havia o art. 594 do Código de Processo Penal que, originariamente, trazia a seguinte redação:

> Art. 594. O réu não poderá apelar sem recolher-se à prisão, ou prestar fiança, salvo se condenado por crime de que se livre solto.

Esse dispositivo repetia a lógica dos anteriores. A prisão era decretada automaticamente após a condenação pelo juiz de primeiro grau, independentemente de o condenado trazer qualquer risco ao processo, à sociedade ou a qualquer outra coisa. A prisão não se media pela régua da cautelaridade, mas sim por determinações legais que obrigavam a prisão em determinadas situações.

Essa situação de prisões automáticas decorrentes da lei foi completamente alterada com a Constituição Federal de 1988, que previu no art. 5.º, LVII, a garantia do estado de inocência, segundo o qual ninguém poderá ser considerado culpado antes do trânsito em julgado da sentença penal condenatória.

Como se não bastasse o estado de inocência, a Constituição Federal, também no art. 5.º, ainda previu que:

> LXI – ninguém será preso senão em flagrante delito ou *por ordem escrita e fundamentada de autoridade judiciária competente*, salvo nos casos de transgressão militar ou crime propriamente militar, definidos em lei; (g.n.)

Nesses termos, a prisão que não fosse decorrente da sentença penal condenatória transitada em julgado ou em flagrante seria uma prisão excepcional e deveria submeter-se aos requisitos da cautelaridade, sempre por ordem escrita e fundamentada do juiz.

Nenhum dos dispositivos citados que definiam situações de prisões automáticas continuou válido, uma vez que foram revogados, primeiro, implicitamente pela Constituição Federal e, depois, expressamente, por diversas reformas a que o Código de Processo Penal foi submetido.

Até o advento da Lei 13.964/2019 não havia em nossa lei processual penal nenhuma situação de prisão automática decorrente de lei por um motivo muito simples: qualquer dispositivo nesse sentido é inconstitucional.

Entretanto, a Lei 13.964/2019, ao modificar o art. 492 do Código de Processo Penal, trouxe uma nova modalidade de "prisão automática decorrente de lei", ou seja, resgatou uma "novidade" de 1940 e que já havia sido extirpada do nosso ordenamento jurídico pela Constituição de 1988.

Por todo o exposto, consideramos este dispositivo absolutamente inconstitucional, uma vez que viola o estado de inocência (art. 5.º, LV, da Constituição Federal), e também inconvencional, pois desrespeita o art. 8.2.h da Convenção Americana de Direitos Humanos.

O Supremo Tribunal Federal reconheceu, no Recurso Extraordinário 1.235.340/SC, a repercussão geral da questão sobre a autorização ou não, pela soberania dos veredictos, da imediata execução de pena imposta no Tribunal do Júri e afetou o tema ao Plenário. O julgamento do recurso teve início na sessão virtual de 24.04.2020 a 30.04.2020, tendo os Ministros Roberto Barroso (Relator) e Dias Toffoli (Presidente) votado pelo conhecimento e provimento do Recurso Extraordinário, fixando, para tanto, a seguinte tese de julgamento (Tema 1.068 de Repercussão Geral): "A soberania dos veredictos do Tribunal do Júri autoriza a imediata execução de condenação imposta pelo corpo de jurados, independentemente do total da pena aplicada". Já o voto do Ministro Gilmar Mendes negou provimento ao Recurso Extraordinário de modo a manter a vedação à execução imediata da pena imposta pelo Tribunal do Júri, assentando a seguinte tese: "A Constituição Federal, levando em conta a presunção de inocência (art. 5.º, inciso LV), e a Convenção Americana de Direitos Humanos, em razão do direito de recurso do condenado (art. 8.2.h), vedam a execução imediata das condenações proferidas por Tribunal do Júri, mas a prisão preventiva do condenado pode ser decretada motivadamente, nos termos do art. 312 do CPP, pelo Juiz Presidente a partir dos fatos e fundamentos assentados pelos Jurados". Ao final, O Ministro Gilmar Mendes votou pela declaração da inconstitucionalidade da nova redação determinada pela Lei 13.964/2019 ao art. 492, I, *e*, do Código de Processo Penal. No momento da impressão da presente edição do livro o julgamento encontra-se suspenso em razão do pedido de vista dos autos do Ministro Ricardo Lewandowski (STF, RE 1.235.340/SC, Tema de Repercussão Geral 1.068, Plenário, Rel. Min. Roberto Barroso, tira do julgamento da sessão virtual de 24.04.2020 a 30.04.2020).

3.13.1 Art. 492

A Lei 13.964/2019 alterou apenas a letra *e* do inciso I do referido artigo, conforme se verifica da tabela comparativa a seguir.

Redação dada pela Lei 13.964/2019	Redação Antiga
Art. 492. Em seguida, o presidente proferirá sentença que:	Art. 492. Em seguida, o presidente proferirá sentença que:
I – no caso de condenação: [...]	I – no caso de condenação: [...]
e) mandará o acusado recolher-se ou recomendá-lo-á à prisão em que se encontra, se presentes os requisitos da prisão preventiva, **ou, no caso de condenação a uma pena igual ou superior a 15 (quinze) anos de reclusão, determinará a execução provisória das penas, com expedição do mandado de prisão, se for o caso, sem prejuízo do conhecimento de recursos que vierem a ser interpostos;** [...]	e) mandará o acusado recolher-se ou recomendá-lo-á à prisão em que se encontra, se presentes os requisitos da prisão preventiva; [...]

Redação dada pela Lei 13.964/2019	Redação Antiga
§ 3.º O presidente poderá, excepcionalmente, deixar de autorizar a execução provisória das penas de que trata a alínea e do inciso I do *caput* deste artigo, se houver questão substancial cuja resolução pelo tribunal ao qual competir o julgamento possa plausivelmente levar à revisão da condenação.	*Sem correspondente*
§ 4.º A apelação interposta contra decisão condenatória do Tribunal do Júri a uma pena igual ou superior a 15 (quinze) anos de reclusão não terá efeito suspensivo.	*Sem correspondente*
§ 5.º Excepcionalmente, poderá o tribunal atribuir efeito suspensivo à apelação de que trata o § 4.º deste artigo, quando verificado cumulativamente que o recurso:	*Sem correspondente*
I – não tem propósito meramente protelatório; e	*Sem correspondente*
II – levanta questão substancial e que pode resultar em absolvição, anulação da sentença, novo julgamento ou redução da pena para patamar inferior a 15 (quinze) anos de reclusão.	*Sem correspondente*
§ 6.º O pedido de concessão de efeito suspensivo poderá ser feito incidentemente na apelação ou por meio de petição em separado dirigida diretamente ao relator, instruída com cópias da sentença condenatória, das razões da apelação e de prova da tempestividade, das contrarrazões e das demais peças necessárias à compreensão da controvérsia.	*Sem correspondente*

Como se percebe, na redação antiga, havia previsão de que, ao proferir a sentença condenatória, o Juiz Presidente do Tribunal do Júri deveria mandar recolher o acusado ou mantê-lo na prisão em que se encontrasse, se estivessem presentes os requisitos da prisão preventiva.

A regra, portanto, era a seguinte: a eventual prisão dependia da existência dos requisitos da prisão preventiva. Se o acusado estivesse solto, mas os requisitos da prisão preventiva surgissem, o Juiz Presidente determinaria a prisão preventiva. Se o acusado estivesse preso, e os requisitos da prisão preventiva continuassem presentes, o Juiz Presidente mantê-lo-ia na prisão.

A Lei 13.964/2019 inovou nesse sentido, pois, além de manter essa previsão de que o Juiz Presidente deve analisar se mandará recolher o acusado ou o manterá onde se encontra, à luz dos requisitos da prisão preventiva, criou uma nova hipótese de prisão automática e decorrente de lei.

Nos termos da nova redação da letra e do inciso I do art. 492 do Código de Processo Penal, quando houver uma condenação no Tribunal do Júri a uma pena igual ou superior a 15 anos de reclusão, o Juiz Presidente determinará a execução provisória da pena, com expedição de mandado de prisão, sem prejuízo de eventuais recursos.

Esse dispositivo padece de inconstitucionalidade patente, pois viola o princípio do estado de inocência.

Sobre esse dispositivo, vale a transcrição do posicionamento de Soraia da Rosa Mendes e Ana Maria Martínez:[44]

> Tal previsão legal é francamente inconstitucional, já tendo o Supremo Tribunal Federal se manifestado sobre o tema nas Ações Declaratórias de Constitucionalidade (ADC) n. 44, 43 e 54, nas quais firmou-se o entendimento de que é constitucional a regra do art. 283 do Código de Processo Penal (CPP) que prevê o esgotamento de todas as possibilidades de recurso (trânsito em julgado da condenação) para o início do cumprimento da pena.

Nesse ponto, parece-nos que o afã do legislador em fazer com que os processos do Tribunal do Júri fossem mais rápidos fez com que se perdesse o paradigma da Constituição Federal. Ora, se o próprio dispositivo reconhece que existem recursos cabíveis contra essa decisão, como pode prever sua execução provisória antes do trânsito em julgado? E se o júri for anulado ou cassado pelo Tribunal de Justiça?

O simples fato de a condenação ser igual ou superior a 15 anos não tem o condão de transformar o processo e a decisão em imutáveis. Ainda que seja condenado a 15, 30 ou 100 anos, o sujeito continua tendo o direito de recorrer e de ser tratado como inocente até que haja o trânsito em julgado da sentença penal condenatória.

---

[44] MENDES, Soraia da R.; MARTINEZ, Ana M. *Comentários críticos à Lei 13.964/2019*. São Paulo: Atlas, 2020. p. 93.

Esse dispositivo, além de inconstitucional, também vai de encontro aos arts. 283 e 313, § 2.º, do Código de Processo Penal, fazendo com que o sistema processual penal atue de maneira contraditória e disfuncional.

Ainda, parece-nos que os princípios da igualdade e da isonomia foram ignorados, uma vez que uma pessoa condenada a 50 anos de reclusão por ter praticado uma série de crimes de estupro poderia recorrer em liberdade, se não estivessem presentes os requisitos da prisão preventiva. Já um sujeito condenado por um único homicídio, se a pena for igual ou superior a 15 anos, retira-lhe completamente o direito de recorrer em liberdade.

Repetimos: esse dispositivo é inconstitucional.

A Lei 13.964/2019 acrescentou, ainda, ao art. 492 do Código de Processo Penal os §§ 3.º, 4.º, 5.º e 6.º.

No § 3.º há uma possibilidade, excepcional, de o Juiz Presidente deixar de autorizar a execução provisória da pena, quando esta for igual ou superior a 15 anos (inciso I, e, do art. 492 do CPP), se houver questão substancial cuja resolução pelo tribunal ao qual competir o julgamento possa plausivelmente levar à revisão da condenação.

Nesses termos, na própria sentença condenatória deverá o Juiz Presidente fazer constar se autorizará a execução provisória da pena ou não, quando a pena for igual ou superior a 15 anos. Não se trata, portanto, de conceder efeito suspensivo ao recurso, pois este ainda não foi apresentado, mas de impedir a execução provisória da pena que o próprio Juiz Presidente aplicou.

Ainda com relação a esse dispositivo, parece-nos que precisa constar expressamente na sentença o motivo pelo qual a execução provisória não será autorizada.

No § 4.º, há previsão de que a apelação interposta contra sentença condenatória do Tribunal do Júri, que condene à pena igual ou superior a 15 anos, não terá efeito suspensivo.

Já no § 5.º há a possibilidade excepcional de o Tribunal atribuir efeito suspensivo à apelação, quando verificar, cumulativamente, que o recurso:

a) não tem propósito meramente protelatório;
b) levanta questão substancial e que pode resultar em absolvição, anulação da sentença, novo julgamento ou redução da pena para patamar inferior a 15 anos de reclusão.

Por fim, o § 6.º aduz que o pedido de concessão do efeito suspensivo deverá ser feito incidentalmente na apelação ou por meio de petição endereçada ao relator do recurso, instruída com cópia da sentença, das razões da apelação e de prova da tempestividade do recurso, das contrarrazões e das demais peças necessárias à compreensão da controvérsia.

Sintetizando, a questão ficou assim:

I – Se o réu for condenado pelo Tribunal do Júri à pena igual ou maior que 15 anos, a pena deverá ser executada imediatamente, mesmo que haja interposição de recurso. Havendo recurso, será uma hipótese de execução provisória da pena, o que nos parece inconstitucional. Se não houver recurso, não há qualquer problema, houve o trânsito em julgado e a pena deve ser cumprida.

II – Embora no Tribunal do Júri a regra agora seja a execução provisória da pena igual ou superior a 15 anos, o próprio Juiz Presidente (juiz de primeiro grau) poderá, excepcionalmente, autorizar a não execução provisória da pena, quando houver questão substancial cuja resolução pelo tribunal possa plausivelmente levar à revisão da condenação.

III – A apelação contra decisão do Tribunal do Júri que condenar o réu a pena igual ou superior a 15 anos não tem mais efeito suspensivo. Continua a valer, pelo menos até aqui, a decisão do Juiz Presidente que pode ter mandado executar provisoriamente a pena e, para tanto, mandado prender o réu, ou pode ter autorizado a não execução provisória, mantendo o réu em liberdade.

IV – Interposta a apelação, poderá o Tribunal, por meio do relator do recurso, atribuir efeito suspensivo à apelação, fazendo com que cesse a determinação do Juiz Presidente de executar provisoriamente a sentença. Caso o Juiz Presidente tenha autorizado a não execução provisória da sentença, não há motivos para requerer o efeito suspensivo da apelação.

3.14 Nulidades

As nulidades nada mais são do que as consequências jurídicas decorrentes de um vício na prática de determinado ato processual.[45]

Várias são as teorias que tentam justificar a natureza jurídica das nulidades.[46]

A mais admitida, atualmente, é a da nulidade como sanção processual, e sua popularidade deve-se, especialmente, aos seguintes fatores: a) disseminação do positivismo como modelo conceitual de direito elevou a ideia matriz de sanção como acessória a qualquer espécie de norma; b) a forma simplificada da teoria, que permitiu que a nulidade fosse entendida como uma implícita pena de caráter processual, a ser aplicada no caso de descumprimento das formas processuais; c) a aproximação do processo penal ao tipo penal que permitiu o ingresso de uma mesma linha de raciocínio, de modo que a forma processual pudesse ser ventilada à luz da norma penal e de seu caráter sancionatório flagrante; d) o pouco desenvolvimento de estudos na matéria promove um estado da questão no qual se privilegiam esquemas simplificados e incipientes de

---

[45] BRITO, Alexis Couto de; FABRETTI, Humberto B; LIMA, Marco A. F. *Processo penal brasileiro*. 4. ed. São Paulo: Atlas, 2019. p. 331.

[46] Para um panorama sobre essas teorias, conferir: GLOECKNER, Ricardo J. *Nulidades no processo penal*, p. 107 e ss.

tratamento dos atos processuais; e) a perda dos efeitos dos atos praticados e a necessidade de seu refazimento acabaram sendo concebidos como uma espécie de punição pela desobediência à forma, o que justifica o constante tensionamento das nulidades a outros parâmetros, como a própria celeridade.[47]

A nulidade de um determinado ato precisa ser reconhecida e declarada pelo Poder Judiciário, e, a partir desse momento, o ato declarado nulo perde seus efeitos, tornando-se ineficaz.

Criticando tal concepção, Ricardo Gloeckner escreve:

> Aqui, já não satisfaz a afirmação comumente encontrada em manuais, nos quais a nulidade é referida como um ato sem efeito. Mormente no processo penal, que lida com a privação de liberdade, como seria razoável sustentar a declaração de que a prisão a que este esteve submetido o acusado, baseado em ato nulo, jamais existiu? Há aqui o real lacaniano a indicar que sempre existe, para além do simbólico, algo que ingressa e invade sem pedir licença. O ato nulo, ao contrário dessa postura teórica que atribuía à nulidade a natureza jurídica de ineficácia, não nasce sem efeitos. Um ato processual nulo desde já produz efeitos. E aqui se evidencia uma constatação: o ato nulo nasce produtor de efeitos, necessitando de uma declaração judicial que reconheça o defeito na realização do ato, desconstituindo-se as consequências de sua produção precária.[48]

O Código de Processo Penal, em seu art. 564, trata das hipóteses de nulidade.

3.14.1 Art. 564

Originariamente, este artigo continha quatro incisos, que exemplificam várias situações geradoras de nulidade.

Sobre esse dispositivo, interessantes as palavras de Ricardo J. Gloeckner:

> O *caput* do art. 564, apesar de listar uma série de atos processuais suscetíveis de serem anulados, não consiste em um rol taxativo. A série de reformas introduzidas desde a redação original do Código de 1941 introduz diversas incongruências, que acabam por tornar prejudicados alguns desses dispositivos. Demais disso, as reformas que atingiram o CPP, além das leis especiais que disciplinam procedimentos especiais, tornam a perspectiva de um sistema fechado completamente inadequada. Por fim, a extensa lista de direitos fundamentais e garantias constitucionais torna impraticável um sistema fechado de nulidades.[49]

---

[47] GLOECKNER, Ricardo J. *Nulidades no processo penal*, p. 116.
[48] GLOECKNER, Ricardo J. *Nulidades no processo penal*, p. 108.
[49] GLOECKNER, Ricardo J. *In*: GOMES FILHO, Antonio M; TORON, Alberto Z.; BADARÓ, Gustavo H. (org.). *Código de Processo Penal comentado*. São Paulo: Thomson Reuters Brasil, 2018. p. 577.

A Lei 13.964/2019 incluiu, por meio do inciso V, mais uma hipótese de nulidade ao art. 564, nos seguintes termos:

> Art. 564. A nulidade ocorrerá nos seguintes casos:
> [...]
> V – em decorrência de decisão carente de fundamentação.

Obviamente que essa previsão seria desnecessária em virtude do art. 93, IX, da Constituição Federal.

Entretanto, parece-nos que, como o legislador criou no art. 315, § 2.º, uma série de hipóteses de decisões consideradas carentes de fundamentação, achou por bem reforçar a ideia de que essas decisões também serão nulas.

Assim, toda e qualquer decisão que se encaixar nos parâmetros definidos pelo art. 315, § 2.º, do Código de Processo Penal é absolutamente nula.

3.15 Recurso em sentido estrito

O recurso em sentido estrito (RESE) é um recurso vinculado ou restrito, uma vez que suas hipóteses de cabimento são restritas e taxativamente prescritas em lei.

Segundo Brito, Fabretti e Lima, "o Recurso em Sentido Estrito, normalmente, é cabível contra decisões interlocutórias e equivale, *grosso modo*, ao recurso de agravo do Código de Processo Civil".[50]

No art. 581 do Código de Processo Penal estão previstos o recurso em sentido estrito e suas hipóteses de cabimento.

3.15.1 *Art. 581*

A Lei 13.964/2019 criou uma nova hipótese de cabimento do recurso em sentido estrito, incluindo no art. 581 o inciso XXV, que tem a seguinte redação:

> XXV – que recusar homologação à proposta de acordo de não persecução penal, previsto no art. 28-A desta Lei.

Assim, nos termos do art. 28-A do Código de Processo Penal, havendo acordo de não persecução entre o Ministério Público e o imputado, caso o magistrado se recuse a homologar esse acordo, ambas as partes (Ministério Público e Defesa) poderão recorrer da decisão mediante recurso em sentido estrito, que será analisado pelo Tribunal.

---

[50] BRITO, Alexis Couto de; FABRETTI, Humberto B; LIMA, Marco A. F. *Processo penal brasileiro*, p. 397.

3.16 Recursos especial e extraordinário

A redação originária de 1941 do art. 638 previa que o recurso extraordinário seria processado e julgado nos termos do respectivo regimento interno. Sobre o recurso especial não havia qualquer menção, uma vez que este foi criado com o Superior Tribunal de Justiça pela Constituição Federal de 1988.

Ocorre que, em 1990, entrou em vigor a Lei 8.038, cuja finalidade era instituir normas procedimentais para os processos que especifica, perante o Superior Tribunal de Justiça e o Supremo Tribunal Federal.

Assim, no âmbito do processo penal, o regime dos recursos especial e extraordinário era definido pela Lei 8.038/1990.

No entanto, em 2015, a Lei 13.105, que estabeleceu o Novo Código de Processo Civil, revogou, em seu art. 1.072, IV, os arts. 26 a 29 da Lei 8.038/1990, deixando os recursos especiais e extraordinários de natureza penal sem qualquer regulamentação própria.

Portanto, por revogação expressa, o único documento legislativo atualmente em vigência que disciplina os recursos especial e extraordinário é o Código de Processo Civil, motivo pelo qual o legislador, por meio da Lei 13.964/2019, alterou a redação do art. 638 do Código de Processo Penal.

3.16.1 Art. 638

Na tabela a seguir é possível comparar as redações:

Redação dada pela Lei 13.964/2019	Redação Antiga
Art. 638. O recurso extraordinário e o recurso especial serão processados e julgados no Supremo Tribunal Federal e no Superior Tribunal de Justiça na forma estabelecida por leis especiais, pela lei processual civil e pelos respectivos regimentos internos.	Art. 638. O recurso extraordinário será processado e julgado no Supremo Tribunal Federal na forma estabelecida pelo respectivo regimento interno.

CAPÍTULO 4
Lei de Execução Penal – Lei 7.210/1984

A Lei 13.964/2019 também alterou diversos dispositivos da Lei 7.210/1984, que é a de Execução Penal, responsável por disciplinar o cumprimento da pena daqueles que foram definitivamente condenados.

Segundo Alexis Couto de Brito,[1] foi por meio da Lei de Execução Penal que o Poder Judiciário adquiriu a integral competência para conduzir o *processo de execução*, não cabendo mais essa função ao Poder Executivo. Afirma, ainda, o autor, o qual é referência absoluta no tema:

> A execução penal brasileira é eminentemente judicial. O processo é conduzido pelo Judiciário, dentro dos ditames do devido processo legal e todos os demais princípios constitucionais referentes a um processo penal, como a ampla defesa, o contraditório, a presunção de inocência etc. Também é de competência do juiz a resolução dos incidentes e demais questões que sobrevenham à execução da pena. Nem mesmo a direção dos estabelecimentos penais por uma autoridade administrativa elide o

---

[1] BRITO, Alexis Couto de. *Execução penal*. 6. ed. São Paulo: Saraiva, 2020. p. 41.

caráter jurisdicional das decisões sobre os rumos da execução. O juiz, a todo momento, é chamado a exercer plenamente sua função jurisdicional.

Passemos à análise dos dispositivos alterados.

4.1 Identificação genética

Quando o condenado ingressa no sistema penitenciário, passa por uma Comissão de Classificação Técnica, definida nos termos do art. 7.º da Lei de Execução Penal:

> Art. 7.º A Comissão Técnica de Classificação, existente em cada estabelecimento, será presidida pelo diretor e composta, no mínimo, por 2 (dois) chefes de serviço, 1 (um) psiquiatra, 1 (um) psicólogo e 1 (um) assistente social, quando se tratar de condenado à pena privativa de liberdade.

4.1.1 Art. 9.º

O art. 9.º da Lei de Execução Penal disciplina a forma como deve atuar a Comissão de Classificação.

Assim, nos termos do *caput*, estabelece-se que a Comissão deverá realizar exame para obtenção de dados reveladores da personalidade do condenado, observando, para tanto, a ética profissional. Durante o exame, a Comissão poderá consultar peças ou informações do processo, bem como entrevistar pessoas, requisitar dados e informações sobre o condenado e realizar diligências.

O art. 9.º-A foi inserido pela Lei 12.654/2012 e tornou obrigatório aos presos condenados por crimes dolosos praticados com grave ameaça contra a pessoa, bem como aos condenados por qualquer crime hediondo (Lei 8.072/1990), que sejam submetidos à identificação genética por meio de exame de DNA, por técnica adequada e indolor.

Ainda, no § 1.º do art. 9.º-A, previu-se que a identificação do perfil genético será armazenada em banco de dados sigiloso, conforme regulamento a ser expedido pelo Poder Executivo.

Sobre esse ponto, esclarece-nos Alexis Couto de Brito[2] que a aplicação desse dispositivo demandaria que o servidor do sistema penitenciário, após receber a sentença penal condenatória para executá-la, deveria submeter o condenado, mesmo que contra a sua vontade, à extração do material genético por meio de método e local que deverão ser regulamentados por Decreto no sentido de garantir a isonomia e a uniformidade do procedimento, para atender às exigências legais de meio "adequado e indolor". Prossegue o referido autor: "Assim, tratando-se de *Lei Penal em Branco*, não poderá ser aplicada até que venha a lume tal Decreto Regulamentar ou outro ato administrativo de-

---

[2] BRITO, Alexis Couto de. *Execução penal*, p. 118.

legado ao Ministério da Justiça ou da Saúde, regulamento exigido inclusive expressamente pelo § 1.º-A".

Ainda, nos termos do § 2.º do art. 9.º-A, foi definido que a autoridade policial, federal ou estadual, poderá requerer ao juiz competente, no caso de inquérito instaurado, o acesso ao banco de dados de identificação de perfil genético.

A intenção do legislador, em 2012, foi a de que esse banco de dados pudesse ser utilizado pelas polícias em futuras investigações nas quais houvesse coleta de vestígios com material genético.

Agora, pela Lei 13.964/2019, o legislador inseriu no art. 9.º-A da Lei 7.210/1984 uma série de disposições relativas à coleta e armazenamento desse material genético dos condenados.

Na tabela a seguir, comparamos as redações:

Redação dada pela Lei 13.964/2019	Redação Antiga
Art. 9.º A Comissão, no exame para a obtenção de dados reveladores da personalidade, observando a ética profissional e tendo sempre presentes peças ou informações do processo, poderá:	Art. 9.º A Comissão, no exame para a obtenção de dados reveladores da personalidade, observando a ética profissional e tendo sempre presentes peças ou informações do processo, poderá:
I – entrevistar pessoas;	I – entrevistar pessoas;
II – requisitar, de repartições ou estabelecimentos privados, dados e informações a respeito do condenado;	II – requisitar, de repartições ou estabelecimentos privados, dados e informações a respeito do condenado;
III – realizar outras diligências e exames necessários.	III – realizar outras diligências e exames necessários.
Art. 9.º-A. O condenado por crime doloso praticado com violência grave contra a pessoa, bem como por crime contra a vida, contra a liberdade sexual ou por crime sexual contra vulnerável, será submetido, obrigatoriamente, à identificação do perfil genético, mediante extração de DNA (ácido desoxirribonucleico), por técnica adequada e indolor, por ocasião do ingresso no estabelecimento prisional.	Art. 9.º-A. Os condenados por crime praticado, dolosamente, com violência de natureza grave contra pessoa, ou por qualquer dos crimes previstos no art. 1.º da Lei n.º 8.072, de 25 de julho de 1990, serão submetidos, obrigatoriamente, à identificação do perfil genético, mediante extração de DNA – ácido desoxirribonucleico, por técnica adequada e indolor.
§ 1.º Identificação do perfil genético será armazenada em banco de dados sigiloso, conforme regulamento a ser expedido pelo Poder Executivo.	§ 1.º Identificação do perfil genético será armazenada em banco de dados sigiloso, conforme regulamento a ser expedido pelo Poder Executivo.

Redação dada pela Lei 13.964/2019	Redação Antiga
§ 1.º-A. A regulamentação deverá fazer constar garantias mínimas de proteção de dados genéticos, observando as melhores práticas da genética forense.	*Sem correspondente*
§ 2.º A autoridade policial, federal ou estadual, poderá requerer ao juiz competente, no caso de inquérito instaurado, o acesso ao banco de dados de identificação de perfil genético.	§ 2.º A autoridade policial, federal ou estadual, poderá requerer ao juiz competente, no caso de inquérito instaurado, o acesso ao banco de dados de identificação de perfil genético.
§ 3.º Deve ser viabilizado ao titular de dados genéticos o acesso aos seus dados constantes nos bancos de perfis genéticos, bem como a todos os documentos da cadeia de custódia que gerou esse dado, de maneira que possa ser contraditado pela defesa.	*Sem correspondente*
§ 4.º O condenado pelos crimes previstos no *caput* deste artigo que não tiver sido submetido à identificação do perfil genético por ocasião do ingresso no estabelecimento prisional deverá ser submetido ao procedimento durante o cumprimento da pena.	*Sem correspondente*
§ 5.º A amostra biológica coletada só poderá ser utilizada para o único e exclusivo fim de permitir a identificação pelo perfil genético, não estando autorizadas as práticas de fenotipagem genética ou de busca familiar.	
§ 6.º Uma vez identificado o perfil genético, a amostra biológica recolhida nos termos do *caput* deste artigo deverá ser correta e imediatamente descartada, de maneira a impedir a sua utilização para qualquer outro fim.	

Redação dada pela Lei 13.964/2019	Redação Antiga
§ 7.º A coleta da amostra biológica e a elaboração do respectivo laudo serão realizadas por perito oficial.	
§ 8.º **Constitui falta grave a recusa do condenado em submeter-se ao procedimento de identificação do perfil genético.**	*Sem correspondente*

Como se percebe pela leitura dos dispositivos, a Lei 13.964/2019 alterou a redação do *caput* do art. 9.º-A da Lei 7.210/1984, bem como acrescentou os §§ 1.º-A, 2.º, 3.º, 4.º, 5.º, 6.º, 7.º e 8.º.[3]

A alteração no *caput*,[4] que havia sido vetada pelo Presidente da República, mas que depois teve o veto derrubado pelo Congresso Nacional, foi no sentido de diminuir o rol de crimes cujos condenados teriam de se submeter à identificação do perfil genético. A redação original previa que estariam obrigados à identificação do perfil genético os condenados por crime praticado, dolosamente, com violência de natureza grave contra pessoa, ou por qualquer dos crimes hediondos, enquanto a nova redação limitou à obrigatoriedade os condenados por crime doloso praticado com violência grave contra a pessoa, bem como por crime contra a vida, contra a liberdade sexual ou por crime sexual contra vulnerável. Houve uma significativa diminuição do rol de crimes.

O § 1.º-A determina que o regulamento, previsto no § 1.º, a ser expedido pelo Poder Executivo para disciplinar o armazenamento dos dados, deverá conter garantias mínimas de proteção dos dados genéticos de acordo com as melhores práticas forenses.

O § 3.º, por sua vez, exige que seja possibilitado ao titular de dados genéticos o acesso aos seus dados constantes no banco de dados (previsto no § 1.º), bem como a todos os documentos da cadeia de custódia que gerou esse dado, como forma de garantir o exercício do contraditório pela defesa.

---

[3] A redação do *caput* do art. 9.º-A, bem como seus §§ 5.º, 6.º e 7.º haviam sido vetados pelo Presidente da República, mas os vetos foram derrubados pelo Congresso Nacional.

[4] **Razões do veto:**
"A proposta legislativa, ao alterar o *caput* do art. 9.º-A, suprimindo a menção expressa aos crimes hediondos, previstos na Lei n.º 8.072, de 1990, em substituição somente a tipos penais específicos, contraria o interesse público, tendo em vista que a redação acaba por excluir alguns crimes hediondos considerados de alto potencial ofensivo, a exemplo do crime de genocídio e o de posse ou porte ilegal de arma de fogo de uso restrito, além daqueles que serão incluídos no rol de crimes hediondos com a sanção da presente proposta, tais como os crimes de comércio ilegal de armas, de tráfico internacional de arma e de organização criminosa".

Houve, pelo legislador, uma preocupação de proteger os dados genéticos, o que é absolutamente salutar, visto que estes compõem aspectos da intimidade e da privacidade do seu titular e devem ser preservados. Por outro lado, houve também uma preocupação com a forma como esses dados foram constituídos, sendo imprescindível a garantia de sua cadeia de custódia, nos termos dos arts. 158-A a 158-F do Código de Processo Penal, com redação dada pela Lei 13.964/2019.

Impossível não perceber que o legislador já se atentou para a Lei de Proteção de Dados Pessoais (Lei 13.709/2018), que entre os seus dispositivos prevê:

> Art. 5.º Para fins desta Lei, considera-se:
> [...]
> II – dado pessoal sensível: dado pessoal sobre origem racial ou étnica, convicção religiosa, opinião política, filiação a sindicato ou a organização de caráter religioso, filosófico ou político, dado referente à saúde ou à vida sexual, dado genético ou biométrico, quando vinculado a uma pessoa natural.

No § 4.º do art. 9.º-A, a previsão é no sentido de que aqueles condenados nos termos do *caput* que não tiveram seu material genético coletado no momento em que ingressaram no sistema penitenciário deverão ser submetidos ao procedimento durante o cumprimento da pena.

Parece-nos que a preocupação do legislador é no sentido de que os presos que ingressaram no sistema penitenciário antes do trânsito em julgado da sentença penal condenatória – como por uma prisão preventiva ou por outro processo que não seja por crimes definidos no *caput* do art. 9.º da Lei 7.210/1984 – não deixem de ter o seu perfil genético identificado. Não se pode interpretar o dispositivo no sentido de se obrigar aqueles que foram condenados antes da vigência da Lei 13.964/2019, pois tal situação violaria o princípio da legalidade.

No § 5.º,[5] que havia sido vetado pelo Presidente da República, mas que depois teve o veto derrubado pelo Congresso Nacional, há uma limitação expressa para que as amostras de DNA coletadas nos termos do art. 9.º-A somente possam ser utilizadas "para o único e exclusivo fim de permitir a identificação pelo perfil genético, não estando autorizadas as práticas de fenotipagem genética ou de busca familiar".

---

[5] **Razões do veto:**
"A propositura legislativa, ao vedar a utilização da amostra biológica coletada para fins de fenotipagem e busca familiar infralegal, contraria o interesse público por ser uma técnica que poderá auxiliar no desvendamento de crimes reputados graves, a exemplo de identificação de irmãos gêmeos, que compartilham o mesmo perfil genético, e da busca familiar simples para identificar um estuprador, quando o estupro resulta em gravidez, valendo-se, no caso, do feto abortado ou, até mesmo, do bebê, caso a gestação seja levada a termo".

No § 6.º,[6] que também fora vetado, mas depois teve o veto derrubado, prevê-se que, após a identificação do perfil genético do condenado, a amostra biológica deve ser correta e imediatamente descartada, para evitar-se a sua utilização para qualquer outro fim. Trata-se de uma complementação do quanto disposto no parágrafo anterior.

O § 7.º,[7] também objeto de veto presidencial que fora derrubado pelo Congresso Nacional, prevê que somente o perito oficial poderá coletar a amostra biológica e elaborar o respectivo laudo.

Por fim, no § 8.º, previu o legislador que o condenado que se recusar a se submeter ao procedimento de identificação do perfil genético cometerá falta grave.

Afigura-se-nos que esse procedimento de identificação do perfil genético, como um todo, é de constitucionalidade duvidosa. Isso porque esse banco de dados tem por finalidade ser utilizado em futuras investigações criminais, de modo que se estaria obrigando o condenado a produzir prova contra si próprio, ainda que numa perspectiva incerta e futura.

Ademais, nos termos do art. 5.º, X, da Constituição Federal, o corpo é inviolável, de modo que não se pode obrigar o condenado a permitir que se realize qualquer procedimento, ainda que pouco invasivo e indolor.

Punir com falta grave o condenado que recusa a se submeter ao procedimento de identificação do perfil genético é punir, ainda que não penalmente, quem está exercendo direito constitucionalmente previsto.

4.2 Falta grave pela recusa em fornecer material genético

No art. 50 da Lei de Execução Penal estão definidas as faltas graves.

A alteração operada nesse dispositivo foi apenas para acrescentar no inciso VIII mais uma hipótese de falta grave, consistente em "recusar submeter-se ao procedimento de identificação do perfil genético".

---

[6] **Razões do veto:**
"A proposta legislativa, ao prever o descarte imediato da amostra biológica, uma vez identificado o perfil genético, contraria o interesse público tendo em vista que a medida pode impactar diretamente no exercício do direito da defesa, que pode solicitar a refeitura do teste, para fins probatórios. Ademais, as melhores práticas e recomendações internacionais dizem que após a obtenção de uma coincidência (*match*) a amostra do indivíduo deve ser novamente testada para confirmação do resultado. Trata-se de procedimento de controle de qualidade com o objetivo de evitar erros".

[7] **Razões do veto:**
"A proposta legislativa, ao determinar que a coleta da amostra biológica ficará a cargo de perito oficial, contraria o interesse público, notadamente por se tratar de mero procedimento de retirada do material. Ademais, embora a análise da amostra biológica e a elaboração do respectivo laudo pericial sejam atribuições exclusivas de perito oficial, já existe um consenso que a coleta deve ser supervisionada pela perícia oficial, não necessariamente realizada por perito oficial. Além disso, tal restrição traria prejuízos à execução da medida e até mesmo a inviabilizaria em alguns estados em que o número de peritos oficiais é insuficiente".

4.2.1 Art. 50

Sobre essa circunstância já tratamos quando da análise do § 8.º do art. 9.º-A da Lei 7.210/1984 pela Lei 13.964/2019.

Entretanto, um ponto merece atenção: o parágrafo único do art. 50 da Lei 7.210/1984, segundo o qual "o disposto neste artigo aplica-se, no que couber, ao preso provisório".

Entendemos que, no que se refere ao perfil genético, essa obrigação não se aplica ao preso provisório, uma vez que o art. 9.º-A se utiliza da expressão "condenados". Nesses termos, apenas os condenados por decisão penal transitada em julgado é que estariam obrigados a se submeter ao procedimento de identificação do perfil genético, sob pena de violação do princípio do estado de inocência previsto no art. 5.º, LVII, da Constituição Federal.

A seguir, comparamos as redações do art. 50 da Lei 7.210/1984:

Redação dada pela Lei 13.964/2019	Redação Antiga
Art. 50. Comete falta grave o condenado à pena privativa de liberdade que:	Art. 50. Comete falta grave o condenado à pena privativa de liberdade que:
I – incitar ou participar de movimento para subverter a ordem ou a disciplina;	I – incitar ou participar de movimento para subverter a ordem ou a disciplina;
II – fugir;	II – fugir;
III – possuir, indevidamente, instrumento capaz de ofender a integridade física de outrem;	III – possuir, indevidamente, instrumento capaz de ofender a integridade física de outrem;
IV – provocar acidente de trabalho;	IV – provocar acidente de trabalho;
V – descumprir, no regime aberto, as condições impostas;	V – descumprir, no regime aberto, as condições impostas;
VI – inobservar os deveres previstos nos incisos II e V, do artigo 39, desta Lei.	VI – inobservar os deveres previstos nos incisos II e V, do artigo 39, desta Lei.
VII – tiver em sua posse, utilizar ou fornecer aparelho telefônico, de rádio ou similar, que permita a comunicação com outros presos ou com o ambiente externo.	VII – tiver em sua posse, utilizar ou fornecer aparelho telefônico, de rádio ou similar, que permita a comunicação com outros presos ou com o ambiente externo.
VIII – recusar submeter-se ao procedimento de identificação do perfil genético.	*Sem correspondente*

Redação dada pela Lei 13.964/2019	Redação Antiga
Parágrafo único. O disposto neste artigo aplica-se, no que couber, ao preso provisório.	Parágrafo único. O disposto neste artigo aplica-se, no que couber, ao preso provisório.

4.3 Regime Disciplinar Diferenciado (RDD)

As modificações efetivadas pela Lei 13.964/2019 ao art. 52 da Lei de Execução Penal foram substanciais e muito profundas, atingido bastante o instituto do Regime Disciplina Diferenciado (RDD).

O RDD não se trata de uma quarta hipótese de regime prisional, mas sim de uma sanção disciplinar que resulta em forma especial de cumprimento de parte da pena no próprio regime fechado. A criação desse regime deu-se com o intuito de diminuir o poder de certos condenados que, mesmo do interior dos presídios, continuam a comandar as atividades ilícitas das organizações criminosas a que pertencem.

Por força da Lei 10.792/2003, o RDD foi inserido no art. 52 da Lei de Execução Penal, mas, apesar das severas críticas feitas por parte da doutrina à sua existência, os Tribunais Superiores reconheceram sua constitucionalidade.[8]

---

[8] "*Habeas corpus*. Regime disciplinar diferenciado. Art. 52 da LEP. Constitucionalidade. Aplicação do princípio da proporcionalidade. Nulidade do procedimento especial. Reexame de provas. Impropriedade do *writ*. Nulidade da sentença condenatória não reconhecida. 1. Considerando-se que os princípios fundamentais consagrados na Carta Magna não são ilimitados (princípio da relatividade ou convivência das liberdades públicas), vislumbra-se que o legislador, ao instituir o Regime Disciplinar Diferenciado, atendeu ao princípio da proporcionalidade. 2. Legítima a atuação estatal, tendo em vista que a Lei n.º 10.792/2003, que alterou a redação do art. 52 da LEP, busca dar efetividade à crescente necessidade de segurança nos estabelecimentos penais, bem como resguardar a ordem pública, que vem sendo ameaçada por criminosos que, mesmo encarcerados, continuam comandando ou integrando facções criminosas que atuam no interior do sistema prisional – liderando rebeliões que não raro culminam com fugas e mortes de reféns, agentes penitenciários e/ou outros detentos – e, também, no meio social. 3. Aferir a nulidade do procedimento especial, em razão dos vícios apontados, demandaria o revolvimento do conjunto fático-probatório apurado, o que, como cediço, é inviável na estreita via do *habeas corpus*. Precedentes. 4. A sentença monocrática encontra-se devidamente fundamentada, visto que o magistrado, ainda que sucintamente, apreciou todas as teses da defesa, bem como motivou adequadamente, pelo exame percuciente das provas produzidas no procedimento disciplinar, a inclusão do paciente no Regime Disciplinar Diferenciado, atendendo, assim, ao comando do art. 54 da Lei de Execução Penal. 5. Ordem denegada" (STJ, HC 40.300/RJ. Rel. Min. Arnaldo Esteves Lima, j. 07.06.2005).

A crítica realizada por Cezar Roberto Bitencourt[9] dá uma dimensão do problema:

> Essa previsão legal, do regime disciplinar diferenciado, remonta a Mezger, hoje reconhecido colaborador do nazismo, conforme denuncia Muñoz Conde, quando sugeriu a "culpabilidade pela condução da vida". Considera-se como núcleo da culpabilidade, segundo essa concepção de Mezger, não o *fato*, mas o *autor*. O que importa realmente para a *censura* é a personalidade do agente, ou seu caráter, ou a sua conduta social, em última análise, o que ele é, e não *o que faz*, não *como* faz. Uma concepção dessas, voltada exclusivamente para o autor, e perdendo de vista o fato em si, o seu aspecto subjetivo, pode levar, como de fato levou, na Alemanha nazista, a um *arbítrio estatal* desmedido, a uma intervenção indevida no modo de ser do indivíduo. Nesse sentido, pune-se alguém por ser determinada pessoa, porque apresenta determinadas características de personalidade, e não porque fez algo, em última análise. Essa concepção justificaria, por exemplo, intervenções cada vez mais em desacordo com a proteção de direitos e garantias individuais, podendo chegar, numa fase mais avançada, a um arbítrio sutil, modelando, inclusive, a personalidade do indivíduo.

No entanto, parte significativa da doutrina não só defende a constitucionalidade do regime disciplinar diferenciado, como sustenta a crença de que é instrumento hábil ao combate da criminalidade organizada. Entre estes é possível destacar Guilherme Nucci,[10] quando escreve:

> Aliás, proclamar a inconstitucionalidade desse regime, fechando os olhos aos imundos cárceres aos quais estão lançados muitos presos no Brasil, é, com a devida vênia, uma imensa contradição, eivada de demagogia. [...] Há presídios brasileiros onde não existe o RDD, mas presos matam outros, rebeliões são uma atividade constante, fugas ocorrem a todo o momento, a violência sexual não é contida e condenados contraem doenças gravíssimas. Pensamos ser essa situação mais séria e penosa do que o regime disciplinar diferenciado. Obviamente, poder-se-ia argumentar que *um erro não justifica outro*, mas é fundamental lembrar que o *erro essencial e primário* provém, primordialmente, do descaso de décadas com o sistema penitenciário, gerando e possibilitando o crescimento do crime organizado dentro dos presídios. Ora, essa situação necessita de controle imediato, sem falsa utopia. Ademais, não há direito absoluto, como vimos defendendo em todos os nossos estudos, razão pela qual a

---

[9] BITENCOURT, Cezar Roberto. *Tratado de direito penal*: parte geral. 17. ed. São Paulo: Saraiva, 2012. p. 635.

[10] NUCCI, Guilherme de Souza. *Curso de direito penal:* parte geral: arts. 1.º a 120 do Código Penal. São Paulo: Forense, 2017. p. 678.

harmonia entre direitos e garantias é fundamental. Se o preso deveria estar inserido em um regime fechado ajustado à lei – e não o possui no plano real –, a sociedade também tem direito à segurança pública.

Não obstante o regime disciplinar diferenciado estar em pleno funcionamento há mais de 15 anos, o que vemos diariamente é o crescimento e o fortalecimento das organizações criminosas.

Entretanto, a crença do legislador no RDD como instrumento de combate às organizações criminosas continua forte, tanto que a Lei 13.964/2019 incrementou o instituto, operando modificações no art. 52 da Lei 7.210/1984, e o tornou ainda mais severo, limitando sobremaneira os direitos dos condenados submetidos a esse "regime".

4.3.1 Art. 52

A seguir, transcrevemos uma tabela comparativa entre as redações do art. 52 da Lei de Execução Penal:

Redação dada pela Lei 13.964/2019	Redação Antiga
Art. 52. A prática de fato previsto como crime doloso constitui falta grave e, quando ocasionar subversão da ordem ou disciplina internas, sujeitará o preso provisório, ou condenado, **nacional ou estrangeiro**, sem prejuízo da sanção penal, ao regime disciplinar diferenciado, com as seguintes características:	Art. 52. A prática de fato previsto como crime doloso constitui falta grave e, quando ocasione subversão da ordem ou disciplina internas, sujeita o preso provisório, ou condenado, sem prejuízo da sanção penal, ao regime disciplinar diferenciado, com as seguintes características:
I – duração máxima de **até 2 (dois) anos**, sem prejuízo de repetição da sanção por nova falta grave de mesma espécie;	I – duração máxima de trezentos e sessenta dias, sem prejuízo de repetição da sanção por nova falta grave de mesma espécie, até o limite de um sexto da pena aplicada;
II – recolhimento em cela individual;	II – recolhimento em cela individual;
III – visitas **quinzenais**, de 2 (duas) pessoas por vez, a serem realizadas **em instalações equipadas para impedir o contato físico e a passagem de objetos**, por pessoa da família ou, no caso de **terceiro, autorizado judicialmente**, com duração de 2 (duas) horas;	III – visitas semanais de duas pessoas, sem contar as crianças, com duração de duas horas;

Redação dada pela Lei 13.964/2019	Redação Antiga
IV – direito do preso à saída da cela por 2 (duas) horas diárias para banho de sol, **em grupos de até 4 (quatro) presos, desde que não haja contato com presos do mesmo grupo criminoso;**	IV – o preso terá direito à saída da cela por 2 horas diárias para banho de sol.
V – entrevistas sempre monitoradas, exceto aquelas com seu defensor, em instalações equipadas para impedir o contato físico e a passagem de objetos, salvo expressa autorização judicial em contrário;	*Sem correspondente*
VI – fiscalização do conteúdo da correspondência;	*Sem correspondente*
VII – participação em audiências judiciais preferencialmente por videoconferência, garantindo-se a participação do defensor no mesmo ambiente do preso.	*Sem correspondente*
§ 1.º O regime disciplinar diferenciado também será aplicado aos presos provisórios ou condenados, nacionais ou estrangeiros:	§ 1.º O regime disciplinar diferenciado também poderá abrigar presos provisórios ou condenados, nacionais ou estrangeiros, que apresentem alto risco para a ordem e a segurança do estabelecimento penal ou da sociedade.
I – que apresentem alto risco para a ordem e a segurança do estabelecimento penal ou da sociedade;	*Sem correspondente*
II – sob os quais recaiam fundadas suspeitas de envolvimento ou participação, a qualquer título, em organização criminosa, associação criminosa ou milícia privada, independentemente da prática de falta grave.	*Sem correspondente*
§ 2.º *(Revogado.)*	§ 2.º Estará igualmente sujeito ao regime disciplinar diferenciado o preso provisório ou o condenado sob o qual recaiam fundadas suspeitas de envolvimento ou participação, a qualquer título, em organizações criminosas, quadrilha ou bando.

Redação dada pela Lei 13.964/2019	Redação Antiga
§ 3.º Existindo indícios de que o preso exerce liderança em organização criminosa, associação criminosa ou milícia privada, ou que tenha atuação criminosa em 2 (dois) ou mais Estados da Federação, o regime disciplinar diferenciado será obrigatoriamente cumprido em estabelecimento prisional federal.	*Sem correspondente*
§ 4.º Na hipótese dos parágrafos anteriores, o regime disciplinar diferenciado poderá ser prorrogado sucessivamente, por períodos de 1 (um) ano, existindo indícios de que o preso:	*Sem correspondente*
I – continua apresentando alto risco para a ordem e a segurança do estabelecimento penal de origem ou da sociedade;	*Sem correspondente*
II – mantém os vínculos com organização criminosa, associação criminosa ou milícia privada, considerados também o perfil criminal e a função desempenhada por ele no grupo criminoso, a operação duradoura do grupo, a superveniência de novos processos criminais e os resultados do tratamento penitenciário.	*Sem correspondente*
§ 5.º Na hipótese prevista no § 3.º deste artigo, o regime disciplinar diferenciado deverá contar com alta segurança interna e externa, principalmente no que diz respeito à necessidade de se evitar contato do preso com membros de sua organização criminosa, associação criminosa ou milícia privada, ou de grupos rivais.	*Sem correspondente*
§ 6.º A visita de que trata o inciso III do **caput** deste artigo será gravada em sistema de áudio ou de áudio e vídeo e, com autorização judicial, fiscalizada por agente penitenciário.	*Sem correspondente*

Redação dada pela Lei 13.964/2019	Redação Antiga
§ 7.º Após os primeiros 6 (seis) meses de regime disciplinar diferenciado, o preso que não receber a visita de que trata o inciso III do *caput* deste artigo poderá, após prévio agendamento, ter contato telefônico, que será gravado, com uma pessoa da família, 2 (duas) vezes por mês e por 10 (dez) minutos.	*Sem correspondente*

Nos termos do *caput*, para ser submetido ao RDD, o preso deverá ter cometido crime doloso (que sempre constitui falta grave) e que ocasione subversão da ordem ou disciplina internas.

Perceba-se que não se trata de uma decorrência do crime pelo qual o preso está cumprindo pena ou está preso provisoriamente, mas do cometimento de novo crime doloso durante o cumprimento da pena ou da prisão provisória.

Ainda, nos termos do *caput*, não é qualquer crime doloso praticado durante a execução da pena ou prisão provisória que justifica a imposição do RDD, mas somente aquele que ocasione a subversão da ordem ou da disciplina interna.

Já no *caput* do dispositivo há uma pequena alteração para permitir expressamente que o RDD seja aplicado ao "nacional ou estrangeiro". Parece-nos que tal alteração não representa qualquer mudança significativa no instituto, pois a redação anterior, ao prever que o instituto era aplicado ao preso condenado ou provisório, não fazia qualquer distinção entre nacionais ou estrangeiros, sendo aplicável a ambos.

No inciso I do *caput* há uma mudança muito significativa com relação ao tempo que o condenado pode ser submetido ao RDD e à supressão de uma limitação com base no tempo total de pena.

Pela redação antiga do inciso I, poderia o condenado ficar no RDD por no máximo 360 dias (renovável em caso de nova falta grave), limitado ao máximo de 1/6 da pena.

Pela nova redação do mesmo dispositivo, o tempo máximo no RDD, por um único fato, foi aumentado para dois anos, sem a limitação do 1/6 da pena.

O inciso II continua com a mesma redação que prevê o recolhimento em cela individual durante a permanência no RDD.

No inciso III, é regulamentada a visita que o preso no RDD pode receber. Na redação antiga, a previsão era de visitas semanais, de duas pessoas – sem contar crianças –, pelo tempo de duas horas.

A nova redação do inciso III restringiu o direito de visitas. Agora as visitas são quinzenais, de duas pessoas da família, por vez. Um terceiro que não seja da família somente poderá realizar a visita com autorização judicial, o que não era necessário. Em todos os casos, o tempo de visita é de duas horas. Perceba-se que não foi mantida a ressalva com relação às crianças, que não eram computadas no número de visitantes.

Ainda, houve regulamentação do local onde as visitas devem ocorrer, e a nova redação do inciso III exige que as visitas sejam realizadas em instalações que impeçam o contato físico e a passagem de objetos, o que também não havia na redação antiga.

Em síntese, pela nova redação do inciso III do art. 52 da Lei de Execução Penal, as visitas serão quinzenais, de apenas duas pessoas, incluídas as crianças, pelo tempo máximo de duas horas, sem contato físico entre o preso e os visitantes. Excepcionalmente, quando houver autorização judicial, um não membro da família poderá realizar a visita.

Obviamente, nessas restrições não se enquadra a figura do defensor.

No inciso IV do art. 52 previa-se que o preso no RDD teria direito a sair da cela para banho de sol diário, por duas horas.

A nova redação do inciso IV manteve o mesmo tempo de duas horas, mas acrescentou que os presos somente poderão sair em grupos de até quatro pessoas, desde que não haja contato com presos do mesmo grupo criminoso.

Obviamente, a intenção do legislador é manter o isolamento dos presos que se encontram em RDD, especialmente em relação aos demais presos que pertençam à mesma facção criminosa. Entretanto, na prática, tal medida será de difícil cumprimento, porquanto normalmente ficam custodiados no mesmo presídio (ou pelo menos na mesma ala do presídio) presos que fazem parte da mesma facção criminosa, pois, do contrário, haveria brigas entre as diferentes facções. Colocar para tomar banho de sol presos de diferentes grupos criminosos (leia-se diferentes facções criminosas) levará certamente a dois resultados: ou os presos entrarão em conflito violento na tentativa de eliminação da parte contrária ou entrarão em acordo e passarão a atuar numa verdadeira empreitada de diferentes facções, como já acontece em alguns Estados brasileiros.

A redação antiga do art. 52 da Lei de Execução Penal tinha apenas quatro incisos no *caput*, porém a nova redação acrescentou os incisos V, VI e VII, com disposições completamente novas em relação ao RDD.

Assim, no inciso V, tratou a Lei 13.964/2019 das entrevistas, que sempre deverão ser monitoradas e em instalações que impeçam o contato físico e a passagem de objetos, salvo quando houver expressa autorização judicial em contrário. As entrevistas de que trata esse dispositivo não são as visitas dos familiares (tratadas no inciso III), tampouco a entrevista com advogados, visto que estas jamais poderiam ser monitoradas. Trata-se, portanto, de qualquer outra entrevista que eventualmente seja necessária ou autorizada ao preso, tal como entrevistas a veículos de imprensa ou a assistência religiosa ou psicológica.

No inciso VI, acrescentou-se que o preso no RDD terá o conteúdo da sua correspondência fiscalizada. Embora o próprio Supremo Tribunal Federal já tenha decidido em sentido contrário, parece-nos que tal dispositivo é inconstitucional, uma vez que o art. 5.º da Constituição Federal não prevê qualquer restrição ao sigilo de correspondência, como faz, por exemplo, com relação ao sigilo das conversas telefônicas.

Por fim, no inciso VII do art. 52 foi incluída a previsão de que as audiências judiciais das quais o preso no RDD tenha que participar serão, preferencialmente, por videoconferência, garantindo-se ao defensor a participação no mesmo ambiente do preso.

Tal previsão parece-nos de constitucionalidade duvidosa, pois impedir o preso de ser interrogado pessoalmente e diretamente pelo juiz reduz a amplitude da garantia da ampla defesa. A ampla defesa, como se sabe, é formada tanto pela defesa técnica (representada pela obrigatoriedade de um advogado regularmente inscrito nos quadros da Ordem dos Advogados do Brasil ou de um defensor público) como pela autodefesa (defesa feita pelo próprio acusado). O interrogatório, por ser a única oportunidade que o imputado tem de estar pessoalmente frente a frente com o juiz que o sentenciará e apresentar sua própria versão dos fatos, é o ato máximo do exercício da autodefesa.

A videoconferência, sem dúvida, é uma tecnologia absolutamente bem-vinda e que em muito auxilia na celeridade processual, mas ela não pode impor limitações à garantia fundamental da ampla defesa. Ser interrogado pessoal e diretamente pelo juiz é diferente de se ter o contato por meio de uma tela e de um sistema de áudio e vídeo. Qualquer pessoa que já tenha feito uma audiência pessoalmente e uma por videoconferência consegue perceber as diferenças ainda insuperáveis pelo atual momento tecnológico.

Assim, parece-nos que o dispositivo deva ser interpretado e aplicado de maneira restritiva, em respeito à garantia da ampla defesa, insculpida no art. 5.º da Constituição Federal. A interpretação que propomos é a seguinte: toda e qualquer audiência de que o preso no RDD precise participar poderá ser feita por videoconferência, exceto o seu interrogatório, que somente poderá ser realizado dessa forma com a anuência da defesa e do imputado. Desse modo, respeita-se a Constituição Federal e mantém-se vigente o novo texto da Lei 13.964/2019.

Por fim, ainda sobre o inciso VII, chama a atenção a previsão de que, se a audiência for feita por videoconferência, é garantida ao defensor a presença no mesmo ambiente do preso. Se interpretado literalmente, tal dispositivo prevê que juiz e acusador ficarão no fórum e réu e defensor no presídio. Ter-se-ia, portanto, um ambiente compartilhado entre juiz e acusador sem que qualquer controle por parte do defensor. O mais adequado, parece-nos, é que ficassem defensor, acusador e juiz na mesma sala, assegurando ao primeiro uma forma de contato sigilosa com seu cliente, pois qualquer outra situação colocaria a defesa em desigualdade com a acusação, ferindo o sistema acusatório.[11]

---

[11] Nesse sentido: JUNQUEIRA, Gustavo D. *Lei anticrime*: comentada artigo por artigo. São Paulo: Saraiva, 2020. p. 44.

No § 1.º, a Lei 13.964/2019 condensou as previsões anteriores dos §§ 1.º e 2.º da antiga redação. Não houve, portanto, qualquer mudança, a não ser a reorganização topográfica do artigo.

Essas hipóteses definidas no § 1.º não se confundem com as do *caput* do art. 52. Nos termos do *caput*, como visto, para que o preso seja submetido ao RDD é preciso que cometa falta grave consistente em crimes dolosos que subvertam a ordem ou disciplina interna do estabelecimento prisional. Nos termos do § 1.º, não há necessidade de cometimento de qualquer falta grave, e o preso poderá ser submetido ao RDD por uma análise muito mais subjetiva.

Assim, nos termos do § 1.º do art. 52, pela nova redação, o RDD também poderá ser aplicado, independentemente do cometimento de falta grave, tanto aos presos definitivos quanto aos presos provisórios, sejam eles nacionais ou estrangeiros, desde que:

a) apresentem alto risco para a ordem e a segurança do estabelecimento penal ou da sociedade;
b) sob os quais recaiam fundadas suspeitas de envolvimento ou participação, a qualquer título, em organização criminosa, associação criminosa ou milícia privada, independentemente da prática de falta grave.

Conforme crítica de Cezar Roberto Bitencourt supratranscrita, nessas hipóteses há, de fato, uma aproximação do direito penal do autor em prejuízo do direito penal do fato, uma vez que não se submete o preso ao RDD por algo que ele tenha feito, mas sim em virtude do que ele é ou representa.

Ademais, outra crítica sempre feita ao dispositivo é a subjetividade exigida para sua aplicação, visto que o dispositivo fala de "...risco para a ordem e a segurança..." ou "sob os quais recaiam fundadas suspeitas de envolvimento ou participação...".

Nos termos do § 1.º do art. 52, não há, portanto, um critério objetivamente auferível sobre um fato praticado pelo preso que justifica a sua submissão ao RDD, mas sim uma análise subjetiva sobre a pessoa do preso.

O § 2.º do art. 52 foi revogado pela Lei 13.964/2019.

Todas as novas previsões previstas no art. 52 da Lei de Execução Penal, especificamente os §§ 3.º a 7.º, foram acrescidas pela Lei 13.964/2019, sem equivalentes na redação antiga.

Analisemos cada um desses parágrafos.

O § 3.º prevê uma hipótese de "federalização" do RDD. Assim, o preso deverá cumprir o RDD em estabelecimento prisional federal, quando houver indícios de que:

a) exerce liderança em organização criminosa, associação criminosa ou milícia privada;
b) tenha atuação criminosa em dois ou mais Estados da Federação.

Importante atentar-se para o fato de que, para que seja submetido ao RDD, o preso deve incidir ou na hipótese do *caput* do art. 52 (praticar falta grave consistente em crime doloso que subverta a ordem ou disciplina internas) ou em uma das hipóteses do § 1.º do art. 52 (apresentar alto risco para a ordem e a segurança do estabelecimento penal ou da sociedade; ou recaiam fundadas suspeitas de envolvimento ou participação, a qualquer título, em organização criminosa, associação criminosa ou milícia privada, independentemente da prática de falta grave). Incorrendo em uma ou mais dessas hipóteses, poderá o preso ser enviado ao RDD. Se esse preso também se encaixar no que prevê o § 3.º do art. 52 (exercer liderança em organização criminosa, associação criminosa ou milícia privada; ou tenha atuação criminosa em dois ou mais Estados da Federação), aí sim deverá obrigatoriamente cumprir o RDD em estabelecimento prisional federal.

O contrário, porém, não é verdadeiro. Se o preso não se incluir nas hipóteses do § 3.º do art. 52, não significa que tenha direito ao RDD em estabelecimento prisional estadual. Se o preso vai para o presídio estadual ou federal é uma questão administrativa.

No § 4.º, o legislador acrescentou uma possibilidade de prorrogação sucessiva do RDD, por períodos de um ano, aplicável somente quando este tiver sido determinado com fundamento no § 1.º do art. 52, uma vez que a hipótese prevista no *caput* somente admite prorrogação, quando houver o cometimento de nova falta grave. Ainda, o texto do § 4.º prevê expressamente "na hipótese dos parágrafos anteriores", excluindo, assim, o disposto no *caput*.

Nesses termos, poderá o RDD, determinado com fundamento no § 1.º do art. 52, ser prorrogado por mais um ano, de maneira sucessiva, quando:

a) o preso continuar apresentando alto risco para a ordem e a segurança do estabelecimento penal de origem ou da sociedade;

b) o preso ainda mantiver os vínculos com organização criminosa, associação criminosa ou milícia privada, considerados também o perfil criminal e a função desempenhada por ele no grupo criminoso, a operação duradoura do grupo, a superveniência de novos processos criminais e os resultados do tratamento penitenciário.

Obviamente, essa prorrogação depende de uma decisão judicial do juízo das execuções penais, que deve ser devidamente fundamentada e motivada.

Entretanto, pela carga subjetiva prevista no dispositivo, pode-se, sem qualquer dificuldade, manter o preso no RDD durante a totalidade da sua pena, renovando anualmente a motivação com fundamento no § 4.º do art. 52.

O legislador utiliza-se, de forma absolutamente a técnica e sem qualquer preocupação com o princípio da legalidade, de expressões sem conteúdo definido e sem qualquer significado jurídico. O que seria, por exemplo, "perfil criminal" do preso"? Ou "operação duradoura do grupo"? Ou "resultados do tratamento penitenciário"? Todas essas expressões, por total ausência de conteúdo, permitem a fundamentação de qualquer decisão para a prorrogação do RDD nos termos do § 4.º do art. 52. Não serão raras decisões que, para prorrogar o RDD por mais um ano, simplesmente anotarão: "a prorrogação é recomendável com base no perfil criminoso do condenado"; ou "fundamenta-se a prorrogação do RDD pelo fato da operação do grupo criminoso a que pertence ser duradoura" etc.

Se as hipóteses de decretação do RDD previstas no § 1.º do art. 52 já eram passíveis de crítica por conta da subjetividade à qual estavam sujeitas, as hipóteses de prorrogação sucessivas do RDD, estabelecidas no § 4.º, são ainda mais criticáveis.

O § 5.º faz uma remissão ao § 3.º, que prevê a federalização do RDD.

Logo, nos termos do § 5.º, quando houver a federalização, em razão do § 3.º, o regime disciplinar diferenciado "federalizado" deverá contar com alta segurança interna e externa, principalmente no que diz respeito à necessidade de evitar contato do preso com membros de sua organização criminosa, associação criminosa ou milícia privada, ou de grupos rivais.

A preocupação demonstrada pelo legislador nesse dispositivo deve, obviamente, ser observada a todo e qualquer RDD, não apenas no "federalizado". A impressão que o legislador transmite é a de que as guerras ou conluios entre facções criminosas ocorreriam apenas nos presídios federais, quando se sabe que estão espalhadas por todo o sistema prisional.

O § 6.º remete à visita dos familiares ou do terceiro com autorização judicial prevista no *caput*, III. Segundo esse dispositivo, a visita deverá ser gravada. Ainda, se houver autorização judicial, deverá ser fiscalizada por agente penitenciário.

Parece-nos que o pedido para que a visita seja fiscalizada por agente penitenciário deve trazer os motivos pelos quais essa medida extrema seria necessária e a decisão judicial correspondente, devidamente fundamentada.

Por fim, no § 7.º, há a previsão de que o preso, que estiver após seis meses no RDD e não tiver recebido qualquer visita de que trata o inciso III do *caput* do art. 52, poderá ter contato telefônico com uma pessoa da família, duas vezes por mês, durante 10 minutos. A ligação deverá ser gravada.

Trata-se de uma medida subsidiária com relação à visita e absolutamente necessária para que o preso consiga manter o mínimo de contato com seus familiares durante o cumprimento da pena no RDD. O prazo exigido pelo legislador para que se possa realizar o primeiro contato telefônico é demasiadamente longo. É preciso considerar a realidade do sistema prisional brasileiro, na qual muitos presos cumprem penas a centenas, quando não milhares, de quilômetros de suas famílias, que por variados motivos não conseguem se deslocar até o município do estabelecimento prisional para visitá-los.

Ora, se o contato telefônico é subsidiário à visita pessoal, esse deveria ser autorizado tão logo as visitas não ocorressem. Trata-se, minimamente, de questão humanitária.

Por se tratar de norma de conteúdo penal material, os regramentos mais severos com relação ao RDD incluídos na Lei de Execução Penal pela Lei 13.964/2019 somente são aplicáveis aos crimes praticados após a sua vigência.

4.4 Progressão de regime

Nos termos do art. 1.º da Lei de Execução Penal, a pena também tem por finalidade a integração social do condenado:

> Art. 1.º A execução penal tem por objetivo efetivar as disposições de sentença ou decisão criminal e proporcionar condições para a harmônica integração social do condenado e do internado.

Essa integração será efetivada pelo sistema progressivo, segundo o qual o condenado vai reconquistando sua liberdade gradativamente de acordo com o tempo e por seus méritos. Contudo, o sistema também admite a regressão, quando o condenado incorre em comportamentos definidos em lei que frustram os fins da integração social.

A progressão é a passagem do sistema mais rígido para o mais benéfico, ou seja, é a passagem do fechado para o semiaberto e deste para o aberto. Ao progredir do regime fechado, o condenado, obrigatoriamente, deverá passar pelo regime semiaberto, pois é vedada a chamada progressão *per saltum* (ou por salto), nos termos da Súmula 491 do STJ:

> É inadmissível a chamada progressão *per saltum* de regime prisional.

Entretanto, em situações excepcionais, essa regra é flexibilizada por deficiência do próprio sistema prisional, como ocorre quando o condenado está em regime fechado e já tem direito à progressão de regime, mas não há vagas no regime semiaberto. Nesses casos, o condenado deverá aguardar a vaga a que tem direito no regime mais benéfico, ou seja, no aberto.

O art. 112 da Lei de Execução Penal é que estabelece os critérios para a progressão de regimes.

4.4.1 Art. 112

Pela sistemática antiga, prevista originalmente no art. 112 na Lei de Execução Penal, os critérios para progressão de regime poderiam ser assim sintetizados:

a) cumprimento de 1/6 da pena no regime anterior;
b) ostentar bom comportamento carcerário, comprovado pelo diretor do estabelecimento.

Havia, porém, uma situação específica para a progressão de regime nos crimes hediondos, definida na Lei 8.072/1990, que sinteticamente estabelecia os seguintes critérios para a progressão de regime:

a) cumprimento de 2/5 da pena no regime anterior, para o réu primário;
b) cumprimento de 3/5 da pena no regime anterior, se o réu for reincidente.

Segundo entendimento majoritário da doutrina e jurisprudência brasileira, para que seja exigível o patamar de 3/5, bastaria a reincidência genérica, ou seja, decisão condenatória anterior por crime doloso transitada em julgado. Não há necessidade de que a reincidência seja específica em crimes hediondos ou equiparados.

Entretanto, com a nova redação do art. 112, promovida pela Lei 13.964/2019, esse panorama foi completamente alterado e a sistemática foi modificada por completo, inclusive no que se refere aos crimes hediondos, conforme se demonstrará.

Abandonou-se o critério único de 1/6 para utilizar-se uma série de porcentagens distintas, específicas para cada grupo de casos.

A seguir, colacionamos tabela comparativa entre as redações para tornar a questão mais didática:

Redação dada pela Lei 13.964/2019	Redação Antiga
Art. 112. A pena privativa de liberdade será executada em forma progressiva com a transferência para regime menos rigoroso, a ser determinada pelo juiz, quando o preso tiver cumprido ao menos:	Art. 112. A pena privativa de liberdade será executada em forma progressiva com a transferência para regime menos rigoroso, a ser determinada pelo juiz, quando o preso tiver cumprido ao menos um sexto da pena no regime anterior e ostentar bom comportamento carcerário, comprovado pelo diretor do estabelecimento, respeitadas as normas que vedam a progressão.
I – 16% (dezesseis por cento) da pena, se o apenado for primário e o crime tiver sido cometido sem violência à pessoa ou grave ameaça;	*Sem correspondente*
II – 20% (vinte por cento) da pena, se o apenado for reincidente em crime cometido sem violência à pessoa ou grave ameaça;	*Sem correspondente*
III – 25% (vinte e cinco por cento) da pena, se o apenado for primário e o crime tiver sido cometido com violência à pessoa ou grave ameaça;	*Sem correspondente*
IV – 30% (trinta por cento) da pena, se o apenado for reincidente em crime cometido com violência à pessoa ou grave ameaça;	*Sem correspondente*

Redação dada pela Lei 13.964/2019	Redação Antiga
V – 40% (quarenta por cento) da pena, se o apenado for condenado pela prática de crime hediondo ou equiparado, se for primário;	*Sem correspondente*
VI – 50% (cinquenta por cento) da pena, se o apenado for:	*Sem correspondente*
a) condenado pela prática de crime hediondo ou equiparado, com resultado morte, se for primário, vedado o livramento condicional;	*Sem correspondente*
b) condenado por exercer o comando, individual ou coletivo, de organização criminosa estruturada para a prática de crime hediondo ou equiparado; ou	*Sem correspondente*
c) condenado pela prática do crime de constituição de milícia privada;	*Sem correspondente*
VII – 60% (sessenta por cento) da pena, se o apenado for reincidente na prática de crime hediondo ou equiparado;	*Sem correspondente*
VIII – 70% (setenta por cento) da pena, se o apenado for reincidente em crime hediondo ou equiparado com resultado morte, vedado o livramento condicional.	*Sem correspondente*
§ 1.º Em todos os casos, o apenado só terá direito à progressão de regime se ostentar boa conduta carcerária, comprovada pelo diretor do estabelecimento, respeitadas as normas que vedam a progressão.	*Sem correspondente*
§ 2.º A decisão do juiz que determinar a progressão de regime será sempre motivada e precedida de manifestação do Ministério Público e do defensor, procedimento que também será adotado na concessão de livramento condicional, indulto e comutação de penas, respeitados os prazos previstos nas normas vigentes.	§ 1.º A decisão será sempre motivada e precedida de manifestação do Ministério Público e do defensor. § 2.º Idêntico procedimento será adotado na concessão de livramento condicional, indulto e comutação de penas, respeitados os prazos previstos nas normas vigentes.

Redação dada pela Lei 13.964/2019	Redação Antiga
§ 3.º No caso de mulher gestante ou que for mãe ou responsável por crianças ou pessoas com deficiência, os requisitos para progressão de regime são, cumulativamente:	§ 3.º No caso de mulher gestante ou que for mãe ou responsável por crianças ou pessoas com deficiência, os requisitos para progressão de regime são, cumulativamente:
I – não ter cometido crime com violência ou grave ameaça a pessoa;	I – não ter cometido crime com violência ou grave ameaça a pessoa;
II – não ter cometido o crime contra seu filho ou dependente;	II – não ter cometido o crime contra seu filho ou dependente;
III – ter cumprido ao menos 1/8 (um oitavo) da pena no regime anterior;	III – ter cumprido ao menos 1/8 (um oitavo) da pena no regime anterior;
IV – ser primária e ter bom comportamento carcerário, comprovado pelo diretor do estabelecimento;	IV – ser primária e ter bom comportamento carcerário, comprovado pelo diretor do estabelecimento;
V – não ter integrado organização criminosa.	V – não ter integrado organização criminosa.
§ 4.º O cometimento de novo crime doloso ou falta grave implicará a revogação do benefício previsto no § 3.º deste artigo.	§ 4.º O cometimento de novo crime doloso ou falta grave implicará a revogação do benefício previsto no § 3.º deste artigo.
§ 5.º Não se considera hediondo ou equiparado, para os fins deste artigo, o crime de tráfico de drogas previsto no § 4.º do art. 33 da Lei 11.343, de 23 de agosto de 2006.	*Sem correspondente*
§ 6.º O cometimento de falta grave durante a execução da pena privativa de liberdade interrompe o prazo para a obtenção da progressão no regime de cumprimento da pena, caso em que o reinício da contagem do requisito objetivo terá como base a pena remanescente.	*Sem correspondente*
§ 7.º O bom comportamento é readquirido após 1 (um) ano da ocorrência do fato, ou antes, após o cumprimento do requisito temporal exigível para a obtenção do direito.	*Sem correspondente*

O *caput* do art. 112 teve parte de sua redação suprimida para fazer constar apenas que a pena privativa de liberdade será executada de forma progressiva com a transferência para regime menos rigoroso, a ser determinada pelo juiz.

Nos incisos I a V, o legislador previu as porcentagens que deverão ser cumpridas no regime mais rigoroso e os demais requisitos que deverão ser cumpridos para cada grupo de casos para que o condenado obtenha a progressão para o regime menos rigoroso.

As novas situações para progressão de regime, nos termos dos incisos do art. 112 da Lei de Execução Penal, com redação dada pela Lei 13.964/2019, são as seguintes:

I. 16% da pena, se o apenado for primário e o crime tiver sido cometido sem violência à pessoa ou grave ameaça;
II. 20% da pena, se o apenado for reincidente em crime cometido sem violência à pessoa ou grave ameaça;
III. 25% da pena, se o apenado for primário e o crime tiver sido cometido com violência à pessoa ou grave ameaça;
IV. 30% da pena, se o apenado for reincidente em crime cometido com violência à pessoa ou grave ameaça;
V. 40% da pena, se o apenado for condenado pela prática de crime hediondo ou equiparado, se for primário.
VI. 50% da pena, se o apenado for:
   a. condenado pela prática de crime hediondo ou equiparado, com resultado morte, se for primário, vedado o livramento condicional;
   b. condenado por exercer o comando, individual ou coletivo, de organização criminosa estruturada para a prática de crime hediondo ou equiparado; ou
   c. condenado pela prática do crime de constituição de milícia privada.
VII. 60% da pena, se o apenado for reincidente na prática de crime hediondo ou equiparado;
VIII. 70% da pena, se o apenado for reincidente em crime hediondo ou equiparado com resultado morte, vedado o livramento condicional.

Os novos patamares variam de 16% a 70% de cumprimento da pena no regime anterior.

Impossível não perceber que a intenção do legislador foi manter os condenados mais tempo no regime inicial do cumprimento da pena, que em geral, é o mais gravoso pelo qual o condenado passará.

No que se refere ao inciso I (*primário condenado por crime sem violência ou grave ameaça à pessoa*), a nova lei é mais benéfica, ainda que de maneira quase insignificante. Isso porque o patamar anterior de 1/6 equivalia a 16,6% da pena, e a nova lei exige 16%. Esse dispositivo, por ser *novatio legis in mellius*, tem aplicação retroativa e alcança os fatos ocorridos antes da vigência da Lei 13.964/2019.

No inciso II (*reincidente em crime praticado sem violência ou grave ameaça à pessoa*), o patamar já é mais rígido, pois se exige 20% do cumprimento da pena no regime anterior. Estarão submetidos a este patamar de 20% os reincidentes específicos em crimes praticados sem violência ou grave ameaça à pessoa (crime sem violência ou grave ameaça à pessoa + crime sem violência ou grave ameaça à pessoa). Também estaria sujeito a esse patamar quem praticasse dois furtos, ou um furto e um estelionato, por exemplo. Por ser mais rígido que o patamar da lei anterior, essa norma não retroage, sendo aplicável somente aos que cometerem os fatos após a vigência da Lei 13.964/2019.

No inciso III (*primário condenado por crime com violência ou grave ameaça à pessoa*), o patamar é de 25%, também superior à lei anterior, somente sendo aplicável aos fatos futuros. Assim, um réu primário, condenado por roubo a seis anos de reclusão, em regime inicial semiaberto, terá que cumprir 25% da pena nesse regime (um ano e oito meses), para só então passar para o regime aberto. Pela sistemática antiga, bastaria cumprir 1/6 (um ano) para ter direito à progressão.

No inciso IV (*reincidente em crime com violência ou grave ameaça à pessoa*), o patamar é de 30%, configurando também lei nova mais severa, sendo aplicável apenas aos crimes praticados após a vigência da Lei 13.964/2019. Esse patamar de 30% somente poderá ser aplicável aos reincidentes específicos em crimes com violência ou grave ameaça à pessoa (crime com violência ou grave ameaça à pessoa + crime com violência ou grave ameaça à pessoa), como dois roubos, por exemplo, ou, então, uma lesão corporal dolosa e um roubo.

Chamamos a atenção para o seguinte fato: nos incisos I e III, estão previstos os patamares para progressão dos crimes praticados por réus primários. Nos incisos II e IV, estão previstos, respectivamente, os patamares para os condenados reincidentes específicos em crimes *sem* violência ou grave ameaça à pessoa (crime sem violência ou grave ameaça à pessoa + crime sem violência ou grave ameaça à pessoa) e para os reincidentes específicos em crimes praticados *com* violência ou grave ameaça à pessoa (crime com violência ou grave ameaça à pessoa + crime com violência ou grave ameaça à pessoa). Não há previsão de que patamar aplicar ao condenado reincidente, mas não específico, em nenhuma forma. Assim, quem comete um furto (crime praticado sem violência ou grave ameaça à pessoa) e depois reincide cometendo um roubo (crime com violência ou grave ameaça à pessoa) não é reincidente em crime praticado sem violência ou grave ameaça à pessoa (inciso II) nem reincidente em crime praticado com violência ou grave ameaça à pessoa (inciso IV). Em respeito ao princípio da estrita legalidade, parece-nos que não há alternativa a não ser aplicar o patamar de 25%, considerando-o *primário que cometeu o crime com violência ou grave ameaça à pessoa* (roubou), enquadrando-o no inciso III. Entretanto, se a situação for ao contrário, condenação anterior por roubo (crime com violência ou grave ameaça à pessoa) e nova condenação por furto (crime sem violência ou grave ameaça à pessoa), deve-se aplicar o patamar de 20%, enquadrando-o no inciso II, considerando-o como reincidente, mas não em crime praticado com violência ou grave ameaça à pessoa. Qualquer interpretação mais gravosa que essa violaria o princípio da legalidade.

No tocante aos crimes hediondos ou equiparados, a Lei 13.964/2019 também criou novos patamares.

Se o apenado for *primário e condenado a crime hediondo ou equiparado* (inciso V), o patamar para progressão de regime será de 40%; se *for primário e condenado a crime hediondo ou equiparado com resultado morte*, o patamar de progressão será de 50% (inciso VI, *a*); se for *reincidente específico em crime hediondo ou equiparado sem resultado morte*, o patamar de progressão será de 60% (inciso VII); e se for *reincidente específico em crime hediondo ou equiparado com resultado morte*, o patamar de progressão será de 70% (inciso VIII).

Entretanto, se o primeiro crime hediondo for com resultado morte (homicídio consumado) e o segundo não (estupro), *não há reincidência específica em crime hediondo com resultado morte*, não sendo possível aplicar o patamar de 70%, devendo ser aplicado o de 60%, pois o sujeito é *reincidente em crime hediondo*. O mesmo ocorrerá se o primeiro crime hediondo não tiver resultado morte e o segundo crime hediondo for com resultado morte, pois o sujeito será reincidente em crime hediondo, mas não reincidente específico em crime hediondo com resultado morte. Trata-se de uma imposição do princípio da legalidade.

Interessante notar que, com relação ao reincidente em crime hediondo, a lei nova é mais benéfica. Isso porque, pela redação antiga, bastaria que o condenado fosse reincidente genérico para que se exigisse o cumprimento de 3/5 da pena para a progressão de regime.[12] Pela nova redação, dada pela Lei 13.964/2019, especificamente no inciso VII do art. 112 da LEP, para que se exija o cumprimento de 60% (que equivale aos antigos 3/5), faz-se necessário que o apenado seja "reincidente na prática de crime hediondo ou equiparado", ou seja, reincidente específico em crime hediondo ou equiparado.[13]

Assim, se um reincidente específico em crime hediondo ou equiparado for condenado a 20 anos de reclusão, com regime inicial fechado, somente poderá progredir para o novo regime após cumprir 14 anos no regime fechado. Ao progredir para o regime semiaberto, faltariam ainda seis anos de cumprimento total da pena. Para progredir ao aberto, o condenado precisaria cumprir 70% da pena restante, ou seja, mais quatro anos e dois meses. Somente poderia chegar no regime aberto após o cumprimento total de 18 anos e 2 meses de pena. Pelo regime antigo, esse mesmo condenado precisaria cumprir 12 anos para progredir para o regime semiaberto.

---

[12] A redação do § 2.º do art. 2.º da Lei de Crimes Hediondos era a seguinte: "§ 2.º A progressão de regime, no caso dos condenados aos crimes previstos neste artigo, dar-se-á após o cumprimento de 2/5 (dois quintos) da pena, se o apenado for primário, e de 3/5 (três quintos), se reincidente".

[13] No mesmo sentido: JUNQUEIRA, Gustavo D. *Lei anticrime*, p. 51.

A jurisprudência caminha nesse sentido, e traz-nos bastante alegria constatar que nossa doutrina foi utilizada como fundamentação para as primeiras decisões do Superior Tribunal de Justiça[14] sobre este tema.

O Ministro Nefi Cordeiro, do Superior Tribunal de Justiça, em decisão proferida em 07.10.2020, no julgamento do *Habeas Corpus* 600.588/SP, asseverou que:

> (...) em razão da omissão legal, não há como aplicar de forma extensiva e prejudicial ao paciente o percentual de 60% que trata sobre a reincidência em crime hediondo ou equiparado. Ao contrário, merece na hipótese o uso da analogia *in bonam partem* para fixar o percentual de 40% previsto no inciso V do art. 112, relativo ao primário e ao condenado por crime hediondo ou equiparado (STJ, HC 600.588/SP, 6.ª Turma, Rel. Min. Nefi Cordeiro, publicado em 07.10.2020).

No mesmo sentido, foi o julgamento, pela Sexta Turma do Superior Tribunal de Justiça, do *Habeas Corpus* 581.315/PR, de relatoria do Ministro Sebastião Reis Junior, no qual se entendeu que:

> (...) a atual redação do art. 112 revela que a situação ora em exame (condenado por crime hediondo com resultado morte, reincidente não específico) não foi contemplada na lei nova. Nessa hipótese, diante da ausência de previsão legal, o julgador deve integrar a norma aplicando a analogia *in bonam parte*. Impõe-se, assim, a aplicação do contido no inciso IV, *a*, do referido artigo da Lei de Execução Penal, exigindo-se, portanto, o cumprimento de 50% da pena para a progressão de regime, caso não cometida falta grave (STJ, HC 581.315/PR, 6.ª Turma, Rel. Min. Sebastião Reis Júnior, publicado em 19.10.2020).

---

[14] Em pesquisa realizada no site do Superior Tribunal de Justiça, até o dia 27.04.2021 havia 12 acórdãos e 1.346 decisões monocráticas que citavam a 1.ª edição desta obra, especificamente sobre esse tema. Em todos os acórdãos em que nossa doutrina é citada há o acolhimento de nossa posição. Os acórdãos são: AgRg no HC 649.328/RJ, 5.ª Turma, Rel. Min. Reynaldo Soares da Fonseca, j. 16.03.2021; AgRg no HC 648.508/SP, 5.ª Turma, Rel. Min. Reynaldo Soares da Fonseca, j. 16.03.2021; AgRg no HC 644.593/SP, 5.ª Turma, Rel. Min. Felix Fischer, j. 16.03.2021; AgRg no HC 628.284/SC, 5.ª Turma, Rel. Min. Felix Fischer, j. 23.02.2021; AgRg no HC 617.922/SP, 5.ª Turma, Rel. Min. Reynaldo Soares da Fonseca, j. 09.02.2021; AgRg no HC 625.315/SP, 5.ª Turma, Rel. Min. Reynaldo Soares da Fonseca, j. 02.02.2021; AgRg no HC 629.387/SP, 5.ª Turma, Rel. Min. Reynaldo Soares da Fonseca, j. 02.02.2021; Edcl no AgRg no HC 616.696/SP, 5.ª Turma, Rel. Min. Felix Fischer, j. 02.02.2021; Edcl no AgRg no HC 620.837/MS, 5.ª Turma, Rel. Min. Felix Fischer, j. 02.02.2021; Edcl no AgRg no HC 625.590/SP, 5.ª Turma, Rel. Min. Felix Fischer, j. 02.02.2021; AgRg no HC 613.268/SP, 5.ª Turma, Rel. Min. Reynaldo Soares da Fonseca, j. 09.12.2021; AgRg no HC 616.267/SP, 5.ª Turma, Rel. Min. Reynaldo Soares da Fonseca, j. 09.12.2021.

A Quinta Turma do Superior Tribunal de Justiça, a partir de voto de lavra do Ministro Relator Reynaldo Soares da Fonseca, proferido no julgamento do Agravo Regimental no *Habeas Corpus* 613.268, ocorrido em 09.12.2020, acompanhado à unanimidade, revisitou o tema e aderiu ao entendimento, ao decidir que:

> (...) em Direito Penal não é permitido o uso de interpretação extensiva, para prejudicar o réu, impondo-se a integração da norma mediante a analogia *in bonam partem*. Logo, a lei penal deve ser interpretada restritivamente quando prejudicial ao réu, e extensivamente no caso contrário (*favorablia sunt amplianda, odiosa restringenda*) – in NÉLSON HUNGRIA, Comentários ao Código Penal, v. I, t. I, p. 86. Recorde-se, aliás, que a interpretação extensiva em sentido amplo abrange a interpretação extensiva em sentido estrito e a interpretação analógica. A analogia é forma de integração de lacuna (quando não há na lei previsão sobre uma hipótese concreta). São pressupostos da analogia: certeza de que sua aplicação será favorável ao réu; existência de uma efetiva lacuna a ser preenchida. (...) Assim, considerando que o paciente, condenado pela prática de tráfico de drogas, é reincidente genérico, impõe-se a aplicação do percentual equivalente ao que é previsto para o primário – 40%. Diante do exposto, dou provimento ao agravo regimental e concedo *habeas corpus* de ofício para que a transferência do paciente para regime menos rigoroso observe, quanto ao requisito objetivo, o cumprimento de 40% da pena privativa de liberdade a que condenado, salvo se cometida falta grave (STJ, AgRg no HC 613.268/SP, 5.ª Turma, Rel. Min. Reynaldo Soares da Fonseca, j. 09.12.2020).

Os Tribunais Estaduais também estão decidindo no mesmo sentido.[15]

Nos termos do § 1.º do art. 112, em todas as hipóteses elencadas no *caput*, o condenado somente obterá o direito à progressão de regime se ostentar boa conduta carcerária, que será comprovada por atestado do diretor do estabelecimento, respeitadas as normas que vedam a progressão. Parece-nos que

---

[15] O Tribunal de Justiça de São Paulo, acolhendo a tese por nós defendida, e utilizando-se de nossa doutrina como fundamento, exarou até 27.04.2021, dentre outras, as seguintes decisões: Agravo de Execução Penal 0002500-56.2021.8.26.0502, 9.ª Câmara de Direito Criminal, Rel. Des. Silmar Fernandes, j. 09.04.2021; Agravo de Execução Penal 0001772-15.2021.8.26.0502, 9.ª Câmara de Direito Criminal, Rel. Des. Fátima Gomes, j. 13.04.2021; Agravo de Execução Penal 0001226-97.2021.8.26.0521, 16.ª Câmara de Direito Criminal, Rel. Des. Newton Neves, j. 13.04.2021; Agravo de Execução Penal 0004665-56.2020.8.26.0520, 2.ª Câmara de Direito Criminal, Rel. Des. Amaro Thomé, j. 15.04.2021; AgRg 0000207-34.2021.8.26.0496/50000, 14.ª Câmara de Direito Criminal, Rel. Des. Hermann Herschander, j. 19.04.2021; Agravo de Execução Penal 0008307-64.2020.8.26.0026, 12.ª Câmara de Direito Criminal, Rel. Des. Paulo Rossi, j. 19.04.2021; Agravo de Execução Penal 0001238-14.2021.8.26.0521, 1.ª Câmara de Direito Criminal, Rel. Des. Mário Devienne Ferraz, j. 20.04.2021.

o exame criminológico somente será exigido quando houver alguma peculiaridade no caso concreto, mantendo o entendimento da Súmula 439 do STJ:

> Admite-se o exame criminológico pelas peculiaridades do caso, desde que em decisão motivada.

Essa exigência do bom comportamento carcerário já existia na redação antiga, mas estava prevista no antigo *caput* do art. 112 da Lei de Execução Penal.

No § 2.º, com redação dada pela Lei 13.964/2019, condensou-se o que antes estava previsto nos §§ 1.º e 2.º da antiga redação, sem qualquer modificação de conteúdo.

Trata-se de uma previsão procedimental que exige que a decisão que determinar a progressão do regime deverá ser sempre motivada e precedida de manifestação do Ministério Público e do defensor. Esse procedimento também deverá ser observado quando da concessão do livramento condicional, indulto e comutação de penas.

Os §§ 3.º e 4.º foram mantidos com as mesmas redações, sem qualquer alteração.

O § 5.º, incluído pela Lei 13.964/2019 no art. 112 da Lei de Execução Penal, previu expressamente que não se considera hediondo ou equiparado a hediondo, para fins deste artigo, o crime de tráfico de drogas privilegiado, definido no § 4.º do art. 33 da Lei 11.343/2006. Aqui o legislador acolheu entendimento jurisprudencial já pacificado, inclusive, no Supremo Tribunal Federal.

Portanto, quando o crime pelo qual o sujeito foi condenado se tratar do previsto no art. 33, § 4.º, da Lei 11.343/2006, o patamar a ser exigido para a progressão de regime não será o do inciso V ou VI do *caput* do art. 112, mas sim o do inciso I ou II, uma vez que se trata de crime praticado sem violência à pessoa ou grave ameaça. A retirada do caráter hediondo do tráfico privilegiado fundamentou a decisão unânime da Sexta Turma do Superior Tribunal de Justiça de conceder a ordem no *Habeas Corpus* coletivo 596.603/SP, impetrado pela Defensoria Pública de São Paulo, para fixar o regime aberto a todas as pessoas condenadas no estado por tráfico privilegiado, com pena de um ano e oito meses. No voto condutor, o Relator Ministro Rogerio Schietti Cruz criticou a insistente desconsideração das diretrizes derivadas das cortes superiores relativas ao tema por parte das demais instâncias: "Produz um desgaste permanente da função jurisdicional, com anulação e/ou repetição de atos, e implica inevitável lesão financeira ao erário, bem como gera insegurança jurídica e clara ausência de isonomia na aplicação da lei aos jurisdicionados" (STJ, HC 596.603/SP, 6.ª Turma, Rel. Min. Rogerio Schietti Cruz, j. 08.09.2020).

Por fim, o § 6.º, que também foi incluído pela Lei 13.964/2019, prevê que o cometimento de falta grave durante a execução da pena privativa de liberdade interrompe o prazo para obtenção da progressão no regime de cumprimento da pena. Ocorrendo tal fato, o reinício da contagem terá por base a pena remanescente, e não o total da pena aplicada. Houve, nesse ponto, positivação do entendimento definido na Súmula 534 do Superior Tribunal de Justiça, que tem o seguinte teor:

> A prática de falta grave interrompe a contagem do prazo para a progressão de regime de cumprimento de pena, o qual se reinicia a partir do cometimento dessa infração.

Assim, se um réu primário for condenado a dez anos de reclusão pela prática de crime hediondo, somente poderá progredir de regime quando cumprido 40% da pena, ou seja, quatro anos. Todavia, imaginemos que, depois de cumprir apenas dois anos da pena no regime fechado, esse condenado cometa uma falta grave que interromperá a contagem de seu prazo para progressão. Para o novo cálculo deverá ser considerado o cumprimento de 40% da pena remanescente, ou seja, dos oito anos, que será três anos e dois meses. Considerando que já cumpriu dois anos no regime fechado, precisará cumprir agora mais três anos e dois meses para poder progredir para o regime semiaberto.

O § 7.º, que prevê a forma do condenado readquirir o bom comportamento carcerário, havia sido vetado pelo Presidente da República, mas, com a derrubada do veto pelo Congresso Nacional, agora passa a fazer parte do art. 112, com a seguinte redação:

> O bom comportamento é readquirido após 1 (um) ano da ocorrência do fato, ou antes, após o cumprimento do requisito temporal exigível para a obtenção do direito.

Este dispositivo traz mudanças muito benéficas aos condenados que estão cumprindo pena privativa de liberdade. A primeira delas é tornar objetivo o critério para que o condenado readquira o bom comportamento carcerário, fato que se dará pelo curso do tempo, especificamente, um ano após a ocorrência do fato que fez com que perdesse o *status* de bom comportamento, como uma falta grave, por exemplo. Não há necessidade do cumprimento de mais nenhum requisito ou condição, somente o decurso do tempo de um ano. A segunda mudança benéfica é que esse tempo de um ano poderá ser encurtado, desde que o condenado alcance, antes do decurso de um ano, o requisito temporal para obtenção do direito que pleiteia.

Assim, se um condenado primário que tiver cometido o crime mediante violência ou grave ameaça à pessoa (inciso III do art. 112 da LEP), e que somente poderá progredir após o cumprimento de 25% da pena no regime anterior, comete uma falta grave após exatos 6 meses de cumprimento da pena, perderá o bom comportamento carcerário e terá o seu prazo para progressão de regime interrompido. Reiniciada a contagem do prazo para progressão, considerar-se-á o *quantum* restante da pena – 3 anos e 6 meses, sobre o qual deverá cumprir 25%, que é 10 meses e 15 dias. Perceba que o condenado alcançou o tempo exigido para obtenção do direito (progressão de regime) antes do prazo de um ano necessário para readquirir o bom comportamento carcerário, de modo que, pela dicção da parte final do § 7.º do art. 112, o bom comportamento carcerário será "antecipado" e o direito concedido.

Essa nova situação é mais benéfica aos condenados, de modo que tem aplicação retroativa.

4.5 Vedação à saída temporária ao condenado por crime hediondo com resultado morte

O art. 122 da Lei de Execução Penal disciplina a saída temporária, benefício aplicável aos condenados que se encontram em regime semiaberto.

Assim, nos termos do *caput* do art. 122 da Lei de Execução Penal, a saída temporária poderá ser autorizada, sem vigilância direta, para as seguintes situações:

a) visita à família;
b) frequência a curso supletivo profissionalizante, bem como de instrução do 2.º grau ou superior;
c) participação em atividades que concorram para o retorno ao convívio social.

O parágrafo único da antiga redação do art. 122 foi transformado, pela nova redação dada pela Lei 13.964/2019, no § 1.º. A redação continua exatamente a mesma e prevê que a monitoração eletrônica poderá ser utilizada durante as saídas temporárias.

4.5.1 Art. 122

A novidade trazida pela Lei 13.964/2019 foi o acréscimo do § 2.º, que veda a saída temporária àqueles condenados por crime hediondo com resultado morte.

A seguir, trazemos a comparação entre as redações:

Redação dada pela Lei 13.964/2019	Redação Antiga
Art. 122. Os condenados que cumprem pena em regime semiaberto poderão obter autorização para saída temporária do estabelecimento, sem vigilância direta, nos seguintes casos:	Art. 122. Os condenados que cumprem pena em regime semiaberto poderão obter autorização para saída temporária do estabelecimento, sem vigilância direta, nos seguintes casos:
I – visita à família;	I – visita à família;

Redação dada pela Lei 13.964/2019	Redação Antiga
II – frequência a curso supletivo profissionalizante, bem como de instrução do 2.º grau ou superior, na Comarca do Juízo da Execução;	II – frequência a curso supletivo profissionalizante, bem como de instrução do 2.º grau ou superior, na Comarca do Juízo da Execução;
III – participação em atividades que concorram para o retorno ao convívio social.	III – participação em atividades que concorram para o retorno ao convívio social.
§ 1.º A ausência de vigilância direta não impede a utilização de equipamento de monitoração eletrônica pelo condenado, quando assim determinar o juiz da execução.	Parágrafo único. A ausência de vigilância direta não impede a utilização de equipamento de monitoração eletrônica pelo condenado, quando assim determinar o juiz da execução.
§ 2.º Não terá direito à saída temporária a que se refere o *caput* deste artigo o condenado que cumpre pena por praticar crime hediondo com resultado morte.	*Sem correspondente*

Por tratar-se de lei penal mais gravosa, somente terá aplicação aos crimes cometidos após a entrada em vigor da Lei 13.964/2019.

CAPÍTULO 5
Lei de Crimes Hediondos – Lei 8.072/1990

A Lei 13.964/2019 também efetuou diversas mudanças na Lei de Crimes Hediondos.

5.1 Ampliação do rol de crimes hediondos

Nesse ponto, a Lei apenas incluiu novas figuras típicas no rol de crimes hediondos ou operou pequenas modificações para inserir outras modalidades de delitos já considerados hediondos quando praticados de maneira diversa.

5.1.1 Art. 1.º

A seguir, transcrevemos a tabela comparativa entre as redações antiga e nova do art. 1.º da Lei 8.072/1990:

Redação dada pela Lei 13.964/2019	Redação Antiga
Art. 1.º São considerados hediondos os seguintes crimes, todos tipificados no Decreto-lei n.º 2.848, de 7 de dezembro de 1940 – Código Penal, consumados ou tentados:	Art. 1.º São considerados hediondos os seguintes crimes, todos tipificados no Decreto-lei n.º 2.848, de 7 de dezembro de 1940 – Código Penal, consumados ou tentados:
I – homicídio (art. 121), quando praticado em atividade típica de grupo de extermínio, ainda que cometido por um só agente, e homicídio qualificado (art. 121, § 2.º, incisos I, II, III, IV, V, VI, VII e VIII);	I – homicídio (art. 121), quando praticado em atividade típica de grupo de extermínio, ainda que cometido por um só agente, e homicídio qualificado (art. 121, § 2.º, incisos I, II, III, IV, V, VI e VII);
I-A – lesão corporal dolosa de natureza gravíssima (art. 129, § 2.º) e lesão corporal seguida de morte (art. 129, § 3.º), quando praticadas contra autoridade ou agente descrito nos arts. 142 e 144 da Constituição Federal, integrantes do sistema prisional e da Força Nacional de Segurança Pública, no exercício da função ou em decorrência dela, ou contra seu cônjuge, companheiro ou parente consanguíneo até terceiro grau, em razão dessa condição;	I-A – lesão corporal dolosa de natureza gravíssima (art. 129, § 2.º) e lesão corporal seguida de morte (art. 129, § 3.º), quando praticadas contra autoridade ou agente descrito nos arts. 142 e 144 da Constituição Federal, integrantes do sistema prisional e da Força Nacional de Segurança Pública, no exercício da função ou em decorrência dela, ou contra seu cônjuge, companheiro ou parente consanguíneo até terceiro grau, em razão dessa condição;
II – roubo:	*Sem correspondente*
a) circunstanciado pela restrição de liberdade da vítima (art. 157, § 2.º, inciso V);	*Sem correspondente*
b) circunstanciado pelo emprego de arma de fogo (art. 157, § 2.º-A, inciso I) ou pelo emprego de arma de fogo de uso proibido ou restrito (art. 157, § 2.º-B);	*Sem correspondente*
c) qualificado pelo resultado lesão corporal grave ou morte (art. 157, § 3.º);	II – latrocínio (art. 157, § 3.º, *in fine*);
III – extorsão qualificada pela restrição da liberdade da vítima, ocorrência de lesão corporal ou morte (art. 158, § 3.º);	III – extorsão qualificada pela morte (art. 158, § 2.º);

Redação dada pela Lei 13.964/2019	Redação Antiga
IV – extorsão mediante sequestro e na forma qualificada (art. 159, *caput*, e §§ 1.º, 2.º e 3.º);	IV – extorsão mediante seqüestro e na forma qualificada (art. 159, *caput*, e §§ 1.º, 2.º e 3.º);
V – estupro (art. 213, *caput* e §§ 1.º e 2.º);	V – estupro (art. 213 e sua combinação com o art. 223, *caput* e parágrafo único);
VI – estupro de vulnerável (art. 217-A, *caput* e §§ 1.º, 2.º, 3.º e 4.º);	VI – estupro de vulnerável (art. 217-A, *caput* e §§ 1.º, 2.º, 3.º e 4.º);
VII – epidemia com resultado morte (art. 267, § 1.º).	VII – epidemia com resultado morte (art. 267, § 1.º).
VII-A – (*Vetado.*);	VII-A – (*Vetado.*);
VII-B – falsificação, corrupção, adulteração ou alteração de produto destinado a fins terapêuticos ou medicinais (art. 273, *caput* e § 1.º, § 1.º-A e § 1.º-B, com a redação dada pela Lei n.º 9.677, de 2 de julho de 1998).	VII-B – falsificação, corrupção, adulteração ou alteração de produto destinado a fins terapêuticos ou medicinais (art. 273, *caput* e § 1.º, § 1.º-A e § 1.º-B, com a redação dada pela Lei n.º 9.677, de 2 de julho de 1998).
VIII – favorecimento da prostituição ou de outra forma de exploração sexual de criança ou adolescente ou de vulnerável (art. 218-B, *caput*, e §§ 1.º e 2.º).	VIII – favorecimento da prostituição ou de outra forma de exploração sexual de criança ou adolescente ou de vulnerável (art. 218-B, *caput*, e §§ 1.º e 2.º).
IX – furto qualificado pelo emprego de explosivo ou de artefato análogo que cause perigo comum (art. 155, § 4.º-A).	*Sem correspondente*
Parágrafo único. Consideram-se também hediondos, tentados ou consumados:	Parágrafo único. Considera-se também hediondo o crime de genocídio previsto nos arts. 1.º, 2.º e 3.º da Lei n.º 2.889, de 1.º de outubro de 1956, tentado ou consumado.
I – o crime de genocídio, previsto nos arts. 1.º, 2.º e 3.º da Lei n.º 2.889, de 1.º de outubro de 1956;	*Sem correspondente*
II – o crime de posse ou porte ilegal de arma de fogo de uso proibido, previsto no art. 16 da Lei n.º 10.826, de 22 de dezembro de 2003;	*Sem correspondente*

Redação dada pela Lei 13.964/2019	Redação Antiga
III – o crime de comércio ilegal de armas de fogo, previsto no art. 17 da Lei n.º 10.826, de 22 de dezembro de 2003;	Sem correspondente
IV – o crime de tráfico internacional de arma de fogo, acessório ou munição, previsto no art. 18 da Lei n.º 10.826, de 22 de dezembro de 2003;	Sem correspondente
V – o crime de organização criminosa, quando direcionado à prática de crime hediondo ou equiparado.	Sem correspondente

O *caput* não sofreu qualquer alteração, mantendo-se a previsão de que os crimes inscritos no rol do art. 1.º da Lei 8.072/1990, sejam na forma consumada ou tentada, são considerados hediondos.

A primeira modificação pretendida pela Lei 13.964/2019 ocorreu no inciso I do art. 1.º da Lei 8.078/1990, mas não teve qualquer efeito.

A Lei 13.964/2019 previu a inclusão de mais uma forma qualificada de homicídio, inserindo o inciso VIII no § 2.º do art. 121 do Código Penal.[1] Entretanto, houve veto[2] presidencial a esse dispositivo, e essa qualificadora não entrou em vigor.

Desse modo, a modificação no inciso I do art. 1.º da Lei 8.072/1990, que acrescenta o inciso VIII ao § 2.º do art. 121 do Código Penal como crime hediondo não teve qualquer efeito.

Nos termos do inciso I do art. 1.º da Lei 8.072/1990, será considerado crime hediondo todo e qualquer homicídio praticado, ainda que por uma só pessoa, em atividade típica de grupo de extermínio, bem como todo homicídio qualificado (art. 121, § 2.º, I a VII, do Código Penal.

A intenção do legislador era a de que, ao modificar o art. 121 do Código Penal para inserir uma nova qualificadora (inciso VIII do § 2.º), essa forma de

---

[1] "VIII – com emprego de arma de fogo de uso restrito ou proibido:"

[2] **Razões do veto:** "A propositura legislativa, ao prever como qualificadora do crime de homicídio o emprego de arma de fogo de uso restrito ou proibido, sem qualquer ressalva, viola o princípio da proporcionalidade entre o tipo penal descrito e a pena cominada, além de gerar insegurança jurídica, notadamente aos agentes de segurança pública, tendo em vista que esses servidores poderão ser severamente processados ou condenados criminalmente por utilizarem suas armas, que são de uso restrito, no exercício de suas funções para defesa pessoal ou de terceiros ou, ainda, em situações extremas para a garantia da ordem pública, a exemplo de conflito armado contra facções criminosas".

homicídio também fosse incluída no rol de crimes hediondos. Entretanto, não contava o legislador com o veto presidencial.

A próxima modificação ocorreu no inciso II do art. 1.º da Lei 8.072/1990. A redação anterior do dispositivo não previa o roubo como crime hediondo, mas apenas o latrocínio (art. 157, § 3.º, *in fine*, do CP). A nova redação, dada pela Lei 13.964/2019 ampliou esse dispositivo, passando a considerar como hediondas as seguintes hipóteses de roubo:

a) circunstanciado pela restrição de liberdade da vítima, nos termos do art. 157, § 2.º, V, do Código Penal.
b) circunstanciado pelo emprego de arma de fogo, nos termos do art. 157, § 2.º-A, I, do Código Penal.
c) qualificado pelo emprego de arma de fogo de uso proibido ou restrito, nos termos do art. 157, § 2.º-B, do Código Penal.
d) qualificado pelo resultado lesão corporal grave ou morte, nos termos do art. 157, § 3.º, do Código Penal.

Percebe-se, portanto, que foram incluídas pela Lei 13.964/2019 quatro novas figuras relacionadas ao crime de roubo no rol dos crimes hediondos, uma vez que anteriormente só era considerado como hediondo o roubo seguido de morte (latrocínio, previsto no art. 157, § 3º, II do Código Penal).

Mesmo com relação ao latrocínio, já previsto como hediondo pela redação antiga, houve inovação. A redação antiga considerava apenas o roubo com resultado morte como crime hediondo (art. 157, § 3.º, *in fine*).

Aqui é preciso atentar-se para o seguinte fato: quando a Lei 8.072/1990 entrou em vigor, ela mesma alterou a redação do § 3.º do art. 157 do Código Penal, que ficou a seguinte, à época:

> Art. 157. [...]
> § 3.º Se da violência resulta lesão corporal grave, a pena é de reclusão, de cinco a quinze anos, além da multa; se resulta morte, a reclusão é de vinte a trinta anos, sem prejuízo da multa

Levando em consideração a redação *supra*, o inciso II da Lei 8.072/1990 referia-se ao art. 157, § 3.º, *in fine*, ou seja, somente era considerado hedionda a parte final do § 3.º do art. 157, qual seja: "se resulta morte, a reclusão é de vinte a trinta anos, sem prejuízo da multa". Por isso, dizia-se que somente o latrocínio com resultado morte era hediondo.

Ocorre que o referido § 3.º sofreu mais duas alterações, uma em 1996 e outra em 2018, culminando com a seguinte redação, dada pela Lei 13.654/2018:

> Art. 157. [...]
> § 3.º Se da violência resulta:

I – lesão corporal grave, a pena é de reclusão de 7 (sete) a 18 (dezoito) anos, e multa;

II – morte, a pena é de reclusão de 20 (vinte) a 30 (trinta) anos, e multa.

Por esse motivo, a Lei 13.964/2019, com o intuito de ampliar a hediondez também para o latrocínio com resultado lesão corporal grave, considerando a redação dada ao § 3.º do art. 157 pela Lei 13.654/2018, refere-se apenas ao § 3.º, que atualmente tem os incisos I e II.

Portanto, consideram-se hediondos, pela Lei 13.964/2019, tanto o latrocínio com resultado lesão corporal grave (art. 157, § 3.º, I, do CP) quanto o latrocínio com resultado morte (art. 157, § 3.º, II, do CP).

O inciso III do art. 1.º da Lei 8.072/1990 também sofreu alteração.

Pela antiga redação do referido inciso III, somente era considerado hediondo o crime de extorsão com resultado morte, previsto no art. 158, § 2.º, do Código Penal.

Pela nova redação, também será considerado hediondo o crime de extorsão, quando houver restrição à liberdade da vítima, lesão corporal grave ou morte, nos termos do § 3.º do art. 158 do Código Penal.

Aqui se faz necessária uma pequena explicação. Quando a Lei de Crimes Hediondos entrou em vigor, a redação do art. 158 do Código Penal era a seguinte:

Extorsão

Art. 158. Constranger alguém, mediante violência ou grave ameaça, e com o intuito de obter para si ou para outrem indevida vantagem econômica, a fazer, tolerar que se faça ou deixar de fazer alguma coisa:

Pena – reclusão, de quatro a dez anos, e multa.

§ 1.º Se o crime é cometido por duas ou mais pessoas, ou com emprego de arma, aumenta-se a pena de um terço até metade.

§ 2.º Aplica-se à extorsão praticada mediante violência o disposto no § 3.º do artigo anterior.

Assim, a Lei de Crimes Hediondos referia-se ao § 2.º do art. 158 do Código Penal, o qual, por sua vez, remetia ao § 3.º do art. 157 do Código Penal, que à época tinha a seguinte redação:

Art. 157. [...]

§ 3.º Se da violência resulta lesão corporal grave, a pena é de reclusão, de cinco a quinze anos, além da multa; se resulta morte, a reclusão é de vinte a trinta anos, sem prejuízo da multa

Desse modo, era considerada crime hediondo a extorsão, quando houvesse resultado lesão corporal de natureza grave ou morte (art. 158, § 2.º, do CP).

No entanto, em 2009, a Lei 11.923 alterou o art. 158 do Código Penal para incluir o § 3.º, cuja finalidade era tipificar o chamado "sequestro relâmpago", tendo o dispositivo incluído a seguinte (e atual) redação:

Extorsão

Art. 158. Constranger alguém, mediante violência ou grave ameaça, e com o intuito de obter para si ou para outrem indevida vantagem econômica, a fazer, tolerar que se faça ou deixar de fazer alguma coisa:

Pena – reclusão, de quatro a dez anos, e multa.

§ 1.º Se o crime é cometido por duas ou mais pessoas, ou com emprego de arma, aumenta-se a pena de um terço até metade.

§ 2.º Aplica-se à extorsão praticada mediante violência o disposto no § 3.º do artigo anterior.

§ 3.º Se o crime é cometido mediante a restrição da liberdade da vítima, e essa condição é necessária para a obtenção da vantagem econômica, a pena é de reclusão, de 6 (seis) a 12 (doze) anos, além da multa; se resulta lesão corporal grave ou morte, aplicam-se as penas previstas no art. 159, §§ 2.º e 3.º, respectivamente.

Então o legislador, por meio da Lei 13.964/2019, atualizou o inciso III do art. 1.º da Lei 8.072/1990 para que a referência fosse feita corretamente, isto é, ao "novo" § 3.º do art. 158 do Código Penal.

Os incisos IV a VIII do art. 1.º da Lei 8.072/1990 não sofreram qualquer alteração.

O inciso IX, inserido pela Lei 13.964/2019, prevê como hediondo o furto qualificado pelo emprego de explosivo ou de artefato análogo que cause perigo comum (art. 155, § 4.º-A).

Essa qualificadora do furto (§ 4.º-A) foi inserida no Código Penal pela Lei 13.654/2018 em virtude da enorme quantidade de furtos a caixas eletrônicos mediante a utilização de explosivos, especialmente dinamites.

Por fim, houve uma enorme modificação no parágrafo único do art. 1.º da Lei 8.072/1990, que pela antiga redação simplesmente previa o crime de genocídio (arts. 1.º, 2.º e 3.º da Lei 2.889, de 1.º de outubro de 1956, tentado ou consumado) como hediondo.

Pela nova redação dada pela Lei 13.964/2019, o parágrafo único tem agora cinco incisos, criando quatro novas figuras de hediondez, visto que o genocídio, já previsto na redação antiga, deslocou-se para o inciso I.

Nos termos do parágrafo único do art. 1.º da Lei 8.072/1990, com redação dada pela Lei 13.964/2019, agora também são considerados hediondos:

a) o crime de genocídio, previsto nos arts. 1.º, 2.º e 3.º da Lei 2.889,[3] de 1.º de outubro de 1956;

---

[3] **Art. 1.º da Lei 2.889/1956**: "Quem, com a intenção de destruir, no todo ou em parte, grupo nacional, étnico, racial ou religioso, como tal: a) matar membros do grupo; b) causar

b) o crime de posse ou porte ilegal de arma de fogo de uso proibido, previsto no art. 16 da Lei 10.826,[4] de 22 de dezembro de 2003;
c) o crime de comércio ilegal de armas de fogo, previsto no art. 17 da Lei 10.826,[5] de 22 de dezembro de 2003;

---

lesão grava à integridade física ou mental de membros do grupo; c) submeter intencionalmente o grupo a condições de existência capazes de ocasionar-lhe a destruição física total ou parcial; d) adotar medidas destinadas a impedir os nascimentos no seio do grupo; e) efetuar a transferência forçada de crianças do grupo para outro grupo; Será punido: Com as penas do art. 121, § 2.º, do Código Penal, no caso da letra 'a'; com as penas do art. 129, § 2.º, no caso da letra 'b'; com as penas do art. 270, no caso da letra 'c', com as penas do art. 125, no caso da letra 'd', com as penas do art. 148, no caso da letra 'e'".
Art. 2.º da Lei 2.889/1956: "Associarem-se mais de 3 (três) pessoas para prática dos crimes mencionados no artigo anterior".
Art. 3.º da Lei 2.889/1956: "Incitar, direta e publicamente alguém a cometer qualquer dos crimes de que trata o art. 1.º; Pena: Metade das penas ali cominadas. § 1.º A pena prelo crime de incitação será a mesma de crime incitado, se este se consumar. § 2.º A pena será aumentada de 1/3 (um terço), quando a incitação for cometida pela imprensa".

[4] **Art. 16 da Lei 10.826/2003:** "Possuir, deter, portar, adquirir, fornecer, receber, ter em depósito, transportar, ceder, ainda que gratuitamente, emprestar, remeter, empregar, manter sob sua guarda ou ocultar arma de fogo, acessório ou munição de uso restrito, sem autorização e em desacordo com determinação legal ou regulamentar: Pena – reclusão, de 3 (três) a 6 (seis) anos, e multa. § 1.º Nas mesmas penas incorre quem (redação dada pela Lei 13.964 de 2019): I – suprimir ou alterar marca, numeração ou qualquer sinal de identificação de arma de fogo ou artefato; II – modificar as características de arma de fogo, de forma a torná-la equivalente a arma de fogo de uso proibido ou restrito ou para fins de dificultar ou de qualquer modo induzir a erro autoridade policial, perito ou juiz; III – possuir, deriver, fabricar ou empregar artefato explosivo ou incendiário, sem autorização ou em desacordo com determinação legal ou regulamentar; IV – portar, possuir, adquirir, transportar ou fornecer arma de fogo, com numeração, marca ou qualquer outro sinal de identificação raspado, suprimido ou adulterado; V – vender, entregar ou fornecer, ainda que gratuitamente, arma de fogo, acessório, munição ou explosivo a criança ou adolescente; e VI – produzir, recarregar ou reciclar, sem autorização legal, ou adulterar, de qualquer forma, munição ou explosivo. (Incluído pela Lei 13.964 de 2019). § 2.º Se as condutas descritas no *caput* e no § 1.º deste artigo envolverem arma de fogo de uso proibido, a pena é de reclusão, de 4 (quatro) a 12 (doze) anos. (Incluído pela Lei 13.964 de 2019.)"

[5] **Art. 17 da Lei 10.826/2003:** "Adquirir, alugar, receber, transportar, conduzir, ocultar, ter em depósito, desmontar, montar remontar adulterar, vender, expor à venda, ou de qualquer forma utilizar, em proveito próprio ou alheio, no exercício de atividade comercial ou industrial, arma de fogo, acessório ou munição, sem autorização ou em desacordo com determinação legal ou regulamentar. Pena – reclusão, de 6 (seis) a 12 (doze) anos, e multa. (Redação dada pela Lei 13.964 de 2019). § 1.º Equipara-se à atividade comercial ou industrial, para efeito deste artigo, qualquer forma de prestação de serviços, fabricação ou comércio irregular ou clandestino, inclusive o exercício em residência. (Redação dada pela Lei 13.964 de 2019). § 2.º Incorre na mesma pena quem vende ou entrega arma de fogo, acessório ou munição, sem autorização ou em desacordo com a determinação legal ou regulamentar, a agente policial disfarçado, quando presentes elementos probatórios razoáveis de conduta criminal preexistente. (Incluído pela Lei 13.964 de 2019.)"

d) o crime de tráfico internacional de arma de fogo, acessório ou munição, previsto no art. 18 da Lei 10.826,[6] de 22 de dezembro de 2003;
e) o crime de organização criminosa, quando direcionado à prática de crime hediondo ou equiparado.[7]

A letra "b" merece considerações, pois é importante frisar que somente será equiparado a crime hediondo *o crime de posse ou porte ilegal de arma de fogo de uso proibido*, previsto no § 2.º do art. 16 da Lei 10.826/2003. A hediondez não alcança a figura do *caput* do art. 16, pois neste a conduta refere-se à arma de uso *restrito*. Inclusive, esse foi o entendimento adotado pelo Superior Tribunal de Justiça, que passou a entender que o porte ou a posse de arma de fogo de uso permitido, ainda que com numeração, marca ou qualquer outro sinal de identificação raspado, suprimido ou adulterado, não tem índole hedionda. No julgamento do *Habeas Corpus* 525.249/RS, a Ministra Relatora Laurita Vaz explicou que "a Lei n. 13.964/2019 alterou a redação da Lei de Crimes Hediondos. Antes da vigência de tal norma, o dispositivo legal considerava equiparado à hediondo o crime de posse ou porte ilegal de arma de fogo de uso restrito, previsto no art. 16 da Lei n.º 10.826/2003. Atualmente, considera-se equiparado à hediondo o crime de posse ou porte ilegal de arma de fogo de uso proibido, previsto no art. 16 da Lei n.º 10.826/2003". Dessa forma, nos termos do voto condutor, "ao alterar a redação do art. 16 da Lei n.º 10.826/2003, com a imposição de penas diferenciadas para a posse ou porte de arma de fogo de uso restrito e de uso proibido, a Lei n. 13.964/2019 atribuiu reprovação criminal diversa a depender da classificação do armamento como de uso permitido, restrito ou proibido" (STJ, 525.249/RS, 6.ª Turma, Rel. Min. Laurita Vaz, j. 15.12.2020).

A única hipótese que nos parece merecer maiores considerações é a letra "e", pois não é qualquer crime de organização criminosa que configurará crime hediondo, mas apenas quando a finalidade dessa organização criminosa for a prática de crimes hediondos.

A organização criminosa, por si só, configura crime autônomo, independentemente da prática dos futuros crimes para a qual foi criada. Trata-se, portanto, de crime de perigo abstrato.

---

[6] **Art. 18 da Lei 10.826/2003**: "Importar, exportar, favorecer a entrada ou saída do território nacional, a qualquer título, de arma de fogo, acessório ou munição, sem autorização da autoridade competente. Pena – reclusão, de 8 (oito) a 16 (dezesseis) anos, e multa. (Redação dada pela Lei 13.964 de 2019.) Parágrafo único. Incorre na mesma pena quem vende ou entrega arma de fogo, acessório ou munição, em operação de importação, sem autorização da autoridade competente, a agente policial disfarçado, quando presentes elementos probatórios razoáveis de conduta criminal preexistente. (Incluído pela Lei 13.964 de 2019.)"

[7] **Art. 1.º, parágrafo único, da Lei 8.072/1990**: "Consideram-se também hediondos, tentados ou consumados: (Redação dada pela Lei 13.964 de 2019.) [...] V – o crime de organização criminosa, quando direcionado à prática de crime hediondo ou equiparado. (Incluído pela Lei 13.964 de 2019.)"

Heloísa Estellita,[8] de forma cirúrgica, explica-nos que:

> A consumação se dá no momento da associação que tenha por finalidade específica a prática de crimes, pois somente em tal momento se poderá afirmar o surgimento do perigo abstrato. Disso decorre não só que não é necessário que algum dos crimes inseridos no projeto tenha, de fato, sido cometido, como que a desistência de levar a cabo o projeto criminoso, embora possa até atenuar a pena, não tem efeitos quanto à consumação. Não se poderá, contudo, prescindir da existência de comportamentos concretos indicativos da associação, como, por exemplo, que o contato entre os membros perdure no tempo, a elaboração do plano criminoso e até mesmo atos preparatórios da execução desse plano.

Portanto, se houver uma organização criminosa que se reúne com a intenção de praticar crime de estelionato previsto no art. 171 do Código Penal, não será considerado hediondo, uma vez que o crime que intentavam praticar (estelionato) também não é.

Contudo, se a finalidade dessa organização criminosa for furtar caixas eletrônicos com o uso de explosivos (art. 155, § 4.º-A, do CP), ainda que não consiga executar nenhum dos crimes, a organização criminosa será considerada, autonomamente, como crime hediondo. Logo, não é a natureza da organização criminosa que a faz ser um crime hediondo, mas sim a natureza dos crimes que a organização criminosa pratica ou pretende praticar.

No que se refere ao direito intertemporal, essa norma que inclui novos tipos penais no rol de crimes hediondos, obviamente, é mais severa, e somente terá aplicabilidade aos fatos praticados após a vigência da Lei 13.964/2019.

No tocante ao livramento condicional nos crimes hediondos, remetemos o leitor ao Capítulo 1, item 1.4.

Por fim, a saída temporária para os condenados por crime hediondo ou equiparado com resultado morte também sofreu alterações, e delas tratamos no Capítulo 4, item 4.5, para onde remetemos o leitor.

5.1.2 Revogação do § 2.º do art. 2.º

O § 2.º do art. 2.º da Lei de Crimes Hediondos tratava da forma de progressão de regime para os condenados a crimes hediondos.

Entretanto, tal dispositivo foi revogado pela Lei 13.964/2019, uma vez que o art. 112 da Lei de Execuções Penais passou a contemplar a progressão de regime também para os crimes hediondos.

A progressão de regime para os crimes hediondos foi tratada no Capítulo 4, item 4.4, para onde remetemos o leitor.

---

[8] ESTELLITA, Heloisa. *In*: REALE JR., Miguel (org.). *Código Penal comentado*. São Paulo: Saraiva, 2017. p. 849.

CAPÍTULO 6
Lei de Improbidade Administrativa – Lei 8.429/1992

A Lei 8.429/1992, conhecida como Lei de Improbidade Administrativa, dispõe sobre as sanções aplicáveis aos agentes públicos nos casos de enriquecimento ilícito no exercício de mandato, cargo, emprego ou função na administração pública direta, indireta ou fundacional.

Em sua redação original, especificamente no § 1.º do art. 17, a Lei de Improbidade proibia expressamente qualquer transação, acordo ou conciliação nas ações de improbidade.

Ocorre que, ao longo do tempo, o panorama sobre resolução consensual de conflitos foi sendo alterado, especialmente com a Lei Anticorrupção (Lei 12.846/2013) e a Lei de Organizações Criminais (Lei 12.850/2013), que disciplinaram os acordos de leniência e a delação premiada, respectivamente.

O atual Código de Processo Civil, seguindo a tendência, previu em seu art. 3.º o seguinte:

> Art. 3.º Não se excluirá da apreciação jurisdicional ameaça ou lesão a direito.
>
> § 1.º É permitida a arbitragem, na forma da lei.

§ 2.º O Estado promoverá, sempre que possível, a solução consensual dos conflitos.

§ 3.º A conciliação, a mediação e outros métodos de solução consensual de conflitos deverão ser estimulados por juízes, advogados, defensores públicos e membros do Ministério Público, inclusive no curso do processo judicial.

Ainda no ano de 2015, foi editada a Medida Provisória 703/2015, que permitia a realização de acordos de leniência envolvendo as ações de improbidade administrativa, revogando temporariamente – pois a Medida Provisória 703/2015 acabou por caducar – a proibição constante na Lei de Improbidade Administrativa.

Não obstante a Medida Provisória ter caducado, o Conselho Nacional do Ministério Público publicou a Resolução 179, de 26.07.2017, que regulamentou a possibilidade de compromissos de ajustamento de conduta em ações de improbidade administrativa, especialmente no § 2.º do art. 1.º, cuja redação é a seguinte:

> Art. 1.º O compromisso de ajustamento de conduta é instrumento de garantia dos direitos e interesses difusos e coletivos, individuais homogêneos e outros direitos de cuja defesa está incumbido o Ministério Público, com natureza de negócio jurídico que tem por finalidade a adequação da conduta às exigências legais e constitucionais, com eficácia de título executivo extrajudicial a partir da celebração.
>
> [...]
>
> § 2.º **É cabível o compromisso de ajustamento de conduta nas hipóteses configuradoras de improbidade administrativa**, sem prejuízo do ressarcimento ao erário e da aplicação de uma ou algumas das sanções previstas em lei, de acordo com a conduta ou o ato praticado

A Lei 13.964/2019, com o intuito de regularizar definitivamente a questão, intentou promover alterações significativas na Lei de Improbidade, criando o chamado "acordo de não persecução civil", um instituto parecido ao "acordo de não persecução penal", mas que teria aplicação durante as apurações das infrações de improbidade administrativa e que permitiriam um acordo entre o agente público investigado e o Ministério Público.

6.1 Acordo de não persecução civil

Assim como foi criado um acordo de não persecução penal no Código de Processo Penal, intentou o legislador criar uma figura análoga para as infrações administrativas e civis previstas na Lei de Improbidade Administrativa.

Esse instituto seria inserido na Lei de Improbidade Administrativa por meio do art. 17-A.

O "acordo de não persecução civil" estaria disposto no art. 17-A da Lei de Improbidade, que teria a seguinte redação:

> Art. 17-A. O Ministério Público poderá, conforme as circunstâncias do caso concreto, celebrar acordo de não persecução cível, desde que, ao menos, advenham os seguintes resultados:
> I – o integral ressarcimento do dano;
> II – a reversão, à pessoa jurídica lesada, da vantagem indevida obtida, ainda que oriunda de agentes privados;
> III – o pagamento de multa de até 20% (vinte por cento) do valor do dano ou da vantagem auferida, atendendo a situação econômica do agente.
> § 1.º Em qualquer caso, a celebração do acordo levará em conta a personalidade do agente, a natureza, as circunstâncias, a gravidade e a repercussão social do ato de improbidade, bem como as vantagens, para o interesse público, na rápida solução do caso.
> § 2.º O acordo também poderá ser celebrado no curso de ação de improbidade.
> § 3.º As negociações para a celebração do acordo ocorrerão entre o Ministério Público e o investigado ou demandado e o seu defensor.
> § 4.º O acordo celebrado pelo órgão do Ministério Público com atribuição, no plano judicial ou extrajudicial, deve ser objeto de aprovação, no prazo de até 60 (sessenta) dias, pelo órgão competente para apreciar as promoções de arquivamento do inquérito civil.
> § 5.º Cumprido o disposto no § 4.º deste artigo, o acordo será encaminhado ao juízo competente para fins de homologação.

Ocorre que esse dispositivo não entrou em vigor, pois foi objeto de veto presidencial, mantido pelo Congresso Nacional em sessão realizada no dia 17.03.2021, o qual foi dividido em duas partes: um veto para o caput e §§ 1.º, 3.º, 4.º e 5.º, nos seguintes termos:

> **Razões dos vetos**
> A propositura legislativa, ao determinar que caberá ao Ministério Público a celebração de acordo de não persecução cível nas ações de improbidade administrativa, contraria o interesse público e gera insegurança jurídica ao ser incongruente com o art. 17 da própria Lei de Improbidade Administrativa, que se mantém inalterado, o qual dispõe que a ação judicial pela prática de ato de improbidade administrativa pode ser proposta pelo Ministério Público e/ou pessoa jurídica interessada, leia-se, aqui, pessoa jurídica de direito público vítima do ato de improbidade. Assim, excluir o ente público lesado da possibilidade de celebração do acordo de não persecução cível representa retrocesso da matéria, haja vista se tratar de real interessado na finalização da demanda, além de não se apresentar harmônico com o sistema jurídico vigente.

E um veto para o § 2.º, nos seguintes termos:

Razões do veto

A propositura legislativa, ao determinar que o acordo também poderá ser celebrado no curso de ação de improbidade, contraria o interesse público por ir de encontro à garantia da efetividade da transação e do alcance de melhores resultados, comprometendo a própria eficiência da norma jurídica que assegura a sua realização, uma vez que o agente infrator estaria sendo incentivado a continuar no trâmite da ação judicial, visto que disporia, por lei, de um instrumento futuro com possibilidade de transação.

Portanto, os termos do "acordo de não persecução civil" não entraram em vigor, faltando regulamentação legal de como o acordo deve ser feito.

Entretanto, outras duas modificações realizadas na Lei de Improbidade pela Lei 13.964/2019 não foram objeto de veto presidencial e tornaram-se vigentes, transformando o acordo de não persecução civil em uma realidade, conforme verifica-se, inclusive, pelo seguinte acórdão do STJ:

Processual civil e administrativo. Acordo no Agravo em Recurso Especial. Improbidade administrativa. Homologação judicial do ajuste. Art. 17, § 1.º, da Lei n. 8.429/1992, com redação alterada pela Lei n. 13.964/2019. 1. Trata-se de possibilidade, ou não, de homologação judicial de acordo no âmbito de ação de improbidade administrativa em fase recursal. 2. A Lei n. 13.964/2019, de 24 de dezembro de 2019, alterou o § 1.º do art. 17 da Lei n. 8.429/1992, o qual passou a prever a possibilidade de acordo de não persecução cível no âmbito da ação de improbidade administrativa. 3. No caso dos autos, as partes objetivam a homologação judicial de acordo no bojo do presente agravo em recurso especial, o qual não foi conhecido, por maioria, por esta e. Primeira Turma, mantendo-se o acórdão proferido pelo TJSP que condenou o recorrente à modalidade culposa do art. 10 da LIA, em razão de conduta omissiva consubstanciada pelo não cumprimento de ordem judicial que lhe fora emitida para o fornecimento ao paciente do medicamento destinado ao tratamento de deficiência coronária grave, o qual veio a falecer em decorrência de infarto agudo de miocárdio, ensejando, por conseguinte, dano ao erário, no montante de R$ 50.000,00, devido à condenação do Município por danos morais em ação indenizatória. 4. O Conselho Superior do Ministério Público do Estado de São Paulo deliberou, por unanimidade, pela homologação do Termo de Acordo de Não Persecução Cível firmado entre a Promotoria de Justiça do Município de Votuporanga e o ora agravante, nos termos das Resoluções n. 1.193/2020 do Conselho Superior do Ministério Público do Estado de São Paulo e n. 179/2017 do Conselho Nacional do Ministério Público, tendo em vista a conduta culposa praticada pelo ora recorrente, bem como a reparação do dano ao Município. 5. Nessa linha de percepção, o Ministério Público Federal manifestou se favoravelmente à homologação judicial do acordo em apreço asseverando que: "Realmente, resta consignado no ajuste que apesar de ter causado danos ao erário, o ato de improbidade em questão foi praticado na modalidade culposa, tendo o Agravante se comprometido a reparar integralmente o Município no valor atualizado de R$ 91.079,91 (noventa e um mil setenta e nove reais e noventa e um centavos), além de concordar com a aplicação da pena de proibição de contratar com o Poder Público ou receber benefícios ou incentivos fiscais ou creditícios, direta ou indiretamente, ainda que por intermédio de pessoa jurídica da qual seja sócio majoritário, pelo prazo de cinco anos (e-STJ 998/1005). Em suma, os termos do ajuste não distanciam muito da condenação originária (e-STJ 691), revelando adequação para ambas as partes. Resta a toda evidência, portanto, que a transação celebrada entre o Agravante e o Agravado induz a extinção do feito na forma do art. 487, III, 'b', do CPC" (e-STJ fls. 1.036-1.037). 6. Dessa forma, tendo em vista a homologação do acordo pelo Conselho Superior do MPSP, a conduta culposa praticada pelo ora recorrente, bem como a reparação do dano ao Município de Votuporanga, além da manifestação favorável do Ministério Público Federal à homologação judicial do acordo, tem-se que a transação deve ser homologada, ensejando, por conseguinte, a extinção do feito, com resolução de mérito, com supedâneo no art. 487, III, "b", do CPC/2015. 7. Homologo o acordo e julgo prejudicado o agravo em recurso especial (STJ, AREsp 1.314.581/SP, 1.ª Turma, Rel. Min. Benedito Gonçalves, j. 23.02.2021).

6.1.1 Art. 17, § 1.º

A primeira modificação ocorreu no § 1.º do art. 17 da Lei de Improbidade.

Pela redação antiga, como já tratado, estava vedado pelo § 1.º do art. 17 qualquer acordo, transação ou conciliação nas ações de improbidade administrativa previstas no *caput*.

A nova redação do § 1.º, inserida pela Lei 13.964/2019, estabeleceu expressamente que seria possível a realização do "acordo de não persecução cível", nos termos da própria Lei de Improbidade.

Assim, parece-nos inegável que agora a Lei de Improbidade admite que se realize um "acordo de não persecução cível" nos termos do § 1.º do art. 17.

E esse acordo poderá ser feito pelo titular da ação de improbidade, seja ele o Ministério Público ou qualquer outra instituição ou pessoa jurídica com titularidade para propositura da ação de improbidade administrativa.

6.1.2 Art. 17, § 10-A

A segunda modificação foi o acréscimo do § 10-A ao art. 17, segundo o qual, "havendo a possibilidade de solução consensual", as partes podem requerer ao juiz a interrupção do prazo para a contestação, por prazo não superior a 90 dias, fato que reforça a possibilidade de realização do dito acordo de não persecução civil.

A seguir, colacionamos a tabela comparativa dos dispositivos:

Redação dada pela Lei 13.964/2019	Redação Antiga
Art. 17. A ação principal, que terá o rito ordinário, será proposta pelo Ministério Público ou pela pessoa jurídica interessada, dentro de trinta dias da efetivação da medida cautelar.	Art. 17. A ação principal, que terá o rito ordinário, será proposta pelo Ministério Público ou pela pessoa jurídica interessada, dentro de trinta dias da efetivação da medida cautelar.
§ 1.º As ações de que trata este artigo admitem a celebração de acordo de não persecução cível, nos termos desta Lei. [...]	§ 1.º É vedada a transação, acordo ou conciliação nas ações de que trata o *caput*. [...]
§ 10-A. Havendo a possibilidade de solução consensual, poderão as partes requerer ao juiz a interrupção do prazo para a contestação, por prazo não superior a 90 (noventa) dias.	*Sem correspondente*

CAPÍTULO 7
Lei de Interceptação Telefônica e Telemática – Lei 9.296/1996

A Constituição Federal de 1998, em seu art. 5.º, XII, prevê:

> XII – é inviolável o sigilo da correspondência e das comunicações telegráficas, de dados e das comunicações telefônicas, salvo, no último caso, por ordem judicial, nas hipóteses e na forma que a lei estabelecer para fins de investigação criminal ou instrução processual penal;

Diante do comando constitucional, o legislador promulgou a Lei 9.296/1996, que disciplinou as possibilidades excepcionais em que seriam admitidas a interceptação telefônica e a telemática, dependendo, sempre, de autorização judicial.

Ocorre que em 2013 foi promulgada a Lei 12.850, que definiu "organização criminosa" e disciplinou os meios de prova que poderiam ser utilizados para as investigações desse crime.

Entre outras "novas" formas de obtenção de prova previstas no art. 3.º da Lei 12.850/2013, como o agente infiltrado, a delação premiada, a ação controlada, fez o legislador a inclusão da previsão da captação ambiental de sinais eletromagnéticos, ópticos ou acústicos.

7.1 Captação ambiental

A previsão da captação ambiental, conforme supramencionado, está na Lei de Organizações Criminosas, especificamente no art. 3.º, cuja redação é a seguinte:

> Art. 3.º Em qualquer fase da persecução penal, serão permitidos, sem prejuízo de outros já previstos em lei, os seguintes meios de obtenção da prova:
> [...]
> II – captação ambiental de sinais eletromagnéticos, ópticos ou acústicos;
> [...]

Ocorre que, apesar da previsão supratranscrita, a Lei 12.850/2013 não disciplinou a forma como essa prova deveria ser produzida, deixando um imenso vazio legislativo sobre o instituto.

Assim, a doutrina passou a defender, e a jurisprudência a aceitar, que o instituto da captação ambiental deveria se submeter, analogicamente, ao disposto na Lei de Interceptação Telefônica.

Logo, o panorama ficou o seguinte: seria possível a utilização da prova de captação ambiental, quando houvesse investigação de uma organização criminosa, nos termos da Lei 12.850/2013. Entretanto, a prova da captação ambiental deveria ser obtida com observância dos parâmetros legais da Lei 9.296/1996.

Contudo, agora, esse panorama mudou, visto que o art. 7.º da Lei 13.964/2019 alterou a Lei de Interceptações Telefônicas para introduzir disposições acerca da captação ambiental, resolvendo um antigo problema de ausência de disciplina legal para esse meio de obtenção de prova.

A Lei 13.964/2019 acrescentou à Lei 9.296/1996 os arts. 8.º-A e 10-A, sem necessidade de modificação em qualquer dispositivo já existente.

Analisemos cada um dos artigos.

7.1.1 Art. 8.º-A

O art. 8.º-A tem a seguinte redação:

> Art. 8.º-A. Para investigação ou instrução criminal, poderá ser autorizada pelo juiz, a requerimento da autoridade policial ou do Ministério Público, a captação ambiental de sinais eletromagnéticos, ópticos ou acústicos, quando:
> I – a prova não puder ser feita por outros meios disponíveis e igualmente eficazes; e
> II – houver elementos probatórios razoáveis de autoria e participação em infrações criminais cujas penas máximas sejam superiores a 4 (quatro) anos ou em infrações penais conexas.

§ 1.º O requerimento deverá descrever circunstanciadamente o local e a forma de instalação do dispositivo de captação ambiental.

§ 2.º A instalação do dispositivo de captação ambiental poderá ser realizada, quando necessária, por meio de operação policial disfarçada ou no período noturno, exceto na casa, nos termos do inciso XI do *caput* do art. 5.º da Constituição Federal.

§ 3.º A captação ambiental não poderá exceder o prazo de 15 (quinze) dias, renovável por decisão judicial por iguais períodos, se comprovada a indispensabilidade do meio de prova e quando presente atividade criminal permanente, habitual ou continuada.

§ 4.º A captação ambiental feita por um dos interlocutores sem o prévio conhecimento da autoridade policial ou do Ministério Público poderá ser utilizada, em matéria de defesa, quando demonstrada a integridade da gravação.

§ 5.º Aplicam-se subsidiariamente à captação ambiental as regras previstas na legislação específica para a interceptação telefônica e telemática.

Primeiramente, é preciso destacar que a captação ambiental nada mais é do que uma gravação feita no ambiente. Assim, um gravador ou câmera escondida no interior de uma sala de reuniões é uma captação ambiental. Também é uma captação ambiental um microfone escondido no bolso de um dos interlocutores numa roda de conversa, ou um gravador escondido no interior de um automóvel, num elevador, numa cela ou embaixo de uma mesa de um restaurante.

Nos termos do art. 8.º-A, a captação ambiental poderá ser autorizada pelo juiz durante a investigação ou instrução criminal, dependendo de requerimento da autoridade policial ou do Ministério Público. Mantendo a coerência com os demais dispositivos introduzidos pela Lei 13.964/2019, não houve autorização legal para que o magistrado determinasse a captação ambiental de ofício, reafirmando a natureza acusatória do processo penal.

A captação ambiental, assim como a interceptação telefônica, é medida grave que atinge em cheio os direitos constitucionais da intimidade e privacidade do investigado, motivo pelo qual a sua utilização deve ser feita dentro de limites, e nunca como a primeira medida investigativa.

Nesses termos, o inciso I do art. 8.º-A disciplina que a captação ambiental somente poderá ser autorizada quando a prova não puder ser feita por outros meios disponíveis igualmente eficazes, o que significa que já no pedido feito à autoridade judicial deve o requerente trazer essas informações, explicando por que a captação ambiental é imprescindível para aquela investigação ou instrução.

A captação ambiental, assim como a interceptação telefônica, são subsidiárias em relação aos demais meios de prova menos invasivos, e tal aspecto deve ser mencionado tanto no pedido quanto na decisão como fundamento.

O inciso II exige, para que a captação ambiental possa ser deferida, que existam elementos probatórios razoáveis de autoria e participação em crime cuja pena máxima seja superior a quatro anos ou em infrações penais conexas.

Não se admite, portanto, a captação ambiental para investigação de todo e qualquer crime, mas somente para aqueles cuja pena máxima seja superior a quatro anos.

O § 1.º determina que o requerimento, por meio do qual a autoridade policial ou o Ministério Público requerem a autorização para instalação do dispositivo de captação ambiental, deverá descrever circunstanciadamente o local e a forma de instalação do dispositivo de captação ambiental.

Essa informação é importante para que o juiz verifique, inclusive, a legalidade da medida e, principalmente, a proporcionalidade. Não nos parece adequado e proporcional, por exemplo, que se instale o dispositivo dentro de um banheiro, que pode ser utilizado tanto pelo alvo da investigação quanto por outras pessoas completamente alheias a ela e que terão a sua intimidade e privacidade absolutamente violadas. Parece-nos que também não seria razoável e proporcional que se colocasse o aparelho em um consultório médico ou um templo religioso.

Somente é possível ao juiz avaliar esses parâmetros, se eles constarem circunstancialmente do próprio requerimento. Todavia, a partir do momento que o juiz dá uma decisão autorizando que o dispositivo seja instalado em certo lugar e de determinada forma, não podem os investigadores inovar e extrapolar os limites do mandado. Assim, por exemplo, se a autorização é para instalar o dispositivo no carro do alvo das investigações, e essa informação está expressamente prevista na decisão, não podem os investigadores colocar o dispositivo no escritório do alvo.

Nos termos do § 2.º do art. 8.º-A, é possível a instalação do dispositivo de captação ambiental por meio de operação policial disfarçada ou mesmo no período noturno, exceto na casa, nos termos do inciso XI do *caput* do art. 5.º da Constituição Federal.

Esse dispositivo havia sito vetado pelo Presidente da República, mas teve o veto derrubado pelo Congresso Nacional e passou a fazer parte da Lei 9.296/1996.

Parece-nos absolutamente necessário deixar clara nossa posição, antes mesmo de que esse dispositivo ingressasse no ordenamento jurídico pátrio, de que não se pode utilizar a captação ambiental em locais que gozam de proteção constitucional, como a casa, nos termos do art. 5.º, XI, da Constituição Federal:

> XI – a casa é asilo inviolável do indivíduo, ninguém nela podendo penetrar sem consentimento do morador, salvo em caso de flagrante delito ou desastre, ou para prestar socorro, ou, durante o dia, por determinação judicial;

Antes da proibição expressa do § 2.º do art. 8.º-A, havia quem defendesse que seria possível a realização de captação ambiental no interior da casa, com autorização judicial, durante o dia. Parece-nos que, mesmo antes da vigência do dispositivo em questão, essa situação também seria inconstitucional, uma vez que o inciso XI do art. 5.º da Constituição Federal permite a "entrada" na casa, e não a permanência fortuita em seu interior sem anuência dos moradores. Assim, ao se autorizar a instalação de um aparelho de captação ambiental no interior de uma casa, o que se está a fazer é violar a privacidade de seus moradores em tempo integral. E mais! Sem que estes saibam da presença do dispositivo, o que não acontece, por óbvio, quando do cumprimento de um mandado de busca e apreensão, por exemplo. Ainda, a entrada na casa somente é permitida durante o dia, e, caso um dispositivo de captação fosse instalado, ficaria captando imagens e/ou áudios durante o dia e a noite, representando uma violação absoluta da privacidade, da intimidade e da própria casa em verdadeira afronta ao texto constitucional. Parece-nos que agora tal discussão perdeu completamente o objeto, pois está expressamente proibida a instalação de qualquer dispositivo de captação ambiental na casa, compreendido como tal "qualquer compartimento habitado, até mesmo um aposento que não seja aberto ao público, utilizado para moradia, profissão ou atividades, nos termos do art. 150, § 4.º, do Código Penal" (*v.g.* HC 82.788, 2.ª Turma, Rel. Min. Celso de Mello, j. 12.04.2005).

Embora não conste do art. 8.º-A, também é inviolável o escritório ou local de trabalho do advogado, nos termos do art. 7.º da Lei 8.906/1994, de modo que jamais poderia ser autorizada a instalação de um dispositivo de captação ambiental em qualquer parte do escritório para investigar os clientes:

> Art. 7.º São direitos do advogado: [...]
>
> II – a inviolabilidade de seu escritório ou local de trabalho, bem como de seus instrumentos de trabalho, de sua correspondência escrita, eletrônica, telefônica e telemática, desde que relativas ao exercício da advocacia;

Caso o próprio advogado seja o alvo da investigação, não há que falar em inviolabilidade.

A exemplo do que ocorre com a interceptação telefônica, o § 3.º limitou a autorização para captação ambiental ao prazo de 15 dias, o qual pode ser prorrogado por iguais períodos, desde que comprovada a necessidade da continuação da medida e a atividade criminal for permanente, habitual ou continuada.

Importante atentar-se para o fato de que a medida somente pode ser prorrogada, se a atividade criminal for permanente, habitual ou continuada. Portanto, se há uma quadrilha que frauda licitações de forma continuada e enquanto a investigação está em curso a prática criminosa continua, a medida pode ser prorrogada. O mesmo se a vítima está sequestrada e a polícia investiga para encontrar o cativeiro e prender os sequestradores, pois trata-se de crime permanente. Entretanto, se a investigação é de um crime de roubo, por exemplo, e não há qualquer elemento que indique estarem os investigados ainda praticando crimes, não se poderá prorrogar a captação ambiental, pois o crime consumou-se e não há permanência, habitualidade ou continuidade delitiva.

No § 4.º há uma autorização legal para que o acusado realize e utilize como prova da defesa a captação ambiental feita por ele, sem conhecimento da autoridade policial ou Ministério Público, desde que ele seja um dos interlocutores e demonstre a integridade da gravação. A doutrina e jurisprudência já discutiam e majoritariamente admitiam a prova ilícita utilizada pela defesa, mas esse não é o presente caso. Isso porque a Lei 13.964/2019, ao acrescentar o art. 10-A na Lei 9.296/1996, expressamente reconheceu no § 2.º que não configura crime a captação ambiental realizada por um dos interlocutores, afirmando a legalidade[1] da prova. Agora, o § 4.º do art. 8.º-A reconhece expressamente a admissibilidade dessa prova, desde que comprovada sua integridade.[2] Questão importante que surgirá e precisará ser delimitada é sobre a utilização dessa prova específica em delações premiadas, vez que, ao mesmo tempo que a delação premiada pode ser compreendida como um recurso defensivo do delator, pode funcionar como meio de obtenção de prova contra os delatados. Caso uma das provas apresentada pelo delator seja uma gravação de captação ambiental na qual ele e outras pessoas confessam crimes, poderia esta prova ser utilizada? Se a resposta for positiva, poderia esta prova ser utilizada para realização do acordo de colaboração premiada (a favor do delator) e também para condenação dos delatado?

Embora o dispositivo trate apenas da captação ambiental, parece-nos absolutamente possível que se faça uma analogia para estender a autorização também para a gravação de conversas telefônicas (não interceptações telefônicas), desde que o acusado seja um dos interlocutores e comprove a integridade das gravações.

O § 4.º também havia sido vetado pelo Presidente da República,[3] mas, com a derrubada do veto pelo Congresso Nacional, passou a fazer parte do nosso

---

[1] Em verdade, a legalidade da prova já estava reconhecida pelo art. 10-A da Lei 9.296/1996, com redação dada pela Lei 13.964/2019.

[2] É importante ressaltar que, em relação à gravação ambiental acústica de conversa realizada por um de seus interlocutores, sem o conhecimento dos outros, não exige, segundo o entendimento exarado pela Sexta Turma do Supremo Tribunal Federal no julgamento do *Habeas Corpus* 512.290/RJ, pois, segundo o voto condutor do Ministro Relator Rogerio Schietti Cruz, "a Lei n. 9.296, de 24/7/1996, mesmo com as inovações trazidas pela Lei n. 13.964/2019, não dispôs sobre a necessidade de autorização judicial para a gravação de diálogo por um dos seus comunicadores" (STJ, HC 512.290/RJ, 6.ª Turma, Rel. Min. Rogerio Schietti Cruz, j. 18.08.2020, publicado em 25.08.2020).

[3] **Razões do veto:**
"A propositura legislativa, ao limitar o uso da prova obtida mediante a captação ambiental apenas pela defesa, contraria o interesse público uma vez que uma prova não deve ser con-

ordenamento jurídico. Por fim, o § 5.º dispõe que as regras previstas para interceptação telefônica e telemática aplicam-se subsidiariamente com relação à captação ambiental.

7.1.2 Art. 10-A

O outro dispositivo inserido na Lei 9.296/1996 foi o art. 10-A, que tem a seguinte redação:

> Art. 10-A. Realizar captação ambiental de sinais eletromagnéticos, ópticos ou acústicos para investigação ou instrução criminal sem autorização judicial, quando esta for exigida:
> Pena – reclusão, de 2 (dois) a 4 (quatro) anos, e multa.
> § 1.º Não há crime se a captação é realizada por um dos interlocutores.
> § 2.º A pena será aplicada em dobro ao funcionário público que descumprir determinação de sigilo das investigações que envolvam a captação ambiental ou revelar o conteúdo das gravações enquanto mantido o sigilo judicial.

A exemplo do que ocorre com o art. 10 da Lei 9.296/1996, que tipifica a conduta de realizar interceptação telefônica clandestina ou com finalidade diversa da que autorizada pela lei, o art. 10-A, com redação dada pela Lei 13.964/2019, também criminalizou a captação ambiental ilegal.

A conduta prevista no tipo penal é *realizar captação ambiental de sinais eletromagnéticos, ópticos ou acústicos*. Trata-se de crime de forma livre, de modo que qualquer meio utilizado pelo agente para efetuar a captação ambiental é apto a caracterizar o crime.

Ainda, compõe o tipo penal a finalidade para qual a captação ambiental ilegal é feita, pois somente caracteriza crime se a finalidade da captação ambiental é *para utilização em investigação ou instrução criminal*.

Por fim, o último elemento do tipo penal é a *ausência de autorização judicial, quando esta for exigida*. Por óbvio, se houver autorização judicial para a captação ambiental, esta não configura crime.

---

siderada lícita ou ilícita unicamente em razão da parte que beneficiará, sob pena de ofensa ao princípio da lealdade, da boa-fé objetiva e da cooperação entre os sujeitos processuais, além de se representar um retrocesso legislativo no combate ao crime. Ademais, o dispositivo vai de encontro à jurisprudência do Supremo Tribunal Federal, que admite utilização como prova da infração criminal a captação ambiental feita por um dos interlocutores, sem o prévio conhecimento da autoridade policial ou do Ministério Público, quando demonstrada a integridade da gravação (*v.g.* Inq-QO 2116, Relator: Min. Marco Aurélio, Relator p/ Acórdão: Min. Ayres Britto, publicado em 29/02/2012, Tribunal Pleno)".

No § 1.º há uma hipótese de exclusão da ilicitude ao prever que não existe crime, se a captação é realizada por um dos interlocutores.

É possível que um investigado ou um corréu realize a captação ambiental de uma determinada conversa para utilizá-la em investigação criminal ou instrução criminal como prova da defesa. Nessa situação, não há que falar em crime, pois o próprio § 1.º do art. 10-A exclui a ilicitude.

Por fim, o § 2.º do art. 10-A prevê que a pena será aplicada em dobro ao funcionário público que descumprir determinação de sigilo das investigações que envolvam captação ambiental ou revelar o seu conteúdo enquanto mantido o sigilo judicial.

Assim, o funcionário público que, por sua função, tem acesso a investigações ou processos criminais nos quais houve captação ambiental e, estando esses autos em sigilo judicial, revelar o conteúdo das investigações ou captações incorre no referido crime, com a pena em dobro. A pena é de dois a quatro anos de reclusão, e multa.

CAPÍTULO 8
Lei de Lavagem de Capitais – Lei 9.613/1998

O art. 8.º da Lei 13.964/2019 promoveu alterações na Lei de Lavagem de Capitais (Lei 9.613/1998).

8.1 Possibilidade de utilização de agente infiltrado e ação controlada para investigação de crimes de lavagem

A alteração, apesar de importante, foi bem simples, limitando-se a acrescentar o § 6.º ao art. 1.º da Lei 9.613/1998, que passou a ter a seguinte redação:

> Art. 1.º Ocultar ou dissimular a natureza, origem, localização, disposição, movimentação ou propriedade de bens, direitos ou valores provenientes, direta ou indiretamente, de infração penal.
> Pena: reclusão, de 3 (três) a 10 (dez) anos, e multa.
> § 1.º Incorre na mesma pena quem, para ocultar ou dissimular a utilização de bens, direitos ou valores provenientes de infração penal:
> I – os converte em ativos lícitos;
> II – os adquire, recebe, troca, negocia, dá ou recebe em garantia, guarda, tem em depósito, movimenta ou transfere;

III – importa ou exporta bens com valores não correspondentes aos verdadeiros.

§ 2.º Incorre, ainda, na mesma pena quem:

I – utiliza, na atividade econômica ou financeira, bens, direitos ou valores provenientes de infração penal;

II – participa de grupo, associação ou escritório tendo conhecimento de que sua atividade principal ou secundária é dirigida à prática de crimes previstos nesta Lei.

§ 3.º A tentativa é punida nos termos do parágrafo único do art. 14 do Código Penal.

§ 4.º A pena será aumentada de um a dois terços, se os crimes definidos nesta Lei forem cometidos de forma reiterada ou por intermédio de organização criminosa.

§ 5.º A pena poderá ser reduzida de um a dois terços e ser cumprida em regime aberto ou semiaberto, facultando-se ao juiz deixar de aplicá-la ou substituí-la, a qualquer tempo, por pena restritiva de direitos, se o autor, coautor ou partícipe colaborar espontaneamente com as autoridades, prestando esclarecimentos que conduzam à apuração das infrações penais, à identificação dos autores, coautores e partícipes, ou à localização dos bens, direitos ou valores objeto do crime.

§ 6.º Para a apuração do crime de que trata este artigo, admite-se a utilização da ação controlada e da infiltração de agentes.

Assim, pela nova redação do dispositivo, quando da investigação de crimes de lavagem de dinheiro, poderão ser utilizadas como meios de obtenção de prova a ação controlada e a infiltração de agentes.

A ação controlada e a infiltração de agentes são meios de obtenção de provas previstos na Lei 12.850/2013, e somente eram aplicáveis aos crimes que envolvessem organização criminosa.

A ação controlada está disciplinada nos arts. 8.º e 9.º da Lei 12.850/2013, cuja redação é a seguinte:

Da Ação Controlada

Art. 8.º Consiste a ação controlada em retardar a intervenção policial ou administrativa relativa à ação praticada por organização criminosa ou a ela vinculada, desde que mantida sob observação e acompanhamento para que a medida legal se concretize no momento mais eficaz à formação de provas e obtenção de informações.

§ 1.º O retardamento da intervenção policial ou administrativa será previamente comunicado ao juiz competente que, se for o caso, estabelecerá os seus limites e comunicará ao Ministério Público.

§ 2.º A comunicação será sigilosamente distribuída de forma a não conter informações que possam indicar a operação a ser efetuada.

§ 3.º Até o encerramento da diligência, o acesso aos autos será restrito ao juiz, ao Ministério Público e ao delegado de polícia, como forma de garantir o êxito das investigações.

§ 4.º Ao término da diligência, elaborar-se-á auto circunstanciado acerca da ação controlada.

Art. 9.º Se a ação controlada envolver transposição de fronteiras, o retardamento da intervenção policial ou administrativa somente poderá ocorrer com a cooperação das autoridades dos países que figurem como provável itinerário ou destino do investigado, de modo a reduzir os riscos de fuga e extravio do produto, objeto, instrumento ou proveito do crime.

Por sua vez, o agente infiltrado está disciplinado nos arts. 10 a 14 da Lei 12.850/2013, tendo sofrido, como será demonstrado, algumas alterações também pela Lei 13.964/2019, resultando na seguinte redação:

Da Infiltração de Agentes

Art. 10. A infiltração de agentes de polícia em tarefas de investigação, representada pelo delegado de polícia ou requerida pelo Ministério Público, após manifestação técnica do delegado de polícia quando solicitada no curso de inquérito policial, será precedida de circunstanciada, motivada e sigilosa autorização judicial, que estabelecerá seus limites.

§ 1.º Na hipótese de representação do delegado de polícia, o juiz competente, antes de decidir, ouvirá o Ministério Público.

§ 2.º Será admitida a infiltração se houver indícios de infração penal de que trata o art. 1.º e se a prova não puder ser produzida por outros meios disponíveis.

§ 3.º A infiltração será autorizada pelo prazo de até 6 (seis) meses, sem prejuízo de eventuais renovações, desde que comprovada sua necessidade.

§ 4.º Findo o prazo previsto no § 3.º, o relatório circunstanciado será apresentado ao juiz competente, que imediatamente cientificará o Ministério Público.

§ 5.º No curso do inquérito policial, o delegado de polícia poderá determinar aos seus agentes, e o Ministério Público poderá requisitar, a qualquer tempo, relatório da atividade de infiltração.

Art. 10-A. Será admitida a ação de agentes de polícia infiltrados virtuais, obedecidos os requisitos do *caput* do art. 10, na internet, com o fim de investigar os crimes previstos nesta Lei e a eles conexos, praticados por organizações criminosas, desde que demonstrada sua necessidade e indicados o alcance das tarefas dos policiais, os nomes ou apelidos das pessoas investigadas e, quando possível, os dados de conexão ou cadastrais que permitam a identificação dessas pessoas.

§ 1.º Para efeitos do disposto nesta Lei, consideram-se:

I – dados de conexão: informações referentes a hora, data, início, término, duração, endereço de Protocolo de Internet (IP) utilizado e terminal de origem da conexão;

II – dados cadastrais: informações referentes a nome e endereço de assinante ou de usuário registrado ou autenticado para a conexão a quem endereço de IP, identificação de usuário ou código de acesso tenha sido atribuído no momento da conexão.

§ 2.º Na hipótese de representação do delegado de polícia, o juiz competente, antes de decidir, ouvirá o Ministério Público.

§ 3.º Será admitida a infiltração se houver indícios de infração penal de que trata o art. 1.º desta Lei e se as provas não puderem ser produzidas por outros meios disponíveis.

§ 4.º A infiltração será autorizada pelo prazo de até 6 (seis) meses, sem prejuízo de eventuais renovações, mediante ordem judicial fundamentada e desde que o total não exceda a 720 (setecentos e vinte) dias e seja comprovada sua necessidade.

§ 5.º Findo o prazo previsto no § 4.º deste artigo, o relatório circunstanciado, juntamente com todos os atos eletrônicos praticados durante a operação, deverão ser registrados, gravados, armazenados e apresentados ao juiz competente, que imediatamente cientificará o Ministério Público.

§ 6.º No curso do inquérito policial, o delegado de polícia poderá determinar aos seus agentes, e o Ministério Público e o juiz competente poderão requisitar, a qualquer tempo, relatório da atividade de infiltração.

§ 7.º É nula a prova obtida sem a observância do disposto neste artigo.

Art. 10-B. As informações da operação de infiltração serão encaminhadas diretamente ao juiz responsável pela autorização da medida, que zelará por seu sigilo.

Parágrafo único. Antes da conclusão da operação, o acesso aos autos será reservado ao juiz, ao Ministério Público e ao delegado de polícia responsável pela operação, com o objetivo de garantir o sigilo das investigações.

Art. 10-C. Não comete crime o policial que oculta a sua identidade para, por meio da internet, colher indícios de autoria e materialidade dos crimes previstos no art. 1.º desta Lei.

Parágrafo único. O agente policial infiltrado que deixar de observar a estrita finalidade da investigação responderá pelos excessos praticados.

Art. 10-D. Concluída a investigação, todos os atos eletrônicos praticados durante a operação deverão ser registrados, gravados, armazenados e encaminhados ao juiz e ao Ministério Público, juntamente com relatório circunstanciado.

Parágrafo único. Os atos eletrônicos registrados citados no *caput* deste artigo serão reunidos em autos apartados e apensados ao processo criminal juntamente com o inquérito policial, assegurando-se a preservação da identidade do agente policial infiltrado e a intimidade dos envolvidos.

Art. 11. O requerimento do Ministério Público ou a representação do delegado de polícia para a infiltração de agentes conterão a demonstração da necessidade da medida, o alcance das tarefas dos agentes e, quando possível, os nomes ou apelidos das pessoas investigadas e o local da infiltração.

Parágrafo único. Os órgãos de registro e cadastro público poderão incluir nos bancos de dados próprios, mediante procedimento sigiloso e requisição da autoridade judicial, as informações necessárias à efetividade da identidade fictícia criada, nos casos de infiltração de agentes na internet.

Art. 12. O pedido de infiltração será sigilosamente distribuído, de forma a não conter informações que possam indicar a operação a ser efetivada ou identificar o agente que será infiltrado.

§ 1.º As informações quanto à necessidade da operação de infiltração serão dirigidas diretamente ao juiz competente, que decidirá no prazo de 24 (vinte e quatro) horas, após manifestação do Ministério Público na hipótese de representação do delegado de polícia, devendo-se adotar as medidas necessárias para o êxito das investigações e a segurança do agente infiltrado.

§ 2.º Os autos contendo as informações da operação de infiltração acompanharão a denúncia do Ministério Público, quando serão disponibilizados à defesa, assegurando-se a preservação da identidade do agente.

§ 3.º Havendo indícios seguros de que o agente infiltrado sofre risco iminente, a operação será sustada mediante requisição do Ministério Público ou pelo delegado de polícia, dando-se imediata ciência ao Ministério Público e à autoridade judicial.

Art. 13. O agente que não guardar, em sua atuação, a devida proporcionalidade com a finalidade da investigação, responderá pelos excessos praticados.

Parágrafo único. Não é punível, no âmbito da infiltração, a prática de crime pelo agente infiltrado no curso da investigação, quando inexigível conduta diversa.

Art. 14. São direitos do agente:

I – recusar ou fazer cessar a atuação infiltrada;

II – ter sua identidade alterada, aplicando-se, no que couber, o disposto no art. 9.º da Lei n.º 9.807, de 13 de julho de 1999, bem como usufruir das medidas de proteção a testemunhas;

III – ter seu nome, sua qualificação, sua imagem, sua voz e demais informações pessoais preservadas durante a investigação e o processo criminal, salvo se houver decisão judicial em contrário;

IV – não ter sua identidade revelada, nem ser fotografado ou filmado pelos meios de comunicação, sem sua prévia autorização por escrito.

Agora, uma vez incluído o § 6.º no art. 1.º da Lei 9.613/1998, esses métodos de obtenção de provas, que serão mais bem analisados quando abordarmos as alterações operadas na Lei 12.850/2013, também podem ser utilizados nas investigações envolvendo crimes de lavagem de dinheiro (definidos no art. 1.º da Lei 9.613/1998), ainda que estes não sejam praticados por organização criminosa.

CAPÍTULO 9
Estatuto do Desarmamento – Lei 10.826/2003

A Lei 13.964/2019, por meio do art. 9.º, também operou modificações no Estatuto do Desarmamento.

9.1 Posse ou porte ilegal de arma de fogo de uso restrito

O primeiro dispositivo do Estatuto do Desarmamento a sofrer alterações foi o art. 16, que trata do porte ou posse ilegal de arma de fogo de uso restrito.

9.1.1 Art. 16

A seguir, trazemos tabela comparativa entre as redações do dispositivo:

Redação dada pela Lei 13.964/2019	Redação Antiga
Art. 16. Possuir, deter, portar, adquirir, fornecer, receber, ter em depósito, transportar, ceder, ainda que gratuitamente, emprestar, remeter, empregar, manter sob sua guarda ou ocultar arma de fogo, acessório ou munição de uso restrito, sem autorização e em desacordo com determinação legal ou regulamentar: Pena – reclusão, de 3 (três) a 6 (seis) anos, e multa.	Art. 16. Possuir, deter, portar, adquirir, fornecer, receber, ter em depósito, transportar, ceder, ainda que gratuitamente, emprestar, remeter, empregar, manter sob sua guarda ou ocultar arma de fogo, acessório ou munição de **uso proibido** ou restrito, sem autorização e em desacordo com determinação legal ou regulamentar: Pena – reclusão, de 3 (três) a 6 (seis) anos, e multa.
§ 1.º Nas mesmas penas incorre quem:	Parágrafo único. Nas mesmas penas incorre quem:
I – suprimir ou alterar marca, numeração ou qualquer sinal de identificação de arma de fogo ou artefato;	I – suprimir ou alterar marca, numeração ou qualquer sinal de identificação de arma de fogo ou artefato;
II – modificar as características de arma de fogo, de forma a torná-la equivalente a arma de fogo de uso proibido ou restrito ou para fins de dificultar ou de qualquer modo induzir a erro autoridade policial, perito ou juiz;	II – modificar as características de arma de fogo, de forma a torná-la equivalente a arma de fogo de uso proibido ou restrito ou para fins de dificultar ou de qualquer modo induzir a erro autoridade policial, perito ou juiz;
III – possuir, detiver, fabricar ou empregar artefato explosivo ou incendiário, sem autorização ou em desacordo com determinação legal ou regulamentar;	III – possuir, detiver, fabricar ou empregar artefato explosivo ou incendiário, sem autorização ou em desacordo com determinação legal ou regulamentar;
IV – portar, possuir, adquirir, transportar ou fornecer arma de fogo com numeração, marca ou qualquer outro sinal de identificação raspado, suprimido ou adulterado;	IV – portar, possuir, adquirir, transportar ou fornecer arma de fogo com numeração, marca ou qualquer outro sinal de identificação raspado, suprimido ou adulterado;
V – vender, entregar ou fornecer, ainda que gratuitamente, arma de fogo, acessório, munição ou explosivo a criança ou adolescente; e	V – vender, entregar ou fornecer, ainda que gratuitamente, arma de fogo, acessório, munição ou explosivo a criança ou adolescente; e
VI – produzir, recarregar ou reciclar, sem autorização legal, ou adulterar, de qualquer forma, munição ou explosivo.	VI – produzir, recarregar ou reciclar, sem autorização legal, ou adulterar, de qualquer forma, munição ou explosivo.

Redação dada pela Lei 13.964/2019	Redação Antiga
§ 2.º Se as condutas descritas no *caput* e no § 1.º deste artigo envolverem arma de fogo de uso proibido, a pena é de reclusão, de 4 (quatro) a 12 (doze) anos.	*Sem correspondente*

Originariamente, o art. 16 do Estatuto do Desarmamento contava apenas com o *caput* e o parágrafo único.

A Lei 13.964/2019 alterou a redação do *caput* e transformou o parágrafo único em § 1.º.

No *caput* do artigo estavam compreendidos tanto a proibição do porte ou posse de arma de fogo, acessório ou munição de uso **restrito** quanto o porte ou posse de arma de fogo, acessório ou munição de uso **proibido**. Ambas as condutas estavam submetidas à mesma pena de três a seis anos de reclusão e multa.

Ocorre que o legislador, por meio da Lei 13.964/2019, resolveu diferenciar as condutas relativas ao porte e posse de arma de fogo, acessório ou munição de uso **restrito** das de uso **proibido**, decidindo por punir de forma mais severa a segunda situação.

Para tanto, suprimiram-se do *caput* as situações envolvendo posse e porte de arma de fogo, acessório ou munição de uso **proibido** e criou-se o § 2.º do art. 16 para tratar exatamente dessa situação, mas com uma pena ainda maior, qual seja: quatro a doze anos de reclusão.

Perceba-se que não houve a criação de um novo tipo penal ou mesmo o aumento da abrangência do tipo penal já existente, mas apenas o aumento das penas mínimas e máximas para o porte e posse de arma de fogo, munição ou acessórios de uso **proibido**.

A consequência prática foi que, ao fazer tal alteração, a Lei 13.964/2019 retirou o caráter de hediondo do crime de posse ou porte ilegal de arma de fogo de uso **restrito**, previsto no art. 16 da Lei 10.826/2003, mantendo-o apenas para o crime de posse ou porte ilegal de arma de fogo de uso **proibido.**

O Superior Tribunal de Justiça, contrapondo o entendimento aplicado antes da vigência do Pacote Anticrime, passou a entender que o porte ou a posse de arma de fogo de uso permitido, ainda que com numeração, marca ou qualquer outro sinal de identificação raspado, suprimido ou adulterado, não tem índole hedionda. No julgamento do *Habeas Corpus* 525.249/RS, a Ministra Relatora Laurita Vaz explicou que "a Lei n. 13.964/2019 alterou a redação da Lei de Crimes Hediondos. Antes da vigência de tal norma, o dispositivo legal considerava equiparado à hediondo o crime de posse ou porte ilegal de arma de fogo de uso restrito, previsto no art. 16 da Lei n.º 10.826/2003. Atualmente, considera-se equiparado à hediondo o crime de posse ou porte ilegal de arma de fogo de uso proibido, previsto no art. 16 da Lei n.º 10.826/2003". Dessa forma, nos termos do voto condutor, "ao alterar a redação do art. 16 da Lei n.º 10.826/2003, com a imposição de penas diferenciadas para a posse ou porte de arma de fogo de uso restrito e de uso proibido, a Lei n. 13.964/2019 atribuiu reprovação criminal diversa a depender da classificação do armamento como de uso permitido, restrito ou proibido" (STJ, 525.249/RS, 6.ª Turma, Rel. Min. Laurita Vaz, j. 15.12.2020).

9.2 Comércio ilegal de arma de fogo

O art. 17 da Lei 10.826/2006 trata do comércio ilegal de arma de fogo.

9.2.1 Art. 17

A figura típica é especialmente destinada àqueles que praticam as condutas "no exercício de atividade comercial ou industrial", sem autorização legal.

Ainda, no antigo parágrafo único e atual § 1.º do dispositivo, há uma equiparação à atividade comercial de "qualquer forma de prestação de serviços, fabricação ou comércio irregular ou clandestino, inclusive o exercido em residência". Aqui não houve qualquer alteração de conteúdo, e o antigo parágrafo único simplesmente transformou-se em § 1.º.

No que se refere ao *caput*, a Lei 13.964/2019 manteve-o na integralidade, porém aumentou as penas, que antes eram de quatro a oito anos e multa, para seis a doze anos e multa. Trata-se de um aumento substancial, especialmente no tocante à pena máxima.

A grande novidade relativamente a esse dispositivo foi o acréscimo do § 2.º, que tem uma redação um tanto duvidosa, conforme se analisará.

A seguir, uma tabela comparativa dos dispositivos:

Redação dada pela Lei 13.964/2019	Redação Antiga
Art. 17. Adquirir, alugar, receber, transportar, conduzir, ocultar, ter em depósito, desmontar, montar, remontar, adulterar, vender, expor à venda, ou de qualquer forma utilizar, em proveito próprio ou alheio, no exercício de atividade comercial ou industrial, arma de fogo, acessório ou munição, sem autorização ou em desacordo com determinação legal ou regulamentar: Pena – reclusão, de 6 (seis) a 12 (doze) anos, e multa.	Art. 17. Adquirir, alugar, receber, transportar, conduzir, ocultar, ter em depósito, desmontar, montar, remontar, adulterar, vender, expor à venda, ou de qualquer forma utilizar, em proveito próprio ou alheio, no exercício de atividade comercial ou industrial, arma de fogo, acessório ou munição, sem autorização ou em desacordo com determinação legal ou regulamentar: Pena – reclusão, de 4 (quatro) a 8 (oito) anos, e multa.

Redação dada pela Lei 13.964/2019	Redação Antiga
§ 1.º Equipara-se à atividade comercial ou industrial, para efeito deste artigo, qualquer forma de prestação de serviços, fabricação ou comércio irregular ou clandestino, inclusive o exercido em residência.	Parágrafo único. Equipara-se à atividade comercial ou industrial, para efeito deste artigo, qualquer forma de prestação de serviços, fabricação ou comércio irregular ou clandestino, inclusive o exercido em residência.
§ 2.º Incorre na mesma pena quem vende ou entrega arma de fogo, acessório ou munição, sem autorização ou em desacordo com a determinação legal ou regulamentar, a agente policial disfarçado, quando presentes elementos probatórios razoáveis de conduta criminal preexistente.	*Sem correspondente*

A novidade apresentada pelo legislador está no inédito § 2.º do art. 17, a qual, como veremos adiante, foi reproduzida em outros tipos penais modificados pela Lei 13.964/2019.

O referido § 2.º criou uma nova situação para o direito penal e processual penal brasileiro, que é o "agente policial disfarçado".

Sustentamos ser uma figura nova, pois não se confunde com o agente infiltrado (arts. 10 a 14 da Lei 12.850/2013), tampouco pode ser o agente provocador, que estimula ilegalmente a prática de crimes para efetuar prisões em flagrante.

Segundo nos parece, com esse § 2.º a intenção do legislador foi criar uma figura equiparada à "atividade comercial", mas cuja aplicação se destina àqueles agentes que transacionam de forma habitual produtos ilícitos (nesse caso específico, armas de fogo), mas utilizam-se de determinados expedientes que não permitem, de plano, reconhecer uma atividade comercial, ainda que clandestina.

A ideia do legislador é distinguir a conduta do sujeito, que em determinada oportunidade vendeu uma arma de fogo sem autorização legal, da conduta do sujeito que habitualmente comercializa armas de fogo sem a autorização legal e que está submetido a uma investigação policial e realiza a venda para um "agente disfarçado".

Pretende o legislador, sem qualquer sombra de dúvida, afastar a possibilidade de reconhecer nesse ato de venda ou entrega da arma de fogo ao policial disfarçado a figura do crime impossível. Para tanto, criou-se a necessidade da presença de "elementos probatórios razoáveis de conduta criminal preexistente".

Uma única conduta de entregar ou vender armas de fogo a agente disfarçado, sem estar acompanhada de "elementos probatórios razoáveis de conduta criminal preexistente", impede a aplicação do § 2.º do art. 17 do Estatuto do Desarmamento.

Parece-nos, portanto, que esse § 2.º somente poderá ser aplicável – no sentido de se afastar um flagrante preparado ou um crime impossível –, quando houver uma investigação prévia que tenha coletado provas da materialidade e da autoria da comercialização anterior, de modo que a venda ou entrega para o agente disfarçado seja um mero exaurimento do crime já consumado pela habitualidade anterior e materializada na investigação.

Admitir o contrário, ou seja, que a única venda ou entrega recebida pelo agente disfarçado é suficiente para considerar que o agente é um comerciante habitual de armas de fogo, nos termos do art. 17, é fazer presunções que o direito penal não admite. E mais, é incentivar os agentes policiais a induzir as pessoas a cometer crimes para que sejam presas em flagrante, algo absolutamente inadmissível. Tão inadmissível que já sumulado pelo Supremo Tribunal Federal:

> Súmula 145 do STF: Não há crime, quando a preparação do flagrante pela polícia torna impossível a sua consumação.

9.3 Tráfico internacional de arma de fogo

9.3.1 Art. 18

No art. 18 do Estatuto do Desarmamento está prevista a figura do tráfico internacional de arma de fogo, sendo certo que as alterações realizadas pela Lei 13.964/2019 foram exatamente no mesmo sentido das efetuadas no art. 17.

Assim, o *caput* manteve-se intacto, porém as penas foram aumentadas de quatro a oito anos de reclusão e multa para oito a dezesseis anos de reclusão e multa.

Acrescentou-se, ainda, um parágrafo único, com redação idêntica à do § 2.º do art. 17 da mesma lei, motivo pelo qual remetemos o leitor àquele dispositivo.

Trazemos tabela comparativa entre as redações:

Redação dada pela Lei 13.964/2019	Redação Antiga
Art. 18. Importar, exportar, favorecer a entrada ou saída do território nacional, a qualquer título, de arma de fogo, acessório ou munição, sem autorização da autoridade competente:	Art. 18. Importar, exportar, favorecer a entrada ou saída do território nacional, a qualquer título, de arma de fogo, acessório ou munição, sem autorização da autoridade competente:
Pena – reclusão, de 8 (oito) a 16 (dezesseis) anos, e multa.	Pena – reclusão de 4 (quatro) a 8 (oito) anos, e multa.

Redação dada pela Lei 13.964/2019	Redação Antiga
Parágrafo único. Incorre na mesma pena quem vende ou entrega arma de fogo, acessório ou munição, em operação de importação, sem autorização da autoridade competente, a agente policial disfarçado, quando presentes elementos probatórios razoáveis de conduta criminal preexistente.	Sem correspondente

9.4 Causa de aumento de pena

No art. 20 do Estatuto do Desarmamento, havia causa de aumento de pena pela metade, aplicável aos crimes dos arts. 14, 15, 16, 17 e 18, quando estes fossem praticados por integrantes dos órgãos e empresas referidas nos arts. 6.º, 7.º e 8.º dessa mesma lei.

9.4.1 Art. 18

A Lei 13.964/2019, por sua vez, criou uma nova situação que também enseja a causa de aumento de pena: ser o agente reincidente específico em crimes "dessa natureza".

Ao optar pela expressão "reincidente específico em crimes dessa natureza", somente poderá ser reconhecida a reincidência entre esses próprios tipos penais. Assim, se o sujeito tem condenação anterior com trânsito em julgado como incurso no art. 15, e é condenado novamente, agora como incurso no art. 17, poderá ser reconhecida a reincidência específica e aplicada a causa de aumento de pena. Se a condenação anterior for por qualquer crime diverso dos previstos no *caput* do art. 20, não poderá ser aplicada a causa de aumento de pena.

A seguir, tabela comparativa entre os dispositivos:

Redação dada pela Lei 13.964/2019	Redação Antiga
Art. 20. Nos crimes previstos nos arts. 14, 15, 16, 17 e 18, a pena é aumentada da metade se: I – forem praticados por integrante dos órgãos e empresas referidas nos arts. 6.º, 7.º e 8.º desta Lei; ou	Art. 20. Nos crimes previstos nos arts. 14, 15, 16, 17 e 18, a pena é aumentada da metade se forem praticados por integrante dos órgãos e empresas referidas nos arts. 6.º, 7.º e 8.º desta Lei.
II – o agente for reincidente específico em crimes dessa natureza.	Sem correspondente

9.5 Banco Nacional de Perfis Balísticos

O art. 34-A, acrescido pela Lei 13.964/2019, determina a criação de um banco de dados para armazenar perfis balísticos, o Banco Nacional de Perfis Balísticos.

A finalidade desse banco de dados seria manter os cadastros de armas de fogo e armazenar características de classe e individualizadoras de projéteis e cartuchos de munição já deflagrados e apreendidos por envolvimento em atividades criminais.

A intenção é a de que, ao coletar informações sobre armas de fogo, projéteis e cartuchos, se possa criar um padrão de comparação para ser utilizado em investigações e processos futuros.

Esse banco de dados ficará submetido à unidade oficial de perícia criminal e seus dados serão sigilosos e absolutamente proibida sua comercialização total ou parcial.

9.5.1 Art. 34-A

A redação dada ao art. 34-A foi a seguinte:

> Art. 34-A. Os dados relacionados à coleta de registros balísticos serão armazenados no Banco Nacional de Perfis Balísticos.
> § 1.º O Banco Nacional de Perfis Balísticos tem como objetivo cadastrar armas de fogo e armazenar características de classe e individualizadoras de projéteis e de estojos de munição deflagrados por arma de fogo.
> § 2.º O Banco Nacional de Perfis Balísticos será constituído pelos registros de elementos de munição deflagrados por armas de fogo relacionados a crimes, para subsidiar ações destinadas às apurações criminais federais, estaduais e distritais.
> § 3.º O Banco Nacional de Perfis Balísticos será gerido pela unidade oficial de perícia criminal.
> § 4.º Os dados constantes do Banco Nacional de Perfis Balísticos terão caráter sigiloso, e aquele que permitir ou promover sua utilização para fins diversos dos previstos nesta Lei ou em decisão judicial responderá civil, penal e administrativamente.
> § 5.º É vedada a comercialização, total ou parcial, da base de dados do Banco Nacional de Perfis Balísticos.
> § 6.º A formação, a gestão e o acesso ao Banco Nacional de Perfis Balísticos serão regulamentados em ato do Poder Executivo federal.

CAPÍTULO 10
Lei de Drogas – Lei 11.343/2006

A Lei 13.964/2019, por meio do seu art. 10, operou modificações na Lei 11.343/2006 – Lei de Drogas.

10.1 Tráfico de entorpecentes

A alteração ocorreu no art. 33 da referida lei, que tipifica a conduta de tráfico de entorpecentes.

10.1.1 Art. 33

Houve uma simples inclusão do inciso IV ao § 1.º do art. 33 da Lei 11.343/2006, cuja redação comparada ficou a seguinte:

Redação dada pela Lei 13.964/2019	Redação Antiga
Art. 33. Importar, exportar, remeter, preparar, produzir, fabricar, adquirir, vender, expor à venda, oferecer, ter em depósito, transportar, trazer consigo, guardar, prescrever, ministrar, entregar a consumo ou fornecer drogas, ainda que gratuitamente, sem autorização ou em desacordo com determinação legal ou regulamentar:	Art. 33. Importar, exportar, remeter, preparar, produzir, fabricar, adquirir, vender, expor à venda, oferecer, ter em depósito, transportar, trazer consigo, guardar, prescrever, ministrar, entregar a consumo ou fornecer drogas, ainda que gratuitamente, sem autorização ou em desacordo com determinação legal ou regulamentar:
Pena – reclusão de 5 (cinco) a 15 (quinze) anos e pagamento de 500 (quinhentos) a 1.500 (mil e quinhentos) dias-multa.	Pena – reclusão de 5 (cinco) a 15 (quinze) anos e pagamento de 500 (quinhentos) a 1.500 (mil e quinhentos) dias-multa.
§ 1.º Nas mesmas penas incorre quem:	§ 1.º Nas mesmas penas incorre quem:
I – importa, exporta, remete, produz, fabrica, adquire, vende, expõe à venda, oferece, fornece, tem em depósito, transporta, traz consigo ou guarda, ainda que gratuitamente, sem autorização ou em desacordo com determinação legal ou regulamentar, matéria-prima, insumo ou produto químico destinado à preparação de drogas;	I – importa, exporta, remete, produz, fabrica, adquire, vende, expõe à venda, oferece, fornece, tem em depósito, transporta, traz consigo ou guarda, ainda que gratuitamente, sem autorização ou em desacordo com determinação legal ou regulamentar, matéria-prima, insumo ou produto químico destinado à preparação de drogas;
II – semeia, cultiva ou faz a colheita, sem autorização ou em desacordo com determinação legal ou regulamentar, de plantas que se constituam em matéria-prima para a preparação de drogas;	II – semeia, cultiva ou faz a colheita, sem autorização ou em desacordo com determinação legal ou regulamentar, de plantas que se constituam em matéria-prima para a preparação de drogas;
III – utiliza local ou bem de qualquer natureza de que tem a propriedade, posse, administração, guarda ou vigilância, ou consente que outrem dele se utilize, ainda que gratuitamente, sem autorização ou em desacordo com determinação legal ou regulamentar, para o tráfico ilícito de drogas.	III – utiliza local ou bem de qualquer natureza de que tem a propriedade, posse, administração, guarda ou vigilância, ou consente que outrem dele se utilize, ainda que gratuitamente, sem autorização ou em desacordo com determinação legal ou regulamentar, para o tráfico ilícito de drogas.

Redação dada pela Lei 13.964/2019	Redação Antiga
IV – vende ou entrega drogas ou matéria-prima, insumo ou produto químico destinado à preparação de drogas, sem autorização ou em desacordo com a determinação legal ou regulamentar, a agente policial disfarçado, quando presentes elementos probatórios razoáveis de conduta criminal preexistente.	Sem correspondente
§ 2.º Induzir, instigar ou auxiliar alguém ao uso indevido de droga: Pena – detenção, de 1 (um) a 3 (três) anos, e multa de 100 (cem) a 300 (trezentos) dias-multa.	§ 2.º Induzir, instigar ou auxiliar alguém ao uso indevido de droga: Pena – detenção, de 1 (um) a 3 (três) anos, e multa de 100 (cem) a 300 (trezentos) dias-multa.
§ 3.º Oferecer droga, eventualmente e sem objetivo de lucro, a pessoa de seu relacionamento, para juntos a consumirem: Pena – detenção, de 6 (seis) meses a 1 (um) ano, e pagamento de 700 (setecentos) a 1.500 (mil e quinhentos) dias-multa, sem prejuízo das penas previstas no art. 28.	§ 3.º Oferecer droga, eventualmente e sem objetivo de lucro, a pessoa de seu relacionamento, para juntos a consumirem: Pena – detenção, de 6 (seis) meses a 1 (um) ano, e pagamento de 700 (setecentos) a 1.500 (mil e quinhentos) dias-multa, sem prejuízo das penas previstas no art. 28.
§ 4.º Nos delitos definidos no *caput* e no § 1.º deste artigo, as penas poderão ser reduzidas de um sexto a dois terços, desde que o agente seja primário, de bons antecedentes, não se dedique às atividades criminosas nem integre organização criminosa.	§ 4.º Nos delitos definidos no *caput* e no § 1.º deste artigo, as penas poderão ser reduzidas de um sexto a dois terços, desde que o agente seja primário, de bons antecedentes, não se dedique às atividades criminosas nem integre organização criminosa.

A novidade apresentada pelo legislador está no inciso IV do § 1.º, que se utilizou da mesma técnica legislativa já explicada no § 2.º do art. 17 e no parágrafo único do art. 18, ambos do Estatuto do Desarmamento.

O referido inciso IV criou uma nova situação para o direito penal e processual penal brasileiro, que é o "agente policial disfarçado".

Sustentamos ser uma figura nova, pois não se confunde com o agente infiltrado (arts. 10 a 14 da Lei 12.850/2013), tampouco pode ser o agente provocador, que estimula ilegalmente a prática de crimes para efetuar prisões em flagrante.

Segundo nos parece, com esse inciso IV, a intenção do legislador foi criar uma figura equiparada à "atividade comercial", mas cuja aplicação se destina àqueles agentes que transacionam de forma habitual produtos ilícitos (nesse caso específico, drogas ou matéria-prima, insumo ou produto químico destinado à preparação de drogas), mas utilizam-se de determinados expedientes que não permitem, de plano, reconhecer uma atividade comercial, ainda que clandestina.

A ideia do legislador é distinguir a conduta do sujeito que em determinada oportunidade vendeu drogas sem autorização legal da conduta do sujeito que habitualmente comercializa drogas sem a autorização legal e que está submetido a uma investigação policial e realiza a venda para um "agente disfarçado".

Pretende o legislador, sem qualquer sombra de dúvida, afastar a possibilidade de reconhecer nesse ato de venda ou entrega de drogas ao policial disfarçado a figura do crime impossível. Para tanto, criou o legislador a necessidade da presença de "elementos probatórios razoáveis de conduta criminal preexistente".

Uma única conduta de entregar ou vender drogas a agente disfarçado, sem estar acompanhada de "elementos probatórios razoáveis de conduta criminal preexistente", impede a aplicação do § 2.º do art. 17 do Estatuto do Desarmamento.

Parece-nos, portanto, que esse § 2.º somente poderá ser aplicável – no sentido de se afastar um flagrante preparado ou um crime impossível –, quando houver uma investigação prévia que tenha coletado provas da materialidade e da autoria da comercialização anterior, de modo que a venda ou entrega para o agente disfarçado seja um mero exaurimento do crime já consumado pela habitualidade anterior e materializada na investigação.

Admitir o contrário, ou seja, que a única venda ou entrega recebida pelo agente disfarçado é suficiente para considerar que o agente é um comerciante habitual de drogas, nos termos do art. 17, é fazer presunções que o direito penal não admite. E mais, é incentivar os agentes policiais a induzir as pessoas a cometer crimes para que sejam presas em flagrante, algo absolutamente inadmissível, tanto que sumulado pelo Supremo Tribunal Federal:

> Súmula 145 do STF: Não há crime, quando a preparação do flagrante pela polícia torna impossível a sua consumação.

CAPÍTULO 11
Lei do Sistema Penitenciário Federal de Segurança Máxima – Lei 11.671/2008

A Lei 11.671/2008 disciplina a transferência e a inclusão de presos no sistema penitenciário federal de segurança máxima.

Importante salientar que essa Lei não criou e disciplinou um regime diferenciado de cumprimento de pena, como é o RDD, mas regulamentou as transferências dos presos e a forma de cumprimento das penas nesses estabelecimentos específicos, que são federais e de segurança máxima.

Atualmente, existem no Brasil cinco presídios federais de segurança máxima, nas cidades de Brasília-DF, Porto Velho-RO, Mossoró-RN, Campo Grande-MS e Catanduvas-PR.[1]

Trata-se de uma situação ainda mais grave que o RDD, tanto que um dos requisitos para que o preso seja enviado para esses estabelecimentos é já estar submetido ao RDD.

O Decreto 6.877/2019 regulamenta a Lei do Sistema Penitenciário Federal, sendo importante destacar o seu art. 3.º, no qual se encontra:

---

[1] Disponível em: https://www.novo.justica.gov.br/news/conheca-o-sistema-penitenciario-federal.

Art. 3.º Para a inclusão ou transferência, o preso deverá possuir, ao menos, uma das seguintes características:

I – ter desempenhado função de liderança ou participado de forma relevante em organização criminosa;

II – ter praticado crime que coloque em risco a sua integridade física no ambiente prisional de origem;

III – estar submetido ao Regime Disciplinar Diferenciado – RDD;

IV – ser membro de quadrilha ou bando, envolvido na prática reiterada de crimes com violência ou grave ameaça;

V – ser réu colaborador ou delator premiado, desde que essa condição represente risco à sua integridade física no ambiente prisional de origem; ou

VI – estar envolvido em incidentes de fuga, de violência ou de grave indisciplina no sistema prisional de origem.

Portanto, não é qualquer preso que pode ser enviado para um presídio federal de segurança máxima.

A Lei 13.964/2019, em seu art. 11, promoveu mudanças em alguns dos dispositivos da Lei do Sistema Penitenciário Nacional, conforme se demonstrará a seguir.

11.1 Competência federal para execução da pena

O art. 2.º da Lei do Sistema Penitenciário Federal determina que a competência para exercer a atividade jurisdicional da execução da pena nos estabelecimentos penais pertence ao juiz federal da seção ou subseção judiciária da localidade do estabelecimento penal federal ao qual o preso está recolhido.

A Lei 13.964/2019, por sua vez, acrescentou o parágrafo único ao art. 2.º para ampliar a competência do juízo federal da execução penal, declarando-o competente para as ações de natureza penal que tenham por objeto fatos ou incidentes relacionados à execução da pena ou infrações penais ocorridas no interior do estabelecimento penal federal.

Trata-se, portanto, de uma nova regra de competência inserida no sistema processual brasileiro, que definirá a competência tendo por base o estabelecimento no qual o crime foi praticado.

11.1.1 Art. 2.º

Por essa regra inserida no parágrafo único do art. 2.º, qualquer crime praticado dentro do estabelecimento penal federal será de competência do juízo federal das execuções penais, contrariando as regras processuais e constitucionais de definição da competência.

Por esse motivo, parece-nos que, pelo menos em parte, o dispositivo é inconstitucional.

Explica-se: imagine-se que um preso, cumprindo pena no estabelecimento penal federal, comete um homicídio doloso contra outro preso. Pela redação do art. 2.º, parágrafo único, da Lei do Estabelecimento Penal Federal, a competência para processar e julgar esse crime seria do juízo federal da execução penal. Entretanto, a garantia do Tribunal do Júri decorre diretamente da Constituição Federal, especialmente do art. 5.º, XXXVIII, e não pode ser modificada por uma simples lei ordinária.

O mesmo, parece-nos, que deva ocorrer com as infrações de menor potencial ofensivo, uma vez que a criação dos Juizados Especiais Criminais decorre diretamente da Constituição Federal.

Contudo, ao menos provisoriamente, parece-nos que a competência determinada pelo local do crime, nos termos do art. 70 do Código de Processo Penal, fica prejudicada perante o parágrafo único do art. 2.º da Lei do Sistema Penitenciário Federal, com redação dada pela Lei 13.964/2019.

No entanto, a questão mais tormentosa parece ser com relação à competência pela matéria, especialmente entre a competência da Justiça Federal e Estadual. Isso porque, se um crime de competência da justiça estadual (um furto entre presos, ou uma lesão corporal etc.) for praticado no interior de um presídio federal, pela redação do art. 2.º, parágrafo único, a competência será do juízo federal da execução penal da seção ou subseção em que está localizado o estabelecimento. Parece-nos, entretanto, que tal disposição viola frontalmente a Constituição Federal, pois esta, especificamente em seu art. 109, estabelece a competência dos juízes federais, não nos parecendo possível que a lei ordinária altere esses critérios.

A seguir, incluímos tabela comparativa entre os dispositivos:

Redação dada pela Lei 13.964/2019	Redação Antiga
Art. 2.º A atividade jurisdicional de execução penal nos estabelecimentos penais federais será desenvolvida pelo juízo federal da seção ou subseção judiciária em que estiver localizado o estabelecimento penal federal de segurança máxima ao qual for recolhido o preso.	Art. 2.º A atividade jurisdicional de execução penal nos estabelecimentos penais federais será desenvolvida pelo juízo federal da seção ou subseção judiciária em que estiver localizado o estabelecimento penal federal de segurança máxima ao qual for recolhido o preso.
Parágrafo único. O juízo federal de execução penal será competente para as ações de natureza penal que tenham por objeto fatos ou incidentes relacionados à execução da pena ou infrações penais ocorridas no estabelecimento penal federal.	*Sem correspondente*

11.2 Regras para inclusão no Sistema Penitenciário Federal de Segurança Máxima

O *caput* do art. 3.º da Lei da Lei do Sistema Penitenciário Nacional definia, em sua redação original, que somente seriam recolhidos aos estabelecimentos penais federais de segurança máxima aqueles cuja medida se justificasse no interesse da segurança pública ou do próprio preso, fosse condenado ou provisório. Essa era a única determinação do dispositivo, que não tinha qualquer parágrafo, mas apenas o *caput*.

11.2.1 Art. 3.º

A Lei 13.964/2019, por sua vez, acrescentou cinco parágrafos ao art. 3.º da Lei do Sistema Penitenciário Nacional, disciplinando de forma bastante detalhada a permanência do preso no Sistema Penitenciário Federal de Segurança Máxima, conforme se verifica da tabela comparativa a seguir:

Redação dada pela Lei 13.964/2019	Redação Antiga
Art. 3.º Serão incluídos em estabelecimentos penais federais de segurança máxima aqueles para quem a medida se justifique no interesse da segurança pública ou do próprio preso, condenado ou provisório.	Art. 3.º Serão recolhidos em estabelecimentos penais federais de segurança máxima aqueles cuja medida se justifique no interesse da segurança pública ou do próprio preso, condenado ou provisório.
§ 1.º A inclusão em estabelecimento penal federal de segurança máxima, no atendimento do interesse da segurança pública, será em regime fechado de segurança máxima, com as seguintes características:	*Sem correspondente*
I – recolhimento em cela individual;	*Sem correspondente*
II – visita do cônjuge, do companheiro, de parentes e de amigos somente em dias determinados, por meio virtual ou no parlatório, com o máximo de 2 (duas) pessoas por vez, além de eventuais crianças, separados por vidro e comunicação por meio de interfone, com filmagem e gravações;	*Sem correspondente*
III – banho de sol de até 2 (duas) horas diárias; e	*Sem correspondente*

Capítulo 11 • Lei do Sistema Penitenciário Federal de Segurança Máxima – Lei 11.671/2008

Redação dada pela Lei 13.964/2019	Redação Antiga
IV – monitoramento de todos os meios de comunicação, inclusive de correspondência escrita.	Sem correspondente
§ 2.º Os estabelecimentos penais federais de segurança máxima deverão dispor de monitoramento de áudio e vídeo no parlatório e nas áreas comuns, para fins de preservação da ordem interna e da segurança pública, vedado seu uso nas celas e no atendimento advocatício, salvo expressa autorização judicial em contrário.	Sem correspondente
§ 3.º As gravações das visitas não poderão ser utilizadas como meio de prova de infrações penais pretéritas ao ingresso do preso no estabelecimento.	Sem correspondente
§ 4.º Os diretores dos estabelecimentos penais federais de segurança máxima ou o Diretor do Sistema Penitenciário Federal poderão suspender e restringir o direito de visitas previsto no inciso II do § 1.º deste artigo por meio de ato fundamentado.	Sem correspondente
§ 5.º Configura o crime do art. 325 do Decreto-lei n.º 2.848, de 7 de dezembro de 1940 (Código Penal), a violação ao disposto no § 2.º deste artigo.	Sem correspondente

Assim, nos termos do § 1.º, o regime de cumprimento de pena nos estabelecimentos prisionais federais de segurança máxima será, sempre, em regime fechado.

Obviamente, somente poderão ser enviados para esse tipo de estabelecimento prisional os presos que estiverem cumprindo pena em regime fechado, uma vez que um dos requisitos exigidos pelo Decreto 6.877/2009 para que um preso seja transferido para esses estabelecimentos é que já esteja em Regime Disciplinar Diferenciado.

Os incisos do § 1.º apresentam as características para o cumprimento da pena no estabelecimento federal de segurança máxima.

A primeira delas é o recolhimento em cela individual. Não se admite, por força legal, que presos inseridos nesses modelos de presídios dividam celas. É uma cela para cada preso.

As visitas também têm um regime próprio. Admite-se a visita do cônjuge, companheiro, parentes e amigos, em dias determinados, por meio virtual ou no parlatório, sendo admitidas no máximo duas pessoas por vez, não incluídas nesse cômputo as crianças.

Haverá separação entre o preso e as visitas por vidro e a comunicação será feita por interfone, devendo ser filmada e gravada.

O banho de sol é limitado a duas horas diárias.

Todas as comunicações são monitoradas, inclusive as correspondências escritas, dispositivo que afronta o art. 5.º, XII, da Constituição Federal, que não prevê qualquer exceção ao sigilo das correspondências.

Obviamente, não entra nessa categoria a comunicação com o defensor, pois a esta está garantido o sigilo.

Nos termos do § 2.º, as áreas comuns e os parlatórios dos estabelecimentos federais de segurança máxima deverão dispor de monitoração de áudio e vídeo para preservação da ordem interna e da segurança pública.

No entanto, o próprio § 2.º veda a monitoração das celas e do atendimento com advogado, salvo se houver expressa autorização judicial que as autorize. Parece-nos que a única hipótese monitorar o advogado é se ele for alvo de investigação criminal, pois do contrário violam-se o art. 133 da Constituição Federal e o art. 7.º, III, da Lei 8.906/1994.

O § 3.º traz uma disposição interessante, pois proíbe que as gravações das visitas sejam utilizadas como meio de prova de infrações pretéritas ao ingresso do preso no estabelecimento prisional federal de segurança máxima.

O intuito é que as gravações somente sejam usadas para evitar novas infrações ou descobrir infrações em andamento.

No § 4.º, há uma previsão de que os diretores dos estabelecimentos federais de segurança máxima ou o diretor do Sistema Penitenciário Federal podem suspender o direito de visitas previsto no inciso II do § 1.º, desde que o ato seja fundamentado.

Por fim, no § 5.º, há uma disposição legal interessante, pois há um tipo penal referido.

Isso porque o § 5.º afirma que caracteriza o crime do art. 325 do Código Penal a violação ao § 2.º do art. 3.º da Lei do Sistema Penitenciário Federal de Segurança Máxima.

O art. 325 do Código Penal tem a seguinte redação:

> Art. 325. Revelar fato de que tem ciência em razão do cargo e que deva permanecer em segredo, ou facilitar-lhe a revelação:

Pena – detenção, de seis meses a dois anos, ou multa, se o fato não constitui crime mais grave.

§ 1.º Nas mesmas penas deste artigo incorre quem:

I – permite ou facilita, mediante atribuição, fornecimento e empréstimo de senha ou qualquer outra forma, o acesso de pessoas não autorizadas a sistemas de informações ou banco de dados da Administração Pública;

II – se utiliza, indevidamente, do acesso restrito.

§ 2.º Se da ação ou omissão resulta dano à Administração Pública ou a outrem:

Pena – reclusão, de 2 (dois) a 6 (seis) anos, e multa

Obviamente, o § 5.º era desnecessário, e não pode o legislador criar tipos penais por simples referências, servindo o dispositivo apenas para não deixar dúvidas sobre a aplicabilidade do art. 325 do Código Penal aos integrantes da Polícia Penal (responsáveis pelas seguranças do presídio), bem como a qualquer outro funcionário público (juiz, promotor, diretor do estabelecimento etc.), que tenham acesso às conversas monitoradas entre o preso e suas visitas, e depois revelem a informação.

Assim, por exemplo, se um agente penitenciário que está monitorando a conversa entre o preso e uma de suas visitas toma conhecimento de que o primeiro está traindo a esposa e revela essa informação, incorre no crime do art. 325 do Código Penal.

11.3 Tempo de permanência no sistema penitenciário federal de segurança máxima

Esse dispositivo trata do tempo de permanência do preso no sistema penitenciário nacional de segurança máxima, e sofreu alteração apenas no que se refere ao § 1.º.

A antiga redação previa que o tempo máximo de permanência no sistema penitenciário federal de segurança máxima não poderia ser superior a 360 dias.

Excepcionalmente, o prazo poderia ser renovado, se houvesse solicitação motivada feita pelo juízo de origem, desde que observados os requisitos para transferência.

11.3.1 Art. 10

Pela nova redação do § 1.º, dada pela Lei 13.964/2019, o período máximo de permanência foi ampliado para três anos, renovável por iguais períodos, quando solicitado pelo juízo de origem, observados os requisitos da transferência e se permanecerem os motivos que a determinaram.

A alteração não foi, portanto, somente no tocante ao prazo, que pode ser renovado quantas vezes necessário, mas também na inclusão da obrigatoriedade de constatação de que os motivos que determinaram a inclusão do preso nesse estabelecimento ainda persistam.

Pela tabela a seguir, é possível comparar as redações:

Redação dada pela Lei 13.964/2019	Redação Antiga
Art. 10. A inclusão de preso em estabelecimento penal federal de segurança máxima será excepcional e por prazo determinado.	Art. 10. A inclusão de preso em estabelecimento penal federal de segurança máxima será excepcional e por prazo determinado.
§ 1.º O período de permanência será de até 3 (três) anos, renovável por iguais períodos, quando solicitado motivadamente pelo juízo de origem, observados os requisitos da transferência, e se persistirem os motivos que a determinaram.	§ 1.º O período de permanência não poderá ser superior a 360 (trezentos e sessenta) dias, renovável, excepcionalmente, quando solicitado motivadamente pelo juízo de origem, observados os requisitos da transferência.
§ 2.º Decorrido o prazo, sem que seja feito, imediatamente após seu decurso, pedido de renovação da permanência do preso em estabelecimento penal federal de segurança máxima, ficará o juízo de origem obrigado a receber o preso no estabelecimento penal sob sua jurisdição.	§ 2.º Decorrido o prazo, sem que seja feito, imediatamente após seu decurso, pedido de renovação da permanência do preso em estabelecimento penal federal de segurança máxima, ficará o juízo de origem obrigado a receber o preso no estabelecimento penal sob sua jurisdição.
§ 3.º Tendo havido pedido de renovação, o preso, recolhido no estabelecimento federal em que estiver, aguardará que o juízo federal profira decisão.	§ 3.º Tendo havido pedido de renovação, o preso, recolhido no estabelecimento federal em que estiver, aguardará que o juízo federal profira decisão.
§ 4.º Aceita a renovação, o preso permanecerá no estabelecimento federal de segurança máxima em que estiver, retroagindo o termo inicial do prazo ao dia seguinte ao término do prazo anterior.	§ 4.º Aceita a renovação, o preso permanecerá no estabelecimento federal de segurança máxima em que estiver, retroagindo o termo inicial do prazo ao dia seguinte ao término do prazo anterior.
§ 5.º Rejeitada a renovação, o juízo de origem poderá suscitar o conflito de competência, que o tribunal apreciará em caráter prioritário.	§ 5.º Rejeitada a renovação, o juízo de origem poderá suscitar o conflito de competência, que o tribunal apreciará em caráter prioritário.
§ 6.º Enquanto não decidido o conflito de competência em caso de renovação, o preso permanecerá no estabelecimento penal federal.	§ 6.º Enquanto não decidido o conflito de competência em caso de renovação, o preso permanecerá no estabelecimento penal federal.

11.4 Competência da Vara da Execução Federal e julgamento colegiado

A Lei 13.964/2019 acrescentou à Lei do Sistema Penitenciário Federal os arts. 11-A e 11-B.

11.4.1 Art. 11-A

O art. 11-A tem a seguinte redação:

> Art. 11-A. As decisões relativas à transferência ou à prorrogação da permanência do preso em estabelecimento penal federal de segurança máxima, à concessão ou à denegação de benefícios prisionais ou à imposição de sanções ao preso federal poderão ser tomadas por órgão colegiado de juízes, na forma das normas de organização interna dos tribunais.

Esse dispositivo permite que as decisões a serem tomadas no curso da execução penal com relação ao preso incluído no presídio federal de segurança máxima possam ser tomadas por órgão colegiado de juízes, a exemplo do que prevê o art. 1.º da Lei 12.694/2012, que dispõe sobre o processo e o julgamento colegiado em primeiro grau de jurisdição de crimes praticados por organizações criminosas.

O referido art. 1.º tem a seguinte redação:

> Art. 1.º Em processos ou procedimentos que tenham por objeto crimes praticados por organizações criminosas, o juiz poderá decidir pela formação de colegiado para a prática de qualquer ato processual, especialmente:
>
> I – decretação de prisão ou de medidas assecuratórias;
>
> II – concessão de liberdade provisória ou revogação de prisão;
>
> III – sentença;
>
> IV – progressão ou regressão de regime de cumprimento de pena;
>
> V – concessão de liberdade condicional;
>
> VI – transferência de preso para estabelecimento prisional de segurança máxima; e
>
> VII – inclusão do preso no regime disciplinar diferenciado.
>
> § 1.º O juiz poderá instaurar o colegiado, indicando os motivos e as circunstâncias que acarretam risco à sua integridade física em decisão fundamentada, da qual será dado conhecimento ao órgão correicional.
>
> § 2.º O colegiado será formado pelo juiz do processo e por 2 (dois) outros juízes escolhidos por sorteio eletrônico dentre aqueles de competência criminal em exercício no primeiro grau de jurisdição.
>
> § 3.º A competência do colegiado limita-se ao ato para o qual foi convocado.

§ 4.º As reuniões poderão ser sigilosas sempre que houver risco de que a publicidade resulte em prejuízo à eficácia da decisão judicial.

§ 5.º A reunião do colegiado composto por juízes domiciliados em cidades diversas poderá ser feita pela via eletrônica.

§ 6.º As decisões do colegiado, devidamente fundamentadas e firmadas, sem exceção, por todos os seus integrantes, serão publicadas sem qualquer referência a voto divergente de qualquer membro.

§ 7.º Os tribunais, no âmbito de suas competências, expedirão normas regulamentando a composição do colegiado e os procedimentos a serem adotados para o seu funcionamento.

Perceba-se que o art. 1.º da Lei 12.694/2012 é apenas o exemplo pioneiro de situação na qual decisões típicas de juízes singulares de 1.º grau poderão ser tomadas por órgão colegiado formado por juízes de 1.º grau. A finalidade da norma é proteger a integridade física dos juízes.

Contudo, enquanto na Lei 12.694/2012 essas decisões colegiadas somente poderão ocorrer relativamente aos crimes envolvendo organizações criminosas (*caput* do art. 1.º), nos termos do art. 11-A da Lei do Sistema Penitenciário Federal de Segurança Máxima, com redação dada pela Lei 13.964/2019, não há essa limitação, e o critério é estar o preso inserido em estabelecimento federal de segurança máxima, independentemente do crime pelo qual foi condenado.

As normas que regulamentarão como esses órgãos colegiados serão formados no âmbito da execução penal federal deverão ser emitidas pelos tribunais.

11.4.2 Art. 11-B

Por fim, o art. 11-B, também inserido pela Lei 13.964/2019, conta com a seguinte redação:

Art. 11-B. Os Estados e o Distrito Federal poderão construir estabelecimentos penais de segurança máxima, ou adaptar os já existentes, aos quais será aplicável, no que couber, o disposto nesta Lei.

Trata-se de uma norma autorizativa aos Estados e Distrito Federal para construção de estabelecimentos penais de segurança máxima ou adaptação dos estabelecimentos já existentes.

CAPÍTULO 12
Lei de Identificação Criminal – Lei 12.037/2009

O art. 12 da Lei 13.964/2019 promoveu alterações na Lei 12.037/2009, que disciplina o art. 5.º, LVIII, da Constituição Federal.

Segundo a Constituição Federal, quem estiver civilmente identificado não será submetido à identificação criminal, nos seguintes termos:

> LVIII – o civilmente identificado não será submetido a identificação criminal, salvo nas hipóteses previstas em lei;

A identificação criminal consiste, nas palavras de Alexis Couto de Brito, Humberto B. Fabretti e Marco Antônio Ferreira Lima:[1]

> *A identificação criminal* é composta pela identificação *dactiloscópica* e *fotográfica*. A identificação dactiloscópica é o sistema pessoal de individualização formulado por Juan Vucetich, baseado nas impressões papilares dos dedos das mãos. Por esse sistema, uma pessoa

---

[1] BRITO, Alexis Couto de; FABRETTI, Humberto B.; LIMA, Marco A. F. *Processo penal brasileiro*, p. 63.

pode ser identificada através das impressões das marcas constantes nas pontas dos dedos, que, conforme o demonstrado pelas pesquisas, são únicas do indivíduo. São classificações e subclassificação, formuladas através de uma planilha que possua essas impressões dactiloscópicas (*dactlos* = *dedos*), que podem variar entre quatro desenhos fundamentais: presilha externa, presilha interna, arco e verticilo, que recebem letras (E, I, A, V) e números (1, 2, 3 e 4) conforme o dedo em que sejam encontradas. Como a probabilidade de que a natureza crie uma impressão igual a outra é de 4,5 milhões de anos, o sistema garante a certeza e a confiabilidade necessárias para o sucesso de uma identificação individual.

A Lei 12.037/2009, que regulamenta esse dispositivo, prevê as situações nas quais, apesar de civilmente identificado, o investigado poderá ser submetido à identificação criminal.

Alexis Couto de Brito, Humberto B. Fabretti e Marco Antônio Ferreira Lima[2] explicam que:

> A partir de 1988, com a nova Carta Política, o civilmente identificado (a Lei n.º 12.037/2009 que regulamentou a identificação estabelece em seu art. 2.º que servirão como identificação civil os seguintes documentos: carteira de identidade, carteira de trabalho, carteira profissional, passaporte, carteira de identificação funcional e outro documento público que permita a identificação pessoal) não será submetido a identificação criminal, exceto nos casos previstos em lei. Isso então abrange a identificação datiloscópica e a fotográfica, configurando constrangimento ilegal qualquer ato neste sentido, estando revogada a Súmula 586 do STF, que dispunha: "a identificação criminal do indiciado pelo processo datiloscópico não constitui constrangimento ilegal, ainda que já identificado civilmente". Em 1990, o Estatuto da Criança e do Adolescente trouxe o primeiro dispositivo legal, prevendo nova identificação nos casos em que houvesse "dúvida fundada" (art. 109). Posteriormente, a Lei n.º 9.034/95, que disciplinava a atuação de organizações criminosas, impôs a identificação mesmo em casos em que houvesse a identificação civil (art. 5.º), entretanto tal lei foi integralmente revogada pela Lei n.º 12.654/2012, que não tem nenhuma previsão nesse sentido. Finalmente, a Lei n.º 10.054/2000 disciplinou os demais casos de identificação criminal. Atualmente, os casos de identificação criminal são regulados pelo art. 3.º da Lei n.º 12.037/2009, que permite a identificação criminal nos seguintes casos:
>
> I) o documento do investigado apresentar rasura ou tiver indício de falsificação;

---

[2] BRITO, Alexis Couto de; FABRETTI, Humberto B.; LIMA, Marco A. F. *Processo penal brasileiro*, p. 64.

II) o documento do investigado apresentar-se insuficiente para identificá-lo cabalmente;

III) o investigado portar documentos de identidade distintos, com informações conflitantes entre si;

IV) a identificação criminal for essencial às investigações policiais, segundo despacho da autoridade judiciária competente, que decidirá de ofício ou mediante representação da Autoridade Policial, do Ministério Público ou da defesa;

V) constar de registros policiais o uso de outros nomes ou diferentes qualificações;

VI) o estado de conservação ou a distância temporal ou da localidade da expedição do documento apresentado impossibilite a completa identificação dos caracteres essenciais.

O parágrafo único do art. 5.º prevê que, nas hipóteses do inciso IV (a identificação criminal for essencial às investigações policiais, segundo despacho da autoridade judiciária competente, que decidirá de ofício ou mediante representação da Autoridade Policial, do Ministério Público ou da defesa), a *identificação criminal poderá incluir a coleta de material biológico para a obtenção de perfil genético*.

12.1 Coleta de dados para perfil genético

As alterações promovidas pela Lei 13.964/2019 têm por objeto exatamente a disciplina da criação de um banco de dados, do armazenamento e da exclusão do perfil genético obtido durante a investigação pela identificação criminal.

12.1.1 Art. 7.º-A

Houve a modificação do art. 7.º-A e a inclusão do art. 7.º-C. O art. 7.º-B permaneceu inalterado, conforme verifica-se da tabela a seguir:

Redação dada pela Lei 13.964/2019	Redação Antiga
Art. 7.º-A. A exclusão dos perfis genéticos dos bancos de dados ocorrerá:	Art. 7.º-A. A exclusão dos perfis genéticos dos bancos de dados ocorrerá no término do prazo estabelecido em lei para a prescrição do delito.
I – no caso de absolvição do acusado; ou	Sem correspondente

Redação dada pela Lei 13.964/2019	Redação Antiga
II – no caso de condenação do acusado, mediante requerimento, após decorridos 20 (vinte) anos do cumprimento da pena.	Sem correspondente
Art. 7.º-B. A identificação do perfil genético será armazenada em banco de dados sigiloso, conforme regulamento a ser expedido pelo Poder Executivo.	Art. 7.º-B. A identificação do perfil genético será armazenada em banco de dados sigiloso, conforme regulamento a ser expedido pelo Poder Executivo.

A primeira alteração ocorreu no art. 7.º-A da Lei 12.037/2009, que antigamente previa que a única forma de exclusão do perfil genético recolhido em identificação criminal seria pela prescrição do delito.

A nova redação do art. 7.º-A, por sua vez, previu duas situações nas quais o perfil genético recolhido em identificação criminal deverá ser excluído do banco de dados:

    a) quando houver absolvição do acusado;
    b) após 20 anos do cumprimento da pena, quando condenado.

Parece-nos que a nova medida é salutar, primeiro porque não permite a manutenção do perfil genético daquele que teve seu *status* de inocência confirmado por uma sentença absolutória; segundo porque não possibilita que os dados genéticos dos condenados fiquem, indefinidamente, custodiados pelo Estado.

O prazo de 20 anos após o término do cumprimento da pena impede que os efeitos da condenação sejam perpétuos e dão ao condenado, agora reintegrado à sociedade, direito ao esquecimento.

O art. 7.º-B não sofreu alterações e prevê que a identificação do perfil genético será armazenada em banco de dados sigiloso, conforme regulamento a ser expedido pelo Poder Executivo.

12.2 Banco Nacional Multibiométrico e de Impressões Digitais

12.2.1 Art. 7.º-C

A grande novidade com relação a essa lei decorre da inclusão do art. 7.º-C com seus onze parágrafos para tratar da criação do Banco Nacional Multibiométrico e de Impressões Digitais, cuja redação é a seguinte:

> Art. 7.º-C. Fica autorizada a criação, no Ministério da Justiça e Segurança Pública, do Banco Nacional Multibiométrico e de Impressões Digitais.

§ 1.º A formação, a gestão e o acesso ao Banco Nacional Multibiométrico e de Impressões Digitais serão regulamentados em ato do Poder Executivo federal.

§ 2.º O Banco Nacional Multibiométrico e de Impressões Digitais tem como objetivo armazenar dados de registros biométricos, de impressões digitais e, quando possível, de íris, face e voz, para subsidiar investigações criminais federais, estaduais ou distritais.

§ 3.º O Banco Nacional Multibiométrico e de Impressões Digitais será integrado pelos registros biométricos, de impressões digitais, de íris, face e voz colhidos em investigações criminais ou por ocasião da identificação criminal.

§ 4.º Poderão ser colhidos os registros biométricos, de impressões digitais, de íris, face e voz dos presos provisórios ou definitivos quando não tiverem sido extraídos por ocasião da identificação criminal.

§ 5.º Poderão integrar o Banco Nacional Multibiométrico e de Impressões Digitais, ou com ele interoperar, os dados de registros constantes em quaisquer bancos de dados geridos por órgãos dos Poderes Executivo, Legislativo e Judiciário das esferas federal, estadual e distrital, inclusive pelo Tribunal Superior Eleitoral e pelos Institutos de Identificação Civil.

§ 6.º No caso de bancos de dados de identificação de natureza civil, administrativa ou eleitoral, a integração ou o compartilhamento dos registros do Banco Nacional Multibiométrico e de Impressões Digitais será limitado às impressões digitais e às informações necessárias para identificação do seu titular.

§ 7.º A integração ou a interoperação dos dados de registros multibiométricos constantes de outros bancos de dados com o Banco Nacional Multibiométrico e de Impressões Digitais ocorrerá por meio de acordo ou convênio com a unidade gestora.

§ 8.º Os dados constantes do Banco Nacional Multibiométrico e de Impressões Digitais terão caráter sigiloso, e aquele que permitir ou promover sua utilização para fins diversos dos previstos nesta Lei ou em decisão judicial responderá civil, penal e administrativamente.

§ 9.º As informações obtidas a partir da coincidência de registros biométricos relacionados a crimes deverão ser consignadas em laudo pericial firmado por perito oficial habilitado.

§ 10. É vedada a comercialização, total ou parcial, da base de dados do Banco Nacional Multibiométrico e de Impressões Digitais.

§ 11. A autoridade policial e o Ministério Público poderão requerer ao juiz competente, no caso de inquérito ou ação penal instaurados, o acesso ao Banco Nacional Multibiométrico e de Impressões Digitais.

Conforme se verifica, no *caput* do art. 7.º-C há uma autorização legal para que o Ministério da Justiça e da Segurança Pública crie o Banco Nacional Multibiométrico e de Impressões Digitais (BNMID).

Nos parágrafos seguintes, como se observará, as normas são de natureza administrativa e têm por finalidade regulamentar o Banco Nacional Multibiométrico e de Impressões Digitais.

O § 1.º prevê que a formação, gestão e acesso ao Banco Nacional Multibiométrico e de Impressões Digitais deverão ser regulamentados por ato do Poder Executivo Federal. Até o presente momento, tal ato ainda não foi publicado.

O objetivo do Banco Nacional Multibiométrico e de Impressões Digitais, nos termos do § 2.º, é armazenar dados de registros biométricos, de impressões digitais e, quando possível, de íris, face e voz, para serem utilizados em investigações criminais.

Nos termos do § 3.º, o material pode ser recolhido tanto em investigações criminais quanto em identificações criminais.

Ainda, conforme autoriza o § 4.º, poderão ser colhidos os registros biométricos, de impressões digitais, de íris, face e voz dos presos provisórios ou definitivos, quando não tiverem sido extraídos por ocasião da identificação criminal.

A intenção do legislador é coletar o maior número de informações possíveis sobre as pessoas já investigadas para utilizar como critério comparativo em futuras investigações. Trata-se de medida que incrementa o poder investigativo do Estado brasileiro, especialmente pela possibilidade de realização de provas periciais, que são muito mais confiáveis que os depoimentos, por exemplo. Assim, se X é investigado pelo crime de estupro e tem seu material genético e suas digitais coletadas e armazenadas no Banco Nacional Multibiométrico e de Impressões Digitais, será possível, no futuro, caso X volte a praticar crimes, confrontar esse material e estabelecer a autoria de crimes futuros.

O § 5.º permite que possam integrar o Banco Nacional Multibiométrico e de Impressões Digitais, ou com ele interoperar, os dados de registros constantes em quaisquer bancos de dados geridos por órgãos dos Poderes Executivo, Legislativo e Judiciário das esferas federal, estadual e distrital, inclusive pelo Tribunal Superior Eleitoral e pelos Institutos de Identificação Civil. Trata-se de uma possibilidade de troca de informações entre diversos bancos de dados entre órgãos do Estado.

No caso de bancos de dados de identificação de natureza civil, administrativa ou eleitoral, a integração ou o compartilhamento dos registros do Banco Nacional Multibiométrico e de Impressões Digitais será limitado às impressões digitais e às informações necessárias para identificação do seu titular, nos termos do § 6.º.

A integração ou a interoperação dos dados de registros multibiométricos constantes de outros bancos de dados com o Banco Nacional Multibiométrico e de Impressões Digitais, nos termos do § 7.º, ocorrerá por meio de acordo ou convênio com a unidade gestora.

De acordo com o § 8.º, os dados constantes do Banco Nacional Multibiométrico e de Impressões Digitais terão caráter sigiloso, e aquele que permitir ou promover sua utilização para fins diversos dos previstos nessa Lei ou em decisão judicial responderá civil, penal e administrativamente.

As informações obtidas a partir da coincidência de registros biométricos relacionados a crimes deverão ser consignadas em laudo pericial firmado por perito oficial habilitado, nos termos do § 9.º.

O § 10 veda a comercialização, total ou parcial, da base de dados do Banco Nacional Multibiométrico e de Impressões Digitais.

Por fim, o § 11 determina que a autoridade policial e o Ministério Público poderão requerer ao juiz competente, no caso de inquérito ou ação penal instaurados, o acesso ao Banco Nacional Multibiométrico e de Impressões Digitais.

CAPÍTULO 13
Lei de Colegiado em Primeiro Grau de Jurisdição de Crimes Praticados por Organizações Criminosas – Lei 12.694/2012

A Lei 13.964/2019, por meio de seu art. 13, promoveu alterações na Lei 12.694/2012.

A Lei 12.694/2012 criou e disciplinou o julgamento por órgãos colegiados em primeira instância quanto aos crimes de organização criminosa.

A finalidade do legislador, ao elaborar essa lei, foi ampliar a segurança física dos magistrados responsáveis pelo processo e julgamento dos crimes envolvendo organizações criminosas.

O art. 1.º da Lei 12.694/2012 dá-nos uma dimensão da situação pretendida pelo legislador:

> Art. 1.º Em processos ou procedimentos que tenham por objeto crimes praticados por organizações criminosas, o juiz poderá decidir pela formação de colegiado para a prática de qualquer ato processual, especialmente:
> I – decretação de prisão ou de medidas assecuratórias;
> II – concessão de liberdade provisória ou revogação de prisão;
> III – sentença;

IV – progressão ou regressão de regime de cumprimento de pena;

V – concessão de liberdade condicional;

VI – transferência de preso para estabelecimento prisional de segurança máxima; e

VII – inclusão do preso no regime disciplinar diferenciado.

§ 1.º O juiz *poderá instaurar o colegiado, indicando os motivos e as circunstâncias que acarretam risco à sua integridade física* em decisão fundamentada, da qual será dado conhecimento ao órgão correicional.

§ 2.º O colegiado será formado pelo juiz do processo e por 2 (dois) outros juízes escolhidos por sorteio eletrônico dentre aqueles de competência criminal em exercício no primeiro grau de jurisdição.

§ 3.º A *competência do colegiado limita-se ao ato para o qual foi convocado*.

§ 4.º As reuniões poderão ser sigilosas sempre que houver risco de que a publicidade resulte em prejuízo à eficácia da decisão judicial.

§ 5.º A reunião do colegiado composto por juízes domiciliados em cidades diversas poderá ser feita pela via eletrônica.

§ 6.º As decisões do colegiado, devidamente fundamentadas e firmadas, sem exceção, por todos os seus integrantes, serão publicadas sem qualquer referência a voto divergente de qualquer membro.

§ 7.º Os tribunais, no âmbito de suas competências, expedirão normas regulamentando a composição do colegiado e os procedimentos a serem adotados para o seu funcionamento (g.n.).

Como se percebe pelo referido artigo, somente seria possível a instauração do colegiado de primeiro grau nos crimes envolvendo organização criminosa e caberia ao magistrado singular responsável pelo processo decidir se convocaria ou não o colegiado para a tomada de determinadas decisões (§ 1.º).

Após a tomada da decisão, o colegiado seria desfeito, e o juiz singular continuaria sozinho a conduzir os demais atos processuais (§ 3.º).

Os tribunais deveriam, por atos administrativos, regulamentar a composição e os procedimentos para o funcionamento dos órgãos colegiados (§ 7.º).

13.1 Varas Criminais Colegiadas

A Lei 13.964/2019 foi além desses limites, pois possibilitou que fossem criadas pelos Tribunais de Justiça e Tribunais Regionais Federais *Varas Criminais Colegiadas*, alterando significativamente o panorama estabelecido pela Lei 12.694 em 2012.

Isso porque, originariamente, pela Lei 12.694/2012 não se permitiu a criação de Varas Criminais Colegiadas, mas apenas de colegiados eventuais para tomadas de determinadas decisões.ou seja, o processo continuava a ser submetido a um juízo singular.

A Lei 13.964/2019 não alterou essa possibilidade, uma vez que o art. 1.º da Lei 12.694/2012 não sofreu qualquer modificação, mas criou uma situação inédita no processo penal brasileiro de Varas Criminais Colegiadas de Primeiro Grau.

13.1.1 Art. 1.º-A

A seguir, o art. 1.º-A, incluído pela Lei 13.964/2019:

> Art. 1.º-A. Os Tribunais de Justiça e os Tribunais Regionais Federais poderão instalar, nas comarcas sedes de Circunscrição ou Seção Judiciária, mediante resolução, Varas Criminais Colegiadas com competência para o processo e julgamento:
>
> I – de crimes de pertinência a organizações criminosas armadas ou que tenham armas à disposição;
>
> II – do crime do art. 288-A do Decreto-lei 2.848, de 7 de dezembro de 1940 (Código Penal); e
>
> III – das infrações penais conexas aos crimes a que se referem os incisos I e II do *caput* deste artigo.
>
> § 1.º As Varas Criminais Colegiadas terão competência para todos os atos jurisdicionais no decorrer da investigação, da ação penal e da execução da pena, inclusive a transferência do preso para estabelecimento prisional de segurança máxima ou para regime disciplinar diferenciado.
>
> § 2.º Ao receber, segundo as regras normais de distribuição, processos ou procedimentos que tenham por objeto os crimes mencionados no *caput* deste artigo, o juiz deverá declinar da competência e remeter os autos, em qualquer fase em que se encontrem, à Vara Criminal Colegiada de sua Circunscrição ou Seção Judiciária.
>
> § 3.º Feita a remessa mencionada no § 2.º deste artigo, a Vara Criminal Colegiada terá competência para todos os atos processuais posteriores, incluindo os da fase de execução.

Nos termos do *caput* do art. 1.º-A, os Tribunais de Justiça e os Tribunais Regionais Federais poderão instalar nas sedes de suas circunscrições e seções judiciárias, respectivamente, por meio de resolução, Varas Criminais Colegiadas.

As circunscrições e seções judiciárias são divisões administrativas utilizadas pela Justiça Estadual e Federal para organização judiciária. Uma circunscrição ou seção, normalmente, abarca várias comarcas.

Apenas a título de exemplo, no Estado de São Paulo, as Comarcas estão divididas em 56 circunscrições judiciárias. A 4.ª circunscrição judiciária do Estado de São Paulo é a de Osasco, que engloba as comarcas de Osasco, Barueri, Carapicuíba, Jandira e Santana do Parnaíba.

Pela redação do art. 1.º-A, poderá o Tribunal de Justiça de São Paulo, por meio de resolução, criar uma Vara Criminal Colegiada em Osasco (que é a sede da 4.ª circunscrição).

As Varas Criminais Colegiadas, ainda nos termos do *caput* do art. 1.º-A, terão competência para o processo e julgamento dos seguintes crimes:

a) de pertinência à organização criminosa armada ou com armas à disposição;
b) "constituição de milícia privada" – art. 288-A do Código Penal;
c) infrações penais conexas às hipóteses anteriores.

Nos termos do § 1.º, as Varas Criminais Colegiadas terão competência total para todos os atos jurisdicionais no decorrer da investigação, da ação penal e da execução da pena, até mesmo para a transferência do preso para estabelecimento prisional de segurança máxima ou para regime disciplinar diferenciado.

Tal dispositivo não tem precedentes no processo penal brasileiro, pois não existe nenhuma outra lei que tenha criado uma vara criminal totalizante com competência para acompanhar desde a investigação criminal até a execução da pena.

No entanto, ao que nos parece, tal dispositivo vai confrontar diretamente com a figura do juiz das garantias. Embora a figura do juiz das garantias se encontre suspensa por determinação do Ministro Luiz Fux do STF, se for reconhecida sua constitucionalidade, o acusado julgado pelas Varas Criminais Colegiadas, nos termos em que estão definidos pelo § 1.º do art. 1.º-A, não fará jus ao juiz das garantias, o que, a nosso ver, não se mostra adequado.

Caso o juiz das garantias passe a fazer parte do ordenamento jurídico brasileiro, parece-nos que a única forma de compatibilizá-lo com as Varas Criminais Colegiadas seriaa criação de duas dessas varas em cada circunscrição ou seção, pois, assim, uma faria o papel de juiz das garantias e a outra o do juiz da instrução e julgamento, gerandoum sistema de revezamento.

O § 2.º também cria uma nova situação para o direito processual brasileiro, porém no que se refere à competência, pois o referido dispositivo determina que, quando o juiz singular receber o procedimento que tenha por objeto os crimes definidos no *caput* do art. 1.º-A, ele deverá declinar da competência para a Vara Criminal Colegiada de sua circunscrição.

Assim, considerando o exemplo citado, se o juiz de Santana de Parnaíba recebe um inquérito policial que investiga crime de organização criminosa, deverá declinar da competência e enviar o inquérito para a Vara Criminal Colegiada, que estará na sede da circunscrição, que é Osasco.

Parece-nos que, na prática, essa situação de deslocamento da competência territorial trará dificuldades para a instrução criminal, pois o número de cartas precatórias será muito grande, e quase sempre as testemunhas residem na comarca onde os fatos ocorreram, e não na comarca sede da circunscrição judiciária.

O Código de Processo Civil, em seu art. 236, aduz que:

> Art. 236. Os atos processuais serão cumpridos por ordem judicial.
>
> § 1.º Será expedida carta para a prática de atos fora dos limites territoriais do tribunal, da comarca, da seção ou da subseção judiciárias, ressalvadas as hipóteses previstas em lei.
>
> § 2.º O tribunal poderá expedir carta para juízo a ele vinculado, se o ato houver de se realizar fora dos limites territoriais do local de sua sede.

Assim, no nosso exemplo, deslocada a competência para a Comarca de Osasco, todas as testemunhas arroladas pela defesa e pela acusação que estiverem em Santana de Parnaíba precisarão ser ouvidas por carta precatória. Até mesmo os réus, se lá residirem e estiverem em liberdade.

O § 3.º simplesmente diz que, feita a remessa à Vara Criminal Colegiada, esta passa a ser a competente para todos os atos processuais posteriores, inclusive a execução criminal.

Um ponto que merece reflexão é o seguinte: a Lei da Ficha Limpa (Lei Complementar 64/1990) prevê em seu art. 1.º, como uma das hipóteses de inelegibilidade, o seguinte:

> Art. 1.º São inelegíveis:
>
> [...]
>
> e) os que forem condenados, em decisão transitada em julgado ou proferida por órgão judicial colegiado, desde a condenação até o transcurso do prazo de 8 (oito) anos após o cumprimento da pena, pelos crimes:
>
> [...]
>
> 10. praticados por organização criminosa, quadrilha ou bando;

A Vara Criminal Colegiada, como o próprio nome diz, é um órgão judicial colegiado. Logo, suas sentenças condenatórias pelos crimes de organização criminosa ou associação criminosa (antiga quadrilha) tornarão os condenados inelegíveis nos termos do art. 1.º, *e*, 10, da Lei Complementar 64/1990. Impossível qualquer interpretação em sentido contrário.

A questão é que o sujeito tornar-se-á inelegível com uma decisão de primeiro grau, que ainda pode ser atacada por recurso de apelação, enfraquecendo a garantia constitucional do estado de inocência.

CAPÍTULO 14
Lei de Organização Criminosa – Lei 12.850/2013

A Lei de Organização Criminosa (Lei 12.850/2013), das leis penais extravagantes, foi a que mais sofreu modificações pela Lei 13.964/2019.

As modificações foram operadas pelo art. 14 da Lei 13.964/2019, que alterou principalmente os regimes jurídicos da colaboração premiada e do agente infiltrado.

14.1 Líderes de organizações criminosas armadas ou com armas disponíveis

14.1.1 Art. 2.º

A primeira modificação operada pela Lei 13.964/2019 foi a inclusão dos §§ 8.º e 9.º ao art. 2.º da Lei de Organizações Criminosas.

O referido art. 2.º tipifica o crime de organização criminosa e tem a seguinte redação:

> Art. 2.º Promover, constituir, financiar ou integrar, pessoalmente ou por interposta pessoa, organização criminosa:

Pena – reclusão, de 3 (três) a 8 (oito) anos, e multa, sem prejuízo das penas correspondentes às demais infrações penais praticadas.

§ 1.º Nas mesmas penas incorre quem impede ou, de qualquer forma, embaraça a investigação de infração penal que envolva organização criminosa.

§ 2.º As penas aumentam-se até a metade se na atuação da organização criminosa houver emprego de arma de fogo.

§ 3.º A pena é agravada para quem exerce o comando, individual ou coletivo, da organização criminosa, ainda que não pratique pessoalmente atos de execução.

§ 4.º A pena é aumentada de 1/6 (um sexto) a 2/3 (dois terços):

I – se há participação de criança ou adolescente;

II – se há concurso de funcionário público, valendo-se a organização criminosa dessa condição para a prática de infração penal;

III – se o produto ou proveito da infração penal destinar-se, no todo ou em parte, ao exterior;

IV – se a organização criminosa mantém conexão com outras organizações criminosas independentes;

V – se as circunstâncias do fato evidenciarem a transnacionalidade da organização.

§ 5.º Se houver indícios suficientes de que o funcionário público integra organização criminosa, poderá o juiz determinar seu afastamento cautelar do cargo, emprego ou função, sem prejuízo da remuneração, quando a medida se fizer necessária à investigação ou instrução processual.

§ 6.º A condenação com trânsito em julgado acarretará ao funcionário público a perda do cargo, função, emprego ou mandato eletivo e a interdição para o exercício de função ou cargo público pelo prazo de 8 (oito) anos subsequentes ao cumprimento da pena.

§ 7.º Se houver indícios de participação de policial nos crimes de que trata esta Lei, a Corregedoria de Polícia instaurará inquérito policial e comunicará ao Ministério Público, que designará membro para acompanhar o feito até a sua conclusão.

Conforme mencionado, a Lei 13.964/2019 acrescentou ao referido dispositivo os seguintes parágrafos:

§ 8.º As lideranças de organizações criminosas armadas ou que tenham armas à disposição deverão iniciar o cumprimento da pena em estabelecimentos penais de segurança máxima.

§ 9.º O condenado expressamente em sentença por integrar organização criminosa ou por crime praticado por meio de organização criminosa não poderá progredir de regime de cumprimento de pena ou obter livramento condicional ou outros benefícios prisionais se houver elementos probatórios que indiquem a manutenção do vínculo associativo.

O § 8.º destina-se às lideranças de organizações criminosas armadas ou que tenham armas à disposição, determinando que tais pessoas, quando condenadas, deverão iniciar o cumprimento da pena em estabelecimentos penais de segurança máxima.

Primeiramente, parece-nos que o juiz responsável pela condenação somente poderá definir o estabelecimento inicial de cumprimento da pena em estabelecimento de segurança máxima, se reconhecer expressamente na sentença que o condenado é líder de organização criminosa armada ou com armas à disposição.

Ainda, por uma questão lógica, somente poder-se-á considerar que o cumprimento da pena se dará em estabelecimento de segurança máxima, se o regime inicial da pena fixado pelo juiz sentenciante for o fechado. Isso porque o art. 2.º da Lei de Organizações Criminosas tem pena de três a oito anos de reclusão, comportando, portanto, o regime aberto e o semiaberto, nos termos do art. 33 do Código Penal, caso seja esse o único crime imputado.

No § 9.º, por sua vez, há proibição de progressão de regime ou de livramento condicional ou de qualquer outro benefício prisional ao preso condenado, expressamente em sentença, por integrar organização criminosa ou por crime praticado por meio de organização criminosa, se houver elementos probatórios que indiquem a manutenção do vínculo associativo.

Parece-nos, mais uma vez, que a aplicação prática desse dispositivo será difícil. Quando o preso alcançar os requisitos para progressão de regime ou de qualquer outro benefício prisional, deverá peticionar ao juiz das execuções, que determinará a manifestação do Ministério Público. Caso o Ministério Público seja contrário à concessão do benefício, nos termos do § 9.º do art. 2.º da Lei 12.850/2013, deverá apresentar os *elementos probatórios* de que o preso mantém vínculo associativo com qualquer organização criminosa. A lei exige *elementos probatórios* da manutenção do vínculo, não sendo suficientes meras argumentações ou ilações ou provas de que tenha pertencido à organização criminosa no passado.

14.2 Colaboração premiada

Segundo Nefi Cordeiro, a colaboração premiada está presente no Brasil, em lei, desde as Ordenações Filipinas, e nestas era absolutamente ampla. Depois, o instituto ainda esteve presente nas leis do Império e da República, mas de maneira mais limitada, sendo apenas uma recompensa na forma da confissão, admitida como atenuante.[1]

Posteriormente, a jurisprudência passou a acolher como prova também a parte da confissão na qual o réu tratava dos crimes de terceiros, os corréus. Era, segundo o autor, o início da figura da delação, da chamada de corréu, mas

---

[1] CORDEIRO, Nefi. *Colaboração premiada*: caracteres, limites e controle. Rio de Janeiro. Forense, 2020. p. 5.

que ainda não gerava qualquer benefício legal ao confitente, pois a atenuação da pena estava vinculada à confissão exclusivamente dos seus próprios atos.[2]

Apesar de já existir em outros diplomas legais, como a Lei de Crimes Hediondos, Lei do Crime Organizado, Lei dos Crimes Tributários e Econômicos, Lei de Lavagem de Capitais, Lei de Proteção das Vítimas e Testemunhas e Lei de Drogas, o instituto da colaboração premiada somente foi efetivamente regulamentado e disciplinado, tornando-se um instrumento eficaz, pela Lei de Organização Criminosa, a Lei 12.850/2013.

Nesses termos, escreveu Nefi Cordeiro[3] sobre a colaboração premiada na Lei de Organização Criminosa:

> A Lei da Criminalidade Organizada ampliou a negociação estatal, criando inclusive a prerrogativa da não persecução penal, estabeleceu direitos do colaborador e inovou ao criar o procedimento da colaboração. O procedimento criado ainda é inicial, não muito detalhado, mas traz importantes determinações de forma e de limites da negociação, na maioria dos temas seguindo caminhos já orientados pela jurisprudência – que há muitos anos concretizava a colaboração premiada mesmo sem procedimento previsto em lei.

Entretanto, como o próprio autor reconheceu, o procedimento da colaboração não era muito detalhado e

> [...] com limites na prática extrapolados, com procedimento ainda incompleto, com carga acusatória excepcionalmente forte, mas que precisa de contenção dos abusos e erros pessoalizados e ter completadas as lacunas de forma e de direitos, bem como necessita fixar muito claramente os limites de favores e os meios de controle dessa negociação.[4]

Essa crítica, por óbvio, foi escrita antes do advento da Lei 13.964/2019, sendo certo que a nova legislação preencheu algumas lacunas e disciplinou de forma mais pormenorizada e criou determinados limites ao instituto, parecendo-nos que parte (não a integralidade) das críticas antes feitas com razão ao instituto agora se encontram superadas.

As primeiras modificações acerca da colaboração premiada foram as inclusões dos inéditos arts. 3.º-A, 3.º-B e 3.º-C. Esses dispositivos intentaram regulamentar algumas situações não expressamente previstas na versão original da Lei de Organização Criminosa e traziam muita insegurança jurídica à aplicação do instituto.

Passemos à análise de cada um deles.

---

[2] CORDEIRO, Nefi. *Colaboração premiada*: caracteres, limites e controle, p. 5.
[3] *Ibidem*, p. 23.
[4] *Idem, ibidem*.

14.2.1 Art. 3.º-A

O art. 3.º-A tem a seguinte redação:

> Art. 3.º-A. O acordo de colaboração premiada é negócio jurídico processual e meio de obtenção de prova, que pressupõe utilidade e interesse públicos.

Nesse dispositivo, o legislador reconhece expressamente a natureza de negócio jurídico processual da delação premiada e que esta é um meio de obtenção de prova, devendo submeter-se à utilidade e interesse públicos.

A definição da natureza jurídica do instituto, no sentido do art. 3.º-A, já estava sendo estabelecida pela doutrina e pela jurisprudência, como se verifica pelo seguinte trecho de voto do Ministro Dias Toffoli:

> 4. A colaboração premiada é um negócio jurídico processual, uma vez que, além de ser qualificada expressamente pela lei como "meio de obtenção de prova", seu objeto é a cooperação do imputado para a investigação e para o processo criminal, atividade de natureza processual, ainda que se agregue a esse negócio jurídico o efeito substancial (de direito material) concernente à sanção premial a ser atribuída a essa colaboração.
>
> 5. A homologação judicial do acordo de colaboração, por consistir em exercício de atividade de delibação, limita-se a aferir a regularidade, a voluntariedade e a legalidade do acordo, não havendo qualquer juízo de valor a respeito das declarações do colaborador. (HC 127483, Relator: Min. Dias Toffoli, Tribunal Pleno, julgado em 27.08.2015, DJe-021 Public. 04.02.2016).

Reconhecer que a colaboração premiada é meio de obtenção de prova, significa, de forma bem sucinta, declarar que a colaboração não basta por si só, sendo que da sua realização devem surgir provas – não só o depoimento do colaborador – que se relacionem à prática de infrações penais.

Ainda, reconhecer que se trata de um negócio jurídico significa que existem duas partes envolvidas que negociam e que têm perdas e ganhos recíprocos. Não é uma mera liberalidade do Ministério Público.

Por fim, é necessário que a colaboração premiada seja de utilidade (permitir a descoberta de uma infração penal ou produzir provas que levem à condenação do autor de um crime) e interesse (seja importante, relevante para a sociedade) públicos. A colaboração premiada não pode, portanto, atender apenas a interesses pessoais ou institucionais que não sejam de toda a coletividade.

14.2.2 Art. 3.º-B

O art. 3.º-B tem a seguinte redação:

> Art. 3.º-B. O recebimento da proposta para formalização de acordo de colaboração demarca o início das negociações e constitui também

marco de confidencialidade, configurando violação de sigilo e quebra da confiança e da boa-fé a divulgação de tais tratativas iniciais ou de documento que as formalize, até o levantamento de sigilo por decisão judicial.

§ 1.º A proposta de acordo de colaboração premiada poderá ser sumariamente indeferida, com a devida justificativa, cientificando-se o interessado.

§ 2.º Caso não haja indeferimento sumário, as partes deverão firmar Termo de Confidencialidade para prosseguimento das tratativas, o que vinculará os órgãos envolvidos na negociação e impedirá o indeferimento posterior sem justa causa.

§ 3.º O recebimento de proposta de colaboração para análise ou o Termo de Confidencialidade não implica, por si só, a suspensão da investigação, ressalvado acordo em contrário quanto à propositura de medidas processuais penais cautelares e assecuratórias, bem como medidas processuais cíveis admitidas pela legislação processual civil em vigor.

§ 4.º O acordo de colaboração premiada poderá ser precedido de instrução, quando houver necessidade de identificação ou complementação de seu objeto, dos fatos narrados, sua definição jurídica, relevância, utilidade e interesse público.

§ 5.º Os termos de recebimento de proposta de colaboração e de confidencialidade serão elaborados pelo celebrante e assinados por ele, pelo colaborador e pelo advogado ou defensor público com poderes específicos.

§ 6.º Na hipótese de não ser celebrado o acordo por iniciativa do celebrante, esse não poderá se valer de nenhuma das informações ou provas apresentadas pelo colaborador, de boa-fé, para qualquer outra finalidade.

Conforme o teor do *caput* do art. 3.º-B, é o recebimento da proposta para formalização do acordo que marca o início das negociações e da confidencialidade dos termos objeto da colaboração premiada.

A partir da apresentação da proposta, as informações são sigilosas, devendo permanecer nesse estado até o levantamento de sigilo por decisão judicial, e suas revelações ou de quaisquer documentos que as formalizem configuram violação de sigilo, quebra da confiança e da boa-fé.

Nos termos do § 1.º, a proposta do acordo deverá ser feita pelo pretendente a colaborador, e esta poderá ser sumariamente indeferida, de forma justificada.

Não sendo sumariamente indeferida a proposta, as partes firmarão Termo de Confidencialidade para o prosseguimento da negociação, fato que vinculará os órgãos envolvidos no negócio jurídico e impedirá o indeferimento posterior sem justa causa, nos termos do § 2.º do art. 3.º-B.

Esse dispositivo é muito interessante e importante, uma vez que vincula o órgão estatal, de forma que o acordo somente poderá ser rescindido por justa causa. Essa situação, sem sombra de dúvida, traz mais segurança jurídica ao colaborador, uma vez que a instituição estatal com quem estiver negociando (normalmente Polícia ou Ministério Público) não pode abandonar o acordo de maneira arbitrária.

Nos termos do § 3.º, o simples recebimento da proposta de colaboração ou a mera assinatura do Termo de Confidencialidade não implicam, automaticamente, a suspensão da investigação. A suspensão da investigação, portanto, não é um direito do colaborador que tem sua proposta aceita e o termo assinado, dependendo de negociação entre as partes. O mesmo ocorre com relação às medidas processuais penais cautelares (prisões, medidas cautelares diversas da prisão etc.) e assecuratórias (bloqueio de bens, por exemplo), bem como às medidas processuais cíveis, que também deverão ser negociadas entre as partes.

O § 4.º, por sua vez, autoriza a elaboração de instrução anterior ao acordo, quando houver necessidade de identificação ou complementação de seu objeto, dos fatos narrados, da definição jurídica, relevância, utilidade e interesse público.

Como cabe ao magistrado realizar a homologação do acordo, caso este ache necessário, poderá fazer uma instrução prévia para esclarecimento de pontos que não estejam suficientemente descritos na proposta do acordo. Trata-se de uma inovação positiva, pois permitirá um aprofundamento nas questões tratadas na proposta antes de o juiz decidir se homologa ou não o acordo. Antes da existência desse dispositivo, quando a proposta era apresentada ao juiz, ele simplesmente deveria decidir se homologava ou não o acordo.

De acordo com o § 5.º, os termos de recebimento de proposta de colaboração e de confidencialidade serão elaborados pelo celebrante e assinados por ele, pelo colaborador e pelo advogado ou defensor público com poderes específicos.

Por fim, o § 6.º do art. 3.º-B prevê que, se o acordo não for celebrado por iniciativa do celebrante (Ministério Público ou Polícia Judiciária), as informações e as provas apresentadas pelo colaborador de boa-fé não poderão ser utilizadas pelo celebrante para qualquer outra finalidade.

Esse dispositivo também nos parece relevante, pois coíbe excessos por parte dos celebrantes, impedindo que estes, após conseguirem provas ou informações importantes por parte do colaborador, desistam do acordo e se utilizem das provas e informações. Se o celebrante desiste de firmar o acordo, as provas e as informações não podem ser utilizadas para nenhuma finalidade, ou seja, não podem sequer dar início a uma nova investigação ou ser emprestadas para processos já em andamento.

14.2.3 Art. 3.º-C

O art. 3.º-C também trouxe novidades importantes para a Colaboração Premiada, nos seguintes termos:

> Art. 3.º-C. A proposta de colaboração premiada deve estar instruída com procuração do interessado com poderes específicos para iniciar o procedimento de colaboração e suas tratativas, ou firmada pessoalmente pela parte que pretende a colaboração e seu advogado ou defensor público.
>
> § 1.º Nenhuma tratativa sobre colaboração premiada deve ser realizada sem a presença de advogado constituído ou defensor público.

§ 2.º Em caso de eventual conflito de interesses, ou de colaborador hipossuficiente, o celebrante deverá solicitar a presença de outro advogado ou a participação de defensor público.

§ 3.º No acordo de colaboração premiada, o colaborador deve narrar todos os fatos ilícitos para os quais concorreu e que tenham relação direta com os fatos investigados.

§ 4.º Incumbe à defesa instruir a proposta de colaboração e os anexos com os fatos adequadamente descritos, com todas as suas circunstâncias, indicando as provas e os elementos de corroboração.

Segundo o *caput* do art. 3.º-C, a proposta de colaboração deve estar instruída com procuração do pretenso colaborador com poderes específicos para dar início ao procedimento de colaboração premiada e de suas tratativas, ou estar assinada pessoalmente pela pessoa que pretende realizar a colaboração, bem como por seu advogado ou defensor público.

Por ser um ato muito específico, no qual normalmente haverá imputação de crimes a terceiros, agiu bem o legislador em exigir procuração com poderes específicos para o ato, tal qual ocorre na ação penal privada. Acolhendo posição da doutrina e da jurisprudência acerca da ação penal, a procuração com poderes especiais é dispensável quando a parte assinar pessoalmente a proposta com seu advogado.

O § 1.º traz uma importante previsão de que nenhuma tratativa sobre a colaboração pode ser realizada sem a presença de advogado constituído ou de defensor público. Nesse sentido, qualquer ato de colaboração praticado sem a presença do advogado é absolutamente nulo, e as provas e informações fornecidas são absolutamente ilegais, não tendo qualquer validade processual.

No § 2.º encontra-se disposição interessante sobre eventual conflito de interesses ou de colaborador hipossuficiente. Nessas hipóteses, o celebrante deverá solicitar a presença de outro advogado ou de defensor público. Assim, por exemplo, se, durante a investigação, um mesmo advogado representar dois investigados e um deles resolver colaborar apresentando provas ou informações sobre crimes praticados pelo outro investigado, haverá conflito de interesses, não podendo ambos ter o mesmo advogado. A outra situação ocorre quando o colaborador não tiver condições financeiras de contratar um advogado, devendo ser-lhe nomeado defensor público.

O § 3.º cria ao colaborador a obrigatoriedade de narrar todos os fatos ilícitos para os quais tenha concorrido e que tenham relação direta com os fatos investigados. Esse dispositivo é muito relevante, uma vez que limita a obrigação do colaborador em confessar apenas os atos ilícitos que tenham relação direta com os fatos investigados. Assim, em uma investigação sobre fraudes à licitação, o colaborador somente é obrigado a confessar os atos ilícitos que envolvam tais fatos, por exemplo, a corrupção de funcionários públicos, a formação de cartel etc. Não está o colaborador, por exemplo, obrigado a confessar crime de sonegação tributária praticado dois anos antes dos fatos e sem qualquer relação com estes.

Por fim, o § 4.º prevê que é obrigação da defesa instruir a proposta de colaboração e os eventuais anexos com a descrição adequada dos fatos, com todas as suas circunstâncias, indicando as provas e os elementos de corroboração.

Esse dispositivo é de suma importância, pois deixa claro que não basta o depoimento do colaborador, devendo este estar acompanhado de provas e elementos de corroboração dos fatos por ele descritos. Ademais, reforça-se a necessidade de que os fatos objeto da investigação têm que ser descritos pela defesa com todas as suas circunstâncias, ou seja, o colaborador não pode se omitir sobre fatos que envolvem a investigação, não pode deixar de apontar eventuais autores do crime ou sonegar provas das quais tenha conhecimento. Sobre os fatos investigados, o colaborador deve revelar tudo o que sabe e indicar todas as provas de que tenha conhecimento.

14.2.4 Art. 4.º, § 4.º

O art. 4.º da Lei 12.850/2013 também sofreu alteração, especialmente no § 4.º, conforme tabela comparativa a seguir:

Redação dada pela Lei 13.964/2019	Redação Antiga
Art. 4.º O juiz poderá, a requerimento das partes, conceder o perdão judicial, reduzir em até 2/3 (dois terços) a pena privativa de liberdade ou substituí-la por restritiva de direitos daquele que tenha colaborado efetiva e voluntariamente com a investigação e com o processo criminal, desde que dessa colaboração advenha um ou mais dos seguintes resultados: [...]	Art. 4.º O juiz poderá, a requerimento das partes, conceder o perdão judicial, reduzir em até 2/3 (dois terços) a pena privativa de liberdade ou substituí-la por restritiva de direitos daquele que tenha colaborado efetiva e voluntariamente com a investigação e com o processo criminal, desde que dessa colaboração advenha um ou mais dos seguintes resultados: [...]
§ 4.º Nas mesmas hipóteses do *caput* deste artigo, o Ministério Público poderá deixar de oferecer denúncia se a proposta de acordo de colaboração referir-se a infração de cuja existência não tenha prévio conhecimento e o colaborador:	§ 4.º Nas mesmas hipóteses do caput, o Ministério Público poderá deixar de oferecer denúncia se o colaborador:
I – não for o líder da organização criminosa;	I – não for o líder da organização criminosa;
II – for o primeiro a prestar efetiva colaboração nos termos deste artigo.	II – for o primeiro a prestar efetiva colaboração nos termos deste artigo.

O § 4.º do art. 4.º da Lei 12.850/2013 trata da importante situação na qual o Ministério Público, em decorrência do acordo de colaboração premiada, pode deixar de denunciar o colaborador.

Trata-se do maior benefício possível de ser alcançado em uma colaboração premiada, pois o colaborador, mesmo tendo confessado a prática de crimes, sequer é denunciado para ter sua responsabilidade penal discutida no âmbito de um processo penal.

A redação anterior do § 4.º do art. 4.º autorizava ao Ministério Público a não denunciar o colaborador, quando este, nos termos do *caput*:

    a) não fosse o líder da organização criminosa;
    b) fosse o primeiro a prestar efetiva colaboração nos termos deste artigo.

Essas hipóteses descritas nas letras "a" e "b" continuam a valer, ou seja, o colaborador somente pode receber o benefício máximo de não ser denunciado, se não for o líder da organização criminosa e for o primeiro a prestar efetiva colaboração.

Entretanto, o § 4.º acrescentou mais um requisito para que esse benefício possa ser concedido: o ineditismo do crime delatado. Assim, o colaborador somente fará jus ao benefício máximo, se a infração penal por ele delatada for desconhecida pelo Ministério Público ou autoridade policial.

Não poderá, portanto, ser aplicado o benefício máximo ao colaborador que apenas apresenta provas de crimes já conhecidos pelo Ministério Público. É preciso que o colaborador seja o portador da *notitia criminis* ao Ministério Público ou Polícia Judiciária.

14.2.5 Art. 4.º, § 4.º-A

A Lei 13.964/2019 incluiu na Lei 12.850/2013 o § 4.º-A, que veio para complementar a nova redação do § 4.º do art. 4.º, contando com a seguinte redação:

> § 4.º-A. Considera-se existente o conhecimento prévio da infração quando o Ministério Público ou a autoridade policial competente tenha instaurado inquérito ou procedimento investigatório para apuração dos fatos apresentados pelo colaborador.

Portanto, para não deixar qualquer dúvida sobre qual seria o critério utilizado para saber se o crime informado pelo colaborador era ou não de conhecimento prévio do Ministério Público, o legislador, em louvável dispositivo, definiu como marco distintivo a existência de inquérito policial instaurado ou de procedimento investigatório instaurado.

Desse modo, se o colaborador, visando obter o benefício máximo disposto no § 4.º do art. 4.º da Lei 12.850/2013, traz provas de uma infração com relação à qual ainda não há inquérito policial ou procedimento investigatório instaurado, fará jus ao benefício, pois será considerado que não há conhecimento prévio dessa infração penal.

14.2.6 Art. 4.º, § 7.º

O § 7.º do art. 4.º também sofreu modificação, conforme tabela comparativa a seguir:

Redação dada pela Lei 13.964/2019	Redação Antiga
§ 7.º Realizado o acordo na forma do § 6.º deste artigo, serão remetidos ao juiz, para análise, o respectivo termo, as declarações do colaborador e cópia da investigação, devendo o juiz ouvir sigilosamente o colaborador, acompanhado de seu defensor, oportunidade em que analisará os seguintes aspectos na homologação:	§ 7.º Realizado o acordo na forma do § 6.º, o respectivo termo, acompanhado das declarações do colaborador e de cópia da investigação, será remetido ao juiz para homologação, o qual deverá verificar sua regularidade, legalidade e voluntariedade, podendo para este fim, sigilosamente, ouvir o colaborador, na presença de seu defensor.
I – regularidade e legalidade;	*Sem correspondente*
II – adequação dos benefícios pactuados àqueles previstos no *caput* e nos §§ 4.º e 5.º deste artigo, sendo nulas as cláusulas que violem o critério de definição do regime inicial de cumprimento de pena do art. 33 do Decreto-lei n.º 2.848, de 7 de dezembro de 1940 (Código Penal), as regras de cada um dos regimes previstos no Código Penal e na Lei n.º 7.210, de 11 de julho de 1984 (Lei de Execução Penal) e os requisitos de progressão de regime não abrangidos pelo § 5.º deste artigo;	*Sem correspondente*
III – adequação dos resultados da colaboração aos resultados mínimos exigidos nos incisos I, II, III, IV e V do *caput* deste artigo;	*Sem correspondente*
IV – voluntariedade da manifestação de vontade, especialmente nos casos em que o colaborador está ou esteve sob efeito de medidas cautelares.	*Sem correspondente*

Pela dicção do novo § 7.º do art. 4.º, quando o acordo for realizado, serão remetidos ao magistrado os seguintes documentos: o termo de colaboração, as declarações do colaborador e cópia da investigação, quando houver.

Após o recebimento dos documentos supramencionados, o juiz deverá ouvir sigilosamente o colaborador, que obrigatoriamente deverá estar acompanhado de seu advogado.

Nessa oportunidade, o juiz deverá analisar os seguintes aspectos para decidir sobre a homologação:

a) Regularidade e legalidade do acordo.

b) Adequação dos benefícios pactuados, sendo nulas as cláusulas que violem o critério de definição do regime inicial de cumprimento da pena fixado no art. 33 do Código Penal, bem como as regras estabelecidas para cada regime prisional estipulado no Código Penal e na Lei de Execução Penal e os requisitos para progressão de regime não indicados no § 5.º do art. 4.º da Lei 12.850/2013.

c) Adequação dos resultados da colaboração aos resultados exigidos nos incisos I, II, III, IV e V do *caput* do art. 4.º da Lei 12.850/2013.

d) Voluntariedade da manifestação da vontade, especialmente quando o colaborador estiver submetido a medidas cautelares.

Esse dispositivo claramente tem o intuito de estabelecer limites aos termos da colaboração, e esta não pode, por óbvio, desrespeitar dispositivos legais.

Em momentos anteriores, especialmente em grandes operações midiáticas, em decorrência da falta de regulamentação específica sobre os termos do acordo, houve muito abuso por parte das autoridades que simplesmente concediam benefícios que não estavam na lei, criavam regimes de cumprimento de pena "diferenciados" (que na verdade eram ilegais), dispensavam observância de critérios legais para progressão de regime etc.

Ademais, não foram poucos os casos nos quais as colaborações premiadas foram realizadas com pessoas que estavam submetidas a prisões cautelares, havendo sérias dúvidas sobre a voluntariedade de tais acordos.

Conforme mencionado, a colaboração premiada deve sempre observar os critérios de utilidade e interesse públicos, de forma que somente poderá ser efetivada quando alcançar os resultados aos quais se destina. Cabe, portanto, ao magistrado verificar a utilidade da colaboração, ou seja, se alcançou o fim ao qual se destina, nos termos dos incisos do *caput* do art. 4.º da Lei 12.850/2013.

14.2.7 Art. 4.º, § 7.º-A

Também foram acrescidos ao art. 4.º da Lei 12.850/2013 os §§ 7.º-A e 7.º-B.

O § 7.º-A tem a seguinte redação:

> § 7.º-A O juiz ou o tribunal deve proceder à análise fundamentada do mérito da denúncia, do perdão judicial e das primeiras eta-

pas de aplicação da pena, nos termos do Decreto-lei n.º 2.848, de 7 de dezembro de 1940 (Código Penal) e do Decreto-lei n.º 3.689, de 3 de outubro de 1941 (Código de Processo Penal), antes de conceder os benefícios pactuados, exceto quando o acordo prever o não oferecimento da denúncia na forma dos §§ 4.º e 4.º-A deste artigo ou já tiver sido proferida sentença.

Segundo esse dispositivo, o juiz ou tribunal, no momento da sentença, antes de conceder os benefícios pactuados no acordo de colaboração premiada, deve analisar fundamentadamente o mérito da denúncia, do perdão judicial e das primeiras etapas de aplicação da pena, observando-se, para tanto, o que dispõem o Código Penal e o Código de Processo Penal.

Pretende o legislador que a concessão dos benefícios não seja automática, isto é, que a figura do juiz seja a de um mero "homologador" de acordos, mas sim que realize uma fiscalização efetiva dos benefícios a serem concedidos, especialmente para que não sejam aplicados em desconformidade com a lei penal e processual penal.

14.2.8 Art. 4.º, § 7.º-B

Já o § 7.º-B está assim redigido:

> § 7.º-B. São nulas de pleno direito as previsões de renúncia ao direito de impugnar a decisão homologatória.

Trata-se de uma medida absolutamente salutar, pois na maioria dos acordos de delação premiada elaborados antes da vigência da Lei 13.964/2019 o Ministério Público exigia, como condição *sine qua non* para realização do acordo, que o colaborador renunciasse a todos os recursos ou ações autônomas de impugnação que eventualmente já tivessem sido apresentados, bem como impunha o compromisso de que o colaborador não recorreria das futuras decisões.

Por óbvio que essas cláusulas são absolutamente ilegais e inconstitucionais, pois exigem que o colaborador abra mão de garantias fundamentais, tais como o acesso à justiça, ao *habeas corpus*, ao duplo grau de jurisdição etc.

Nos termos do § 7.º-B, com redação dada pela Lei 13.964/2019, qualquer cláusula que importe em renúncia ao direito de impugnar a decisão homologatória é absolutamente nula.

14.2.9 Art. 4.º, § 8.º

A Lei 13.964/2019 também alterou o § 8.º do art. 4.º da Lei 12.850/2013, conforme tabela a seguir:

Redação dada pela Lei 13.964/2019	Redação Antiga
§ 8.º O juiz poderá recusar a homologação da proposta que não atender aos requisitos legais, devolvendo-a às partes para as adequações necessárias.	§ 8.º O juiz poderá recusar homologação à proposta que não atender aos requisitos legais, ou adequá-la ao caso concreto.

A alteração promovida nesse dispositivo é muito interessante, pois proibiu o juiz de modificar os termos do acordo de delação premiada, fortalecendo a matriz acusatória do processo penal brasileiro.

Pela antiga redação, caso o magistrado entendesse que o acordo de colaboração não estava atendendo aos requisitos legais, poderia tomar duas atitudes: a primeira era devolver o acordo para que as partes o readequassem; e a segunda era o próprio juiz realizar a adequação e depois homologar o acordo.

Pela nova redação, o juiz passa a ter uma única possibilidade: devolver o acordo às partes para que estas façam a readequação necessária, uma vez que se trata de um negócio jurídico processual firmado entre elas, e cabe somente aos envolvidos definir o seu conteúdo.

Também foi incluído pela Lei 13.964/2019 o § 10-A no art. 4.º da Lei 12.850/2013, cuja redação ficou assim:

> § 10-A. Em todas as fases do processo, deve-se garantir ao réu delatado a oportunidade de manifestar-se após o decurso do prazo concedido ao réu que o delatou.

Esse dispositivo acolheu o entendimento do Supremo Tribunal Federal no famoso caso Aldemir Bendine,[5] no qual se decidiu que o colaborador sempre deve se manifestar antes dos demais réus não colaboradores, uma vez que, ape-

---

[5] Trecho do voto do Ministro Ricardo Lewandowski, do Supremo Tribunal Federal, no HC 157.627: "[...] Sendo assim, para que todos os argumentos possam ser rebatidos pelos réus, independentemente da natureza da fonte acusatória, é indispensável que se conceda à defesa a última palavra, antes do pronunciamento final, sob pena de nulidade absoluta por violação do disposto no art. 5.º, LV, da CF/88. Assento, ademais, que a previsão legal fixada no art. 403 do CPP é anterior à introdução do texto normativo que disciplina a colaboração premiada e, por isso, não reproduz previsão sobre a cronologia da entrega dos memoriais aos acusados em situações jurídicas distintas, fato que não constitui impedimento, como visto, para garantir o direito subjetivo fundamental em testilha, por meio da simples exegese do art. 5.º, LV, da Carta de Direitos de 1988. Logo, a inversão processual consagrada pelo entendimento que prestigia a manifestação final de réus colaboradores por último, ou ainda simultânea, ocasiona um sério prejuízo ao recorrente, que não pode manifestar-se, repelindo, mais uma vez, os argumentos eventualmente incriminadores ou mesmo para ampliar e reforçar os que lhe forem favoráveis. Diante desse panorama, mostra-se inafastável a conclusão de que, sob pena de nulidade absoluta, os réus colaboradores não podem expressar-se por último, considerada a carga acusatória que permeia suas informações".

sar de ainda ser réu, o colaborador está atuando em parceria com a acusação e vai imputar aos delatados a prática de crimes.

Logo, o princípio do contraditório e da ampla defesa impõem que os réus delatados manifestem-se apenas após o colaborador, em todas as oportunidades.

14.2.10 Art. 4.º, § 13

O § 13 do art. 4.º da Lei 12.850/2013 também sofreu alterações, conforme a tabela a seguir:

Redação dada pela Lei 13.964/2019	Redação Antiga
§ 13. O registro das tratativas e dos atos de colaboração deverá ser feito pelos meios ou recursos de gravação magnética, estenotipia, digital ou técnica similar, inclusive audiovisual, destinados a obter maior fidelidade das informações, garantindo-se a disponibilização de cópia do material ao colaborador.	§ 13. Sempre que possível, o registro dos atos de colaboração será feito pelos meios ou recursos de gravação magnética, estenotipia, digital ou técnica similar, inclusive audiovisual, destinados a obter maior fidelidade das informações.

A antiga redação do § 13 previa que o registro dos atos da colaboração deveria ser feito sempre que possível. Já a nova redação tornou o registro dos atos obrigatórios, bem como garantiu ao colaborador a disponibilização de cópia destes.

O registro é importante para verificar, caso haja qualquer dúvida a esse respeito, se não houve qualquer abuso por parte das autoridades durante a realização do acordo.

14.2.11 Art. 4.º, § 16

O § 16 do referido artigo também sofreu modificações, conforme tabela comparativa:

Redação dada pela Lei 13.964/2019	Redação Antiga
§ 16. Nenhuma das seguintes medidas será decretada ou proferida com fundamento apenas nas declarações do colaborador:	§ 16. Nenhuma sentença condenatória será proferida com fundamento apenas nas declarações de agente colaborador.

Redação dada pela Lei 13.964/2019	Redação Antiga
I – medidas cautelares reais ou pessoais;	Sem correspondente
II – recebimento de denúncia ou queixa-crime;	Sem correspondente
III – sentença condenatória.	Sem correspondente

Nos termos da antiga redação, estava proibida a condenação de qualquer pessoa com fundamento exclusivo nas declarações do agente colaborador. Era necessário, portanto, que houvesse outros elementos de prova que corroborassem as imputações do delator.

A nova redação do § 16, dada pela Lei 13.964/2019, foi além, e proibiu não só a condenação, mas também que outras medidas fossem tomadas com base exclusiva na palavra do delator.

Portanto, somaram-se à sentença condenatória as medidas cautelares reais ou pessoais, bem como o recebimento de denúncia ou queixa-crime.

Parece-nos que tal medida é absolutamente positiva, visto que a colaboração premiada é meio de obtenção de prova, e não a prova em si, de modo que a simples declaração do colaborador imputando a outras pessoas a prática de infrações penais não pode ser motivo suficiente para que o delatado sofra qualquer constrangimento processual. Obviamente, se as declarações do colaborador vierem acompanhadas de outras provas do cometimento de infração penal, tais como gravações, fotografias, documentos etc., as medidas podem ser decretadas, desde que preenchidos os requisitos exigidos por lei.

Os §§ 17 e 18 também foram acrescidos ao art. 4.º da Lei 12.850/2013 pela Lei 13.964/2019, pois não existiam no texto original.

14.2.12 Art. 4.º, § 17

O § 17 tem a seguinte redação:

> § 17. O acordo homologado poderá ser rescindido em caso de omissão dolosa sobre os fatos objeto da colaboração.

Por esse dispositivo, está autorizada a rescisão do acordo de colaboração, se houver omissão dolosa, por parte do colaborador, sobre os fatos objeto da colaboração.

Importante lembrar que a obrigação do colaborador limita-se aos fatos objetos da investigação, não sendo ele obrigado a confessar outros crimes que não guardem relação com os fatos investigados. Entretanto, no tocante aos fatos objeto da colaboração, não pode haver qualquer omissão dolosa por parte do colaborador, por exemplo, deixar de apontar um dos autores do crime para preservá-lo ou deixar de entregar determinados documentos, pois podem lhe trazer prejuízo financeiro etc.

14.2.13 Art. 4.º, § 18

O § 18, por sua vez, traz uma previsão óbvia:

> § 18. O acordo de colaboração premiada pressupõe que o colaborador cesse o envolvimento em conduta ilícita relacionada ao objeto da colaboração, sob pena de rescisão.

Se o colaborador continuar a praticar os ilícitos objeto da investigação enquanto o acordo está sendo elaborado, logicamente este poderá ser rescindido.

Não há qualquer razoabilidade em uma autoridade pública realizar um acordo com uma pessoa que continua a praticar crimes.

14.2.14 Art. 5.º

É no art. 5.º da Lei 12.850/2013 que estão previstos os direitos do colaborador.

O referido dispositivo também foi alterado, especificamente em seu inciso VI, conforme tabela comparativa a seguir:

Redação dada pela Lei 13.964/2019	Redação Antiga
Art. 5.º São direitos do colaborador:	Art. 5.º São direitos do colaborador:
I – usufruir das medidas de proteção previstas na legislação específica;	I – usufruir das medidas de proteção previstas na legislação específica;
II – ter nome, qualificação, imagem e demais informações pessoais preservados;	II – ter nome, qualificação, imagem e demais informações pessoais preservados;
III – ser conduzido, em juízo, separadamente dos demais coautores e partícipes;	III – ser conduzido, em juízo, separadamente dos demais coautores e partícipes;
IV – participar das audiências sem contato visual com os outros acusados;	IV – participar das audiências sem contato visual com os outros acusados;
V – não ter sua identidade revelada pelos meios de comunicação, nem ser fotografado ou filmado, sem sua prévia autorização por escrito;	V – não ter sua identidade revelada pelos meios de comunicação, nem ser fotografado ou filmado, sem sua prévia autorização por escrito;

Redação dada pela Lei 13.964/2019	Redação Antiga
VI – cumprir pena ou prisão cautelar em estabelecimento penal diverso dos demais corréus ou condenados.	VI – cumprir pena em estabelecimento penal diverso dos demais corréus ou condenados.

A modificação operada nesse dispositivo foi absolutamente simples, pois estendeu ao réu colaborador o direito de ficar preso, ainda que cautelarmente, em estabelecimento penal diverso dos demais corréus ou condenados.

Tal previsão já existia para o condenado definitivo, mas não para o preso cautelar.

A razão de existência desse direito é muito clara: preservar a integridade física do colaborador, mantendo-o afastado dos delatados.

14.2.15 Art. 7.º, § 3.º

O art. 7.º também sofreu modificações, especificamente em seu § 3.º, nos seguintes termos:

Redação dada pela Lei 13.964/2019	Redação Antiga
Art. 7.º O pedido de homologação do acordo será sigilosamente distribuído, contendo apenas informações que não possam identificar o colaborador e o seu objeto.	Art. 7.º O pedido de homologação do acordo será sigilosamente distribuído, contendo apenas informações que não possam identificar o colaborador e o seu objeto.
§ 1.º As informações pormenorizadas da colaboração serão dirigidas diretamente ao juiz a que recair a distribuição, que decidirá no prazo de 48 (quarenta e oito) horas.	§ 1.º As informações pormenorizadas da colaboração serão dirigidas diretamente ao juiz a que recair a distribuição, que decidirá no prazo de 48 (quarenta e oito) horas.
§ 2.º O acesso aos autos será restrito ao juiz, ao Ministério Público e ao delegado de polícia, como forma de garantir o êxito das investigações, assegurando-se ao defensor, no interesse do representado, amplo acesso aos elementos de prova que digam respeito ao exercício do direito de defesa, devidamente precedido de autorização judicial, ressalvados os referentes às diligências em andamento.	§ 2.º O acesso aos autos será restrito ao juiz, ao Ministério Público e ao delegado de polícia, como forma de garantir o êxito das investigações, assegurando-se ao defensor, no interesse do representado, amplo acesso aos elementos de prova que digam respeito ao exercício do direito de defesa, devidamente precedido de autorização judicial, ressalvados os referentes às diligências em andamento.

Redação dada pela Lei 13.964/2019	Redação Antiga
§ 3.º O acordo de colaboração premiada e os depoimentos do colaborador serão mantidos em sigilo até o recebimento da denúncia ou da queixa-crime, sendo vedado ao magistrado decidir por sua publicidade em qualquer hipótese.	§ 3.º O acordo de colaboração premiada deixa de ser sigiloso assim que recebida a denúncia, observado o disposto no art. 5.º.

A alteração foi apenas para reforçar a necessidade de absoluta manutenção do sigilo do acordo de colaboração premiada e dos depoimentos do colaborador até o momento do recebimento da denúncia.

Tal previsão já existia na redação anterior, mas o legislador resolveu reforçá-la nos seguintes termos: "sendo vedado ao magistrado decidir por sua publicidade em qualquer hipótese".

Não pode, portanto, o magistrado, como aconteceu no passado, decidir pelo levantamento do sigilo sob o falacioso argumento da supremacia do interesse público.

14.3 Do agente infiltrado virtual

A Lei 13.964/2019 também operou na disciplina do instituto do agente infiltrado, que também está previsto na Lei de Organizações Criminosas (Lei 12.850/2013), especificamente nos arts. 10 a 14.

A Lei 13.964/2019, em verdade, não alterou nenhum artigo com relação ao agente infiltrado, mas sim acrescentou novos dispositivos para regulamentar de maneira mais detalhada o instituto e trazendo para a Lei de Organização Criminosa a figura do "agente infiltrado virtual", já prevista no ordenamento jurídico brasileiro no Estatuto da Criança e do Adolescente (arts. 190-A a 190-E) como meio de obtenção de provas de crimes praticados contra crianças e adolescentes.

14.3.1 Art. 10-A

O primeiro dispositivo acrescentado foi o art. 10-A e seus sete parágrafos, cuja redação é a seguinte:

> Art. 10-A. Será admitida a ação de agentes de polícia infiltrados virtuais, obedecidos os requisitos do *caput* do art. 10, na internet, com o fim de investigar os crimes previstos nesta Lei e a eles conexos, praticados por organizações criminosas, desde que demonstrada sua necessidade e

indicados o alcance das tarefas dos policiais, os nomes ou apelidos das pessoas investigadas e, quando possível, os dados de conexão ou cadastrais que permitam a identificação dessas pessoas.

§ 1.º Para efeitos do disposto nesta Lei, consideram-se:

I – dados de conexão: informações referentes a hora, data, início, término, duração, endereço de Protocolo de Internet (IP) utilizado e terminal de origem da conexão;

II – dados cadastrais: informações referentes a nome e endereço de assinante ou de usuário registrado ou autenticado para a conexão a quem endereço de IP, identificação de usuário ou código de acesso tenha sido atribuído no momento da conexão.

§ 2.º Na hipótese de representação do delegado de polícia, o juiz competente, antes de decidir, ouvirá o Ministério Público.

§ 3.º Será admitida a infiltração se houver indícios de infração penal de que trata o art. 1.º desta Lei e se as provas não puderem ser produzidas por outros meios disponíveis.

§ 4.º A infiltração será autorizada pelo prazo de até 6 (seis) meses, sem prejuízo de eventuais renovações, mediante ordem judicial fundamentada e desde que o total não exceda a 720 (setecentos e vinte) dias e seja comprovada sua necessidade.

§ 5.º Findo o prazo previsto no § 4.º deste artigo, o relatório circunstanciado, juntamente com todos os atos eletrônicos praticados durante a operação, deverão ser registrados, gravados, armazenados e apresentados ao juiz competente, que imediatamente cientificará o Ministério Público.

§ 6.º No curso do inquérito policial, o delegado de polícia poderá determinar aos seus agentes, e o Ministério Público e o juiz competente poderão requisitar, a qualquer tempo, relatório da atividade de infiltração.

§ 7.º É nula a prova obtida sem a observância do disposto neste artigo.

O art. 10-A criou o instituto de "agentes de polícia infiltrados virtuais", cuja finalidade é investigar os crimes previstos na Lei de Organizações Criminosas e a eles conexos, quando demonstrada a necessidade desse expediente e indicados o alcance das tarefas dos policiais, os nomes ou apelidos dos investigados, bem como os dados de conexão ou cadastrais que permitam a identificação dos investigados.

Percebe-se, portanto, que há uma série de limites legais para utilização desse instituto, e a necessidade de seu uso, o alcance das ações dos policiais, bem com os nomes ou apelidos dos investigados devem, obrigatoriamente, constar do requerimento para o emprego desse meio de prova. Já os dados de conexão e cadastrais são facultativos, uma vez que os investigados podem conseguir ocultar esses dados enquanto navegam na internet.

O § 1.º do art. 10-A define os conceitos de dados de conexão no inciso I e de dados cadastrais no inciso II.

O § 2.º prevê como obrigatória a manifestação do Ministério Público, quando a representação para utilização do agente infiltrado virtual for realizada pela autoridade policial.

No § 3.º, exige-se que somente será admitida a utilização do agente infiltrado virtual, quando houver indícios de infração penal disposta no art. 1.º da Lei 12.850/2013 e as provas não puderem ser obtidas por outros meios disponíveis. Trata-se, portanto, de uma medida extrema, que deve ser usada de forma subsidiária aos demais meios de obtenção de prova.

O prazo da infiltração virtual é de seis meses, nos termos do § 4.º, estando autorizadas eventuais renovações, mediante decisão judicial fundamentada e comprovada a necessidade, não podendo ultrapassar o prazo de 720 dias.

Durante o inquérito policial, o delegado de polícia poderá determinar aos seus agentes, e o Ministério Público e o juiz poderão requisitar, a qualquer momento, relatórios parciais da investigação, nos termos do § 6.º

Finalizado o prazo dado pelo juiz para a infiltração judicial, deverá ser elaborado relatório circunstanciado que será entregue ao magistrado. Também deverão ser entregues ao magistrado os registros de todos os atos eletrônicos praticados durante a operação, nos exatos termos do § 6.º.

Por fim, o § 7.º prevê a nulidade de toda prova obtida sem a observância do disposto no art. 10-A da Lei 12.850/2013.

14.3.2 Art. 10-B

O art. 10-B, por sua vez, traz-nos o seguinte:

> Art. 10-B. As informações da operação de infiltração serão encaminhadas diretamente ao juiz responsável pela autorização da medida, que zelará por seu sigilo.
>
> Parágrafo único. Antes da conclusão da operação, o acesso aos autos será reservado ao juiz, ao Ministério Público e ao delegado de polícia responsável pela operação, com o objetivo de garantir o sigilo das investigações.

Nos termos do artigo *supra*, as informações da operação de infiltração virtual deverão ser encaminhadas para o juiz que autorizou a medida, sendo este responsável pelo seu sigilo. Durante a operação de infiltração, o acesso aos autos deverá ser limitado ao juiz, Ministério Público e delegado de polícia responsável pela operação, no sentido de proteger o sigilo das informações.

14.3.3 Art. 10-C

O art. 10-C trata do agente infiltrado virtual, nos seguintes termos:

> Art. 10-C. Não comete crime o policial que oculta a sua identidade para, por meio da internet, colher indícios de autoria e materialidade dos crimes previstos no art. 1.º desta Lei.

> Parágrafo único. O agente policial infiltrado que deixar de observar a estrita finalidade da investigação responderá pelos excessos praticados.

A ocultação da identidade do policial que está atuando infiltrado em operação na internet, com autorização judicial, não configura crime. Trata-se de hipótese clara de exclusão de ilicitude, especificamente de estrito cumprimento do dever legal.

Entretanto, se o policial infiltrado deixa de observar a estrita finalidade da investigação, responderá pelos excessos, como ocorre em qualquer hipótese de excludentes da ilicitude.

14.3.4 Art. 10-D

A seguir, o art. 10-D:

> Art. 10-D. Concluída a investigação, todos os atos eletrônicos praticados durante a operação deverão ser registrados, gravados, armazenados e encaminhados ao juiz e ao Ministério Público, juntamente com relatório circunstanciado.
>
> Parágrafo único. Os atos eletrônicos registrados citados no *caput* deste artigo serão reunidos em autos apartados e apensados ao processo criminal juntamente com o inquérito policial, assegurando-se a preservação da identidade do agente policial infiltrado e a intimidade dos envolvidos.

Prevê o art. 10-D que, concluída a investigação, todos os atos deverão ser registrados, gravados e armazenados e encaminhados ao juiz e ao Ministério Público, com o relatório minucioso.

Tal disposição causa estranheza, uma vez que repete o disposto no § 5.º do art. 10-A, mas justifica-se por todas as idas e vindas dos inúmeros projetos e relatórios feitos durante a elaboração da Lei 13.964/2019.

Por fim, o parágrafo único do art. 10-D prevê que os atos eletrônicos registrados deverão ser reunidos em autos apartados e apensados aos processos com o inquérito policial, devendo ser preservadas a identidade do agente policial infiltrado e a intimidade dos envolvidos.

14.3.5 Art. 11, parágrafo único

A última alteração promovida pela Lei 13.964/2019 na Lei 12.850/2013 foi a inclusão do parágrafo único ao art. 11, nos seguintes termos:

Redação dada pela Lei 13.964/2019	Redação Antiga
Art. 11. O requerimento do Ministério Público ou a representação do delegado de polícia para a infiltração de agentes conterão a demonstração da necessidade da medida, o alcance das tarefas dos agentes e, quando possível, os nomes ou apelidos das pessoas investigadas e o local da infiltração.	Art. 11. O requerimento do Ministério Público ou a representação do delegado de polícia para a infiltração de agentes conterão a demonstração da necessidade da medida, o alcance das tarefas dos agentes e, quando possível, os nomes ou apelidos das pessoas investigadas e o local da infiltração.
Parágrafo único. Os órgãos de registro e cadastro público poderão incluir nos bancos de dados próprios, mediante procedimento sigiloso e requisição da autoridade judicial, as informações necessárias à efetividade da identidade fictícia criada, nos casos de infiltração de agentes na internet.	*Sem correspondente*

Nos termos desse dispositivo, as identidades fictícias dos agentes infiltrados poderão ser incluídas nos bancos de dados oficiais, mediante procedimento sigiloso e autorização judicial.

Dessa forma, se um policial cria uma identidade fictícia para participar de uma operação, poderá o juiz autorizar que essa identidade seja incluída, de maneira sigilosa, nos bancos de dados da Justiça Eleitoral, Secretaria de Segurança Pública, por exemplo.

Essa medida servirá para, no caso de alguém tentar conferir se a pessoa do agente infiltrado existe, o disfarce não vir à tona.

CAPÍTULO 15
Lei do Disque Denúncia – Lei 13.608/2018

O art. 15 da Lei 13.964/2019 acrescentou três artigos à Lei 13.608/2018, conhecida como Lei do Disque Denúncia, uma vez que essa lei "dispõe sobre o serviço telefônico de recebimento de denúncias e sobre recompensa por informações que auxiliem nas investigações policiais".

Os novos artigos são os 4.º-A, 4.º-B e 4.º-C.

15.1 *Whistleblower*

Tais artigos disciplinam a figura do *whistleblower*, também conhecida como "denunciante do bem", que nada mais é do que uma pessoa que não está envolvida na prática de ilícitos, mas decide denunciá-los às autoridades competentes. Em tradução literal significa "assoprador de apito".

Essa prática é muito comum nos programas de integridade de empresas privadas.

Analisemos cada um deles.

15.1.1 Art. 4.º-A

O art. 4.º-A tem a seguinte redação:

> Art. 4.º-A. A União, os Estados, o Distrito Federal e os Municípios e suas autarquias e fundações, empresas públicas e sociedades de economia mista manterão unidade de ouvidoria ou correição, para assegurar a qualquer pessoa o direito de relatar informações sobre crimes contra a administração pública, ilícitos administrativos ou quaisquer ações ou omissões lesivas ao interesse público.
>
> Parágrafo único. Considerado razoável o relato pela unidade de ouvidoria ou correição e procedido o encaminhamento para apuração, ao informante serão asseguradas proteção integral contra retaliações e isenção de responsabilização civil ou penal em relação ao relato, exceto se o informante tiver apresentado, de modo consciente, informações ou provas falsas.

Esse dispositivo cria, no *caput*, uma obrigatoriedade à União, Estados, Distrito Federal e Municípios, bem como às suas autarquias e fundações, empresas públicas e sociedades de economia mista, de manterem unidades de ouvidoria ou corregedoria, para receber denúncias sobre crimes contra a administração pública, ilícitos administrativos ou quaisquer ações ou omissões lesivas ao interesse público.

Tal possibilidade não é uma novidade no ordenamento jurídico brasileiro, uma vez que a Lei 13.303/2016, a Lei das Estatais, já trazia essa obrigatoriedade em seu art. 9.º.

No parágrafo único, há determinação de que, sendo razoável o relato recebido pela ouvidoria ou corregedoria e encaminhada a denúncia para apuração, ao informante deverão ser asseguradas a proteção integral contra retaliações e a isenção de responsabilização civil ou penal em decorrência do relato, exceto se houver informações ou provas falsas apresentadas conscientemente pelo denunciante.

Com relação à proteção do denunciante, a questão é complexa, pois o artigo não diz quem será responsável pela sua proteção integral. Isso será feito pela própria instituição que apura o ilícito ou pela polícia militar, ou pela polícia civil, ou pela polícia federal?

Trata-se de um artigo com conteúdo prático pouco exequível.

15.1.2 Art. 4.º-B

Por sua vez, o art. 4.º-B tem a seguinte redação:

> Art. 4.º-B. O informante terá direito à preservação de sua identidade, a qual apenas será revelada em caso de relevante interesse público ou interesse concreto para a apuração dos fatos.

> Parágrafo único. A revelação da identidade somente será efetivada mediante comunicação prévia ao informante e com sua concordância formal.

A proteção do denunciante também já consta da Lei 13.303/2016, a Lei das Estatais, porém, aqui, vem de forma mais pormenorizada.

Pelo disposto no artigo, o denunciante tem direito ao anonimato, e sua identidade somente poderá ser revelada em caso de relevante interesse público ou no próprio interesse da apuração dos fatos, desde que haja concordância formal do próprio denunciante.

Mais uma vez, a intenção do legislador é louvável, mas sem aplicabilidade prática. O que ocorre, por exemplo, se a identidade for revelada? Quais as consequências para quem as revela?

15.1.3 Art. 4.º-C

Por fim, o art. 4.º-C prevê que:

> Art. 4.º-C. Além das medidas de proteção previstas na Lei n.º 9.807, de 13 de julho de 1999, será assegurada ao informante proteção contra ações ou omissões praticadas em retaliação ao exercício do direito de relatar, tais como demissão arbitrária, alteração injustificada de funções ou atribuições, imposição de sanções, de prejuízos remuneratórios ou materiais de qualquer espécie, retirada de benefícios, diretos ou indiretos, ou negativa de fornecimento de referências profissionais positivas.
> § 1.º A prática de ações ou omissões de retaliação ao informante configurará falta disciplinar grave e sujeitará o agente à demissão a bem do serviço público.
> § 2.º O informante será ressarcido em dobro por eventuais danos materiais causados por ações ou omissões praticadas em retaliação, sem prejuízo de danos morais.
> § 3.º Quando as informações disponibilizadas resultarem em recuperação de produto de crime contra a administração pública, poderá ser fixada recompensa em favor do informante em até 5% (cinco por cento) do valor recuperado.

Esse dispositivo pretende preservar o denunciante que teve sua identidade revelada, especialmente se este trabalhar na própria instituição em que fez a denúncia, pois prevê que este não poderá sofrer retaliações ao seu direito de delatar, tais como: demissão arbitrária, alteração de funções e atribuições, imposição de sanções, prejuízos remuneratórios ou materiais, perda de benefícios diretos ou indiretos, ou negativa de fornecimento de referências profissionais positivas.

Nos termos do § 1.º, consta que a prática de ações ou omissões de retaliação ao informante configura falta disciplinar grave e sujeita o seu autor à demissão a bem do serviço público.

O informante terá direito a ser ressarcido em dobro por eventuais danos sofridos em retaliação à denúncia, sem prejuízo dos danos morais, nos termos do § 2.º.

Por fim, prevê o § 3.º que, quando as informações disponibilizadas pelo informante resultarem em recuperação de produto de crime contra a administração pública, poderá ser fixada recompensa em favor do informante em até 5% do valor recuperado.

CAPÍTULO 16
Competência Originária do Superior Tribunal de Justiça e Supremo Tribunal Federal – Lei 8.038/1990

O art. 16 da Lei 13.964/2019 modificou a Lei 8.038/1990, que trata dos procedimentos de competência do Superior Tribunal de Justiça e do Supremo Tribunal Federal.

16.1 Acordo de não persecução em competência originária

A modificação se deu pela inclusão do § 3.º no art. 1.º da Lei 8.038/1990, unicamente para permitir que o acordo de não persecução penal, inserido no art. 28-A do Código de Processo Penal pela Lei 13.964/2019, fosse aplicável também aos processos penais de competência originária do Superior Tribunal de Justiça e do Supremo Tribunal Federal.

16.1.1 Art. 1.º

Tanto é assim que o novel § 3.º faz remissão direta ao art. 28-A do Código de Processo Penal, conforme se verifica da tabela comparativa a seguir:

Redação dada pela Lei 13.964/2019	Redação Antiga
Art. 1.º Nos crimes de ação penal pública, o Ministério Público terá o prazo de quinze dias para oferecer denúncia ou pedir arquivamento do inquérito ou das peças informativas.	Art. 1.º Nos crimes de ação penal pública, o Ministério Público terá o prazo de quinze dias para oferecer denúncia ou pedir arquivamento do inquérito ou das peças informativas.
§ 1.º Diligências complementares poderão ser deferidas pelo relator, com interrupção do prazo deste artigo.	§ 1.º Diligências complementares poderão ser deferidas pelo relator, com interrupção do prazo deste artigo.
§ 2.º Se o indiciado estiver preso:	§ 2.º Se o indiciado estiver preso:
a) o prazo para oferecimento da denúncia será de cinco dias;	a) o prazo para oferecimento da denúncia será de cinco dias;
b) as diligências complementares não interromperão o prazo, salvo se o relator, ao deferi-las, determinar o relaxamento da prisão.	b) as diligências complementares não interromperão o prazo, salvo se o relator, ao deferi-las, determinar o relaxamento da prisão.
§ 3.º Não sendo o caso de arquivamento e tendo o investigado confessado formal e circunstanciadamente a prática de infração penal sem violência ou grave ameaça e com pena mínima inferior a 4 (quatro) anos, o Ministério Público poderá propor acordo de não persecução penal, desde que necessário e suficiente para a reprovação e prevenção do crime, nos termos do art. 28-A do Decreto-lei n.º 3.689, de 3 de outubro de 1941 (Código de Processo Penal).	*Sem correspondente*

Remete-se o leitor ao Capítulo 3, item 3.4.

CAPÍTULO 17
Fundo Nacional de Segurança Pública – Lei 13.756/2018

A Lei 13.756/2018 dispõe sobre os recursos do Fundo Nacional de Segurança Pública.

17.1 Fontes de custeio

Trata-se de nova destinação para recursos que já existiam, mas eram direcionados a outros fundos ou instituições diversas.

17.1.1 Art. 17

O art. 17 da Lei 13.964/2019 acrescentou ao art. 3.º da Lei 13.756/2018 quatro incisos que representam novas formas de recursos que compõem o Fundo Nacional de Segurança Pública.

A seguir, comparamos as redações:

Redação dada pela Lei 13.964/2019	Redação Antiga
Art. 3.º Constituem recursos do FNSP:	Art. 3.º Constituem recursos do FNSP:
I – as doações e os auxílios de pessoas naturais ou jurídicas, públicas ou privadas, nacionais ou estrangeiras;	I – as doações e os auxílios de pessoas naturais ou jurídicas, públicas ou privadas, nacionais ou estrangeiras;
II – as receitas decorrentes:	II – as receitas decorrentes:
a) da exploração de loterias, nos termos da legislação; e	a) da exploração de loterias, nos termos da legislação; e
b) das aplicações de recursos orçamentários do FNSP, observada a legislação aplicável;	b) das aplicações de recursos orçamentários do FNSP, observada a legislação aplicável;
c) da decretação do perdimento dos bens móveis e imóveis, quando apreendidos ou sequestrados em decorrência das atividades criminosas perpetradas por milicianos, estendida aos sucessores e contra eles executada, até o limite do valor do patrimônio transferido;	c) da decretação do perdimento dos bens móveis e imóveis, quando apreendidos ou sequestrados em decorrência das atividades criminosas perpetradas por milicianos, estendida aos sucessores e contra eles executada, até o limite do valor do patrimônio transferido;
III – as dotações consignadas na lei orçamentária anual e nos créditos adicionais; e	III – as dotações consignadas na lei orçamentária anual e nos créditos adicionais; e
IV – as demais receitas destinadas ao FNSP.	IV – as demais receitas destinadas ao FNSP.
V – os recursos provenientes de convênios, contratos ou acordos firmados com entidades públicas ou privadas, nacionais, internacionais ou estrangeiras;	*Sem correspondente*
VI – os recursos confiscados ou provenientes da alienação dos bens perdidos em favor da União Federal, nos termos da legislação penal ou processual penal;	*Sem correspondente*
VII – as fianças quebradas ou perdidas, em conformidade com o disposto na lei processual penal;	*Sem correspondente*

Redação dada pela Lei 13.964/2019	Redação Antiga
VIII – os rendimentos de qualquer natureza, auferidos como remuneração, decorrentes de aplicação do patrimônio do FNSP.	*Sem correspondente*
Parágrafo único. Excetuam-se do disposto na alínea c do inciso II do *caput* deste artigo os bens relacionados com o tráfico de drogas de abuso, ou de qualquer forma utilizados em atividades ilícitas de produção ou comercialização de drogas abusivas, ou, ainda, que tenham sido adquiridos com recursos provenientes do referido tráfico, e perdidos em favor da União, que constituem recursos destinados ao Funad, nos termos do art. 4.º da Lei n.º 7.560, de 19 de dezembro de 1986.	Parágrafo único. Excetuam-se do disposto na alínea c do inciso II do *caput* deste artigo os bens relacionados com o tráfico de drogas de abuso, ou de qualquer forma utilizados em atividades ilícitas de produção ou comercialização de drogas abusivas, ou, ainda, que tenham sido adquiridos com recursos provenientes do referido tráfico, e perdidos em favor da União, que constituem recursos destinados ao Funad, nos termos do art. 4.º da Lei n.º 7.560, de 19 de dezembro de 1986.

CAPÍTULO 18
Código de Processo Penal Militar – Decreto-lei 1.002/1969

O art. 18 da Lei 13.964/2019 acrescentou ao Código de Processo Penal Militar o art. 16-A. Os §§ 3.º, 4.º e 5.º do referido dispositivo tinham sido objeto de veto pelo Presidente da República, mas estes foram derrubados pelo Congresso Nacional em sessão realizada em 19.04.2021, com promulgação no dia 29.04.2021, e publicação no *DOU* em 30.04.2021.

Agora, portanto, o art. 16-A do Código de Processo Penal Militar, acrescido pela Lei 13.964/2019, conta com a seguinte redação:

> Art. 16-A. Nos casos em que servidores das polícias militares e dos corpos de bombeiros militares figurarem como investigados em inquéritos policiais militares e demais procedimentos extrajudiciais, cujo objeto for a investigação de fatos relacionados ao uso da força letal praticados no exercício profissional, de forma consumada ou tentada, incluindo as situações dispostas nos arts. 42 a 47 do Decreto-lei n.º 1.001, de 21 de outubro de 1969 (Código Penal Militar), o indiciado poderá constituir defensor.
>
> § 1.º Para os casos previstos no *caput* deste artigo, o investigado deverá ser citado da instauração do procedimento investigatório, podendo

constituir defensor no prazo de até 48 (quarenta e oito) horas a contar do recebimento da citação.

§ 2.º Esgotado o prazo disposto no § 1.º com ausência de nomeação de defensor pelo investigado, a autoridade responsável pela investigação deverá intimar a instituição a que estava vinculado o investigado à época da ocorrência dos fatos, para que esta, no prazo de 48 (quarenta e oito) horas, indique defensor para a representação do investigado.

§ 3.º Havendo necessidade de indicação de defensor nos termos do § 2.º deste artigo, a defesa caberá preferencialmente à Defensoria Pública e, nos locais em que ela não estiver instalada, a União ou a Unidade da Federação correspondente à respectiva competência territorial do procedimento instaurado deverá disponibilizar profissional para acompanhamento e realização de todos os atos relacionados à defesa administrativa do investigado.

§ 4.º A indicação do profissional a que se refere o § 3.º deste artigo deverá ser precedida de manifestação de que não existe defensor público lotado na área territorial onde tramita o inquérito e com atribuição para nele atuar, hipótese em que poderá ser indicado profissional que não integre os quadros próprios da Administração.

§ 5.º Na hipótese de não atuação da Defensoria Pública, os custos com o patrocínio dos interesses do investigado nos procedimentos de que trata esse artigo correrão por conta do orçamento próprio da instituição a que este esteja vinculado à época da ocorrência dos fatos investigados.

§ 6.º As disposições constantes deste artigo aplicam-se aos servidores militares vinculados às instituições dispostas no art. 142 da Constituição Federal, desde que os fatos investigados digam respeito a missões para a Garantia da Lei e da Ordem.

Esse dispositivo apenas estende ao Processo Penal Militar, tanto aos estaduais quanto aos federais, a mesma regra estabelecida pelo art. 14-A, incluído no Código de Processo Penal comum pela Lei 13.964/2019.

Assim, quando os policiais militares estaduais ou os membros das forças armadas praticarem crimes comuns de competência da justiça comum (seja ela estadual ou federal), estarão submetidos às regras do Código de Processo Penal comum e farão jus às prerrogativas dispostas no art. 14-A desse diploma legal.

Entretanto, quando essas mesmas pessoas praticarem crimes militares de competência da Justiça Militar, seja estadual ou federal, estarão submetidos às regras do Código de Processo Penal Militar e terão direito às prerrogativas previstas no art. 16-A dessa codificação.

Sendo assim, remetemos o leitor ao Capítulo 3, item 3.2 desta obra.

Referências

BADARÓ, Gustavo H. *Processo penal*. 3. ed. São Paulo: RT, 2015.

BITENCOURT, Cezar Roberto. *Tratado de direito penal:* parte especial 3. 14. ed. São Paulo: Saraiva, 2018.

BITENCOURT, Cezar Roberto. *Tratado de direito penal*: parte geral. 17. ed. São Paulo: Saraiva, 2012.

BRITO, Alexis Couto de. *Execução penal*. 6. ed. São Paulo: Saraiva, 2020.

BRITO, Alexis Couto de; FABRETTI, Humberto B.; LIMA, Marco A. F. *Processo penal brasileiro*. 4. ed. São Paulo: Atlas, 2019.

BUSATO, Paulo C. *Direito penal*: parte especial 2. São Paulo: Atlas, 2017.

CERNICCHIARO, Luiz Vicente; COSTA JR., Paulo José da. *Direito penal na Constituição*. 3. ed. São Paulo: RT, 1995.

CONSELHO NACIONAL DE JUSTIÇA. *Regras de Tóquio*. Disponível em: https://www.cnj.jus.br/wp-content/ uploads/2019/09/6ab7922434499259ffca0729122b2d38-2.pdf. Acesso em: 29 jan. 2020.

CONSELHO NACIONAL DE JUSTIÇA. *Relatório Justiça em Números 2019*. Disponível em: https://www.cnj.jus.br/wp-content/uploads/conteudo/arquivo/2019/08/justica_em_ numeros20190919.pdf. Acesso em: 29 jan. 2020.

CORDEIRO, Nefi. *Colaboração premiada*: caracteres, limites e controle.Rio de Janeiro. Forense, 2020.

DEZEM, Guilherme M.; SOUZA, Luciano A. *Comentários ao pacote anticrime*. São Paulo: Thomson Reuters Brasil, 2020.

ESTELLITA, Heloisa. *In*: REALE JR., Miguel (org.). *Código Penal comentado*. São Paulo: Saraiva, 2017.

FABRETTI, Humberto B.; SMANIO, Gianpaolo P. *Direito penal*: parte geral. São Paulo. Atlas, 2019.

FULLER, Paulo H. *Lei anticrime comentada*. São Paulo: Saraiva, 2020.

GLOECKNER, Ricardo J. *In*: GOMES FILHO, Antonio M; TORON, Alberto Z.; BADARÓ, Gustavo H. (org.). *Código de Processo Penal comentado*. São Paulo: Thomson Reuters Brasil, 2018.

GLOECKNER, Ricardo J. *Nulidades no processo penal*. 3. ed.São Paulo: Saraiva, 2017.

GOMES FILHO, Antonio M.; TORON, Alberto Z.; BADARÓ, Gustavo H. *Código de Processo Penal comentado*. São Paulo: Thomson Reuters Brasil, 2018.

HILGENDORF; Eric; VALERIUS, Brian. *Direito penal*: parte geral. Tradução Orlandino Gleizer. São Paulo, Marcial Pons, 2019.

JUNQUEIRA, Gustavo D. *Lei anticrime*: comentada artigo por artigo. São Paulo: Saraiva, 2020.

LOPES JR., Aury. *Direito processual penal*. 15. ed. São Paulo: Saraiva, 2018.

MENDES, Soraia da R.; MARTINEZ, Ana M. *Comentários críticos à Lei 13.964/2019*. São Paulo: Atlas, 2020.

NICOLITT, André. *Manual de processo penal*. 7. ed. Belo Horizonte: D'Plácido, 2018.

NUCCI, Guilherme de Souza. *Curso de direito penal*: parte geral: arts. 1.º a 120 do Código Penal. São Paulo: Forense, 2017.

NUCCI, Guilherme de Souza. *Pacote anticrime comentado*. Rio de Janeiro: Forense, 2020.

PRADO, Geraldo. *A cadeia de custódia da prova no processo penal*. São Paulo: Marcial Pons, 2019.

RAMOS, Carla. Execução provisória da pena na jurisprudência do STF. *In*: PEDRINA, Gustavo Mascarenhas Lacerda *et al*. (org.). *Habeas corpus no Supremo Tribunal Federal*. São Paulo: Thomson Reuters, 2019.

ROXIN, Claus. *Derecho penal*. Parte General. Fundamentos. La estructura de la teoría del delito. Tradução Diego-Manuel Luzon Peña *et al*. 2. ed. Madrid: Civitas, 1997.

SANTOS, Juarez Cirino dos. *Direito penal*. Parte Geral. 3. ed. Curitiba: IPCP; Rio de Janeiro: Lumen Iuris, 2008.

SCARANCE, Antonio; LOPES, Mariângela Tomé. O recebimento da denúncia no novo procedimento. *Boletim IBCCRIM*, São Paulo, ano 16, n. 190, p. 2-3, set. 2008.

SHECAIRA, Sérgio Salomão; CORRÊA JUNIOR, Alceu. *Teoria da pena:* finalidades, direito positivo, jurisprudência e outros estudos de ciência criminal. São Paulo: RT, 2002.

TORON, Alberto Z. *Habeas corpus:* controle do devido processo legal: questões controvertidas e de processamento do *writ*. 2. ed. São Paulo: Thomson Reuters Brasil, 2018.

ZAFFARONI, Eugenio Raúl *et al*. *Direito penal brasileiro*. Rio de Janeiro: Revan, 2017. v. 2, t. II.